高等院校通识课教材

应用写作

第三版

主　编 ◎ 张耀辉　　副主编 ◎ 朱 洁

撰　稿（以姓氏笔画为序）
田 磊　朱 洁　祁文英　张耀辉　谢福铨

华东师范大学出版社
·上海·

图书在版编目(CIP)数据

应用写作/张耀辉主编.—3版.—上海：华东师范大学出版社，2020
 ISBN 978-7-5760-0464-9

Ⅰ.①应… Ⅱ.①张… Ⅲ.①汉语-应用文-写作 Ⅳ.①H152.3

中国版本图书馆CIP数据核字(2020)第094394号

应用写作(第三版)

主　　编　张耀辉
责任编辑　张　婧
责任校对　杨　丽
装帧设计　俞　越

出版发行　华东师范大学出版社
社　　址　上海市中山北路3663号　邮编200062
网　　址　www.ecnupress.com.cn
电　　话　021-60821666　行政传真021-62572105
客服电话　021-62865537　门市(邮购)电话021-62869887
地　　址　上海市中山北路3663号华东师范大学校内先锋路口
网　　店　http://hdsdcbs.tmall.com

印刷者　上海崇明县裕安印刷厂
开　　本　787毫米×1092毫米　1/16
印　　张　22
字　　数　489千字
版　　次　2020年10月第1版
印　　次　2025年7月第10次
书　　号　ISBN 978-7-5760-0464-9
定　　价　49.00元

出版人　王　焰

(如发现本版图书有印订质量问题，请寄回本社客服中心调换或电话021-62865537联系)

目 录

第一章　绪论　　1
- 第一节　应用写作的特点　　1
- 第二节　应用写作的作用　　3
- 第三节　应用写作对语言的要求　　5
- 第四节　应用写作要求作者具有的修养　　11

第二章　党政公文　　14
- 第一节　党政公文概述　　14
- 第二节　命令（令）　决定　　27
- 第三节　决议　意见　　33
- 第四节　公报　公告　通告　　40
- 第五节　通知　通报　　52
- 第六节　报告　请示　批复　　61
- 第七节　函　纪要　议案　　73

第三章　事务文体　　84
- 第一节　调查报告　　84
- 第二节　简报　　95
- 第三节　计划　　100
- 第四节　总结　　110
- 第五节　规章制度　　116

第四章　财经文体　　127
- 第一节　合同　协议书　　127
- 第二节　市场调查报告　市场预测报告　　139
- 第三节　经济活动分析报告　可行性研究报告　　157
- 第四节　招标书　投标书　　171
- 第五节　产品说明书　商业广告　　180

第五章　法律文书　191
　　第一节　法律文书概述　191
　　第二节　起诉状　195
　　第三节　上诉状　199
　　第四节　申诉状　204
　　第五节　答辩状　207

第六章　求职礼仪文体　212
　　第一节　求职信　应聘信　212
　　第二节　简历　219
　　第三节　感谢信　慰问信　224
　　第四节　请柬　聘书　233
　　第五节　启事　声明　237
　　第六节　讲话稿　245

第七章　传媒信息文体　254
　　第一节　消息　254
　　第二节　通讯　266
　　第三节　短评　277
　　第四节　新媒体　280

第八章　毕业论文　288
　　第一节　毕业论文概述　288
　　第二节　毕业论文的写作过程　289
　　第三节　毕业论文的结构要素　293
　　第四节　毕业论文的论证方法　297
　　第五节　毕业论文的评价与答辩　301

第九章　申论　316
　　第一节　申论考试概述　316
　　第二节　申论考试的主要环节　323
　　第三节　参加申论考试需注意的事项　324

参考书目　345
后记　346

第一章 绪论

第一节 应用写作的特点

一、实用性

实用性是指应用写作所使用的文体无论在处理公共事务还是私人事务中，都具有实际应用的价值。应用文是机关团体、企事业单位以及人民群众在日常工作、生产和生活中办理公务以及个人事务时，用于交流情况、沟通信息，具有直接实用价值和惯用格式的一种书面交际工具。实用性是应用写作十分鲜明、突出的特点，也是应用写作最重要的特点，因此，有人把应用文称为"实用文"。

为什么说应用写作具有实用价值呢？因为应用写作都是为了处理公私事务、解决实际问题而写的。借人钱财，要写一张借条；召开会议，要写个通知；向上级汇报情况，要写一份报告……有了这些应用文，就能起到交流情况、沟通信息、解决实际问题的作用。

应用写作的实用性还体现在它的文体都有明确的写作目的和对象。一篇应用文，为什么写，写给谁看，都是比较明确的。如写一份问函，你写给谁，问什么问题，希望能得到对方的答复，都是很清楚的。订一份合同，为什么订这份合同，谁与谁订合同，其目的和对象也是明白的。至于书信、条据等，写作目的和行文对象就更加明确了。因此，不管写什么样的应用文，小到一封家书，大至一份公文，都有明确的目的和对象，都是直接为办理公私事务服务的，可见，应用写作的实用性特点是十分明显的。

二、真实性

真实性是指应用写作的内容必须真实确凿，实事求是。应用写作中运用的材料，必须保证它的真实性，对材料的时间、地点、数据、事实过程和结果，不但不能杜撰和虚构，就是稍作改动也是不允许的，因为虚假的材料，必将得出错误的结论，这样就不能达到解决实际问题、指导实际工作的目的，失去了应用写作应有的实用价值。所以，应用写作要求的真实是"绝对的真实"，它的内容一定要真实、准确、可靠。

应用写作的实用性，决定应用写作的真实性。例如经济文书中的市场调查，它的着眼点在于真实客观地反映市场的历史和现状。其内容必须绝对真实，统计数字、典型事例、法律法规、有关史料等，必须真实可靠，准确无误，绝不能有半点虚构和臆造。只有这样的市场调查，才能起到反映现实，为现实服务的作用。再如事务文书中的总结，真实性是它的灵魂。因为通过总结要正确地认识客观事物，总结经验教训，从而提高工作效率，要达到这一目的，写总结应以实事求是的态度，从实际出发，从客观存在的事实中找出规律性的东西，总结的内容必须真实可靠，不溢美，不隐恶，一切事例和数据必须完全真实，确凿无疑，绝不允许弄虚作假，生编乱造。否则总结出来的经验教训是虚假的，这样的总结就失去了实用价值。

三、规范性

规范性主要表现在两个方面：一是文种的规范，二是格式的规范。

文种的规范，是指每一文种都有一定的应用范围，都有大体的规定，不能乱用。例如根据 2012 年 4 月 16 日中共中央办公厅和国务院办公厅联合发布的《党政机关公文处理工作条例》规定，党政机关的公文种类有决议、决定、命令（令）、公报、公告、通告、意见、通知、通报、报告、请示、批复、议案、函、纪要 15 种。这 15 种公文各有各的用处，不能混淆。如命令（令）是一种适用于公布行政法规和规章、宣布施行重大强制性行政措施、批准授予和晋升衔级、嘉奖有关单位和人员的公文，只有重大的事情才能用命令（令），其发文机构也有严格的限制，不是所有机关都可以使用的。再如报告和请示，两者虽然都属于报请性公文，但是，它们的用处不同，不能互相替代。前者适用于向上级机关汇报工作、反映情况、回复上级机关的询问；后者适用于向上级机关请求指示或批准。应用写作的每一文种都有它特定的应用范围。这就是文种的规范。

格式的规范，是指每一种应用写作的文体在写作格式上有大体的规定，不可随意变动。例如党政机关公文的格式，一般由份号、密级和保密期限、紧急程度、发文机关标志、发文字号、签发人、标题、主送机关、正文、附件说明、发文机关署名、成文时间、印章、附注、附件、抄送机关、印发机关和印发日期、页码等组成。哪些在前，哪些在后，连每一部分的书写位置也作了详细规定，任何个人或机关都不得改变。又如事务文书中的简报，它与其他事务文书相比，有一个独特的报头，报头由简报名称、期数、编印单位、编印日期等组成，其制作格式也都规定得明明白白。

应用写作的规范性，是人们在长期的实践中，根据需要，不断改进，不断提炼，逐渐形成的，它是一种约定俗成，如书信、礼仪文书和各种条据等；而有的是由行政机构在人们长期应用的基础上做出统一规定，使其更加规范，如行政公文、法律文书等。

文种的规范和格式的规范，都有利于应用文体的写作与流通。由于有了固定的格式，撰写者可以按照一定的格式行文，写起来比较方便。而行文的对象，就能看得更加清楚。这种规范性，不仅有利于写作和阅读，对于一些处理公共事务的应用文来说，还便于承办、归档和查询。

四、时效性

时效性是指应用写作讲究时效，要及时完成写作任务。应用文是针对现实生活中的具体事务工作，为了解决实际问题而写的，有的问题已经出现，必须及时解决，解决的办法往往是通过应用文来传达的；有些问题虽然尚未发生，但也应未雨绸缪，作出部署，这些部署同样要依靠应用文来表达。因此,应用写作就十分讲究时效,要在一定的时间内完成写作任务,不能拖拉,否则会贻误时机,影响事务的处理,给工作造成重大的损失。例如经济文书中的"市场调查",它的时效性就很强,"市场调查"的写作一定要迅速及时,使企业能尽快地掌握各方面的情况,了解市场的要求,了解同类产品的竞争能力,以便不失时机地调整产品,有效地制定决策。行政公文的时效性更强,例如,向上级机关汇报工作、反映情况的"报告",就要不失时机,及时报告,只有这样的"报告",才能对上级机关有价值,也能使自己要解决的问题及时得到上级领导的帮助与指示。不少标有"特急"、"急件"的公文,其内容十分重要,所要解决的问题都很紧急,因此,成文和处理的时间必须及时、迅速,千万不能耽误。

五、简明性

简明性是指应用写作在语言上应尽量简洁、明确。简洁,就是文字精练,用最少的语言来说明事由、解说事理、陈述办法。明确,就是清晰明白,不含糊其词,不模棱两可。以书信为例,写信人总是出于某种动机才提笔的,或向对方提出问题和要求,取得帮助;或与对方交流思想感情,传递信息;或回答对方咨询的问题,并提出解决的办法,等等。为了达到上述目的,信中的内容应写得具体确切,表达也要清楚明白。只有这样,对方才能根据你的要求,给予帮助;才能从信中获取准确的信息,了解真实的思想感情;才能得到满意的答复。如果信中的内容空洞而浮泛,或者表述模糊不清,那么,这样的书信就不能起到它应有的作用。

应用文是处理公私事务的工具,简洁的语言,才能节省行文者与行文对象处理应用文的时间,提高处理事务的效率;明确的语言,才能保证行文对象正确地理解应用文的内容,从而提高处理事务的质量。如果阐述问题、说明事由,用语模棱两可、闪烁其词,将会使行文对象无所适从。如果领会错误,问题就更大了,轻则不能按照行文意图处理,达不到行文的目的;重则会造成相反的结果,使双方都蒙受损失。可见,语言的简洁、明确也是应用写作的特点。

第二节 应用写作的作用

一、指导和管理作用

应用写作具有指导和管理作用,尤其是党政公文,这种作用表现得很突出。因为公文是指导公务活动的重要形式,尤其是下行公文,有的传达方针、政策,有的发布法令、法规,有的部署工作、安排活动,这些公文都体现了上级机关的意图,具有明显的示意性和导向性,因此对下级机关有指导作用。公文又是对公务活动进行管理的有效手段。虽然这种管理是间接的,但是公文的权威性,使它在公务活动的安排、布置、组织、督促、检查中,都起着重要作用。如果没有公文的统一管理,也就很难开展高效的公务活动。

除了公文外,还有一些应用文也具有突出的管理和指导作用。如应用范围十分广泛的规章制度,它是在一定范围内要求人们必须共同遵守的行为规范和准则,具有明显的管理作用,它能够保证公务活动、生产、工作、学习、生活有序、正常、协调地进行。再如简报,简报可以向下级机关宣传党和政府的方针、政策,传达有关文件的精神,交流推广典型经验,倡导、表彰好人好事,批评不良倾向,指出应该注意的问题等,具有指导的作用。在实际工作中,上级对下级工作的指导,有时就是通过发简报的形式来实现的。

二、宣传和教育作用

应用写作的宣传教育作用是十分明显的。许多公文在传达方针、政策和布置工作的时候,一般都要阐明方针、政策的依据和理由,说明工作的指导思想,帮助和启发下级机关加深理解、提高认识,增强其贯彻执行的自觉性,这就是一种宣传教育作用。如《中共中央关于在全党开展以实践"三个代表"重要思想为主要内容的保持共产党员先进性教育活动的意见》中,不仅布置了开展先进性教育活动的总体安排和方法步骤,而且首先阐明了开展先进性教育活动的重要性、必要性和指导思想,这对广大共产党员认识、理解先进性教育活动起到了重要的宣传教育作用。至于一些表彰、嘉奖先进模范人物或批评、惩处犯错误的人的通报、决定,在陈述模范先进事迹的同时,还阐明了现实意义,号召广大干部群众向先进模范人物学习;或者,在陈述错误事实的同时,剖析其危害性,告诫广大干部群众引以为戒。这样的通报和决定,其宣传教育作用也是显而易见的。另外,一些在报刊上发表的推广先进经验的总结和调查报告,既实事求是地介绍了突出的成绩,又总结了先进经验,而且,这些经验往往带有规律性,具有普遍意义,广大读者不仅可以从中受到教育,而且还能从这些经验中受到启发,指导自己今后的工作。

三、交流情况和沟通信息的作用

应用写作具有交流情况、沟通信息的作用。例如书信就是人们日常工作和生活中常用的交往工具,个人与个人、个人与组织、组织与组织,都可以通过书信的方式,来交流情况、沟通信息。又如广告,它能最迅速、最有效地传递信息,特别是在大众传播媒体上刊登的广告,其作用就更加显著。再如事务文书中的简报,不仅具有向上级汇报工作情况的作用,而且还有向平级单位传递信息、交流经验的作用。

四、依据和凭证的作用

应用写作的依据、凭证作用,在凭证文书中表现得最为明显。因为便条、单据、契约等凭证文书,是一种在日常生活中起到证明作用,作为依据、凭证的应用文。例如借条,它是借用个人或公家的现金、财物时写给对方的便条,它是借物的凭证。又如契约,它在机关、单位及个人的社会生活和政治活动中经常使用。它是以文字的形式把双方或多方交往中商定并达成共同意见的有关事项记录下来,作为发生纠纷时检查信用的凭证,它的依据和凭证作用也是显而易见的。

应用写作的依据和凭证作用,在公务活动中也体现得十分突出。如行政公文中的报告和纪要,事务文书中的总结、简报和调查报告,都是上级机关制定方针、政策或做出规定、决定的依据和凭证;而上级机关制定的条例、规定、办法以及下达的意见、通知、批复等公文,又是下级机关开展工作、处理问题、解决矛盾时的依据。所以,离开了公文,各级机关将没有依据和凭证,难以开展正常而有秩序的公务活动。

第三节 应用写作对语言的要求

一、准确

准确是对文章语言的一般要求,但是,对应用文来说尤其重要。准确,是应用写作对语言最基本的要求,因为应用文是为解决现实生活中的实际问题而写的,只有用准确的语言来表达客观事物,才能有效地解决实际问题,所以,应用写作对语言准确性的要求特别高。

要使语言准确,应该做到以下几点:

(一)选用最恰当的词语

选词应确切地表达概念的含义,符合表达对象的实际,防止歧义,避免误用。概念是判断、推理的基础,概念准确,才能进行正确的判断、推理。概念是通过词语来表达的,在运用词语来表达概念时,要准确把握概念的内涵与外延,做到用词贴切。如《关于认真贯彻国务院一号文件的通知》,这个标题中的"国务院一号文件",概念不清楚,国务院每年都有"一号文件",那么,这个"一号文件"究竟是哪一年的呢?准确的表达,应在"一号文件"前加上年份,或者干脆写上文件的标题,这样,概念才清楚,不会产生歧义。

(二)精心辨别同义词

从感情色彩、范围、程度等方面注意词义差异,根据表达需要选用适当的词语,防止混淆、失当。如"逝世"与"死亡"、"闭幕"与"收场"等,词的感情色彩不同,使用的对象和场合也不同。又如"诞辰"、"生日"、"寿辰"等词,虽然都是"人出生的日子或每年满周岁那一天"的意思,但是,它们有词义的差异。"诞辰"适用于书面语体,带庄重、尊敬的色彩;"生日"适用于口头语体;"寿辰"适用于庆贺的场合,带较强的庄重、尊敬色彩,指年龄大的人(特别是老年人)的生日。再如"废除"、"解除"和"破除",它们都有"完全去掉不好的或没有用的东西"的意思,但是它们使用的对象不一样:"废除"的对象是不合理的或没有用的东西;"解除"的对象是束缚或压在身心上的东西;"破除"的对象常常是原来被人特别重视的、或信仰的、使人受到蒙蔽的东西。再如"取缔"和"取消",都有废除、去掉某种组织的意思,但是它们在程度上有差异:"取缔"是强行除掉,用权力、法令禁止和限制;而"取消"不一定是通过命令,也不一定是强制的,多用于一般场合。所以,在应用文中使用同义词时,要注意从词义的感情色彩，所涉及的范围和语义的轻重、程度的深浅等方面加以辨别。

（三）造句要合乎语法规范

造句应注意结构的完整性，不出现成分残缺、搭配不当、结构杂糅等语病现象。如：

例1：现在××牌洗衣机，基本上达到了功能齐全、美观大方、经济实惠，同时内胆采用搪瓷为原料，特别适用于寒冷地区使用。

"达到了"之后应有一个宾语，而"功能齐全"、"美观大方"、"经济实惠"却不能充当它的宾语，因此，必须在"经济实惠"之后，加上"的设计要求"，这样句子才通顺。

例2：在万恶的旧社会，逼得他家破人亡。

"在万恶的旧社会"是个介词结构，不能做主语，应该把"在"去掉，"万恶的旧社会"就成了主语。

例句1、2是成分残缺的语病现象。

例3：推广了新技术，全厂的经济效益就显著改善了。

"经济效益"不能说"改善"，只能说"提高"。

例4：大家鼓足了干劲，提前完成了这条大路。

"大路"不能说"完成"，只能说"修完"。

例句3、4是词语搭配不当的语病现象。

例5：顷接贵公司6月5日函称所到之货短缺60箱。

这个句子应分成两句，第一句为"顷接贵公司6月5日来函"，交代我们收到对方来函之事；第二句为"来函称所到之货短缺60箱"，则是说明来函的主要内容。硬把这两句杂糅在一起，句子就不通了。

例6：接8月7日电及9月9日函并附来的信用证均收到。

这个句子把表达相同内容的两种说法"接8月7日电及9月9日函并附来的信用证"和"8月7日电及9月9日函并附来的信用证均收到"硬凑在一起，造成结构上的混乱。

（四）表达内容要合乎逻辑、合情合理，不自相矛盾、不违背事理

有些句子，从语法形式看，成分不缺，搭配也不能说不恰当，但是仍然不准确，原因是它所反映的事理，顾此失彼，不合逻辑。如：

例1：我公司所属工厂，今年全都增产了，只有个别的略有减产。

既然都增产了，怎么还会有减产呢？这就是自相矛盾。

例2：这一场比赛是争夺冠亚军的决赛。

决赛是争夺冠军的比赛,说成"争夺冠亚军",就违背事理了。

(五)语言要适当得体

应用文一般都有特定的读者对象,其语言要受明确的写作对象、专门的读者对象、一定的实用场合等条件的制约,如果语言使用不得体,也会造成语言不准确的现象。例如:

例1:接函后,务必于3天内派负责人前来签订合同,不得有误。

这是"函"中的语言,"函"是属于平行文,签订合同又是平等关系,不能用"不得有误"。

例2:以上各条热诚希望各部门领导积极配合执行。各部门领导、员工接到本通知后,切盼不误事机,迅速开展技改工作。

这是"通知"中的语言,属于下行文,对下级作指示,下级一定要执行,而文中却用"热诚希望"、"切盼"这类可执行可不执行的词语,不妥当。

以上两例,就是语言不得体的例子,语言使用不得体,内容就会不准确。因此,根据不同的对象和场合使用得体的语言,也是语言准确的要求。

应用文语言要做到准确,我们强调了要选用准确的词语来表达客观事物,但是,在特定的语境下,我们需要运用一些模糊语言,因为这些模糊语言在当时的特定语境下恰恰是最得体的准确语言。例如,"让一部分人先富起来","这"一部分"究竟有多少,不可能用精确的语言来表达,因为它本身就是一个不确定的数目,就是存在着某种模糊性的,那就得用相应的模糊性词语来表达。又如《上海市取缔无照经营和非法交易市场暂行规定》(下称《规定》)的第八条规定:

违反本规定第二条,单位从事无照经营的,应当责令终止经营活动,没收非法所得,并可处以3万元以下的罚款;个人从事无照经营的,应当责令终止经营活动,没收非法所得,并可处以1 000元以下的罚款。

这一《规定》中的"3万元以下"和"1 000元以下"都是模糊性词语,但是用它们来表示相应的罚款幅度,对于立法者所要表达的意思,却是相当确切的。一则,对于这样的罚款幅度,难以规定得十分精确;二则,如果对罚款数字规定得过细,在执法实践中难以掌握。现在用模糊词语规定明确的原则,既符合执法实际,也便于操作。执法人员可根据原则,对事实情节进行综合分析,最后确定罚款数字。由此可见,在特定的场合运用模糊词语,只要用得恰当,符合表意的要求,也是准确的表达。

二、简明

简明,即简洁明了。古语说的"文简理周"、"文简事白"、"文约而事丰"、"意则期多,字唯求少",说的都是这个意思。应用文是为了解决实际问题而写的,其语言传递的信息密度越大,越能提高办事效率。简明,最能体现应用文语言的时效性。

语言简明,应当注意以下几点:

（一）删繁就简，力求简短扼要

应用写作的原则是"有话则长，无话则短"，贵在适当。凡是一个字能表现的，决不用两个字；凡是一句话能表达的，决不用两句话。这"一个字"、"一句话"，能够以少胜多，就是精要的、精练的。

1. 注意使用习惯用语

应用写作在长期实践中，逐渐形成了一些定型化、规范化的词语用法，并且约定俗成，成为习惯。尤其在公文写作中，这些习惯用语使用频率很高。如开端用语："为了"、"为使"、"根据"、"按照"、"遵照"；引述用语："收悉"、"阅悉"、"电悉"、"获悉"等等。

2. 经常使用缩略语

缩略语是对专有名词及名词性词组进行概括、压缩而形成的稳定性词语。其中有的是简称，如"十六届四中全会"、"全国人大"等；有的是约定俗成的专有名词，如"两个确立"、"两个维护"、"四个意识"、"四个自信"等。因为这些缩略词语已经被大家所承认，所以使用中既不影响准确表达，又能符合语言简练的要求。

3. 将一些可有可无的字、词、句、段删去

哪些是可有可无的呢？首先是不能说明观点、或与观点关系不大的字、词、句、段，都应删去；其次是重复啰唆的语句，那些无谓的堆砌、过度的修饰，也都属于应精简之列；最后是那些套话、大话也要毫不留情地从应用文中删去。

（二）简练必须以明白为基础，防止简而不明

明白就是让人一看就懂，既不会产生误解，也不费猜测。要使应用文写得明白晓畅，就要做到以下几点：

1. 根据表达的需要，恰当地选用意思明确、自己明白的词语

鲁迅在《且介亭杂文二集·人生识字糊涂始》一文中说："倘要明白，我以为第一是在作者先把似识非识的字放弃，从活人的嘴上，采取有生命的词汇，搬到纸上来；也就是学学孩子，只说些自己的确能懂的话。"鲁迅所讲的是写作一般文章，但也适用于应用写作。选择词语，首先要选含义确定、自己明白的词语，如果自己都不懂或似懂非懂，表达出来的意思必然会含糊不清、晦涩难懂。

2. 要选通俗易懂的词语，不要用冷僻的词语，更不要用生造词语

词语过于冷僻，大多数人就看不懂。所谓生造词语，是指撰写者自己造出来的、别人还不理解它的意义和功能的词语。这种词语，如果写入应用文中，别人当然也会看不懂。

语言的简明，归根到底是思想的缜密和明晰。唐代史学家刘知几说："盖作者言虽简略，理皆要害，故能疏而不遗，俭而无阙。"意思是说，只有抓住事物、事理的要害，才能做到言简意赅的要求，才能写出语言简明的文章来。

三、质朴

质朴，就是用朴素的语言，真实、自然、贴切地表达出深刻、充实的内容，如古人所言，"修

辞立其诚"。应用文语言一般不用文学语言，不必运用描写、抒情的表现手法，不故为曲折，设置波澜，不蕴藉含蓄、闪烁其词，更不要刻意去追求华丽的词藻。应用写作应以达意为主，"有真意，去粉饰，少做作，勿卖弄"，用平实的语言来叙述过程，说明事物，阐明道理。如：

上海市人民政府关于表彰
2018年度上海市科学技术奖获奖人员（项目）的决定

沪府〔2019〕33号

各区人民政府，市政府各委、办、局：

为全面贯彻党的十九大精神，大力推进科技进步和自主创新，根据《上海市科学技术奖励规定》，经评审专家初评、复核和上海市科学技术奖励委员会审定，市政府决定，对下列人员和项目授予2018年度上海市科学技术奖，共300项（人）：

一、授予张显程、张远波、游书力、白志山、熊红凯、蒲华燕、达声蔚、陈运文、姜正文、李宗海10人上海市青年科技杰出贡献奖。

二、授予28个项目上海市自然科学奖。其中，"乙型肝炎慢性化的多重新机制及治疗策略研究"等12个项目为一等奖，"远离平衡态下陶瓷材料烧结与结构调控"等10个项目为二等奖，"大脑听觉皮层可塑性研究"等6个项目为三等奖。

三、授予30个项目上海市技术发明奖。其中，"高性能DDR内存缓冲控制器芯片设计技术"等9个项目为一等奖，"功能性液晶高分子材料（TLCP）的制备及关键技术开发研究"等12个项目为二等奖，"生物炭基肥料制品的研制及产业化应用"等9个项目为三等奖。

四、授予231个项目上海市科技进步奖。其中，"上海65米射电望远镜系统研制""上海中心大厦工程关键技术"2个项目为特等奖，"ARJ21喷气支线客机"等34个项目为一等奖，"多晶性药物的晶型调控及其工程化应用"等78个项目为二等奖，"建筑可再生能源关键技术研究与应用"等117个项目为三等奖。

五、授予张树庭（澳大利亚籍）1位外籍专家上海市国际科技合作奖。

希望获奖者再接再厉，争取更大成绩。希望全市科技工作者向获奖者学习，继续发扬求真务实、勇于创新的科学精神，努力取得科学技术的重大突破，为上海加快建设具有全球影响力的科技创新中心作出更大贡献。

上海市人民政府
2019年4月16日

（录自《上海市人民政府公报》2019年第10期）

这份决定的开头简明扼要地写明作出这一决定的依据和理由，然后，直截了当地写明所决定的事项，最后分别向"获奖单位和人员"、"全市各有关单位和全体科技工作者"发出号召，语言平实、朴素，没有华丽的词藻，也没有大话、空话，一切都显得那么质朴、自然。

要使语言达到质朴的要求，并不是轻而易举的事。宋代人李涂在《文章精义》中说："文章不难于巧而难于拙，不难于曲而难于直，不难于细而难于粗，不难于华而难于质。"这就告诉我们，运用质朴的文辞，深入浅出地叙事明理，把文章写得晓畅明了，需要付出艰苦的努力。

四、庄重

庄重，就是端庄、郑重。应用写作对语言的这一要求，在公文中表现得最为明显、最为强烈。因为公文具有法定的权威性，要求与之相适应的语言应该体现庄重性。

公文语言的庄重性，是其发文单位办理公务的严正立场、严肃态度的体现，也是其鲜明的权威性和严格的行政约束力的要求。

庄重的语言，要注意以下几点：

（一）严格使用规范的书面语言

公文的用词造句，都应严格地按照现代汉语的规范要求。用书面语言，不用口语，更不用土语方言。书面语言不但可以使语言简洁明快，而且还能增强语言的庄重色彩。如口语中常说的"越快越好"、"暂时不要付印"，意思固然清楚，但不够凝练，如用书面语言"从速"、"缓印"，既简明又庄重。又如"顷接贵公司8月4日来函，获悉贵公司……"，这个句子中的"顷接"、"获悉"就是书面语言，用在这里使信函显得庄重，表示对对方的重视。如改用"刚刚收到"、"知道"、"了解"等口头语，那么这封信函就不像公文了。

（二）多用陈述句和祈使句，少用或不用感叹句和疑问句

陈述句便于直接明确地表明立场，解释概念，陈述事务。如：

这次重大事故的主要责任者，不是一般的违反劳动纪律和操作规程，而是擅离岗位，玩忽职守。这是绝对不能允许的，必须依法追究刑事责任，严加惩处。

这显然是一个陈述句，先用"不是"和"是"对这次重大事故的责任者的错误性质作出判断，然后表明对主要责任者必须严加惩处的态度。观点鲜明，态度严肃，语言庄重，体现了公文的权威性。

祈使句能明确要求人们应该做什么，不该做什么，这正符合公文语言庄重性的要求。如：

在现有的交通、邮电、环卫等各类市政公用设施，文化、教育、卫生、体育等各类公共服务设施，以及工厂、仓储等第二产业的用地上，凡新建、改建、扩建建设项目，必须严格按照经批准的规划执行，不得随意改变土地使用性质。

这个祈使句，用"必须"强调了肯定的愿望和要求，用"不得"表示了否定的愿望和要求，这样的祈使句也体现了公文语言的庄重性，这种祈使句一般用于下行文，常用"必须"、"坚决"、"不得"、"严禁"等词。

（三）常用介词短语

介词短语是由介词和名词、代词或名词性词组组成的，表示方向、对象、时间、范围、原因、目的等的语法结构。它在句子中作状语或定语。既使句子表达严密，又能表意清楚、明

确、突出，从而保证公文内容的准确性、严肃性和庄重性。如下面一段文字：

为了更好地贯彻执行国务院国发〔200×〕××号文件精神，根据地方有关部门的要求，现将新产品开发成果奖的有关规定摘发给你们，请参照执行。

短短的一段文字，用了"为了、根据、将、有关、参照"五个介词组成的介词短语，运用这些介词短语，使得应用文在表述客观事物时更加趋于严密和庄重。

公文中所使用的介词，大致有以下几种：表对象、关联的有"对、对于、将"等；表范围或起提示作用的有"关于"等；表根据的有"根据、依照、凭、遵照、据"等；表状态、方式的有"按照、以、通过、照、参照、按"等；表目的的有"为了、为、为着"等；表时间、处所的有"自、自从、从、到、在、当、于"等；表处所、方向的有"从、自、向、在、于"等；表原因的有"由、由于"等；表比较的有"比、同、跟"等；表排除的有"除、除了"等。

第四节　应用写作要求作者具有的修养

一、努力学习党和国家的方针、政策

党和国家的方针、政策，是各级党政机关、人民团体、企事业单位开展工作和生产的指针，也是撰写应用文，尤其是公文、事务文书、法律文书和经济文书的依据，应用文作者政策水平的高低，直接关系到所写文稿的质量。

中共中央办公厅和国务院办公厅2012年4月16日联合发布的《党政机关公文处理工作条例》指出："党政机关公文是党政机关实施领导、履行职能、处理公务的具有特定效力和规范体式的文书，是传达贯彻党和国家方针政策，公布法规和规章，指导、布置和商洽工作，请示和答复问题，报告、通报和交流情况等的重要工具。"由此可见，传达、贯彻党和国家的方针、政策是撰写公文的首要任务。

有些公文是直接传达贯彻党和国家的方针、政策，有些公文虽然没有直接传达党和国家的方针、政策，但是都要以党和国家的方针、政策为依据。例如制定"章程"和"制度"，其内容必须符合党和国家的方针、政策，符合行政法律、法规，任何机关或单位制定的"章程"和"制度"的内容不能同党和国家的方针、政策、法律、法规相抵触。写公文如此，写其他的文书也同样要以党和国家的方针、政策作为指南。如制定"计划"，也要以党和国家的路线、方针、政策作为指导思想和依据，因为只有把握了正确的方向，并将其体现在计划之中，这样的计划才能指导本单位的工作沿着正确的轨道前进和发展。

因此应用写作的作者首先要努力学习马克思列宁主义、毛泽东思想、邓小平理论、"三个代表"重要思想、科学发展观、习近平新时代中国特色社会主义思想等重要理论，努力学习党的二十大会议精神，努力学习党和国家的方针、政策，学习行政法规和规章，尤其要学好同本单位的业务活动有关的法规、规章，深刻领会其精神实质，不断提高自己的政策水平。

二、深入实际,调查研究

应用写作的作者除了提高政策水平外,还要深入实际,调查研究。因为应用文是为解决现实问题而写的,要解决问题,就必须对问题做出正确的判断。而正确的判断,来自对问题有充分的认识,对实践情况有全面的了解,这就需要深入实际,进行周密的调查研究,充分掌握第一手材料,只有透彻地了解情况,才能用马克思主义的认识论进行科学分析,从而得出正确的结论。不少应用文,如事务文书中的调查报告、总结、简报,经济文书中的经济预测报告、经济活动分析报告等,不进行调查研究就根本无法写作。

调查研究包括两个方面:一是深入实际,进行调查。调查的方法很多,除了传统的开调查会和个别访问外,还有抽样调查、民意调查、专家论证等现代的调查方法。通过调查,占有大量材料,既要获取间接材料,更要掌握第一手的直接材料;既要了解面上情况,又要了解点上情况;既要了解事物的现状,还要了解它的历史;既要听取正面的意见,又要听取反面的意见。总之,占有材料越丰富,越全面,对做出正确的判断越有利。二是研究分析,做出正确的判断。占有材料,掌握情况,是研究分析的基础,而研究分析是调查的发展和深化,要得出正确的结论,还需要以马克思列宁主义、毛泽东思想、邓小平理论、"三个代表"重要思想、科学发展观、习近平新时代中国特色社会主义思想为指导,进行科学分析和综合研究,去粗取精,去伪存真,鉴别主次,明辨是非,从现象中抓住本质,找出事物内在的规律。只有经过这样的分析研究,才能做出符合实际的判断,得出正确的结论。

三、了解和掌握应用文的各种格式和写作要求

应用写作的作者与写一般文章的人一样,都要具有一定的语文基础知识和写作能力,能够综合运用语法、逻辑、修辞知识和一般的写作知识,学会文章的立意、选材、谋篇布局和表达方式。除此之外,应用写作的作者还须了解和掌握应用文的各种格式和写作要求。因为,应用文写作是一种专业性的写作,它有自己的特点,会写一般文章的人,如果不懂得应用文的格式与写作要求,未必能写好应用文。

体式的规范性,是应用文的一个特点,应用文与一般文章不同,它有一定的格式。这种格式,有的是约定俗成的,有的是行政机构统一规定的。例如书信的格式,就是由称谓、问候语、正文、祝颂语、具名、日期等几个部分组成,它的格式是约定俗成的。又如合同,根据《中华人民共和国合同法》的规定,一份合同必须包括当事人的名称或者姓名和住所、标的、数量、质量、价款或者报酬、履行的期限、地点与方式、违约责任、解决争议的方法等多项内容,格式也有一定规范。如果不按照这种要求来写,就不是一份合格的合同。至于公文的格式,规定得更加严格。国家质量监督检验检疫总局、国家标准化管理委员会在 2012 年 6 月发布的《党政机关公文格式》(GB/T 9704-2012)对公文制作格式作了详细规定,任何个人或机关不得随意改动,如果不了解和掌握公文的格式,就无法写出一份像样的公文。

另外,应用文的实用性和简明性,要求作者在表达内容时,必须用最精练的文字,准确、

平实地说明事由、解说事理、陈述办法,不能像文学创作那样,用形象含蓄的语言,委婉曲折地表达主题。应用写作多用叙述和说明的表达方式,不用描写和抒情,议论也只处于从属地位,往往是在叙述、说明的基础上进行,而且不能长篇大论,只是在需要分析、论证的地方,采取夹叙夹议的方法,或采取点评的方式,加以适当的议论,一般不作深入的论证。至于应用文中的叙述方式,也是一种概括的轮廓性的叙述,不求详尽和细致,只要能把事实说清楚就行。

四、多写多修改

文章要写得好,有赖于多写多修改,写作实践是写好文章的关键,写应用文也是这样。掌握应用文的写作知识,是非常必要的,但这些知识只是一些写作方法,知道了写作方法,并不等于就能写好应用文,只有不断地实践,多写多练,才能把学到的写作知识转化为熟练的技巧。古人说:文章硬涩由于不熟,不熟由于不做。可见,只有多写,才会熟能生巧,运用自如,以至达到炉火纯青的地步。

写应用文,除了多写多练习外,还要多修改。有人说,好文章是改出来的,这话有一定的道理。因为文章是反映客观事物的,而客观事物是复杂的,文章写一次就完全正确、恰当是不大可能的。因此写好文章后,就要反复修改,不断完善。鲁迅在《答北斗杂志社问》中说:"写完后至少看两遍,竭力将可有可无的字、句、段删去,毫不可惜。"他逝世前写的最后一篇文章《因太炎先生而想起的二三事》,就修改了五十多处。这个道理也同样适用于应用写作。一篇应用文的初稿写成后,要反复审阅,看看观点是否正确,观点与材料是否统一,有没有多余的材料可删去,或者有没有材料不充分而需要增加的,再看看结构安排是否恰当,是否符合文体格式的要求,在遣词造句方面,有没有重复啰唆表达不清的,有没有用词不当或书写错误的地方。若有不妥,都要仔细修改,即使是一个标点符号也不能放过。

【复习思考】

1. 应用写作有哪些特点?
2. 应用写作有哪些作用?
3. 应用文文体的语言与文学文体的语言相比较,有哪些明显的区别?
4. 你认为怎样才能学好应用写作这门课程?

第二章　党政公文

第一节　党政公文概述

一、党政公文的含义与特点

党政机关公文是党政机关实施领导、履行职能、处理公务的具有特定效力和规范体式的文书，是传达贯彻党和国家方针政策，公布法规和规章，指导、布置和商洽工作，请示和答复问题，报告、通报和交流情况等的重要工具。① 党政公文具有以下几个明显的特点：

第一，法定性。党政机关公文不是任何人都能写作的，公文的制作者必须是法定制作者。这是公文与一般文章作者的一个显著区别。

公文所谓的法定制作者，是指那些依法成立，并以自己的名义行使并承担义务的机关、组织或法人代表。在多数情况下，公文是以机关的名义或机关的某一部门的名义制发的。公文的发文有时也用国家领导人或机关首长的名义，公文的内容与国家的政治、政策密切相关，体现着统治阶级的意志，并为统治阶级服务。

第二，权威性。公文是代表党政机关立言的，因此具有一定的权威性。发文单位在它的职权范围内有权领导、指挥各项公务活动。它对受文机关或个人具有不同程度的约束力。党政机关公文一旦发布实施，就必须遵照执行，不得违反。

第三，规范性。公文的规范性主要体现在两方面，一是体式规范，二是程序规范。体式规范体现在公文作为一种特殊的应用文文体具有特定的结构、格式和语言要求。公文格式应遵照国家有关部门专门制定的规范化标准。国家质量监督检验检疫总局、国家标准化管理委员会2012年6月29日发布的国家标准《党政机关公文格式》（GB/T 9704-2012），对公文用纸、版面要求、印刷装订要求、表格、计量单位、标点符号和数字的用法等都作了详细、明确的规定。程序规范体现在公文的收发都必须经过规定的处理程序。公文的发文办理包括复核、登记、印制、核发等程序。公文的收文办理包括签收、登记、初审、承办、传阅、催办、答复等程序。公文办理完毕后，应当根据《中华人民共和国档案法》和其他有关规定，及时整理归档。

第四，时效性。公文是为解决现实工作中存在的实际问题而形成和使用的，因此时效性特别强，一项工作一旦完成，公文的使命亦随之结束。失去时效后，公文依法具有查考的价值。

---

① 《党政机关公文处理工作条例》，中办发〔2012〕14号。

二、党政公文的种类

根据中共中央办公厅、国务院办公厅 2012 年 4 月 16 日联合发布的《党政机关公文处理工作条例》的规定,我国党政机关的公文种类主要有决议、决定、命令(令)、公报、公告、通告、意见、通知、通报、报告、请示、批复、议案、函、纪要 15 种。

从不同的角度,按不同的标准,公文可以划分出不同的种类。

按其行文方向,可将公文分为上行文、下行文、平行文三类。上行文是下级机关向上级机关报送的公文,主要文种有请示、报告等。下行文是上级机关向下属机关发送的公文,主要文种有命令(令)、意见、决定、决议、公报、公告、通告、通知、通报、批复等。平行文是同级机关或不相隶属机关之间往来的公文,主要是函,也包括某些意见、纪要等。

根据公文的机密情况划分,有秘密公文和非秘密公文两类。秘密公文是指那些内容涉及党和国家安全、需要限制阅读范围的重要公文。其秘密程度又分为绝密、机密、秘密三个等级。

根据公文的使用范围,可将公文分为通用公文和专用公文两类。通用公文是指党和国家机关、企事业单位普遍使用的公文。专用公文指的是在一定的业务部门和一定的业务范围内根据某些特殊需要而习惯使用的公文,如外交文书、司法文书、军事文书等。

三、党政公文的作用

(一)领导与指导作用

公文是传达贯彻落实党和国家方针、政策及各项指令的有效形式。是上级机关对下级机关领导与指导的一种工具。它可以传达上级机关的指示、工作安排。公文一旦下发后,下级机关应贯彻执行,这就体现了领导作用。上级机关通过公文对下级机关请示的问题要作出回答,提出指导性的意见,批复下级,这就起了指导作用。

(二)联系沟通作用

各类国家党政机关、企事业单位、人民团体在正常运转时,公文将上级机关的各项决定、指示传达给下级机关,下级机关用请示、报告等公文将问题、意见和情况反映给上级机关。同级或不相隶属的单位之间通过公文进行交往,沟通信息,相互协调,建立足可凭信的有效联系,上情下达,下情上呈,互相沟通,协调步调。因此,对国家党政机关管理来说,公文的联系沟通作用至关重要。

(三)宣传教育作用

党政机关公文具有较强的政策性、理论性与实践活动的指导性,具有启发觉悟和提高认识水平的宣传教育作用。下行公文可使下级机关和广大干部群众了解党和国家的方针政策。上行公文可使上级机关了解下级机关遇到的问题、意见和情况以便作出批复、指导。平行公文可使不相隶属的机关之间交流经验、互通情报。公文中的通报、决定等文种,可用于表彰、嘉奖先进模范人物,批评、惩处犯错误的人,这对广大干部群众也起了教育作用。

(四) 凭证与依据作用

党政机关公文有法定的制作者,特定的格式以及极大的权威性,因此它是处理问题的依据。有些重要公文,既有现实作用,又有历史作用,被永久保存下来,成为珍贵的历史记录和凭证,或有重大价值的档案资料,也是编史、修志的依据和凭证。因此,公文的凭证和依据作用不可忽视。

四、党政公文的格式

党政机关公文有其规定的格式,这是公文有别于其他文体的标志之一。《党政机关公文处理工作条例》规定,公文一般由份号、密级和保密期限、紧急程度、发文机关标志、发文字号、签发人、标题、主送机关、正文、附件说明、发文机关署名、成文时间、印章、附注、附件、抄送机关、印发机关和日期、页码等要素组成。党政机关公文将版心内的公文格式各要素划分为版头、主体、版记三部分,现将公文格式及各组成部分叙述如下。

(一) 版头部分

公文首页红色分隔线以上的部分称为版头。版头由公文份号、秘密等级和保密期限、紧急程度、发文机关标志、发文字号、签发人、版头中的分隔线7个要素构成。

1. 公文份号

公文份号是将同一个文稿印制若干份时每份公文的顺序编号。其主要作用是为了便于公文的登记、分发和查找,以及对公文进行统计和管理,通常用于涉密公文。如需标注份号,一般用6位阿拉伯数字,顶格标识在版心左上角第一行。

2. 秘密等级和保密期限

按国家规定,涉及国家秘密的公文应当标明密级和保密期限。公文的密级分为"绝密"、"机密"、"秘密"三个等级,如需标注密级,一般用3号黑体字,顶格编排在版心左上角第二行;如需同时标注密级和保密期限,则两项同用3号黑体字,顶格编排在版心左上角第二行,密级和保密期限之间用"★"隔开。保密期限中的数字用阿拉伯数字标注。

3. 紧急程度

紧急程度是对公文送达和办理的时限要求。公文的紧急程度分为"特急"和"加急"两种。其中电报又分为"特提"、"特急"、"加急"和"平急"四种。

如需表示紧急程度,一般用3号黑体字,顶格编排在版心左上角,如需同时标注份号、密级和保密期限、紧急程度,按照份号、密级和保密期限、紧急程度的顺序自上而下分行排列。

4. 发文机关标志

由发文机关全称或规范化简称后加"文件"二字组成;也可以使用发文机关全称或规范化简称。发文机关标志居中排布,上边缘至版心边缘 35 mm,推荐使用小标宋体字,颜色为红色,以醒目、美观、庄重为原则。

联合行文时应使主办机关名称在前,"文件"二字置于发文机关名称右侧,上下居中排布;如联合行文机关过多,必须保证公文首页显示正文。

5. 发文字号

发文字号由发文机关代字、年份和发文顺序号组成。在发文机关标志下空二行,居中排布;年份、发文序号用阿拉伯数字标注;年份应标全称,用六角括号"〔 〕"括入;发文顺序号不编虚位(即1不编为01),不加"第"字。联合行文时,只注明主办机关发文字号。上行文的发文字号居左空一字编排,与最后一个签发人姓名处在同一行。

6. 签发人

上报的公文须标识签发人姓名,标识在红色分隔线的右上方,居右空一字;发文字号则要对称排列在左侧,居左空一字。"签发人"三字用3号仿宋体字,用3号楷体字标识签发人姓名。

如有多个签发人,签发人姓名按照发文机关的排列顺序从左到右、自上而下依次均匀编排,一般每行排两个姓名,回行时与上一行第一个签发人姓名对齐。

7. 分隔线

在发文字号之下4 mm居中处印一条与版心等宽的红色分隔线。

(二)主体部分

1. 公文标题

标题一般包括发文机关名称、事由、文种三部分。一般用2号小标宋体字,编排于红色分隔线下空二行位置,分一行或多行居中排布;回行时,要做到词义完整,排列对称,间距恰当,标题排列应当使用梯形或菱形。

公文的标题很重要,它要概括地揭示出文件的主要内容,其中事由部分常用"关于"引起,组成一个介词结构。除法规、规章需加书名号、荣誉称号要加双引号以外,公文标题中一般不出现标点符号。

2. 主送机关

主送机关即公文的主要受理机关,应当使用机关全称、规范化简称或同类型机关统称。编排在标题下空一行处位置,居左顶格,回行时仍须顶格,最后一个主送机关名称后标全角冒号。如主送机关名称过多使公文首页不能显示正文时,应将主送机关名称移至版记。

3. 公文正文

正文是公文的主体核心部分,一般分为开头、主体、结尾三个部分。除简短的公文外,正文的开头都要提出发文的目的或根据。如系复文,开头要提出对方来文的日期、文号、事由及文种。主体部分要观点鲜明,内容具体,层次清楚,文字简洁。结尾部分要根据不同的内容、不同的文种分别使用公文的习惯用语,如上级机关要求下级机关按公文内容办理时可用"希即遵照执行"。下级机关向上级机关请示办法时可用"请批复"等结束用语。

公文首页必须显示正文,一般用3号仿宋体字,编排于主送机关名称下一行,每自然段左空二字,回行顶格。文中结构层次序数依次可用"一、"、"(一)"、"1."、"(1)"标注;一般第一层用黑体字、第二层用楷体字、第三和第四层用仿宋体字标注。

4. 附件说明

公文如有附件,在正文下空一行左空二字编排"附件"二字,后标全角冒号和附件名称。如有多个附件,使用阿拉伯数字标注附件顺序号(如"附件1.×××××××")附件名称后不加标点符号。附件名称较长需回行时,应当与上一行附件名称的首字对齐。

5. 发文机关署名、成文日期和印章

发文机关署名,署发文机关全称或者规范化简称。成文日期,署会议通过或者发文机关负责人签发的日期。联合行文时,署最后签发机关负责人签发的日期。

(1)加盖印章的公文

成文日期一般右空四字编排。单一机关行文时,一般在成文日期之上,以成文日期为准居中编排发文机关署名;联合行文时,一般将各发文机关署名按照发文机关顺序整齐排列在相应位置。

(2)不加盖印章的公文

单一机关行文时,在正文(或附件说明)下空一行右空两字编排发文机关署名,在发文机关署名下一行编排成文日期,首字比发文机关署名首字右移二字,如成文日期长于发文机关署名,应当使成文日期右空二字编排,并相应增加发文机关署名右空字数。

联合行文时,应当先编排主办机关署名,其余发文机关署名依次向下编排。

(3)加盖签发人签名章的公文

单一机关制发的公文加盖签发人签名章时,在正文(或附件说明)下空二行右空四字加盖签发人签名章,签名章左空二字标注签发人职务,以签名章为准上下居中排布。在签发人签名章下空一行右空四字编排成文日期。

联合行文时,应当先编排主办机关签发人职务、签名章,其余机关签发人职务、签名章依次向下编排,与主办机关签发人职务、签名章上下对齐;每行只编排一个机关的签发人职务、签名章;签发人职务应当标注全称;签名章一般用红色。

(4)成文日期中的数字

用阿拉伯数字将年、月、日标全,年份应标全称,月、日不编虚位(即"1"不编为"01")。

6. 印章

公文中有发文机关署名的,应当加盖发文机关印章,并与署名机关相符。印章用红色,不得出现空白印章。印章端正、居中下压发文机关和成文日期,印章之间排列整齐,互不相交或相切;印章顶端应当上距正文(或附件说明)一行之内。有特定发文机关标志的普发性公文和电报可以不加盖印章。

加盖发文机关印章或加盖签发人签名章,是证明公文效力的形式,即公文生效标识。

当公文排版后所剩空白处不能容下印章或签发人签名章、成文日期时,可以采取调整行距、字距的措施解决。

7. 附注

公文如有附注,居左空二字加圆括号编排在成文日期下一行。

8. 附件

附件是公文正文的说明、补充或者参考资料。附件应当另面编排,并在版记之前,与公文正文一起装订。"附件"二字及附件顺序号用3号黑体字顶格编排在版心左上角第一行。附件标题居中编排在版心第三行。附件顺序号和附件标题应当与附件说明的表述一致。附件格式要求同正文。如附件与正文不能一起装订,应当在附件左上角第一行顶格编排公文的发文字号并在其后标注"附件"二字及附件顺序号。

（三）版记部分

公文末页首条分隔线以下、末条分隔线以上的部分称为版记。公文的版记包括版记中的分隔线、抄送机关、印发机关和印发日期3个要素。

1. 分隔线

版记中的分隔线与版心等宽,首条分隔线与末条分隔线用粗线(推荐高度为0.35 mm),中间的分隔线用细线(推荐高度为0.25 mm)。首条分隔线位于版记中第一个要素之上,末条分隔线与公文最后一面的版心下边缘重合。

2. 抄送机关

抄送机关是指除主送机关外需要执行或知晓公文的其他机关,应当使用全称或规范化简称或者同类型机关统称。

如有抄送机关,标注在公文末页下端两条黑色分隔线之间,一般用4号仿宋体字,在印发机关和印发日期之上一行、左右各空一字编排。"抄送"二字后加全角冒号和抄送机关名称,回行时与冒号后的首字对齐,最后一个抄送机关名称后标句号。

3. 印发机关和印发日期

印发机关和印发日期一般用4号仿宋体字。编排在末条分隔线之上,印发机关左空一字,印发日期右空一字,用阿拉伯数字将年、月、日标全,年份应标全称,月、日不编虚位(即1不编为01),后加印发二字。版记中如有其他要素,应当将其与印发机关和印发日期用一条细分隔线隔开。

（四）页码

页码即公文页数顺序号。页码位于版心外。一般用4号半角宋体阿拉伯数字,编排在公文版心下边缘之下,数字左右各放一条一字线;一字线上距版心下边缘7 mm。单页码距右空一字双页码居左空一字。公文的版记页前有空白页的,空白页和版记页均不编排页码。公文的附件与正文一起装订时,页码应当连续编排。

除了公文格式以外,公文的用纸幅面尺寸及版面等要求也应按照《党政机关公文格式》国家标准执行。公文用纸一般采用标准A4型纸,其成品幅面尺寸为:210 mm×297 mm。

特殊形式的公文用纸幅面,可根据实际需要确定。公文使用的汉字、数字、外文符号、计量单位和标点符号等,按照有关国家标准和规定执行。民族自治地方的公文,可以并用汉字和通用的少数民族文字。

党政机关公文版式的排列可参阅图2-1至图2-3。

五、党政公文的行文关系与规则

(一)公文的行文关系

1. 上下级关系

上级机关可以向下级机关主送领导或指导性、询问性、规定性的下行文,指挥、布置工作,处理问题,回答请示询问;下级机关只能向上级机关主送陈述、呈请性的上行文,请求帮助和指示。

2. 平级关系

平级关系即相同级别的机关或部门、单位之间的关系。其代表性文种是平行文"函"。

3. 非隶属关系

非隶属关系指不是同一垂直组织系统、不发生直接职能往来机关之间的关系。这些机关之间,若有公务需要联系,用"函"行文即可。

(二)公文的行文规则

行文规则是公文运行中应遵守的规矩、法则,《党政机关公文处理工作条例》第四章对公文的行文规则作了详细的规定:

1. 行文应当确有必要,讲求实效,注重针对性和可操作性。

2. 行文关系根据隶属关系和职权范围确定。一般不得越级行文,特殊情况需要越级行文的,应当同时抄送被越过的机关。

3. 向上级机关行文,应当遵循以下规则:

(1)原则上主送一个上级机关,根据需要同时抄送相关上级机关和同级机关,不抄送下级机关。

(2)党委、政府的部门向上级主管部门请示、报告重大事项,应当经本级党委、政府同意或者授权;属于部门职权范围内的事项应当直接报送上级主管部门。

(3)下级机关请示事项,如需以本机关名义向上级机关请示,应当提出倾向性意见后上报,不得原文转报上级机关。

(4)请示应当一文一事。不得在报告等非请示性公文中夹带请示事项。

(5)除上级机关负责人直接交办事项外,不得以本机关名义向上级机关负责人报送公文,不得以本机关负责人名义向上级机关报送公文。

(6)受双重领导的机关向一个上级机关行文,必要时抄送另一个上级机关。

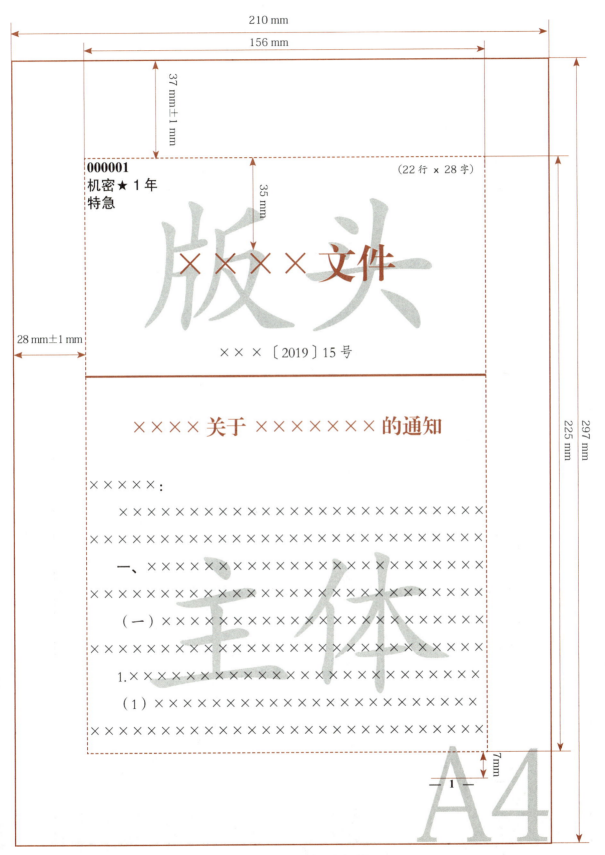

图 2-1　公文首页版式

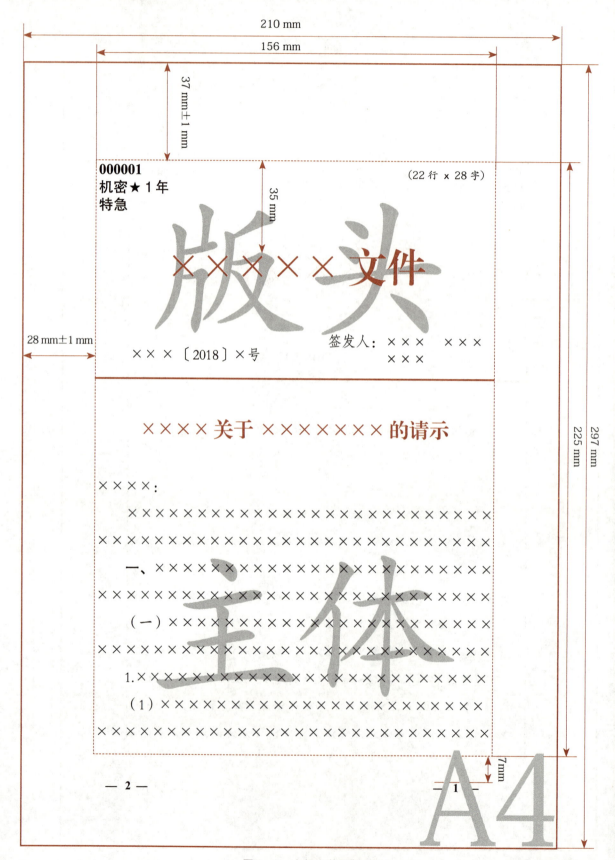

图 2-2 上行文首页版式

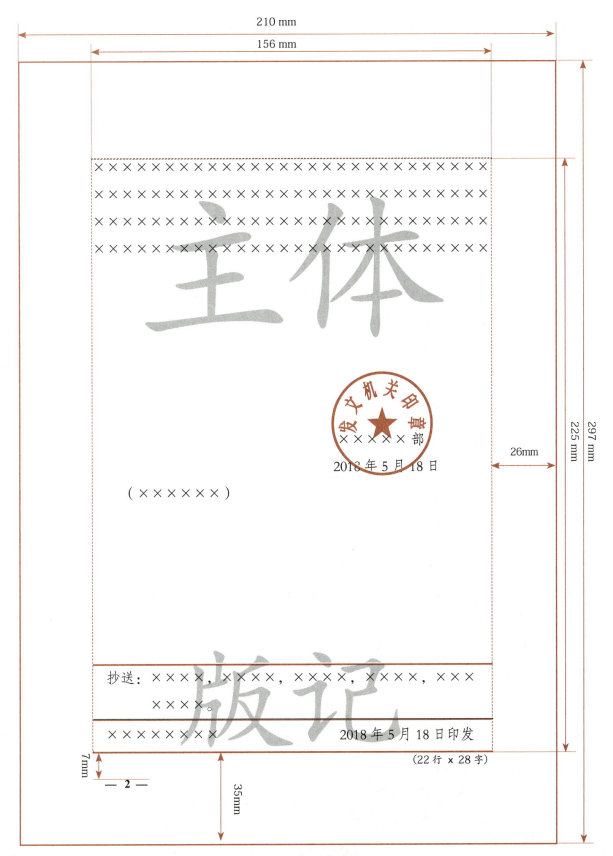

图 2-3 公文末页版式

4. 向下级机关行文,应当遵循以下规则:

（1）主送受理机关,根据需要抄送相关机关。重要行文应当同时抄送发文机关的直接上级机关。

（2）党委、政府部门的办公厅(室)根据本级党委、政府授权,可以向下级党委、政府行文,其他部门和单位不得向下级党委、政府发布指令性公文或者在公文中向下级党委、政府提出指令性要求。需经政府审批的具体事项,经政府同意后可以由政府职能部门行文,文中须注明已经政府同意。

（3）党委、政府的部门在各自职权范围内可以向下级党委、政府的相关部门行文。

（4）涉及多个部门职权范围内的事务,部门之间未协商一致的,不得向下行文;擅自行文的,上级机关应当责令其纠正或撤销。

（5）上级机关向受双重领导的下级机关行文,必要时抄送该下级机关的另一个上级机关。

5. 同级党政机关、党政机关与其他同级党政机关必要时可以联合行文。属于党委、政府各自职权范围内的工作,不得联合行文。

党委、政府的部门依据职权可以相互行文。

部门内设机构除办公厅(室)外不得对外正式行文。

六、党政公文的语言

（一）公文的专用词语

公文的词语,是在公文写作实践中形成的,多数是规范化的书面词语。这些词语,词性确定,词义明确,用途固定,使用频率较高,并为从事公文写作的人员所熟悉。

现将比较常见的公文词语归纳如下:

1. 称谓用语

是在公文中表示称谓关系的词语。第一人称的有:我、本。如我局、本校。第二人称的有:你、贵。如你校、贵局。第三人称的有:该。如该局、该厂。

2. 经办用语

说明工作处理过程或有关情况的习惯用语。主要有:经、业经、已经、兹经。如"××一事业经上级批准"、"经研究同意并经报请领导审查批准"。

3. 引叙用语

是在公文中引叙来文时的用语,作为行文的依据。主要有:前接、近接、悉等。

4. 期请用语

希望对方予以答复的习惯用语。

上行文:请、恳请。如"恳请予以指示"。

平行文:请、希。如"即请查照见复"。

下行文:请、望。如"请即上报为要"。

5. 表态用语

是在公文中表明对某一事项态度的词语。主要有：同意、不同意、可行、不可行、照办。如"我局不同意所拟办法"、"所拟办法可行"。

6. 征询用语

是用于上行文表明征询对方意见的词语。主要有：当否、是否可行、可否、是否同意。如"以上意见是否可行"，"所提办法是否同意"。

7. 期复用语

是用于上行文表示请求答复的词语。主要有：请批示、请核示、请回复、请指示等。这类用语一般同征询用语连用，如"以上意见当否，请批示。"

8. 过渡用语

过渡用语指承上启下的习惯用语，即在陈述情况、理由、根据之后，用过渡语承上启下引出具体办法、措施，如"现通告如下"、"综合上述"、"据此"、"为此"。

9. 开头用语

开头用语往往是在公文开头时，提出行文的根据、目的、然后引出具体内容。如为了、根据、关于、鉴于、遵照、按照、兹、查等等。如"根据……通知，现将……报告如下"。

10. 结尾用语

不同种类的公文，有不同的结尾用语。常用的有：为要、为盼、为荷、特此通知。

上行文如："以上意见如无不当，请批转各地执行"、"以上请示恳请予以批复"。

平行文如："以上意见是否不当，希即函复为荷"、"特此函复，即请查照"。

下行文如："请遵照执行（为要）"、"希即将情况上报为要"。

（二）数词的运用

运用数词表述有时比一般文字叙述更直观、确切，传达信息更迅速，直接关系到公文的效用。在公文中，表示数量一般用阿拉伯数字，特殊情况下使用汉字，同一文件中同类数量的表示方法应前后一致。

1. 数词的种类

基数：表示数目多少的词。如"一、二、三、……千、万、亿……"。

序数：表示秩序先后的词。如"第一、第二，首先、其次"等。

分数：用"几分之几"表示数目的词。

倍数：表示一个数是另一个数几倍的数词。如"一倍、十倍"等。

概数：表示不肯定或不确定数目的词。如"多少、若干、以上、以下"等。

2. 数词的用法

倍数、分数的表述法：表示数量增加时用倍数或分数，如"产量增长了一倍"、"产量提高了20％"。表示数量减少时，只用分数，不用倍数，如"发病人员减少50％"，不能说"减少一倍"。

数量增减的表述法：表示数量增加的，包括增长、扩大、提高、上升，如果带"了"，只指净增数,不包括底数;如果带"到"、"至"、"为"字,则指增加后的总数,即包括底数和新增数。如从 500 元到 1 000 元,应说"增加了一倍",或"增加到两倍"。表示数量减少的,如果带"了"字,则指减少的差额,即纯减数,常用"减少了"、"降低了"、"下降了"等;如果带"到"、"至"、"为"字,则指减少后的余数。如从 1 000 元到 600 元,应说"减少了 40%",或"减少到 60%"。

概数的表述法:用概数反映数量的近似值时,常在数字后面带上"以上、以下、左右、上下"等字样,或在数字前面写上"约、大约、近"等字样。用"以上、以下"表示分界时,应标明本数是否包含在内。如"凡年龄在 20 岁以上(含 20 岁)者,均可报名参加。"

"两"的表述法:"两"是表示"2"的数目。一般用于量词前和"百、千、万、亿"之前,如"两个"、"两万"等。"两"不能作序数,不能把"第二"说成"第两";在多位数的中间和末尾,也不用"两",而要用"二",如"三百二十二"。

(三) 模糊词语的运用

模糊词语是指无法给出精确定义、所指范围不太分明的词语。它具有不确定性、概括性和灵活性。模糊词语在公务文书中大量运用,有着精确词语不可替代的作用。

1. 有利于反映事物变化的过程

公文中有关时间、长度、重量、速度等的模糊词语,具有反映事物变化过程的功能。如"到本世纪末,要使我国经济达到小康水平。"其中的"本世纪末"反映了时间的推移过程。

2. 可以使词语表述周密严谨

公文语言要求周密严谨,在很多情况下,模糊词语比精确词语更能发挥此种作用。如"不准以任何资金、任何名义兴建计划外建设工程。"其中"任何"两字使意思表达得完整、周严、无懈可击。

3. 能使词语表述更机动灵活

公文语言在许多情况下,要留有余地,不能把话说死,说绝。如"我国大学生的入学率,在今后相当长的时期内,还只能处于相对较低的水平。"其中的"今后相当长的时期"及"相对较低"具有很大的灵活性。

4. 有利于措辞委婉得体

公文语言有时或出于保密、或出于礼节,也需要把话说得委婉一些。如"众所周知的原因"、"适当的时候"、"相应的反应"、"类似的情况"、"某个环节"等等,用模糊词语表达,委婉得体,起着特殊的修辞作用。

(四) 党政公文的句式特点

公文的语句含义完整确切,在文章中具有较强的独立性,关键性语句脱离上下文之后仍不会产生歧义。公文中大量使用介词结构,并由此形成较为稳定的句式,用以表达目的、依据、对象、范围、方式、状态、时间等,使公文语言更加明确而严密。

公文常用的介词有:

为、为了、由于——表示目的、原因。

对、对于、关于、将、除了——表示对象、范围。

根据、依据、遵照、通过、在、随着——表示根据、方式。

自、自从、到、当、于——表示时间。

如下列各句：

例1：为了坚决刹住教育乱收费的不正之风，根据教育部有关政策、法规，特通告如下：

例2：对于上述问题，各级党政领导机关和教育部门的党组织必须高度重视，认真解决。

例3：现将《关于加强个人所得税征收管理的意见》转发给你们，请照此执行。

例4：关于坚决制止乱砍、乱伐树木，破坏山林、草原植被和发展生产必须走可持续发展道路的问题，国务院及有关部门曾三令五申，并多次发出通知。

例5：第十届上海市人民代表大会第一次会议根据《中华人民共和国宪法》第六十二条第十三项的规定，决定：

上述例句中的介词结构，第1句表目的，第2、3、4句表对象，第5句表根据。

在公文语句中，还有一种由"将"字结构所构成的第二宾语提前的句式。在一些转发性的文件中，这种句式几乎成了一种较为固定的表达模式，如：现将《国务院关于开展第三次全国经济普查的通知》转发给你们，请遵照执行。

【复习思考】

1. 什么是党政机关公文，它有哪些特点和类型？
2. 如何写好公文的标题和正文部分？
3. 公文有哪些专用词语，如何运用？
4. 什么是模糊词语，它们在公文中有哪些独特作用？

第二节　命令（令）　决定

一、命令（令）

（一）命令（令）的含义

命令（令）是一种适用于公布行政法规和规章、宣布施行重大强制性措施、批准授予和晋升衔级、嘉奖有关单位和人员的公文。命令作为一种指挥性的下行公文，其发文机构有严格的限制，根据《中华人民共和国宪法》规定，中华人民共和国主席、国务院、国务院各部和各委员会、县级以上地方各级人民政府有权发布命令，其他单位和个人则无权使用这一文种。

（二）命令（令）的特点与类型

1. 命令（令）的特点

(1) 权威性

命令(令)虽然其本身不是法律、法规,但是它们可以作为颁布法律、法规的形式。有些规定重大行政措施的命令(令)和发布行政法规的命令(令),都具有法律效力,并具有法规的约束作用。

(2) 强制性

命令(令)一经发布,有关的下级机关或人员都必须无条件地服从和执行,它起着对有关工作实行强制干预、决断和约束,强行统一思想和行动的作用。违抗命令(令)或延误执行,都将受到严肃处理甚至严重惩罚。

(3) 严肃性

命令(令)的文句简洁而准确,语气坚定而严肃,结构严谨而完整,风格质朴而庄重。集中体现国家或某级行政领导机关的意志,反映国家或某级行政领导机关某个方面的政策要求。

2. 命令(令)的类型

根据内容、性质和用途的不同,命令(令)大致可分为四种基本类型。

(1) 发布令

发布令是指依照有关法律公布行政法规和规章,如《中华人民共和国主席令》。

(2) 行政令

行政令是指依照有关法律宣布施行重大强制性措施,如戒严令、通缉令等。

(3) 任免令

任免令是指依照有关法律批准授予和晋升衔级,或用于任免事项,是任命或免除政府官员时颁发的一种命令。

(4) 嘉奖令

嘉奖令是指嘉奖有关单位和人员,用于奖励贡献突出的个人和集体而颁发的命令。

(三) 命令(令)的写作格式

1. 标题

命令(令)的标题,一般由发布机关名称、事由、文种组成,如《中华人民共和国国务院关于发布新版人民币的命令》。另一种是省略了事由,由发布机关(或首长职务)和文种组成,如《中华人民共和国主席令》。

2. 发文字号

发文字号有两种写法:

(1) 由年份、序号两部分组成。如:《中华人民共和国农业部令》,下一行居中写2018年第3号。

(2) 令号,标在标题下面正中处。如:《中华人民共和国国务院令》,下一行居中写第558号。

3. 正文

命令(令)在写作上一般是一事一议,内容单一,篇幅短小,因而它的正文也较简单,由命令的原由和命令事项组成。原由部分写明发布本命令的原因、理由或依据,命令的事项要准确地写出指挥的内容,即要求下级机关或有关人员必须遵照执行的使命事项。

发布令的正文由三部分组成:公布对象,即所公布的法规的全称;公布依据,即所公布对象被通过、批准的机关或会议；公布决定，即所公布法规的实施日期。

行政令的正文由两部分组成：一是命令的原因、目的和依据；二是阐述行政措施的具体内容，如果这部分内容较多，也可分条款写。

任免令的正文由两部分组成：一是任免依据，二是任免的具体内容。

嘉奖令的正文通常包括三部分：嘉奖对象的主要事迹和意义；嘉奖的具体方式和内容；向有关方面或人员提出希望或号召。

4. 签署和日期

命令（令）的最后要签署发令人的姓名及其职务或盖上发布命令的机关印章、签发命令（令）的日期。

（四）命令（令）的写作要求

命令（令）写作是一项极其严肃郑重的行为，因此其内容要符合有关法律和政策，态度要鲜明，中心要突出，文句要简明，言辞要庄重。

【例文评析】

例文 2-1

中华人民共和国农业部令

2018 年　第 1 号

《拖拉机和联合收割机驾驶证管理规定》已经农业部 2017 年第 11 次常务会议审议通过，现予公布，自 2018 年 6 月 1 日起施行。

部长　韩长赋

2018 年 1 月 15 日

（录自中国政府网）

··· 评　析 ···

这是一份发布令，即用以发布各种法规和规章的命令。标题包括发文机关（或首长职务）加文种名称两部分组成。

标题之下为令号，采用流水号（或加上发文年份）。

正文简洁明了，一般只有一两句话，说明公布的法规和规章的名称、通过或批准的机关或会议、时间及施行时间。

以发文机关部长名义署名，然后注明发令日期。

【复习思考】

1. 命令（令）有哪些特点，它又有哪些不同的类型？
2. 发布令和任免令各有哪些内容？
3. 如何撰写嘉奖令？

【案例训练】

根据以下材料，请代最高人民法院写一份嘉奖令：

2017年第二十四届世界法律大会在北京、上海两地胜利召开。上海市高院作为上海阶段会议的承办单位,全力以赴地投入筹办工作,高质量地完成了各项会议任务,赢得了中外方的赞誉。请你以最高人民法院的名义,拟写一份向全国法院通令嘉奖上海市高院的嘉奖令。

二、决定

(一) 决定的含义

决定是一种适用于对重要事项作出决策和部署、奖惩有关单位和人员、变更或者撤销下级机关不适当的决定事项的公文。

(二) 决定的特点与类型

1. 决定的特点

(1) 具有指令性

决定是议决性的下行公文,具有指令性。它作出决断性的安排,提出的意见、要求下级机关单位和人员必须认真执行。

(2) 具有明确性

有的决定是上级提出的主张,它直接告诉下级机关和人员应该做什么、不应该做什么、怎样做,并说明原因。决定中作出的安排有时间、目的、具体内容等事项,要求必须明确,不可模棱两可。

(3) 具有单一性

决定的内容一般只涉及某一方面的问题,较单一、具体、便于执行。

2. 决定的类型

(1) 处置性决定

处置性决定就是处理、布置并告知具体事项的决定,其内容包括表彰先进、处理问题、设置机构、安排人事等。这些决定有的是由机关发出的,有的是由会议发出的。

(2) 公布性决定

公布性决定就是由会议直接宣布某个议案的具体内容的决定,或者直接宣布某一机构对某一问题的处理决定。

(三) 决定的写作格式

1. 标题

一般由发文机关、事由、文种三要素构成,可以在标题下标明成文时间。如:

**全国人民代表大会关于全面禁止非法野生动物交易、
革除滥食野生动物陋习、切实保障人民群众生命健康安全的决定**

2020 年 2 月 24 日

也可以同一般公文的写法,在标题下写上机关代字、年号、发文顺序号,年号、顺序号用阿拉伯数字书写。如:

××市人民政府关于表彰2022年度××市科学技术奖人员（项目）的决定

×府〔2023〕33号

2. 正文

一般由决定的依据、决定的事项、结语三部分构成。

决定的依据，是作出决定的根据、原因、目的、意义等。这部分，可详可略，视不同种类决定而定。如处置性决定，需阐明原由，有些公布性决定，可以略写原由。

决定事项，这是决定的主体部分，要写清楚决定的具体内容，如对重要事项的安排意见，对某一事件表明的态度等。根据内容决定结构形式，内容少的，可以是篇、段合一式；内容多的，可采用分条列项的形式；大型的决定还可以采用分成几个部分的形式，每部分再分条列项。

结语，简要地提出希望、要求或号召。

3. 落款与成文日期

决定的签署与其他行政公文一样，在正文右下方签上发文机关及成文日期，也有的成文日期写于标题之下。

（四）决定的写作要求

第一，撰写决定必须体现党和国家的方针政策、法律法规。同上级机关的有关规定要保持一致，还应同本单位原有的各项规定紧密衔接。

第二，决定的内容还必须符合实际，所决定的事项，根据要充分，语言要准确严谨，所提措施要切实可行，以便执行。

第三，有关表彰、处分等决定对人对事的评价要实事求是，恰如其分。

【例文评析】

例文2-2

国务院关于2018年度国家科学技术奖励的决定

国发〔2018〕44号

各省、自治区、直辖市人民政府，国务院各部委、各直属机构：

为深入贯彻落实习近平新时代中国特色社会主义思想，全面贯彻党的十九大和十九届二中、三中全会精神，坚定实施科教兴国战略、人才强国战略和创新驱动发展战略，国务院决定，对为我国科学技术进步、经济社会发展、国防现代化建设作出突出贡献的科学技术人员和组织给予奖励。

··· 评　析 ···

这是一份国务院对为我国科学技术进步、经济社会发展、国防现代化建设作出突出贡献的科学技术人员和组织给予奖励的决定。

该文标题是由发文机关、事由和文种名称三部分组成的，事由写得很明确。

正文是由开头和主体部分构成的，开头部分（第一自然段）写明作出奖励决定的目的、根据。

> **主体部分（第二自然段）** 逐条列出获得国家最高科学技术奖的人员名单和其他奖项有关人员和单位名单及宣布奖励决定的具体内容。

根据《国家科学技术奖励条例》的规定，经国家科学技术奖励评审委员会评审、国家科学技术奖励委员会审定和科技部审核，国务院批准并报请国家主席习近平签署，授予刘永坦院士、钱七虎院士国家最高科学技术奖；国务院批准，授予"量子反常霍尔效应的实验发现"国家自然科学奖一等奖，授予"黄瓜基因组和重要农艺性状基因研究"等37项成果国家自然科学奖二等奖，授予"云—端融合系统的资源反射机制及高效互操作技术"等4项成果国家技术发明奖一等奖，授予"小麦与冰草属间远缘杂交技术及其新种质创制"等63项成果国家技术发明奖二等奖，授予"水下发射固体运载火箭系统研制"等2项成果国家科学技术进步奖特等奖，授予"凹陷区砾岩油藏勘探理论技术与玛湖特大型油田发现"等23项成果国家科学技术进步奖一等奖，授予"主要蔬菜卵菌病害关键防控技术研究与应用"等148项成果国家科学技术进步奖二等奖，授予简·迪安·米勒教授等5名外国专家中华人民共和国国际科学技术合作奖。

> **最后部分（第三自然段）** 发出要向获奖人员学习的倡议，以号召性的语言结束。
>
> 介绍背景、发文缘由、宣布决定、发出号召，是奖励性决定经常写的几项内容。
>
> 全文内容具体，语言严谨准确，格式规范。

全国科学技术工作者要向刘永坦院士、钱七虎院士及全体获奖者学习，不忘初心、牢记使命，继续发扬科学报国的光荣传统和追求真理、勇攀高峰的科学精神，以实现国家富强、民族振兴、人民幸福为己任，深入实施创新驱动发展战略，坚定不移走中国特色自主创新道路，着力实现原始创新重大突破，攻克关键核心技术，破解创新发展难题，为加快建设创新型国家、建设世界科技强国，决胜全面建成小康社会、夺取新时代中国特色社会主义伟大胜利、实现中华民族伟大复兴的中国梦作出新的更大贡献。

国务院

2018年12月28日

（录自中国政府网）

【复习思考】

1. 决定在内容方面有哪些特点？
2. 怎样写处置性决定？
3. 为何说决定事项是决定的主体部分？

【案例训练】

1. 根据下面所给的材料,以市政府的名义,拟写一份决定。

×××等六家商场,在被授予"文明单位"称号以后,放松了管理工作。在最近的一次安全检查暗访中发现,商场内的用电设备年久失修,火灾隐患多。有些新租赁柜台的厂家,装修缺乏安全意识,所用装修材料不符合防火要求。商场管理部门视而不见,未能严格把关。为此,市政府办公会议决定撤销这六家商场"文明单位"称号,并要求他们限期整改。

2. 阅读下面一份公文,指出其错误。

关于处理×××的决定

×××,男,21岁,进校两年来,不遵守学校规章制度,经常旷课,学习不认真,曾多次补考,学校多次批评、教育他,他始终置若罔闻。今年期末考试又作弊并被监考教师当场抓获,为此,决定给予×××留校察看一年的处分。

××市××职业学校
20××年×月×日

3. 修改下列病文。

关于××违反劳动纪律的处分决定

张××,男,现年30岁,系机加工车间原汽车装卸队工人。该同志自入厂以来,累犯劳动纪律,曾多次发生殴打事件,谩骂领导干部,辱骂老工人。特别是今年×月×日,伙同×××(已收审),×××(已记大过)两次殴打×××,影响极坏。为了维护厂规厂法,加强劳动纪律,经厂务会议讨论通过决定给予张××开除厂籍留厂察看一年的处分。察看期间只发给生活费,每月×××元。

××市××厂

第三节 决议 意见

一、决议

(一)决议的含义

决议适用于会议讨论通过的重大决策事项。

(二)决议的特点与类型

1. 决议的特点

(1)权威性

决议是经过国家权力机关、政党、人民团体会议,按照法定程序会议讨论通过才能生效并由其领导机关发布的公文,是其领导机关意志的反应。决议的内容事关重要的决策,一经公布,在它权限范围内,上下都必须坚决贯彻执行。

(2) 指导性

决议表述的观点和对事项的评价，在它权限范围内都具有指导意义，所属单位都必须遵循。

(3) 程序性

决议要按照一定的组织程序形成，在经过某种会议集体讨论通过后方能产生法定效力。如果不履行规定程序，决议就不具有合法性。

2. 决议的类型

(1) 公布性决议

公布性决议是为公布某些法规、提案而写作的公文，如《全国人民代表大会常务委员会关于公布〈中华人民共和国宪法修改草案〉的决议》。

(2) 批准性决议

批准性决议是肯定或否定某种议案的公文，如《深圳市人民代表大会常务委员会关于批准2017年市级财政决算的决议》。

(3) 阐述性决议

阐述性决议是对某些重大问题作出结论并展开具体阐述的公文，如《中国共产党第十八次全国代表大会关于十七届中央委员会报告的决议》。

(三) 决议的写作格式

1. 标题

决议的标题由发文机关、事由、文种三要素组成，如《中国共产党第十八次全国代表大会关于十七届中央委员会报告的决议》。

在标题之下，写上通过决议的会议名称与日期，并用括号括起来。

2. 正文

决议的正文一般由决议根据、决议事项和结语三部分组成。

(1) 决议根据

一般简要说明有关会议审议决议涉及事项的情况，陈述作出决议的原因、根据、背景、目的或意义。

(2) 决议事项

写明会议通过的决议事项，或会议对有关文件、事项作出的评价和决定，或对有关工作作出的要求、安排和措施。

(3) 结语

一般紧扣决议事项有针对性地提出希望、号召和执行要求。有的决议可不单列这部分。

(四) 决议的写作要求

决议是会议公文，一定要开会讨论通过才能形成；决议表达的是重大事项，而不是一般问题。

1. 主题要鲜明

决议是会议的结论性意见,是会议的重要成果,因此需要把会议的主要精神准确、鲜明地体现出来。

2. 用语要庄重

决议的表态要肯定庄重;结语要号召有力,鼓舞人心;决议还要通常使用"会议认为"、"会议强调"、"会议号召"等语言为启承。

3. 结构要严谨

决议的内容要逐段或逐条阐述清楚,详略得当,逻辑性强。

【例文评析】

例文 2-3

第十三届全国人民代表大会
第二次会议关于政府工作报告的决议

(2019年3月15日第十三届全国人民代表大会第二次会议通过)

第十三届全国人民代表大会第二次会议听取和审议了国务院总理李克强所作的政府工作报告。会议充分肯定国务院过去一年的工作,同意报告提出的2019年经济社会发展总体要求、政策取向、目标任务和重点工作,决定批准这个报告。

会议号召,全国各族人民更加紧密地团结在以习近平同志为核心的党中央周围,高举中国特色社会主义伟大旗帜,以习近平新时代中国特色社会主义思想为指导,全面贯彻党的十九大和十九届二中、三中全会精神,统筹推进"五位一体"总体布局,协调推进"四个全面"战略布局,坚持稳中求进工作总基调,坚持新发展理念,坚持推动高质量发展,坚持以供给侧结构性改革为主线,坚持深化市场化改革、扩大高水平开放,加快建设现代化经济体系,继续打好三大攻坚战,着力激发市场主体活力,创新和完善宏观调控,统筹推进稳增长、促改革、调结构、惠民生、防风险、保稳定工作,保持经济运行在合理区间,增强人民群众的获得感、幸福感、安全感,坚定信心,迎难而上,开拓进取,团结奋斗,保持经济持续健康发展和社会大局稳定,为全面建成小康社会收官打下决定性基础,以优异成绩庆祝中华人民

··· 评 析 ···

这是一份公布性决议,用于公布重大事项。标题是由发文机关名称、事由和文种三个部分组成。标题下,在圆括号内注明决议正式通过的日期和会议名称。

正文开门见山,说明会议通过了李克强总理所作的政府工作报告,决定批准这个报告。

正文第二段向全国人民发出号召,并且阐述号召的具体内容,很有激励斗志、鼓舞人心的感染力。

全文主题鲜明、用语庄重,结构严谨。

共和国成立 70 周年!

(录自中国人大网)

【复习思考】

1. 作为 2012 年 4 月 16 日中共中央办公厅、国务院办公厅联合印发的《党政机关公文处理工作条例》中新增的正式公文文种,决议有哪些特点?
2. 决议的正文有哪些内容,在写作上应当注意什么?

【案例训练】

1. 对照例文 2-3 请分析一下决议的结构格式。
2. 根据以下材料试写一份决议。

×××同志被吸收为中共预备党员以来,能按照党员标准严格要求自己,认真履行党员义务,具备了转为中共正式党员的条件,经××党支部××××年×月×日会议讨论,表决通过,同意×××同志按期转为中共正式党员。应到会党员××名,××名同意,超过本支部正式党员半数。

二、意见

(一)意见的含义

意见是一种适用于对重要问题提出见解和处理办法的公文。意见可以上行、可以下行,也可以平行。

(二)意见的特点与类型

1. 意见的特点

(1) 功能的多样性

它既可以对工作作出指导,又可以对工作提出要求,或对工作作出评估,提出批评。

(2) 内容的针对性

意见有着较强的针对性。它总是根据现实的需求,针对工作中急需解决的问题提出见解或处理意见。

(3) 行文的多向性

它既可以用作下行文,表明主张,作出计划阐明工作原则、方法和要求;又可以用作上行文,提出工作建议和参考意见;还可以用作平行文,就某一专门工作向平行的或者不相隶属的有关部门作出评估、鉴定和咨询。

(4) 作用的多用性

有的意见具有指导、规范作用,有的意见具有建议、参考作用,有的意见具有评估、鉴定作用。

2. 意见的类型

（1）按行文方式来分，意见可分为转发意见和直达意见

主管部门就自己主管的工作提出了指导性意见，但由于与执行单位没有隶属关系，不能直接行文，于是先呈报给执行单位共同的上级机关，再由上级机关批转给有关单位执行。这一类意见叫转发意见。上级机关对下属机关的工作提出指导意见，由于是领导和被领导关系，可以直接下达，这类意见就叫直达意见。

（2）按性质、内容来分，意见可分为指导性意见、建议性意见和评估性意见

指导性意见用于上级机关对下级机关进行工作指导，其内容是阐明指导思想、工作原则、提出工作思路和措施，给下级机关以及时的指导。建议性意见是下级机关向上级机关提出工作建议、设想的上行文。它可分为呈报类意见和呈转类意见。评估性意见是业务职能部门或专业机构就某项专门工作、业务工作经过调查、研究或者鉴定、评审后，把商定的鉴定、评估结果写成意见送交有关方面，它虽可上行、下行但主要是不相隶属组织间的平行文。

（三）意见的写作格式

1. 标题

标题一般由发文机关、事由、文种三要素构成，有时意见的标题常省略发文机关名称，如《关于调整体育总局所属学校管理体制的实施意见》。

2. 主送机关

指公文的主要受理机关，其名称应当是全称或规范化简称。意见的主送机关既可能是上级机关，也可能是下级或平行机关。

3. 正文

一般由制发意见的原因或依据、内容、要求等事项组成。意见的开头说明根据某一政策和精神，或针对某种现象和问题而制发意见，着重阐明制发意见的作用和意义。主体部分包括指导原则、工作任务、措施方法与步骤等。为了使表达有条理性，一般采用分层、分段、分条，前加序号与小标题的写法逐步展开和列出。最后提出执行意见的时限要求、注意事项、希望和号召等。

4. 落款与成文日期

意见要签署发文机关的名称，并写明发文的年、月、日。若发文机关名称已在标题中出现，则可省略发文机关只签署日期。

（四）意见的写作要求

意见是一种宏观性与指导性相结合的公文。因此在执笔成文之前撰写者必须认真学习和深刻领会党和国家的方针、政策和法规，在进行深入调查研究的基础上，提出具有前瞻性、针对性和可行性的意见和建议，用以指导工作，解决实际问题。

意见的表达要求条理清晰，层次分明，结构合理，语言通俗易懂。要紧紧围绕中心议题，

可采用先叙后议,或夹叙夹议的方式分条陈述,即先提出问题,再阐述解决问题的办法。所述办法要求切合实际,具体可行,制定的计划指标要留有余地。

【例文评析】

例文 2-4
上海市人民政府关于做好本市当前和今后一个时期促进就业工作的实施意见
沪府规〔2019〕1号

各区人民政府,市政府各委、办、局:

就业是最大的民生,也是经济社会发展的重要支撑。为贯彻落实党中央、国务院关于稳就业工作的决策部署,适应当前经济运行变化,确保当前和今后一个时期本市就业形势稳定,根据《国务院关于做好当前和今后一个时期促进就业工作的若干意见》(国发〔2018〕39号),现提出做好本市当前和今后一个时期促进就业工作实施意见如下:

一、支持企业稳定发展

(一)加大稳岗支持力度。继续实施援企稳岗"护航行动",对不裁员或少裁员的本市用人单位,可按照规定返还其上年度实际缴纳失业保险费的50%。2019年1月1日至12月31日,对受市场因素影响出现亏损、面临暂时性生产经营困难且恢复有望、坚持不裁员或少裁员的本市参保企业,返还标准按照6个月计算的本市2018年度月人均失业保险金和申请当月失业保险参保职工人数确定。具体办法,由市人力资源社会保障局牵头制定。上述资金由失业保险基金列支。(牵头部门:市人力资源社会保障局。责任部门:市财政局、市发展改革委、市国资委、市商务委、市经济信息化委、市税务局、市生态环境局、上海海关)

(二)发挥政府性融资担保机构对小微企业融资服务的重要作用。完善本市政策性担保基金的管理和运用,进一步发挥其银行贷款风险分担机制的积极作用。鼓励中小微企业政策性融资担保基金以及其他政府性融资担保机构加强与银行、保险机构合作,扩大信用贷款规模,提高风险容忍度,为小微企业提供低费率的担保支持,缓解小微企业的融资难题。(牵头部

··· 评　析 ···

这是一份政策性的意见,用于阐述和说明开展某项工作的基本思想、原则、要求等。标题由发文机关名称、事由和文种三个部分组成。

标题下为发文字号,由发文机关代字、年份和序号组成。

正文包括开头和主体两个部分。开头部分(第一自然段)简单明了地说明行文目的。主体部分将《关于做好本市当前和今后一个时期促进就业工作的实施意见》施行中的具体问题分成5个大项,每个大项之下又分列若干个小项分别提出处理意见或政策性的解释。

门：市财政局。责任部门：市经济信息化委、市地方金融监管局、人民银行上海总部、上海银保监局）

二、鼓励支持就业创业

（三）加大创业担保贷款相关政策支持力度。为符合条件的各类创业群体和创业组织提供创业担保贷款支持，将创业组织创业担保贷款的单户最高额度提高到300万元，进一步扩大创业担保贷款政策的效应。完善创业担保贷款贴息政策，对按期还本付息的借款人，按照规定给予贴息，减轻融资成本负担。实施创业担保贷款奖补政策，对开展创业担保贷款业务的担保机构等单位给予一定的经费补贴。（牵头部门：市财政局。责任部门：市人力资源社会保障局、市地方金融监管局、人民银行上海总部、上海银保监局）

（四）积极发展创业载体。支持创业载体建设，满足更多创业群体的入驻需求。培育优质众创空间，引导各类创业载体提升服务能级，提高入驻实体的创业成功率。推进创业孵化示范基地的评选认定和服务成效评估工作，对达到相应评估等级的，按照规定给予一定的经费补贴。（市人力资源社会保障局、市科委、市财政局、市住房城乡建设管理委、市市场监管局，各区政府按照职责分工负责）

（五）推进就业创业见习工作。积极发展符合本市产业发展方向、适应青年大学生需求的见习基地和见习岗位，将见习期限延长至不超过12个月。组织失业青年等符合条件的人员通过参加见习做好就业准备，增强实现就业的能力。对见习学员和见习带教老师，按照规定给予补贴。（牵头部门：市人力资源社会保障局。责任部门：市教委、市财政局）

三、积极实施培训（略）

四、及时开展下岗失业人员帮扶（略）

五、落实工作责任（略）

本实施意见自2019年1月1日起施行。

上海市人民政府
2019年1月7日

（录自上海市政府网）

【复习思考】

1. 意见的使用范围和对象是什么？
2. 意见的特点有哪些？
3. 意见的正文有哪些写法？

【案例训练】

1. 学习例文中有关意见的写作知识和要求，根据例文 2-4 的文本结构，模仿性地写作一份意见文件。并与同学交换传阅，相互观摩，认真听取意见后再作修改。
2. 指出下列两则"意见"标题的错误，并加以修改：

关于××建筑公司进一步整顿和加强现场管理工作的安排意见

××市人民政府批转市公安局关于检查整改火灾隐患的几点意见

第四节　公报　公告　通告

一、公报

（一）公报的含义

公报适用于公布重要决定或者重大事项。公报作为党政机关公文，其内容多是关于重大事件或重要会议作出决议的事项。

公报的发布机关级别都较高，一般的基层单位无权发布公报。公报的内容，涉及的都是一些重大事项，因此具有较高的权威性。

公报，通过媒体发布时也称新闻公报。

（二）公报的特点与类型

1. 公报的特点

（1）内容的重要性

公报的发文机关是党的代表大会、党中央全会或中共中央等党和政府的最高机关，规格高，具有至高的权威性。内容涉及党内外、国内外普遍关心和瞩目的重大事件和决定。

（2）事项的新闻性

公报是以知晓为目的，通过媒体面向国内外公开发布的，具有公开性和新闻性。

2. 公报的类型

（1）会议公报

这是用以报道重要会议、决定和情况的公报。这种公报一般用于最高领导机关召开的会议，如《中国共产党第十八届中央委员会第一次全体会议公报》。

（2）新闻公报

新闻公报是党或政府就某一重大事件、活动或问题发布的带有新闻性质的公报，如《中华人民共和国和阿拉伯埃及共和国联合新闻公报》。

（三）公报的写作格式

1. 标题

公报的标题有三种写法：第一种是直写文种"公报"、"新闻公报"；第二种是由会议名称和文种构成；第三种是联合公报，由发表公报的双方或多方国家的简称、事由、文种构成。

2. 正文

公报的正文一般由导语、主体和结尾三部分组成。

（1）导语

会议公报的导语主要交代会议召开的时间、地点、会议名称、出席情况等。新闻公报的导语主要交代事件发生的时间、地点。

（2）主体

主体是公报的核心，要求把公报的内容完整、系统、有序地表达清楚。常见的有三种方式：一种是分段式，即每段说明一层意思或一项决定；第二种是序号式，多用于内容复杂、问题头绪较多的公报；第三种是条款式，多用于联合公报。

（3）结尾

结语以祝贺或期待的语言简要结束全文，有的可省略结语。

3. 发文机关与成文时间

会议公报因在标题下正中位置注明了会议名称和通过日期，因此这部分可以省略。新闻公报在正文之后，则要写发文机关名称与成文日期。

（四）公报的写作要求

首先，公报要专文专用。公报因有一定的权威，不是随便什么人都可以用的。公报的内容和使用权限必须符合要求。

其次，公文要庄重严肃。无论是会议公报还是新闻公报，都是发布党和国家的重大事项，因此必须使用庄重严肃的书面语言，要高度概括、语言精练、简洁准确。

【例文评析】

例文 2-5

中国共产党山东省第十一届委员会第六次全体会议公报

（2018年10月8日中国共产党山东省
第十一届委员会第六次全体会议通过）

中国共产党山东省第十一届委员会第六次全体会议，于

··· 评　析 ···

这是一份会议公报。

该文标题是由会议名称加文种名称组成的。标题下写明公报通过的日期与会议名称。

| 正文开头部分写会议的名称、开会的时间、地点、出席会议的人员、人数及主持会议和发表讲话的人员。 | 2018年10月8日在济南举行。

出席这次全会的有，省委委员85人，候补省委委员7人。省纪委常委和有关方面负责同志列席会议。

全会由省委常委会主持。省委书记刘家义作了讲话。

全会以习近平新时代中国特色社会主义思想为指导，深入学习贯彻党的十九大和十九届二中、三中全会精神，深入学习贯彻习近平总书记关于深化党和国家机构改革的重要论述，坚决贯彻执行党中央、国务院批准的《山东省机构改革方案》，审议通过了《中共山东省委山东省人民政府关于山东省省级机构改革的实施意见》。

主体部分（第四自然段）交代会议的内容，有关事项。

全会一致认为，深化党和国家机构改革，是以习近平同志为核心的党中央，从党和国家事业发展全局高度作出的重大决策部署，是推进国家治理体系和治理能力现代化的一场深刻变革。习近平总书记关于深化党和国家机构改革的重要论述和党中央一系列决策部署，明确了机构改革的指导思想、目标任务、重大原则，为我们推进改革指明了方向、提供了根本遵循。全省各级必须进一步提高政治站位，牢固树立"四个意识"、坚定"四个自信"、做到"四个服从""两个维护"，不折不扣落实好党中央确定的各项改革任务。

以下分段阐述会议的主要精神：深化党和国家机构改革的重要意义及今后工作的目标任务。

全会指出，省级机构改革总体要求是，以习近平新时代中国特色社会主义思想为指导，全面贯彻落实党的十九大和十九届二中、三中全会精神和习近平总书记关于深化党和国家机构改革的重要论述，坚持加强党的全面领导，坚持以人民为中心，坚持社会主义市场经济改革方向，坚持优化协同高效，坚持以法治方式推进改革，坚持在党中央集中统一领导下充分发挥地方积极性，着力改革机构设置，优化职能配置，提高效率效能，深化转职能、转方式、转作风，构建系统完备、科学规范、运行高效的机构职能体系。

在公报公文中，段的开头常用"全会认为"、"全会强调"、"全会号召"这样的文字来领起全段文字。

全会强调，深化机构改革是一场系统性、整体性、重构性的变革，必须把各项工作做扎实、做深入。要抓紧实施省级机构改革，坚持稳中求进，掌握力度节奏，突出重点关键，确保今年12月底前完成。省委机构改革，要着眼于健全加强党的全面领导的制度，优化省委组织机构，建立健全省委对重大工作的领导体制机制，更好发挥党的职能部门作用，提高省委把方向、管大局、作决策、保落实的能力，确保党的领导更加坚强有力。 |

省政府机构改革,要坚持转变政府职能,简政放权,加强和完善政府经济调节、市场监管、社会管理、公共服务、生态环境保护职能,加快建设人民满意的服务型政府。省人大、省政协机构改革,要发挥人大及其常委会的职能作用,推进人民政协履职能力建设,完善专门委员会设置。要统筹推进群团组织、司法体制、行政执法体制、承担行政职能事业单位等领域改革,配合推进武警部队、跨军地改革和公安现役部队改革。要积极筹备市县机构改革,把制定改革方案作为重中之重,准确把握中央精神,立足市县实际和基层特点,加强统筹设置和整合力度,强化社会管理和公共服务职能,尽可能把资源、服务、管理放到基层,努力形成改革的总体效应。

全会强调,必须强化机构编制管理刚性约束,统筹使用各类编制资源,严格执行机构编制管理法律法规和党内法规,严格机构编制管理权限和程序,清理不规范设置的机构和配备的职数,严肃查处各类机构编制违纪违法行为。制定"三定"规定是实施机构改革的关键环节。要坚持优化协同高效的原则,细化优化部门主要职责,理清部门职责边界。要突出主责主业,统筹设置部门内设机构,优化内部运行流程。要坚持机构编制总量控制,部门内设机构、人员编制和领导职数不得突破框架确定的总量。

全会强调,加强党的全面领导是深化机构改革的首要任务,也是做好各项工作的根本保证。全省机构改革在省委统一领导下进行,由省委深化地方机构改革协调小组负责统筹协调和组织实施。要明确改革责任,各级各部门相应建立领导协调机制,明确责任主体,抓好本地区本部门机构改革的组织实施工作。严明改革纪律,不讲条件、不打折扣、不搞变通,坚决杜绝有令不行、有禁不止的行为。制定完善相关政策措施,扎实细致做好人员安置、资产处置、档案管理等各项工作。建立督查评估机制,适时开展督导检查,确保机构改革有组织、有步骤、有纪律付诸实施。改革后,各级各部门各单位特别是新组建部门单位、归口管理部门单位,要把党的建设牢牢抓在手上,结合新机构新职能,把管党治党政治责任压紧压实,推动全面从严治党往实里走、往深处做。

全会强调,要正确处理机构改革与其他各方面工作的关系,搞好职责调整和日常工作的无缝衔接,有序推进当前各项工作,突出抓好新旧动能转换、乡村振兴、发展海洋经济、打造对外开放新高地、打好三大攻坚战等重点任务落实,扎扎实实把今年各项任务完成好,促进全省经济社会持续健康发展。

> 另外还公布了因工作需要个别人员的人事调动安排。

因高玉潮同志工作变动,已调离山东,全会决定批准其辞去十一届省委委员职务。

全会按照《中国共产党党章》《中国共产党地方委员会工作条例》规定,决定递补十一届省委候补委员李关宾同志为十一届省委委员。

> 最后部分以号召性的语言结束。

全会号召,全省各级各部门各单位要更加紧密地团结在以习近平同志为核心的党中央周围,深入学习贯彻习近平新时代中国特色社会主义思想和党的十九大精神,精心组织、周密部署,勇于担当、攻坚克难,圆满完成机构改革各项任务,为在全面建成小康社会进程中走在前列、在社会主义现代化建设新征程中走在前列、全面开创新时代现代化强省建设新局面提供坚强有力的体制机制保障。

> 语言庄重严肃,格式规范。

(录自大众日报)

【复习思考】

1. 简述公报的使用范围、特点和写作注意事项。
2. 在什么条件下可以使用公报,怎样才能正确使用公报?
3. 公报的标题有几种写法,试写一份联合公报的标题。

【案例训练】

1. 阅读公文例文,学习公报的结构安排与写法。
2. 根据下列一则新华社消息请拟写一份新闻公报的标题与开头(正文可略)。

新华社消息:中国共产党第十九届中央委员会第三次全体会议,于2018年2月26日至28日在北京举行。出席这次全会的有,中央委员202人,候补中央委员171人。中央纪律检查委员会副书记和有关方面负责同志列席会议。全会由中央政治局主持。中央委员会总书记习近平作了重要讲话。(以下内容略)

二、公告

(一)公告的含义

公告是适用于向国内外宣布重要事项或者法定事项的公文。公告并非普通的文告,它一般以国家和各级领导机关的名义发布,而且大多通过广播、电视、网络和报刊等传媒发出。

(二) 公告的特点与类型

1. 公告的特点

(1) 发文的限制性

由于公告宣布的是重大事项和法定事项,因而发文的权力被限制在高层行政机关及其职能部门的范围之内。其他地方行政机关,以及社会团体、企事业单位,都不能发布公告,如果一定要发布公告,则必须经过授权。

(2) 范围的广泛性

公告是向国内外发布重要事项或法定事项,其信息传达范围有时是全国,有时是全世界。

(3) 内容的重大性

公告的内容,必须是能在国内外产生一定影响的重要事项,或者依法必须向社会公布的事项。

(4) 传播方式的新闻性

公告的内容,都是新近的、群众应知而未知的事项,在一定程度上具有新闻的特点。它一般不用红头文件的方式传播,而是通过媒体公开发布。

2. 公告的类型

公告按内容和目的可划分为两种:一是事项性公告,如公布国家机构选举结果,国家领导人出国访问,重要人士逝世消息,重要会议的召开及其决议等。二是法规性公告,包括某些法定事项,即通过法定的程序决定的规范性事项及行政机关根据法律、法规制定的法规性事项,它们都具有法律的约束力。

(三) 公告的写作格式

1. 标题

公告的标题有两种,一是由发文机关、事由和文种三部分组成;一是由发文机关和文种两部分组成。

2. 正文

公告的正文,一般由公告的依据或事由、公告事项和公告结语三部分构成。公告事由,即根据什么会议或规定发布本公告的,常常用一二句话来表述。公告事项即公告的具体内容,如果内容较多,可采用分条列项的形式。公告结语常用"现予公告"、"特此公告"等规范性语言组成。

3. 落款和发布日期

在媒体上刊登的公告,在正文的右下方要署上发文单位名称。如果已在标题中出现发文单位,这部分即可省略。发布日期通常写在署名下方,也可以写在标题之下。

(四) 公告写作的基本要求

公告一般通过新闻媒体发布,不采取张贴形式,不用发文字号,没有主送机关和抄送机关。公告的发布者通常是国家领导机关以及依法授权的单位,一般行政机关和团体不得随意滥用。公告的行文应力求做到严肃庄重、具体明确、语言规范、文字简练。

【例文评析】

例文 2-6
第七届"上海文学艺术奖"评选活动公告

··· 评　析 ···

这是一则公开告知重要事项的公告,标题由事由和文种名称两部分构成,这是公告标题较为常见的写法之一。

一、宗旨

为大力褒奖上海优秀文艺人才,营造更加良好的文艺人才成长环境,不断壮大上海文艺人才队伍,为打响"上海文化"品牌提供人才支撑,本市将开展第七届"上海文学艺术奖"评选活动。

第一部分写评选宗旨,阐明这次评选活动的目的,简明扼要。

第二部分写主承办及支持单位,要言不烦。

二、主承办及支持单位

(一)主办单位

中共上海市委宣传部、上海市文化和旅游局

(二)支持单位

人民日报社、新华社、中央广播电视总台、光明日报社、中新社、中国文化报等中央媒体驻沪机构

(三)承办单位

上海市文学艺术界联合会、上海市作家协会、上海报业集团、上海广播电视台、解放日报社、文汇报社、新民晚报社、东方网

成立第七届"上海文学艺术奖"评选活动组委会(以下简称组委会)及评审委员会(以下简称评委会),组委会下设办公室。

第三部分写奖项设置,十分具体。

三、奖项设置

(一)上海文学艺术终身成就奖

授予为上海乃至全国文艺发展作出巨大贡献,享有崇高声誉的文学艺术家。

(二)上海文学艺术杰出贡献奖

授予在上海乃至全国文艺领域取得杰出成绩的文学艺术家。

同时推出上海青年文艺家培养计划。凡年龄 40 周岁以下(即 1979 年 8 月 1 日以后出生),具有出色的文艺才能和较大潜力,本人或其作品在国内外大赛中获奖的,可以申报该计划。

第四部分写评选范围,非常清楚。

四、评选范围

长期以来在上海从事文学、影视、戏剧、音乐舞蹈、美术领域工作,并为上海文艺事业发展作出杰出贡献的文艺家:

——思想素质好,热爱祖国,热爱人民,热爱中国特色社会主义,积极践行社会主义核心价值观,拥护党的文艺思想和方针政策;

——文艺造诣深,在艺术专业上有独特的成就与表现,在业界享有较高的知名度和影响力,本人或其作品曾获得国内国际重要奖项;

——社会认可度高,社会责任感强,具有良好的职业精神和职业道德,积极投身社会活动,服务公益事业,社会声誉好。

前五届"上海文学艺术奖"个人奖项获得者及第六届"上海文学艺术终身成就奖"获得者不再参评。第六届"上海文学艺术杰出贡献奖"获得者可参评终身成就奖。曾入选"上海青年文艺家培养计划"的,不再重复申报培养计划。

五、申报方式

采用组织推荐、专家举荐(专家应为往届"上海文学艺术奖"获奖者)相结合的方式。申报奖项和专业类别均只可选报一项,不得兼报。本次评选活动将在东方网建立评选网页,可登录后了解相关事宜并下载申报书。

> 第五部分写申报方式,一目了然。

六、评审方式

本次评审采取二级评审制。邀请国内各艺术门类著名专家、知名媒体人以及艺术管理者担任评委,分组开展评选。分组评选结果提交评委会审后确定拟入选人选。

> 第六部分写评审方式,简洁明了。

七、申报时间及材料提交方式

申报截止日为 2019 年 8 月 30 日,请于截止日前将申报表一式两份(附光盘一份,含电子报名照,文件名为申报人姓名)及附件一份(相关证明材料)送至评选办公室。

联系地址:高安路 17 号 2 号楼 601 室

联系电话:24022369

注:本次评选活动最终解释权归第七届上海文学艺术奖评选活动组委会所有。

> 第七部分写申报时间及材料提交方式,非常具体,可执行性强。

第七届"上海文学艺术奖"评选办公室
2019 年 8 月
(录自东方网)

> 公告的文末,需写上发文单位名称与发文日期。

【复习思考】

1. 公告有哪些特点?
2. 公告有哪些不同的类型?
3. 基层单位、团体组织为什么不可以使用公告?

【案例训练】

1. 根据下面所给的材料,以新华社名义写一份授权公告。

　　中国人民解放军将于××××年×月×日至×月×日,向东海北纬26度22分、东经122度10分为中心,半径10海里圆形海域范围内的公海上,进行导弹发射训练。为了过往船只和飞机的安全,中国政府要求有关国家政府和地区的船只飞机,在此期间不要进入上述海域和海域上空。

2. 指出以下一则公告的不当之处,并加以修改。

××乡人民政府公告
(第3号)

各村委会:

　　煤炭资源是国有资源,不得乱开滥采。可是,近几个月来,乱开滥采煤炭的现象蔚然成风,为此,我乡人民政府再次重申,严禁乱开滥采煤炭。

　　特此公告

(××乡人民政府印章)
二〇一×年×月×日

3. 找出下列标题中的错误:

××市人民政府关于查禁收缴淫秽音像制品的公告
龙泉饮料集团公司关于扩大业务联营的公告
××市×××办公室关于本市北新客站动迁公告

三、通告

(一) 通告的含义

　　通告是一种适用于在一定范围内公布应当遵守或者周知事项的公文。通告具有告知性、又具有法规性,在某种情况下具有法律效力与行政约束力。

(二) 通告的特点和类型

1. 通告的特点

(1) 通告的内容

既可涉及国家的政策法令,也可以是社会生活中的一些具体事务。其制发单位十分广泛，具有作者的广泛性、内容的专业性和法定的约束性等特点。

（2）通告与公告

相比较有共同点，即都属于告知性公文，但两者又有区别：首先，发文的单位不同。通告可由各级行政机关发布，而公告只能由中央高级权力机关如国务院、全国人大及其授权单位发布。其次，发布的范围不同。通告在国内一定范围内发布，而公告则向国内外发布。第三，公布的事项不同。通告涉及的是一般事项，且事项内容具有较强的业务性，而公告宣布的是重要事项或法定事项。

2. 通告的类型

通告一般分为两类：

（1）法规性通告

它具有告知性和法规性双重意义，有一定的约束力，有时还具有法律效力。如《中华人民共和国公安部通告》。

（2）事务性通告

它主要公布在一定范围内需要周知的事项，强制性不强。其内容可能是注册、登记、年检等。

（三）通告的写作格式

1. 标题

通告的标题有三种写法，一是由发文机关、事由和文种三部分组成；二是由发文机关和文种两部分组成，如《上海市人民政府通告》；三是由事由和文种组成，如《关于禁止学生斗殴的通告》。

2. 正文

一般包括三个部分，一是通告缘由，说明发出本通告的根据或目的。二是通告事项，提出通告具体内容，要求写清楚需要周知或遵守的事项。三是通告结语，简明扼要地提出要求和希望，结尾常用"特此通告"作结，有时也可省略。

3. 落款和发布日期

发布日期写在正文之后。印章盖在发布日期上面。有的通告发布日期也可写在标题之下。

（四）通告写作的基本要求

第一，通告的观点要鲜明，要求要具体，事项要明确。

第二，通告的内容要符合党和国家的方针、政策和法规，实事求是地解决问题。如果正文中事项或规定的内容较多，可用分条列项的方法写出，一条一个内容。

第三，通告的文字表达要准确、严密，语言应通俗易懂，语气要坚定庄严。

【例文评析】

… 评　析 …

这是一则告知性的通告，告知一些应当知道或需要遵守的事项。

例文的标题是由发文机关、事由和文种三个部分组成的。标题下有发文字号。

开头部分介绍情况，指出发文的目的、依据，然后以常用的语句"现就有关事项通告如下"引起下文。

正文内容包括以下几个方面。警报试鸣时间，警报试鸣范围，警报试鸣形式。第三部分有关事项交代得比较详细。

最后署名发文单位和日期。

例文 2-7

北京市人民政府关于在本市部分区域试鸣防空警报的通告

京政发〔2018〕21号

为增强市民的国防观念和防空防灾意识，提高对防空警报信号的识别和认知度，根据《中华人民共和国人民防空法》《中华人民共和国国防教育法》及《北京市人民防空条例》有关规定，市政府决定，2018年9月15日（全民国防教育日）在本市部分区域试鸣防空警报。现就有关事项通告如下：

一、警报试鸣时间

2018年9月15日（星期六）上午10时00分至10时23分。

二、警报试鸣范围

本市五环路以外区域。

三、警报试鸣形式

防空警报鸣放按照"预先警报""空袭警报""解除警报"的顺序进行，每种警报鸣放时间3分钟、间隔7分钟。

预先警报：10时00分至10时03分，试鸣预先警报，鸣36秒、停24秒，反复3遍，时间3分钟。

空袭警报：10时10分至10时13分，试鸣空袭警报，鸣6秒、停6秒，反复15遍，时间3分钟。

解除警报：10时20分至10时23分，试鸣解除警报，连续鸣放，时间3分钟。

防空警报试鸣期间，除部分参加相关演练的人员外，请其他市民和临时来京人员在听到警报后保持正常的工作和生活秩序。

特此通告。

北京市人民政府

2018年9月6日

（录自北京市人民政府网）

【复习思考】

1. 通告有哪些特点和类型？
2. 怎样区分通告和公告？
3. 通告在写作上有何要求？

【案例训练】

1. 下列公文标题的文种是否正确？如有错误，请予以改正。

关于举办庆祝"五一"劳动节活动的通告
××省人民政府关于保护长城的通告
关于治理整顿货运市场，加强运货车辆管理的通知
××股份有限公司关于办理内部职工股过户手续的公告

2. 根据下面所给的材料，拟写一份通告。

春节期间人们都有燃放烟花爆竹的风俗习惯，但每年都有因此引发火灾或人身伤害事故的报道。为了使老百姓既能通过燃放烟花爆竹表达喜庆的欢乐，又能最大限度地避免财产损失和人身伤害，居民小区物业管理部门于是决定在小区规定的地区禁止燃放烟花爆竹。为此，请你以小区物业的名义写一份通告。

3. 指出下列一则通告的错误，并加以修改。

××学校关于加强安全保卫工作的通告

近日来校内师生员工被歹徒打伤数人。被盗事件屡有发生。被盗自行车四十多辆，电脑数台，电视机数台，人民币数万元。发生小型失火事故十多起。为了保证正常的教学秩序及各项活动的开展，特通告如下：

一、凡是本校师生员工出入校门均要佩戴校徽。否则，进出就由门卫进行搜查。

二、来客务须登记。并持有本单位介绍信或证件，否则，不得进入校内。来客出门时，一律接受检查。

三、校内师生员工有来客投宿，报校保卫科批准，在此期间，校内若发生被盗、失火事件等，来客一律不得离开学校。

四、校内师生员工下课后应关好门窗，防止小偷破门而入。

通告自二○一×年×月×日起生效，凡自觉执行本通告的予以表扬；凡拒不执行本通告的予以经济罚款和行政处分。

第五节　通知　通报

一、通知

（一）通知的含义

通知适用于发布、传达要求下级机关执行和有关单位周知或者执行的事项，批转、转发公文。

通知是党政机关、企事业单位使用范围最广、使用频率最高的一种常用公文。它不受机关级别的限制，所有的行政机关、社会团体、企事业单位都可使用。

（二）通知的特点与类型

1. 通知的特点

（1）应用的广泛性

在所有15种党政机关公文中，通知的使用范围最广，种类最多，它是机关行政管理中使用频率最高的文种。

（2）写作的灵活性

通知的写作灵活自由，形式多种多样。同一类通知的结构也可有多种安排。与其他指令性公文相比较，显得灵活简便。

（3）具有执行性

通知多用于下行文，其内容是要求下属单位予以执行或办理的事项，即使是会议通知或任免干部的通知也同样要求受文单位服从通知的安排，执行通知上所述的事项。

2. 通知的类型

（1）发布性通知

上级机关发布一般行政法规、条例和规章时用的通知。

（2）指示性通知

上级机关对下级机关布置工作，要求办理执行而根据公文内容又不适用命令时所用的通知。

（3）批转、转发性通知

用于批转下级机关的公文，或者转发上级机关、同级机关和不相隶属机关的公文时用的通知。

（4）会议通知

会议通知是最常用的公文，这里所指的会议通知是指按公文要求制作的会议通知，一般用于召开比较重要的会议。

（5）任免通知

上级机关在任免下级机关的领导人或上级机关的有关任免事项需要下级机关知道时所发布的通知。

（6）一般事项性通知

上级机关的有关事项需要下级机关办理或需要周知的事项用这种通知，如启用或废止印章、成立调整或撤销某个机构、出版发行刊物、变更作息时间等。

（三）通知的写作格式

1. 标题

通知的标题一般均由发文机关、事由、文种三部分组成，还有一种写法可由事由加文种组成。发布性通知标题中的"事由"一项，由"关于发布"、"关于颁布"等词与原文名称组成。

转发性的通知，其标题中的事由就是所转发公文的名称如《国务院办公厅转发国家计委关于取消地方限制经济型轿车使用的意见的通知》。如果被转发的公文是法规性文件，则需要在法规性文件名称上加书名号。

另外，如属紧急事项的通知要在"通知"前冠以"紧急"字样；有的标题在"通知"前加上"重要"字样以显示通知内容是重要事项。

2. 主送机关

主送机关应在标题下、正文前顶格书写。

3. 正文

通知的正文，包括通知缘由、通知事项、通知要求三部分。由于通知的分类较多，内容性质各异，不同类型的通知有不同的写法。

（1）发布性通知

内容包括两项，一是写清所发布文件的名称，二是提出执行要求，简单明了，直截了当。

（2）指示性通知

一般由通知原因、通知事项和执行要求三部分组成，有的只有前两部分，略去执行要求。而缘由和通知事项两部分的写法也有不同。有的先写缘由，然后用"特作如下通知"转入具体通知内容。通知事项大多采用分条列项法，用序号标出。有的则在缘由后，直接一段一段往下写，并不标明序号。结尾可写可不写，如有结尾，可用"特此通知"这样的惯用语言。

（3）批转、转发性通知

首先说明来文已经上级或本单位同意，然后说明转发此文。转发机关有时还在转发通知中提出本单位的意见。制作转发通知时需注意，上级机关、同级机关或不相隶属机关来文，在通知的标题中要用"转发"二字。在转发下级机关来文时，在通知的标题中要用"批转"二字，不可混淆。

（4）会议通知

会议通知的正文一般应先说明召开会议的根据或目的以及会议名称。然后以"现通知如下"转入陈述会议内容、起止时间、会议地点、参加人员、报到时间和地点、与会人员所携带的文件材料及其他各项食宿交通等具体事务。

（5）任免通知

包括任免根据和任免名单两部分，任免根据要写明做出决定的机关或会议名称和时间，任免人员的具体职务,任免名单如有多人,则分段或分条列出。

(6) 一般事项性通知

要交代需办什么事情,如何处理,什么时间完成和要求等。

4. 落款与日期

通知的正文结束后还要将发文机关的名称写上,然后再写成文日期,最后加盖公章。

(四) 通知的写作要求

通知由于使用广泛,种类复杂,写作方法也不尽相同。因此,在写作时一定要注意不同种类通知的具体要求。总而言之,拟写通知,要做到主题集中,重点突出,措施具体,要求明确。同时还要讲求时效,以便提高效率,不贻误时机。

【例文评析】

例文 2-8

上海市人民政府关于印发《上海市气象灾害预警信号发布与传播规定》的通知

沪府规〔2019〕19号

··· 评　析 ···

这是一则发布性通知,其标题是由发文机关名称、所发布的文件名称和文种三个部分组成的,文件名称要加书名号。

各区人民政府,市政府各委、办、局:

　　现将《上海市气象灾害预警信号发布与传播规定》印发给你们,请认真按照执行。

上海市人民政府
2019 年 4 月 17 日

正文共两句话,简明扼要。

上海市气象灾害预警信号发布与传播规定(略)

(录自《上海市人民政府公报》2019 年第 10 期)

所发布的文件是正文的重要组成部分,它不属于附件。

例文 2-9

国务院办公厅转发国家发展改革委关于深化公共资源交易平台整合共享指导意见的通知

国办函〔2019〕41号

这是一份转发性的通知。国务院办公厅与国家发改委是同级关系,所以用"转发"。

各省、自治区、直辖市人民政府,国务院各部委、各直属机构:

　　国家发展改革委《关于深化公共资源交易平台整合共享的

受文单位可以是多个。

正文只有三句话,简洁明了。

指导意见》已经国务院同意,现转发给你们,请认真组织实施。

国务院办公厅
2019 年 5 月 19 日

关于深化公共资源交易平台整合共享的指导意见

国家发展改革委

(略)

例文 2-10

上海市人民政府关于批转市财政局等四部门制订的上海市耕地开垦费管理办法的通知

沪府规〔2019〕22 号

各区人民政府,市政府有关委、办、局:

市政府同意市财政局、市发展改革委、市农业农村委、市规划资源局制订的《上海市耕地开垦费管理办法》,现转发给你们,请认真按照执行。

上海市人民政府
2019 年 4 月 23 日

上海市耕地开垦费管理办法(略)

(录自《上海市人民政府公报》2019 年第 11 期)

> 上级对下级的文件,所以用"批转"。
>
> 受文单位可以是多个。
> 正文只有三句话,简洁明了。

例文 2-11

教育部办公厅关于做好 2019 年中小学生暑假有关工作的通知

教基厅函〔2019〕39 号

各省、自治区、直辖市教育厅(教委),新疆生产建设兵团教育局:

暑假将至,为使广大中小学生度过一个安全、快乐、有意义的暑假,现就做好 2019 年中小学生暑假有关工作通知如下。

一、切实做好安全教育。 暑假前,各地各校要安排专门的

> 这是一份指示性通知,受文单位有多个。
>
> 正文第一段讲发文目的。
> 通知要求分 4 个小标题来写,层次分明。

安全教育活动，通过主题班会、班团队活动、发放安全提醒和致家长书等形式，聚焦溺水、交通事故、食物中毒、自然灾害等防范重点，将安全提示内容告知每一个学生、每一个家长，切实提高学生的安全防护意识，推动家长履行安全监护职责。各地教育行政部门要会同当地宣传部门和新闻媒体，特别要用好互联网新媒体，加强宣传引导，普及安全知识。要通过公益广告、微视频、发布手机短信等形式提升宣传效果。要认真做好教育部印发的《致全国中小学生家长的一封信》（见附件）的复印发放、回执回收保管工作，及时提醒家长担负起学生离校期间的监护责任。

二、合理布置暑假作业。学校要统筹调控不同年级、不同学科作业数量和作业时间，由学科组、年级组集体研究布置学生暑假作业。鼓励布置活动性、实践性、探究性作业，严禁布置要求家长完成或需要家长代劳的作业。通过多种途径，引导家长不盲目给孩子报校外培训班，减轻学生课外负担。指导家长针对学生的年龄特点和个性差异安排适量的家务劳动，培养劳动节约习惯，提高劳动能力，帮助树立节水节粮节电意识。

三、丰富学生暑假生活。各地各校要根据当地实际，结合教育部部署的"圆梦蒲公英"暑期主题活动，广泛利用体育馆、博物馆、文化馆等社会资源，开展丰富多彩的活动，为孩子假期生活提供更多选择。各级各类研学实践教育基地、营地要专题开设暑假研学实践课程，打造精品研学实践线路，提供丰富多彩的研学实践教育活动。引导学生暑假期间积极参加适合的农业生产、工业实训、商业和服务业公益劳动与志愿服务等体验活动。各类青少年校外活动场所要统筹调配师资，尽量多开设丰富多彩的兴趣班，满足中小学生暑假生活需要。鼓励中小学体育场馆、图书馆（阅览室）、乡村学校少年宫暑假定期向学生开放。要通过开展专题教育，讲授网络安全和网络沉迷等内容，帮助学生提高对网络黄赌毒等不良网络行为的甄别能力，自觉抵制网络不良信息和不法行为。要会同配合有关部门，积极开展青年志愿者关爱农村留守儿童"七彩假期"志愿服务工作，共同关心进城务工人员随迁子女和农村留守儿童的暑假生活。

四、加强校外培训监管。县级教育行政部门要对校外培训机构假期开展的中小学生学科类培训班严格进行审核备案。一经发现有超标超前培训内容的,要求培训机构立即整改,整改不到位的直接取消培训班次,拒不整改的依法依规进行处罚,直至吊销办学许可。务必做到学科类培训班全部备案并向社会公示。各地教育行政部门要联合市场监管、公安、消防、民政、人力资源社会保障等部门以及街道、居委会等,在暑假前对行政区域内校外培训机构专门开展一次排查,并在暑假期间不定期进行专项巡查监测,重点巡查培训机构集中的热点区域以及学校周边地区,一旦发现培训机构违规开展培训,坚决予以严肃查处并及时向社会通报。对无证无照经营、存在重大安全隐患的培训机构实行"零容忍",现场予以取缔或责令其立即停业整改。对拒不整改、屡教不改的机构,要依法依规进行处罚并吊销办学许可,同时提请市场监管等部门吊销执照。

各地各校要健全暑假值班制度,明确带班领导,强化人员和条件保障。要完善应急处置机制,确保重大事件第一时间妥善处理,并及时做好通报和上报工作。

各地暑假有关工作情况请及时报教育部基础教育司。

附件:致全国中小学学生家长的一封信

教育部办公厅
2019 年 6 月 27 日

【复习思考】

1. 通知有哪几种类型和用途?
2. 通知与通告的异同点有哪些?
3. 批转、转发性通知的使用范围有哪些,其主体应该如何写?

【案例训练】

1. 为了适应推行国家公务员制度和实施《国家公务员暂行条例》的需要,加强对高、中级国家公务员的培训,国务院决定成立国家行政学院,为国务院直属事业单位。请以上述材料拟一份通知。
2. 根据下面所给的材料写一份通知。

    教育部拟于 2024 年×月×日到×月×日在北京××宾馆召开全国高等教育工作会议,研究部署今后一个时期的高教工作。参加会议人员:各部属高校校长。与会各校将拟提交会议交流的经验介绍材料,自印 120 份带到会议上。联系人××,电话×××××××。

3. 指出下列一则通知的错误,并加以修改。

通知

兹定于9月12日2:30召开校迎新工作会议,希各新生班主任、学生辅导员及相关教师届时出席。地点:影剧院。

院办
2018年9月11日

二、通报

(一) 通报的含义

通报是一种适用于表彰先进、批评错误,传达重要精神和告知重要情况的公文。通报将基层单位先进和错误的典型,上级和本机关重要指示精神,以及工作中的重要情况等,及时向下级转达。其作用主要在于帮助下属机关广大干部群众了解全局情况并提高认识。

(二) 通报的特点与类型

1. 通报的特点

通报和通知相比较,他们的共同点是都具有传达和告知的作用,属于传达和告知性公文。然而,通报又可以用于表扬和批评,因此它又属于奖励和告诫性公文。

使用通报不受发文机关级别的限制,任何机关单位都可向其下属制发通报,在用于奖惩方面,通报的档次比决定低。

2. 通报的类型

表彰性通报:表彰性通报主要是通报带有全局性的工作成果,或某个人的先进事迹。目的在于介绍先进经验,以点带面,推进工作。

批评性通报:批评性通报是批评某地、某单位所发生的重大事故,某个人的违法乱纪行为,对违纪案件处分决定的公布,目的在于引起注意,防止这类情况的再次发生。

情况通报:传达目前某一重要情况或形势与任务,目的在于上下相互通气,有利于指导当前的一些工作。也有在通报情况之后提出一些要求的。

(三) 通报的写作格式

1. 标题

一般由发文机关、事由、文种三部分组成,有时也可以采用事由加文种的方式。

2. 受文机关

一般为直属的下级机关,或是需要知晓的不相隶属的单位。

3. 正文

批评或表彰性的通报:其正文一般先是引言,概述发此通报的背景、内容和目的,然后叙述事实,或先进事迹,或重大错误。接着分析原因,不论是先进还是错误,都要实事求是。最后提出要求,或向先进人物学习,或从被通报批评的人或事件中吸取教训,不要再犯类似的错误。

情况通报:其正文主要是叙述所通报的情况。一般包括背景介绍、事情具体情况、分析评述、提出要求等。在实际写作时并不要求每一部分都要写到,而要有所侧重,但事情的具体情况必须要写。

4. 落款与日期

如标题中已有发文单位,那么只写日期加盖公章即可;标题中没有发文单位,正文下一定要写发文单位。日期即成文的年、月、日。

(四)通报的写作要求

第一,行文要准确及时。通报的时效性很强,如不及时发出会贻误工作。第二,事件要典型,无论是表彰还是批评,都要核准事实,实事求是地反映成绩和问题。第三,分析要深刻,要在叙述事实的基础之上,认真总结经验,分析错误和教训,突出教育性。

【例文评析】

例文 2-12

关于山西省大同市医保机构拖欠定点零售药店医保费用问题的督查情况通报

近日,国务院"互联网+督查"平台收到问题线索,反映山西省大同市市区两级医保机构互相推诿,拖欠医保定点零售药店结算费用,导致该市平城区 100 多家药店流动资金枯竭,面临倒闭。国办督查室随即派员赶赴山西省大同市开展实地督查。督查发现,这是一起地方政府有关单位不作为慢作为、政策落实不到位的典型案例。现将督查情况通报如下:

2018 年 1 月 29 日、2 月 27 日,大同市医保中心先后两次发文,要求各县区医保机构负责两定机构(基本医疗保险定点零售药店和基本医疗保险定点医疗机构)协议化管理和费用结算工作。大同市平城区社保中心作为该区五险(含医保)合一的经办机构,以行政区划即将调整,以及人手紧张、业务不熟等种种理由,表示难以承接,申请推后至行政区域划分完成后再正式接收。但是 2018 年 10 月行政区域划分完成后,平城区社保中心仍百般推脱,以下一步要进行机构改革为由拒绝接收,造成平城区 177 家定点零售药店 2019 年 1—3 月医保费用 1 514.92 万元被拖欠。

从督查情况看,大同市医保中心在多次督促未果的情况下,

⋯ 评 析 ⋯

这是一份较为典型的批评通报。标题是由事由和文种两个部分组成的。这里省略了发文机关。"关于……情况的通报"是这类通报标题的常用格式。

从结构上看正文包括开头、主体、结尾三个部分。开头部分(第一自然段)首先指出收到问题线索,并点出问题的严重后果。段末用"现将督查情况通报如下"过渡到正文。

然后概述大同市医保机构拖欠定点零售药店医保费用的种种问题。在总述批评对象种种错行为的基础上,指明其严重性,点明发文根据。

既没有采取更有力措施积极推进,也没有按照山西省医保局有关规定继续做好平城区2019年医保费用代理结算工作,而是与平城区社保中心互相推诿,对群众的诉求视而不见。平城区社保中心从2018年10月到2019年初,对承接两定机构协议化管理和费用结算工作不积极不主动,有令不行,能推就推,能拖就拖,不把上级机构要求和群众利益放在心上,属于典型的不作为慢作为。

与此同时,督查组还发现,截至2019年4月,大同市医保中心仍在变相实施国务院已明令取消的"两定机构审查"审批事项(基本医疗保险定点零售药店资格审查和基本医疗保险定点医疗机构资格审查)。2015年10月,国务院印发《关于第一批取消62项中央指定地方实施行政审批事项的决定》(国发〔2015〕57号),决定取消包括"两定机构审查"在内的62项行政审批事项。2015年12月,人力资源社会保障部印发《关于完善基本医疗保险定点医药机构协议管理的指导意见》(人社部发〔2015〕98号),明确要求2015年底前全面取消"两定资格审查",完善协议管理,提高管理服务水平。大同市医保中心没有认真落实文件精神,仍然保留相关审批权限,变相实施审批行为。2017年5月15日,大同市医保中心出台《关于变更县区两定机构审批权限的通知》(同医保字〔2017〕23号),提出从2017年5月开始将县区两定机构的审批权限下放给各县区经办机构。2017年9月6日,大同市医保中心出台《关于印发〈大同市基本医疗保险定点医药机构管理办法〉(试行)的通知》(同医保字〔2017〕51号),在签约程序中明确规定:申请定点的医疗机构要"上报市人社局研究审批后方可签订定点服务协议"。该办法虽然提出要进行实地评估,但在实际工作中仍未执行人社部发〔2015〕98号"引入参保人和社会多方参与的评估和谈判机制"等相关协议化管理要求。

国办督查室实地督查后,大同市政府对督查发现的问题高度重视,截至4月30日21时已全部完成177家药店费用结算工作,除按照相关规定暂扣10%保证金外,共计结算1 402.37万元。相关政策不落实整改工作仍在进行中。

国务院办公厅督查室

2019年5月7日

(录自中国政府网)

【复习思考】

1. 通报有哪几种类型?
2. 通知和通报有哪些异同点?
3. 简述各类通报正文的一般写法。

【案例训练】

1. 请代××市教育局撰写一份表彰该市××中学学生梁××拾金不昧精神的通报。
2. 请运用以下材料撰写一份通报。

　　阳春三月,大地一派勃勃生机。许多单位都在这个季节组织外出春游。然而,在3月25日上午9:00发生了一场车祸。一辆满载着公司45名员工外出参观游览的大客车,在前往××景区的路上不幸翻入××湖中,造成2人死亡,9人重伤的重大事故。目前事故原因正在调查之中。××市人民政府要求汲取教训,高度重视安全工作,增强安全意识,并准备就此事故发一份通报。

3. 评改以下一则通报。

通报批评

　　××乡片面追求增加收入,乱砍滥伐林木,使大面积山场遭到严重破坏。为严肃党纪,××县政府决定予以该乡乡长行政降级处分,与外单位签订的合同均作废,并赔偿经济损失5万元。

　　今年3月以来××乡在春季禁伐期间任人滥伐林木,出卖青山×××多亩。其中××村就以××××元的代价,将集体的××亩青山共×××棵林木,卖给村修配厂,任其滥伐。他们还与附近单位签订合同,任其滥伐十多天,致使大片山林遭到破坏。现根据国务院有关精神,除责令××乡干部认真检查外,对砍伐的木材,全部予以收缴,对不能追回的部分,按有关规定照价赔偿,并收取税金、育林基金及管理费。

　　特此通报

××县政府

第六节　报告　请示　批复

一、报告

(一)报告的含义

　　报告是向上级机关汇报工作、反映情况,回复上级机关的询问的公文。报告是党政机关、企事业单位和社会团体广泛使用的一种陈述性的上行公文。

（二）报告的特点与类型

1. 报告的特点

（1）使用广泛性

报告应用广泛，使用频率高，它适用于下级机关向上级机关汇报工作、存在的问题，或答复上级机关的询问。报告还可用于向上级机关报送物件或有关材料。

（2）及时联络性

报告是沟通上下级机关联系的重要工具。上级机关通过报告了解下情，收集信息，作出正确决策。下级机关通过报告反映情况，可取得上级的支持、指导，更好地贯彻执行有关方针政策，做好工作。

（3）行文单向性

报告是下级机关发给上级机关的一种单向行文。上级机关不需要对下级机关的报告作出批复。

2. 报告的类型

报告的种类很多，按性质分，可分为：

（1）呈报性报告

这种报告以下级机关向上级机关汇报工作、反映情况为主，不要求上级机关转发。

（2）呈转性报告

这种报告是指下级机关将有关事项或者要求报送上级机关，请求上级机关批准并转发给有关部门。

按内容分，报告又可分为：

（1）专题报告

专题报告，内容单一，是就某一个专项内容而写的报告。

（2）综合报告

综合报告具有综合性，是全面反映情况的报告。

（3）工作报告

工作报告，是下级机关定期或不定期向上级领导机关汇报工作情况的报告。

（4）情况报告

情况报告，它不是主要侧重在汇报工作进展情况，而是讲客观存在的情况、问题。如某一突发事件或灾难的情况等，也可答复上级的询问和要求。

（三）报告的写作格式

1. 标题

一般由发文机关、事由和文种三要素组成，或由事由和文种两要素组成。

2. 主送机关

在标题下正文前顶格书写受文对象，一般为直属上级机关或业务主管部门。

3. 正文

正文部分大致可以分为开头、主体和结尾三个部分。

（1）开头：报告的开头简要交代起草报告的原因和目的，概述报告的主要内容和结果。然后用"现将有关情况报告如下"或用"现就如何开展这项工作提出以下意见"来承上启下。

（2）主体：主体是报告叙述的具体内容。如果报告是以汇报为主，可按成绩、措施、存在问题、今后打算逐步写来。如果报告着重反映某种情况或问题，可按情况、原因分析、解决办法或建议逐步写来。总之，这一部分是报告的主干部分，一般内容较多。如果内容单一，可分自然段，分层叙述；若文字较多，可分条列项，逐条陈述，必要时还可加小标题。

（3）结尾：报告的结尾一般用公文的专用语"特此报告"、"以上报告当否，请审阅"等。呈转性报告用"以上报告如无不妥，请批转有关部门贯彻执行"等。

4. 落款与日期

如果标题是"两要素"的写法，或者即使标题是"三要素"写法，为了郑重起见，也是先写发文单位全称，再写成文日期。

（四）报告的写作要求

第一，报告所反映的情况，必须经调查核实，准确无误，要真实具体，实事求是。

第二，报告所提意见或建议要明确、恰当，便于领导批转后有关单位参照执行。

第三，报告中不能夹带请示事项，如有需要请示的事项，应另行行文，否则会贻误工作。

【例文评析】

例文 2-13

关于我省女大学生就业情况的报告

中华全国妇女联合会：

近年来，女大学生就业困难已经成为一个热点问题，引起了社会各界的广泛关注。为全面了解掌握我省女大学生就业情况，推动女大学生就业难这一问题的解决，省妇联于今年7月至9月对我省女大学生就业情况进行了调研。……采取问卷调查、听取情况介绍、召开座谈会等形式进行深入的调查分析。调查问卷发放到50多个用人单位和大专院校，并在黑龙江东北网进行了网上问卷调查。现将有关情况报告如下。

一、基本情况

从调研中了解到，近年来，我省各级政府及其相关部门、大专院校、用人单位认真贯彻落实国家有关法律法规和就业政策，采取了多种有效措施，保障大学毕业生平等就业，从总体上看我省大学生就业状况相对较好，主要表现在以下几个方面：

··· 评　析 ···

这是一篇情况报告。

标题是由事由和文种名称两个部分组成的，事由是"我省女大学生就业情况"，文种是"报告"，用介词"关于"把事由与文种连接起来，标题中省略了发文机关，这也是公文标题常有的一种格式。

正文开头部分首先交代写作该报告的背景材料：即女大学生就业难已成为当前社会一大热点问题，引起了社会各界的广泛关注。在说明发文缘由之后，用连接开头与主体之间的报告常用语"现将有关情况报告如下"承上启下过渡到主体部分。

由于内容比较多，该报告将主体分为四个部分，每一部分又采取分条列项的方式。

（一）大学生就业形势总体平稳

……

（二）政府相关部门为促进大学生就业采取了有效措施

……

（三）各高校为大学生就业提供强有力的指导与服务

……

（四）用人单位为女大学生提供平等就业机会

……

第一部分先简要汇报了一下基本情况。接着用四个小标题，从四个方面总体肯定"我省大学生就业状况相对较好"。

二、女大学生就业存在的主要问题

从调查情况看，虽然女大学生就业形势从总体上看是较好的，但还存在着一些亟待解决的问题。

（一）劳动力市场供大于求，女大学生的就业压力大

……

（二）性别歧视普遍存在，女大学生就业受到限制

……

（三）女大学生就业期望值较高，就业成功率较低

……

（四）部分女大学生的实践能力较低，缺乏就业竞争力

……

（五）部分用人单位夸大了女性生理特点的负面效应

……

（六）就业主渠道作用弱化，不平等竞争加剧

……

第二部分主要提出女大学生就业存在的主要问题，也分别从六个方面一一列举，并指出这些问题所带来的一系列负面影响。然后水到渠成地过渡到第三部分：存在问题的原因分析。

女大学生就业存在的诸多问题，给女大学生造成了很大的心理压力。调查显示，有40.7%的被调查者对遇到的性别歧视表示愤怒，22.4%的人表示无奈。在"性别歧视会给你带来什么影响"的调查中，40.9%的人认为会错失事业发展的机会，18.5%的人认为会产生自卑心理，24%的人认为会对社会产生不满情绪。为了逃避就业压力，很多女大学生选择了考研，她们认为只有考研才能找到一份满意的工作。还有的女大学生为了就业早早交上男朋友，以便毕业后能捆绑式就业。由于就业困难，还导致一部分女大学生信奉"学得好不如嫁得好"，在选择男朋友时看重其经济实力和家庭条件，出现了很多带有功利性的爱情，使部分女大学生的恋爱婚姻观发生了扭曲。

三、存在问题的主要原因

（一）整体就业形势严峻，带来女大学生就业难

……

（二）法律法规不完善，对就业中的性别歧视缺乏罚则

……

（三）相关政策不健全，监管不到位，加剧了女大学生就业难

……

（四）高校专业设置不能适应市场需求，加之大学生社会实践失衡，导致女大学生就业难

……

（五）就业观念陈旧，造成女大学生就业难

……

四、解决女大学生就业问题的建议

针对女大学生就业面临的问题，为改善我省女大学生就业状况，结合我省实际，提出以下几点建议。

（一）政府应加强宏观调控，增加就业岗位

……

（二）健全法律政策体系，加强女性劳动权益的保护

……

（三）健全完善社会保障机制，充分认识人类自身再生产的社会价值

……

（四）加快高等教育改革步伐，提高女大学生就业竞争力

……

（五）女大学生要转变观念，树立正确的择业观

……

（六）建立完善的就业服务体系，为女大学生就业创造良好的环境

……

黑龙江省妇女联合会印章
20××年××月××日

（录自黑龙江人民政府网）

旁注：

这部分主要是对女大学生就业存在诸多问题的原因进行了客观的分析。分别用五个小标题指出造成女大学生就业难的五大因素。

第四部分，也是这篇报告的最后部分，就解决女大学生就业问题提出建议。用六个小标题，向有关部门建议应该从六个方面着手解决。

这份报告从开头到结尾，按照基本情况、存在问题、原因分析、解决办法或建议逐步写来。虽然内容较多，但层次清楚，条目明晰。是一篇典型的写得较好的报告。

【复习思考】

1. 从报告的特点来看,报告的用途有哪些?
2. 报告有哪几种分类方法,综合报告和专题报告的内容和写法有何区别?
3. 写报告应注意哪些事项?

【案例训练】

1. 请结合自己所在学院(系)学生会各方面工作撰写一份综合报告,字数约1 000字。
2. 请结合××商场家电销售部"3.15"(国际消费者权益日)活动情况,按照专题报告的写法要求练习写一份报告。
3. 指出下列公文中的错误,并加以修正。

关于购置小货车的报告

计经委、财政局:

  我们副食品公司有10个门市部,已于×年×月起按市政府的有关精神,实行了民主管理。

  实行了干部选举制,建立了职工代表大会制度,选举了"企管会"完善了财务管理制度,利润比上年增长20%,创历史最好水平。

  由于运输量猛增,原有的14台手推车远不能满足运输需要,再加上世界发生了翻天覆地的变化,落后的手推车远比不上高效率的机动车,应当淘汰。

  为此,我们建议购买机动小货车3辆,我们现有结余5万元,请示拨款7万元,请审批。

××市副食品公司
20××年×月×日

二、请示

(一)请示的含义

  请示是一种适用于向上级机关请求指示、批准的公文。请示属于期请性的上行公文。其行文目的是请求上级机关对工作中某一问题给以批示、答复。单位在遇到属于本机关职权范围内无权处理或确实难于处理的问题,需要上级机关帮助解决等,均可用请示。

(二)请示的特点与类型

1. 请示的特点

(1) 行文关系固定性

请示的行文不能超越法定的隶属关系,一般是逐级行文,主送机关明确,内容单一。

(2) 内容的针对性

请示的内容,都是依据本单位无法处理的问题而提出的,针对性强。

（3）请示和报告的区别

请示和报告虽然都是上行文，但却有着根本的区别。报告是向上级汇报工作，反映问题，一般不需要批复。请示是向上级机关请求指示、批准，需要给予答复。

2. 请示的类型

请示按内容和目的大致可分为三类。

（1）请求指示的请示

这类请示一般是下级在工作中遇到一些问题，政策上缺乏依据，请求上级予以指示。

（2）请求批准的请示

其内容可以是请求上级批准增减或变更人员编制、机构设置、领导班子组成、干部任免等人事组织问题以及协助解决工作经费、工作任务等问题。

（3）请求批转的请示

对本单位无权无力解决，需要其他职权部门协助解决的问题，可以请求上级机关批转发送到相关单位协助执行。

（三）请示的写作格式

1. 标题

一般由发文机关、事由、文种三部分组成，有时也可以采用事由加文种的方式。

2. 主送机关

请示的主送机关只能写一个上级机关名称，若还要报给其他上级机关，可用"抄送"的形式在文后注明。

3. 正文

正文一般由请示的缘由，请示的具体事项及意见，结束语三部分组成。开头先说明请示缘由、起因，简要而充分地说明提出请求的背景或依据。请示事项要求把需要上级机关审批的问题写清楚，并作出具体的分析。还要向上级提出自己的看法和处理意见。最后如请求指示办法，可写"请批复"，如自己提出意见，可写"以上意见当否，请指示"，如系请求批转的请示，可写"以上意见如无不当，请批转各有关方面参照执行"。

4. 印章与成文日期

在正文的右下方，盖上发文机关印章，并写上成文日期。印章要盖在发文日期上面。

（四）请示的写作要求

第一，请示只对上级机关使用、行文也只能主送一个主管的领导机关，不能多头主送。如系双重领导，也只能同时抄报给另一个上级。

第二，请示只能一文一事，不能将几件事并在一文中请示。请示应按隶属关系逐级请示，不得越级请示，若因特殊情况需要越级请示，须抄报被越过的上级机关。

第三，请示与报告是两个不同的文种，不能混用，常见的错误是将请示这一文种写成"请示报告"，极不规范，应避免。

【例文评析】

例文 2-14
吉林省人民政府关于增拨防汛抢险救灾用油的请示

国务院：

今年入汛以来我省气候异常，灾害的突发性、阶段性十分明显。进入主汛期以后，出现三次较大的降雨过程，长春、四平、吉林等地区发生了洪涝灾害。特别是进入8月份以后，嫩江连续发生两次大洪水，更加重了灾害程度。

近30多天，为战胜嫩江洪峰，确保城镇、铁路、人民生命财产安全，白城地区以及吉林省驻军，每天出动12万多人、3.5万多台机动车辆，日夜抢修加固堤坝，运送抢险物资，现已耗用柴油3 700多吨，汽油2 000多吨。

据省防汛指挥部通告，嫩江洪水消退到安全水位要到9月下旬。目前形势，抗洪战线长，洪峰消退慢，抢险工作量大，恢复生产，重建家园和修复水毁工程的任务十分艰巨。为此，特请国家增拨抗洪抢险救灾用柴油8 000吨，汽油5 000吨。

以上请示妥否，请审批。

吉林省人民政府
20××年8月20日

（录自吉林省政府网）

…评　析…

这是一份请求批准的请示。标题是由发文机关、事由和文种三要素构成的。这种请求批准的请示，能否得到批准，关键是理由是否充分。

该文开头部分说明发文缘由和请示理由。

接下来叙述请示的事项，写得简洁明了，态度恳切。

最后用规范的请示用语"以上请示妥否，请审批"作结。

【复习思考】

1. 请示和报告有哪些异同点？
2. 请示事项包括哪些内容，应如何写好这部分内容？
3. 试述撰写请示应当注意的问题？

【案例训练】

1. 请你为××市文化局草拟一份请求该市政府批准扩建市图书馆的请示。
2. 多媒体教学已经在各学校得到广泛应用，但××学院××系至今还没有一套多媒体教学设备。为了增强教学过程中现代教学手段的成分，提高教学质量和教学水平，该系急需购置一套多媒体教学设备,计划耗资40 800元。请根据以上材料写一份请示。
3. 指出下列公文中的错误,并加以修正。

××市卫生局卫发字〔20××〕第×号

关于扩建市人民医院的请示报告

××市人民政府:

我局所属市人民医院自建院以来已历经30年,其间虽曾多次扩建,但均属零星添置补充。近年来我市经济发展突飞猛进,人口也迅速增长,院门诊、住院病人数量日益增多,负担极重,原有房屋已无法应付。经我局与本院主管人员共同商量,认为必须扩建住院大楼,初步估计约需×××万元,拟请市政府如数拨款为荷。此外,本院医护人员也感不足,拟增聘20人,也请一并批准。

××市卫生局

三、批复

(一)批复的含义

批复是上级机关答复下级机关请示事项所使用的公文。批复属答复性的下行文,批复的针对性非常强,是针对请示的表态,请示一经上级领导机关批复就具有极强的约束力,下级机关必须认真执行。

(二)批复的特点与类型

1. 批复的特点

(1)被动性

使用批复的先决条件是下级机关上报请示,批复是被动行文。它依赖请示而存在,没有下级机关的请示,批复就无理由发。

(2)针对性

批复是专门针对下级机关的请示而发,一般是一个请示对一个批复,不涉及请示以外的其他事项。

(3)指令性

批复的意见具有指令作用,上级机关通过批复表明准许如何做,不准许如何做,下级机关必须遵照执行。

2. 批复的类型

批复按其内容大致可分为两类。

一是指示性批复。这类批复就下级在工作中遇到的问题,政策上缺乏依据、请求上级予以指示的问题给予具体解答。

二是审批性批复。这类批复主要针对下级机关请求批准的请示,经审核后作出答复。常见的有关于人员编制、机构设置与调整、经费预算、拨款、拨物等的批复。

（三）批复的写作格式

1. 标题

批复的标题一般由发文机关、事由、文种三要素组成。

另一种标题除"三要素"外还加上"关于"、"给"等双介词结构，如《国务院关于开放××航空口岸的批复》。

2. 主送机关

即提出该请示事项的下级机关，或需要知照的其他机关的名称。

3. 正文

一般包括引语、主体、结尾三部分。

（1）引语

引述来文的日期、文号和事由，如"××年×月×日××文号，标题为××的请示已收悉"然后用"经研究批复如下"引入具体批复意见。如果来文内容比较简单，即可在说明来文已收悉后，直接表态即可。

（2）主体

这是批复事项的具体内容：表明是否同意的态度，如果是比较重要的事情，还要加以强调或叙述同意或不同意的理由。

（3）结尾

常用"此复"、"特此批复"、"专此批复"。有时也可省略不写。

4. 印章和成文日期

在正文之后，其写法与一般公文相同。

（四）批复的写作要求

撰写批复要注意做到有针对性地答复问题。要有明确的态度，无论是肯定还是否定，都要直截了当，切忌含糊其词，模棱两可。文字简明扼要，措词准确无误，还要注意对象明确，批复及时。

【例文评析】

··· 评　　析 ···

这是一份答复下级机关请示事项的批复。标题是由发文机关、事由和文种名称三部分构成的，这是批复的标题比较常见的写法。

引语引述来文标题及其发文字号，这是对发文缘由的一

例文 2-15

国务院关于同意承德市建设国家
可持续发展议程创新示范区的批复

国函〔2019〕46号

河北省人民政府、科技部：

你们《关于承德市创建国家可持续发展议程创新示范区的请示》（冀政呈〔2019〕6号）收悉。现批复如下：

一、同意承德市以城市群水源涵养功能区可持续发展为主题，建设国家可持续发展议程创新示范区。

二、承德市建设国家可持续发展议程创新示范区，要以习近平新时代中国特色社会主义思想为指导，深入贯彻党的十九大和十九届二中、三中全会精神，坚持稳中求进工作总基调，坚持新发展理念，坚持推动高质量发展，统筹推进"五位一体"总体布局，协调推进"四个全面"战略布局，紧紧围绕联合国 2030 年可持续发展议程和《中国落实 2030 年可持续发展议程国别方案》，按照《中国落实 2030 年可持续发展议程创新示范区建设方案》要求，重点针对水源涵养功能不稳固、精准稳定脱贫难度大等问题，集成应用抗旱节水造林、荒漠化防治、退化草地治理、绿色农产品标准化生产加工、"互联网＋智慧旅游"等技术，实施水源涵养能力提升、绿色产业培育、精准扶贫脱贫、创新能力提升等行动，统筹各类创新资源，深化体制机制改革，探索适用技术路线和系统解决方案，形成可操作、可复制、可推广的有效模式，对全国同类的城市群生态功能区实现可持续发展发挥示范效应，为落实 2030 年可持续发展议程提供实践经验。

三、河北省人民政府要建立健全相关工作协调机制，根据实际情况研究制定专门的支持政策，形成推进合力，支持承德市全面落实和实施好各项行动和工程，实现国家可持续发展议程创新示范区建设的目标。

四、科技部要会同国家可持续发展实验区部际联席会议各成员单位，结合各自职责，在重大项目安排、政策先行先试、体制机制创新等方面支持承德市建设国家可持续发展议程创新示范区，及时研究解决建设中的重大问题。

五、示范区发展规划、建设方案等事宜，请河北省人民政府、科技部会同相关方面按照有关规定另行办理。

国务院
2019 年 5 月 6 日
（录自中国政府网）

种说明。由于来文比较简单，在说明来文已收悉后接着就直接表态。全文分四点来表述。要言不烦，层次清楚，意尽文止。

例文没有使用"特此批复"、"此复"等批复惯用的结语。篇幅较短，内容单一的批复常用此类结语。

【复习思考】

1. 试述批复的特点和种类？
2. 批复正文的开头和结尾部分有哪些具体内容？

3. 批复写作有哪些注意事项？

【案例训练】

1. 根据例文 2-14"吉林省人民政府关于增拨防汛抢险救灾用油的请示"，代国务院写一份同意增拨防汛抢险救灾用油的批复。
2. 指出下面这份批复的不足之处，并加以修改。

××局办公室用公款待客问题的批复

××局办公室：

你局关于用公款待客的请示收悉，经领导同意，现指示如下：

一、用公款待客，不属用公款请客。四菜一汤（八人一桌）不属大吃大喝。家有家客，国有国宾，机关也有机关的客人，特别是来指导工作的客人，历来如此。况且，我们现在生活水平提高了，所以用公款待客，吃得比在家好一点是正常的，群众是理解的，群众并不反对用公款待客，反对的是大吃大喝，特别是以待客为名的大吃大喝。所以，要防止铺张浪费。客人尽量同桌（厅）就餐，就餐陪客不得超过二人。

二、对坚持不吃招待饭的客人，我们要理解，不要为难他们。

三、对不做工作的客人不予招待。

特此批复。

××市人民政府办公厅
二○××年×月×日

3. 修改下列病文。

关于几个问题的答复

××镇政府

对你镇的多次请示，作如下答复：

一、原则批准你镇建立××××××。（略）

二、提出试行"关于违反××××规定的惩罚办法"最好不执行，因为这个办法违反上级有关文件的精神。

三、今年你们镇上要盖一座礼堂，并准备开辟对外营业的影剧院，有利于活跃当地群众的文化生活，批准你们的请示。

四、拟同意你们"关于学习×××同志活动"请求。×××同志恪尽职守，事迹感人，应大力宣传。

××县人民政府
××××年×月×日

第七节　函　纪要　议案

一、函

（一）函的含义

函是用于不相隶属机关之间商洽工作、询问和答复问题、请求批准和答复审批事项的公文。函一般是平行文，具有灵活、方便的特点，使用范围很广泛，且不受公文格式的严格限制。

（二）函的特点与类型

1. 函的特点

从函的主要作用来看，它应属于商洽性公文。

公文中只有函具有多种行文方向，它大都用于平行机关或不相隶属机关之间，有时也可用于上行或下行，如上级机关对下级机关询问一般性的问题，下级机关答复上级机关询问的一般性问题，双方有来有往，而不是一方的单向行文。

在党政机关公务活动中，函不具有指挥、领导作用，但它具有桥梁、纽带作用，同时也具有记载和凭证作用。

2. 函的类型

函可分为公函与便函两类。

公函具有较完整的公文格式，用于商洽、询问、答复工作中比较重要的问题和请求主管部门批准某些事宜。它属于正式公文，一般都要编号归档，按公文程序处理。

便函多用于一般事务性工作，它不属正式公文，没有完整的公文格式，不存入档案。

（三）函的写作格式

1. 标题

公函一般都有发函机关、事由和文种三部分组成。有时也可省略发文机关，由事由和文种两部分组成。复函的文种可写"复函"。便函的标题可以不写。

2. 主送机关

函的主送机关为需要商洽工作、询问情况或答复问题的有关机关。

3. 正文

先简要说明发函或复函的缘由，再具体说明商洽与答复的事项。一般是一文一事，以后再接写目的或希望。如系复函，开头要写明对方来文的日期、发文字号或事由，然后再回复具体意见。如果是要求对方答复的函，可用"即请函复"、"请予研究函复"；如果不要求对方答复的，则用"特此函达，即希查照"；如果是答复对方的可用"此复"、"特此函复"作结。

4. 印章和成文日期

正文结束以后，要在正文右下方署上发文单位名称、盖上发函机关印章，并写上成文日期。

(四) 函的写作要求

撰写函,应简短明快,不用套话。

平行函应注意措辞,语气要委婉、恳切,讲究礼貌,不可强人所难,忌用指令性的语言。

要注意同批复、请示、通知等文种的区别。函尽管有答复问题、请求批准、周知事项等功能,但与批复、请示、通知等文种不可完全等同。其区别主要在行文关系的要求上。批复、请示、通知的受文单位是有隶属关系的,函不一定有这种关系。

【例文评析】

例文 2-16

国务院办公厅关于成立 2020 年第六届亚洲沙滩运动会组委会的函

国办函〔2019〕22 号

··· 评　析 ···

这是一份公函同时也是上级机关回复下级机关有关事项的复函。

标题由发文机关、事由和文种三要素构成。

海南省人民政府、体育总局:

　　你们《关于 2020 年第六届亚洲沙滩运动会组委会机构设置方案的请示》(琼府〔2019〕8 号)收悉。经国务院领导同志批准,现函复如下:

正文开头引述来函标题及发文字号。用"现函复如下"过渡到答复事项。

　　一、同意成立 2020 年第六届亚洲沙滩运动会组委会(以下简称组委会)及其组成。组委会主席由体育总局局长苟仲文、海南省人民政府省长沈晓明担任。

主体部分从两方面对来函请示的问题作出具体明确的答复,简明扼要。

　　二、组委会设立综合办公室和工作委员会两个内设机构。其中,综合办公室设在海南省旅游和文化广电体育厅;工作委员会设在三亚市人民政府,下设办公室、竞赛部等部门以及三亚市海棠区、吉阳区、天涯区等赛区委员会。组委会内设机构名称和人员组成,根据工作需要及时调整。组委会人员的调整由组委会按有关规定审定。

落款签署发函机关名称与发函的日期。

国务院办公厅
2019 年 3 月 4 日

(录自中国政府网)

【复习思考】

1. 函的特点是什么,它的使用范围有哪些?

2. 公函与便函在格式上有何不同？函的习惯用语有哪些？
3. 试述函的写作要求及函与批复、请示、通知等其他公文的不同之处。

【案例训练】

1. 请根据下列材料，为××地区行政公署撰写一份去函。然后，针对去函，代××省科委撰写一份同意办理有关手续并作出具体安排有关科技人员到相应科研机构进修的复函。

　　××省人民政府于20××年3月召开了全省科技工作会议，会议决议之一是要加强科技研究工作，加强现有科技人员的业务进修学习。××地区行政公署为了贯彻落实省科技工作会议精神，提高科研人员的业务水平，拟于当年5月下旬选派农业、粮油、化工、机械、电子等五个方面的科技人员各5名到省级有关科研机构进修一年，特函请××省科委支持帮助，联系确定可供上述五个方面科技人员进修的单位。要求5月5日前回复。

2. 指出下面这份函的不足之处，并重新撰写。

××市旅游局关于选拔出国人员的函

××省旅游局：

　　××市中国青年旅行社于9月底将派一工作小组赴××国、××××等国进行旅游宣传促销和调研活动。拟请××省××旅游社派一名熟悉上述地区并懂英语的业务员参加。如同意，请将你省审批的出国人员的批件，8月底以前寄往××市中国青年旅行社。

　　　　　　　　　　　　　　　　　　　　　　　××市旅游局
　　　　　　　　　　　　　　　　　　　　　　　20××年×月×日

3. 请按照公文的文种类别和写作要求，修改下面这篇公文。

××市交通局关于立即畅通南北交通干线的通知

市电信局：

　　你局铺设通信光缆，未向我局请示报告，便自作主张阻断沿江大马路，造成交通堵塞，车辆绕道行驶，严重影响了南北交通干线的正常通行，人民群众反映十分强烈，后果非常严重。现通知贵局所属施工队，必须即刻停止作业，恢复交通。其他事宜，待商谈以后再定。

　　　　　　　　　　　　　　　　　　　　　　　××市交通局
　　　　　　　　　　　　　　　　　　　　　　　20××年×月×日

二、纪要

（一）纪要的含义

　　纪要是适用于记载会议主要情况和议定事项的公文，它是国家法定公文。它将会议的主要精神和要阐述的问题反映出来，一经下发，对有关单位和人员有行政约束力和指导作用，这些单位和人员必须遵守、执行。

（二）纪要的特点与类型

1. 纪要的特点

（1）纪实性

纪要是对会议情况完整而系统的报道，是对会议成果的如实记录和反映。它便于与会的下级机关代表统一认识，传达贯彻会议精神，研究部署工作。又利于向上级机关及时提供重要的信息或参考资料，使其能够简明扼要地掌握会议的概况。

（2）指导性

纪要不仅通报会议的概况，还反映会议议定的事项，反映了与会单位和代表们的共同认识，它用于统一思想认识，明确方针任务，要求有关单位认真贯彻执行，具有指导性。纪要既是下级机关贯彻执行工作的凭证，也是上级检查督促指导工作的依据。

（3）纪要与会议记录的区别

会议纪要与会议记录虽然反映的都是会议内容，但二者有明显的区别。一是文体性质不同。会议纪要用以传达精神，布置工作，供下级遵照执行。而会议记录一般作为机关内部材料处理，不属于正式公文。二是形成方式不同。会议记录是当场记录的原始材料，而会议纪要则是对会议记录、文件资料等进行综合概括和加工整理的产物，从而反映出会议的精神实质。

2. 纪要的类型

根据写作形式和作用，纪要主要有两种。

（1）办公会议纪要

它是与会人员经过商议，对某些事项或问题作出一致决定，需要共同遵守、执行时，用会议纪要的形式写下的文字依据。在一般的日常办公会议中，经常用此种会议纪要。

（2）专题会议纪要

它是通过如实传达会议情况，以达到传递信息，交流经验目的的一种纪实性会议纪要。一些座谈会、经验交流会、学术研讨会经常使用这种会议纪要。

（三）纪要的写作格式

1. 标题

纪要的标题一般是用会议名称加纪要的方式组成，如《城市经济体制改革试点工作座谈会纪要》。有些重要的会议纪要，其标题多用正副标题组成，正标题阐述会议主要内容和精神，副标题交代会议名称和文种，如：《重视思想政治教育是学校当务之急——××市教育工作研讨会议纪要》。

2. 正文

纪要正文一般由开头、主体、结尾三部分组成。

（1）开头部分

会议概况用简单的文字介绍会议召开的目的、指导思想、会议的时间、地点、会议名称、主持单位、与会代表、主要议程、讨论的主要问题、会议的效果、意义等。

（2）主体部分

会议内容是正文的主体部分，常见的写法有两种：

一种是分项式写法,即把会议概况、议题、决定事项等内容,分项排列,使人一目了然。这种写法,适用于会期短、研究事项较单纯的办公会议纪要。

一种是总分式写法。先总述会议概况,再分述会议精神。议定的事项较多,经归纳概括,分若干问题,或分几大块,或若干条,有条理地表述。常用"会议认为"、"会议决定"、"与会者指出"、"会议强调"等语言来表述。也可归纳几个问题后,直接摘引某个与会代表的发言如"××说"、"××代表认为"等。这种写法适用于大型、专题会议纪要。

(3) 结尾部分

纪要可以提出希望和要求,也可以没有,正文的主体部分结束就是全文的结尾。

3. 成文日期

成文日期写在正文下面,也可署于标题之下。会议纪要可不盖成文机关印章。

(四) 纪要的写作要求

撰写会议纪要,首先要抓住重点,突出中心,真正地写出会议的"要"来,切忌把大量的会议材料填塞到纪要里去。

其次,要注意真实地反映会议的情况和与会者的观点,实事求是,忠实客观地反映会议的内容。

最后,写作要及时。最好在散会时初稿已写成,便于征求与会者意见,及时修订、发送。

【例文评析】

例文 2-17

中国高校校报协会 20××年常务理事会会议纪要

20××年×月×日,中国高校校报协会 20××年常务理事会在湖北武汉大学召开。教育部社会科学司副司长徐惟凡在会上作了讲话。中国高校校报协会副理事长、常务理事、秘书长参加了会议。会上传达教育部有关精神,交流了各省市校报研究会工作情况和经验,研究了高校校报评估、《中国高校校报史》(暂定名)的编撰和中国高校校报协会理事会的换届工作。

一、会议研究决定,在20××年上半学年启动中国高校校报评估工作,首选山东为评估试点单位;会议就《校报评估方案》(草稿)展开了研讨,提议在行政发文、评估组织、评估程序、评估指标、评估方法等各方面结合校报实际情况进一步充实修改,使评估工作更加切实可行;会议决定由协会副理事长魏国英同志牵头,全面负责高校校报评估的相关工作。

… 评 析 …

这是一篇日常行政工作会议纪要。标题是由会议名称和文种名称两个要素构成的。

正文的开头部分,(第一自然段)介绍了会议召开的背景、召开的时间、地点及会议的主要内容、与会人员等。

主体部分从第二自然段起,每段由会议研究决定领起,分段介绍会议研究决定的事项。

第一,启动中国高校校报评估工作。

第二,由中国高校校报协会编撰《中国高校校报史》(暂定名)一书。

二、会议研究决定,20××年由中国高校校报协会编撰《中国高校校报史》(暂定名)一书,具体由各省(市、自治区)副理事长、常务理事负责本省(市、自治区)的校报史撰写工作,每个省(市、自治区)写一章,每章文字在10 000字以上。会议决定由协会常务副理事长方延明同志牵头负责校报史的编写工作。各省(市、自治区)需在10月31日前将初稿报送方延明常务副理事长。

第三,发布好新闻评选通知以及"高校校报与和谐校园建设"好论文征文等一系列通知。

三、会议研究决定,协会秘书处在会后及时发放20××年缴纳会费评审费的通知,20××年好新闻评选通知以及"高校校报与和谐校园建设"好论文征文通知,各会员单位须于6月30以前将会费评审费汇到秘书处账户,将作品寄到秘书处。

第四,初步拟定当年年会召开的地点、负责年会承办有关工作的负责人。

四、会议研究决定,20××年年会初步拟定在云南或海南召开,由云南民族大学联系云南省,由协会副理事长李铁铮联系海南省,负责年会承办有关工作。

第五,讨论中国高校校报协会理事长、秘书长的下届换届工作。

五、会议研究决定,中国高校校报协会理事长、秘书长将在20××年换届。建议今年下半年的年会讨论下届理事长、秘书长所在单位,为换届工作做准备。

写法比较简单明了,很有条理。

中国高校校报协会
20××年×月×日

(录自中国教育网)

【复习思考】

1. 会议纪要的特点和用途有哪些?
2. 写会议纪要怎样才能客观、真实地反映出会议的主要精神?
3. 会议纪要写作格式正文主体部分常用写法有哪几种?

【案例训练】

1. 下面是一则会议纪要,请指出在写法上存在的问题,并加以修改。

纪检工作会议纪要

县纪检小组于3月15日召开了纪检工作会议,纪检小组的全部同志和县政府有关部门负责同志列席了这次会议。会议对少数县直机关领导干部动用公款建私房问题进行了讨论,现将会议决定纪要如下:

1. 赵××、夏××动用公款为个人建造的住房,全部收交县政府行政科管理,产权属县政府行政科,这两位同志的住房由行政科按有关标准另行分配。

2. 县工商局利用公款为个人建造的两处三家的住房,全部收交县政府行政科管理,产权属县政府行政科。

3. 张××、吴××的住房,原则上都要收交建行,安排给其他同志住。鉴于吴××同志目前病情较重,暂缓搬出。张××同志要在规定期限内搬出。

4. 上述同志,凡决定搬出新房的一律限于4月1日前搬出,因房子安排不落实不能按期搬出的由有关组织负责,住房已经安排落实,本人在规定期限内不搬出的由本人负责。

5. 对科局级干部利用职权为个人建造住房及少数区、乡干部在县城建房的问题,要在抓好对科局长以上干部住房问题处理的同时,认真地迅速查清处理。

××县纪检办公室整理
××年×月×日

2. 某大学团委计划在2020年暑期组织各院系团干部赴我国西部地区进行一次扶贫帮困考察调研活动。按有关规定,活动须报请学校党委批准,并提供一笔经费。在此之前,校团委拟召集各院系团委书记开一次会议,具体讨论暑期考察活动的指导思想、考察具体项目、地点、日期、行程安排及组织管理、安全事项等。此外还需与当地有关部门联系,为考察顺利进行提供必要的帮助。

请根据以上内容完成下列综合练习。

(1) 请以校团委名义,向学校党委写一份请示,然后请以校党委名义,写一份表示同意的批复。

(2) 请以校团委名义,写一份会议通知、一份会议纪要。

(3) 请以学校的名义,向当地行政部门写一份联系工作、要求提供考察方便的函。

(4) 考察结束后,请以学院团委的名义写一份考察报告。

要求每篇公文的字数在300—500字。

三、议案

(一)议案的含义

议案是适用于各级人民政府按照法律程序向同级人民代表大会或人民代表大会常务委员会提请审议事项的公文。议案的使用主体是法定的,是具备法定权限的各级人民政府,其他机关单位无权使用。

(二)议案的特点与类型

1. 议案的特点

(1) 制作主体的法定性

制作议案的主体只能是各级人民政府即国务院和省、直辖市、县、市辖区人民政府。各工作部门无权提出议案,因而也不能使用议案这一文种。

(2) 内容的特定性

根据《宪法》、《地方各级人民代表大会和各级人民政府组织法》的规定,各级人民政府提出议案的内容必须是属于人民代表大会或人民代表大会常务委员会职权范围内的问题,超出其职权范围的不能作为议案提出。

(3) 时间的限定性

各级人民政府必须在人民代表大会或人民代表大会常务委员会举行会议的时候提出议案。会议后提出的,不能列为议案。

2. 议案的类型

(1) 立法议案

立法议案是指用于提请审议法律和法规草案的议案。

(2) 重大事项议案

国家行政机关就本行政区域内某些重大事项提请国家权力机关进行审议,并请作出决议或决定的议案。如《国务院关于提请审议兴建长江三峡工程的议案》。

(3) 人事任免议案

任免议案用于提请审议任免国家机关主要领导人、政府组成人员,以及国家驻外机构主要负责人的议案。

(4) 机构变动与批准条约议案

国家行政机关向国家权力机关提请审议有关机构变动或批准条约的议案。

(三) 议案的写作格式

1. 标题

标题通常有两种形式,一种是发文机关、事由、文种(议案)三要素组成的完全式标题;另一种是不完全标题,即由事由、文种(议案)两部分组成。

2. 主送机关

议案的主送机关是固定的,写在标题之下、左起顶格,正文前用全称或规范化简称,明确标出同级人民代表大会或人民代表大会常务委员会的名称。

3. 正文

议案的正文由案据、方案和结语三部分组成。

案据即阐明提出议案的缘由、目的和依据。说明案由既要简明扼要,又要将理由说充分,以引起重视。

方案即所提出的审议事项,应提出具体的措施、方案以解决议案所提出的问题,要求明确、可行。

结语是议案的结尾部分,通常以祈使句来提出审议请求并结束全文。如"请审议批准"、"现提请审议"等。

4. 签署与日期

标明提出议案的政府名称或政府首长的职务与姓名。写明成文日期并加盖印章,日期以行政首长签发日期为准。

（四）议案的写作要求

首先，议案提交要适时。议案要赶在会议主席团宣布议案提交截止期前提交，逾期提交议案，就会失去效用。

其次，一事一案。一事一案即不得把许多事项并列到一个议案中提出，以免影响议案的处理。议案事项必须限定在本级人大及常委会的职权范围内。

【例文评析】

例文 2-18

温岭市人民政府关于审议确定市树市花的议案

市人大常委会：

市树市花是城市风貌的象征。为提高全市人民的绿化意识和生态意识，丰富城市内涵，提升城市品位，同时，为创建国家园林城市创造条件，我市开展了市树市花评选工作。在广泛征求市民意愿的基础上，经市政府常务会议讨论形成了初步意见，现提请市人大常委会审议。

一、评选要求

（一）种植历史古老悠久，能反映温岭的自然和人文特点，有较深的文化内涵。

（二）具有地方特点，分布范围较广。

（三）栽培容易，适应性强。

（四）有较高观赏价值和经济价值。

二、组织领导

为切实加强对市树市花评选工作的领导，按市政府要求，市农业林业局成立了园林城市创建工作领导小组，由农业林业局长，市绿化委员会副主任×××任组长。市农业林业局副局长，市绿化委员会办公室主任×××为副组长。市树市花的评选活动在领导小组统一领导下开展工作，市绿化委员会办公室具体组织实施。

三、评选过程

（一）宣传发动和分发选票。20××年×月×日，市绿化委员会，市委宣传部等 12 家单位联合在《温岭日报》上发出评选市树市花倡议书，号召全体市民积极参与。同时，在报纸上

…评　析…

这是一份重大事项提审议案。这份议案要将全部审议内容写明，与其他议案相比，显然要复杂一些。

标题由发文机关、案由、文种三要素组成。主送机关只能是一个，用全称。

例文的主体是由开头、正文和结语三部分组成。开头部分（第一自然段）简单介绍情况，概述提请审议事项；正文部分在说明相关情况的基础上，提出意见，阐明理由，所有事项都写得很具体、明确，为审议工作提供了较为充分的依据；"以上议案，请予审议"是议案常用的结语。

公布了评选标准,评选办法,刊登了有奖选票。20××年×月至×月底,又通过多种途径进一步加大宣传力度,扩大参与面。

（二）回收选票和分类统计。经过广泛宣传和发送选票后,从20××年×月中旬开始我们陆续收到选票共7 859张。随后,我们立即抽调人员对这些选票进行分类统计,确认在收到的选票中有效票7 785张,无效票74张。统计结果见下表。（略）

三、送审意见和理由

×月×日,根据市树市花评选结果,市政府常务会议确定推荐候选市树为香樟,市花为桂花,并提请市人大常委会审议决定。其理由除得票最多以外,主要有：

（一）香樟。香樟是我市地带森林中的重要组成树种,土生土长,在我市种植历史悠久,民间很早就形成了种植樟树的庭院绿化习惯。全市148株古树名木中香樟就有93株占63%,树龄最大的达800多年。香樟根深叶茂,四季常青,生长快,寿命长,生命力较强。其树冠华盖如云,树姿高大优美,给人一片片绿叶奋发向上之感,具有较高的观赏价值,是城市绿化的一个优良树种。省内杭州、宁波、金华、台州等都将其确定为市树。

（二）桂花。中国十大传统名花之一,素以芳香而著名,历代文人墨客对桂花都极为推崇,也深受温岭人民喜爱,自古就在庭院和路旁广泛种植。我市桂花古树二株,分别生长在新河长屿高明洞和八仙岩。桂花为常绿阔叶乔木,四季常青,抗逆性强,繁殖栽培容易,其品种有100多种,有一年四季开花的,也有秋季开花的。尤为农历八月花期最为集中,开花时秋高气爽,飘香四溢。满树的桂花,象征着友谊、贞洁与荣誉。相较入围的其他几种花卉,桂花的适应性最强,大众化程度最高。

以上议案,请予审议。

温岭市人民政府
20××年×月×日

（录自浙江温岭市政府网）

【复习思考】

1. 议案是属于什么性质的公文文种?
2. 议案的适用范围是什么?
3. 议案的类型和写作要求有哪些?

【案例训练】

1. 阅读分析下列议案,通过阅读,述说在什么情况下、什么性质的会议、应当怎样运作才能以议案行文。它的文体格式在标题、主送机关、正文等方面与其他公文有何不同?

国务院关于提请审议国务院机构改革方案的议案

全国人民代表大会:

  中国共产党第十九次全国代表大会明确要求深化机构和行政体制改革。党的十九届三中全会审议通过了《深化党和国家机构改革方案》,同意将其中涉及国务院机构改革的内容提交第十三届全国人民代表大会第一次会议审议。现将根据《深化党和国家机构改革方案》形成的《国务院机构改革方案》提请第十三届全国人民代表大会第一次会议审议。

国务院总理 李克强
2018 年 3 月 9 日

2. 修改下面这份议案:

中共××市××区委员会
关于提请免除赵××同志职务的议案

市人民代表大会常务委员会:

  根据《中华人民共和国地方各级人民代表大会和地方各级人民政府组织法》第四十四条第十项规定,特请求:

  免去赵××同志的××市××区公安局党委书记职务。

中共××区委员会
二○××年×月×日

第三章　事务文体

第一节　调查报告

一、调查报告的含义、类型

（一）含义

调查报告，是运用辩证唯物主义观点，对某一事件或某一问题进行调查研究后写出来的书面报告。它要求将调查研究的结果，客观、真实、及时地反映出来，以便作为向领导机关汇报工作的材料，供有关领导在制定方针政策时作依据或参考。

调查研究是写好调查报告的基础。要写好调查报告，其前提是要做好艰苦细致的调查研究工作。1927 年初，毛泽东同志在湖南做了 30 多天的调查研究，才写出了著名的《湖南农民运动考察报告》。恩格斯用了近两年的时间，到英国工人群众中间进行社会调查，才写出了具有很大影响的《英国工人阶级状况》。

（二）类型

调查报告的种类，常见的有以下几种：

1. 介绍新生事物的调查报告

这种调查报告，主要是反映社会建设中出现的新生事物，较完整地叙述它的发生、发展过程，揭示其发展规律，并阐明它的意义和作用，以促进新生事物进一步成长。

2. 推广典型经验的调查报告

这种调查报告用来反映开展某项工作的典型经验，要求写明开展工作的具体做法和实际效果。

3. 反映社会状况的调查报告

这种调查报告，为读者提供必要的信息，使读者了解社会生活诸方面的情况、变化发展的过程和值得注意的倾向。它包含的信息比较大，反映的情况比较全面，对领导部门的决策很有参考价值。

4. 揭露问题的调查报告

这种调查报告，主要是揭露某个方面或某项工作中存在的弊端，揭露社会上的种种不良倾向，分析这些弊端和不良倾向产生的原因以及造成的后果，指出它的危害性，以期引起有关部门与社会的重视和警惕，从而达到吸取教训、解决问题、教育群众的目的。

二、调查报告的特点

（一）具有很强的针对性和明确的目的性

调查报告是为直接解决工作中的某个问题而写的，它总是针对需要弄清和解决的某个问题先作周密细致的调查研究，然后将事实和结论写成报告，回答或解决所关心的问题。调查报告的针对性和目的性越强，它的指导性就越大。

（二）用事实说话，观点明确并带结论性

调查报告要坚持真实的原则，文中对事件背景的交代，对事件发生、发展、结局过程的叙述，对一些数据的介绍，都必须非常准确，否则，就失去了报告的科学价值。调查报告的观点，必须是从事实材料得出的科学结论。观点必须明确，并带有结论性，决不能模棱两可，含糊其辞。

（三）叙议结合，以叙为主

调查报告的写作，一般用第三人称的叙述。一方面，它要准确地叙述客观事实；另一方面，还要对事实进行概括、分析，形成自己的观点。

三、写作格式与方法

（一）标题

调查报告的标题，有单行标题与双行标题两种形式。

1. 单行标题

单行标题的标示又有两种形式：(1)全文的内容概括＋文种，如《中国农民工当前生存状态的调查》；(2)标题中不出现文种，只有全文的内容概括，如《当前税收职工队伍建设的误区及出路》。

2. 双行标题

即有正标题与副标题的标示法。正标题标明内容范围或全文的主题，副标题则具体化或加以限制，具体表明调查的对象、单位、范围和问题。

（二）署名

署上作者姓名，可以是个人姓名或调查组的称谓，也可以是报社的记者。写在标题下面正中处。

（三）正文

调查报告的正文，一般分为开头、主体、结尾三部分。

开头一般要对调查的基本情况作简明扼要的说明。比如说明调查的目的、对象、经过等。一些重要的调查报告，开头部分还要说明调查的时间、范围、方式、结果等，以利于读者了解和把握整个调查报告的内容。

主体是调查报告的主要部分，由于调查的目的、内容、范围的大小、事情的繁简不同，正文的安排方式也是多种多样的。主要有两种：一种是纵式的，即按照调查的顺序和事件发

生、发展的经过来安排调查报告的结构;另一种是横式的,即按照调查的内容归纳为几个方面,一个问题一个问题来叙述,逻辑关系比较清楚,条理比较清晰。

结尾要对调查报告的内容作一个简要的概括,或者对正文中应该说而没有说的内容作简要的补充。调查报告的结尾要简短有力,有话则长,无话则短。如果要说的话在正文中已谈完,没有结尾也可以。

四、调查报告的写作要求

(一)深入调查,详细地占有材料

深入地进行调查研究,是写作调查报告的前提和基础,调查研究事先必须拟订调查提纲,然后通过开座谈会、查阅书面资料、实地调查、蹲点等方式来进行调查。

(二)认真分析,找出事物的规律

在通过调查掌握了大量材料后,还必须善于从材料中总结出规律性的东西。调查报告不能停留在一般的工作过程、具体事实和经验的叙述上,而应该从具体经验中找出事物的内在联系,揭示出事物的本质,概括出规律,这样才能起指导作用。

(三)恰当选材,努力做到观点和材料的统一

调查报告的作者,经常用典型材料、对比材料与精确的统计数字来说明观点。调查报告的主要表现方法是叙述,也可以带一些议论。多数调查报告用第三人称,也有少数用第一人称的,如毛泽东的《湖南农民运动考察报告》。

【例文评析】

··· 评　析 ···

例文 3-1

关于农村留守儿童的调查报告

开头就点出这篇调查报告的主要内容。

近年来,随着经济社会的持续发展,越来越多的农村剩余劳动力外出务工,一大批未成年的孩子被留在家里,在农村出现了一个新的特殊儿童群体——留守儿童,且这个群体的人数正在不断扩大,成为一种比较普遍的社会现象。

针对留守儿童问题现状,为深入了解留守儿童的生活、教育和身心发展情况我在假期期间到部分外出务工人员的家里及县教育局进行了为期5天的调研。据抽样调查,有的学校留守儿童比例高达50%。由于正常家庭教育的缺失,留守儿童身心发展尤其是品德、心理健康成长方面存在的问题正日益凸显,亟待引起政府有关方面的高度重视。

一、存在的主要问题　　　　　　　　　　　正文分四个小标题来写。

1. 留守儿童的学习情况呈两极分化,普遍较差。父母外出,由于缺乏有效的家庭教育这个重要环节,留守儿童对学习缺乏热情,进取性、自觉性不强,作业不能按时完成,应付了事,学习成绩普遍较差。家庭教育的缺失,使学生产生厌学情绪,学习缺乏热情,不求上进,学校教育往往处于事倍功半的尴尬境地。留守儿童一旦在某个学习环节跟不上,往往破罐子破摔,厌倦学习、不求上进。这种情况让学校的管理者和老师十分担心,在留守儿童较为集中的贫困山区、半山区,这种情况已经影响了班级、学校的教学质量。调查显示,留守儿童中学习成绩优秀的不到 20%,65% 以上学习成绩中等或偏下,有的主课只有 30 分~40 分,有的逃学、厌学,上课纪律性差。但也有少数留守儿童有着许多同龄孩子较少具有的优秀品质,比如:独立性、自理能力强,意志品质坚定,更懂事和体贴别人。

2. 留守儿童的行为习惯较差。大多数留守儿童自我控制能力不强,生活习惯不良,表现在不讲卫生、不换衣服、挑食挑穿、乱花钱;有的留守儿童行为习惯较差,在家里不听代养人教导,顶撞祖辈、我行我素,在学校不遵守规章制度,不服管理,说谎骗人,小偷小摸,抽烟、喝酒、打架、骂人……成了"问题儿童"。如白家庄小学二年级学生保某某父亲外出打工多年,由于长期在放任自流的环境里,缺乏及时有效的约束管教,他在家里不听代养人的教导,顶撞祖辈,我行我素,在学校老师反映他不是干坏事,就是纪律散漫,常有迟到、旷课、逃学、说谎、打架等现象发生。

3. 留守儿童心理出现偏差,少数留守儿童出现心理障碍。留守儿童大多年龄在 1—15 岁之间,正是情感、品德、性格形成和发展的关键时期,有的出生几个月或一周岁后,父母就外出务工,长期与父母分离,使他们生理和心理上的需要得不到满足,缺乏父母的关爱,亲情失落,产生孤独感,心理失衡。我们对 169 名学生问卷调查显示:留守儿童十分想念父母,有的留守儿童父母每年回来 1 次,有的留守儿童父母几年回来 1 次,有的留守儿童很少与父母电话联系。留守儿童有的情绪消极、性格内向、失落自卑、自私冷漠、脆弱孤僻或焦虑、任性、暴躁。有的同学,父母长期在外打工,自己一个人生活,经常独来独往,从不与同学、老师讲话,极端封闭。

4. 监护管理不够强。对169名留守儿童调查发现,留守儿童托付爷爷奶奶、外公外婆照管的占75人;托付亲朋好友照管的占10人;有的留守儿童没有监护人,独自一人生活。留守儿童的监护人不管是祖辈还是亲朋好友,在他们眼里,认为孩子的父母不在身边,不能对他们要求太严格。只要孩子能有饭吃,身体健康不生病,安全不出事就尽到了责任。甚至部分监护人,因为忙于农活,对留守儿童的生活也照料不周。临时监护人因年老体弱等多种原因无法认真行使对儿童的监护权,特别是老人防范防护能力弱,安全保护意识不强,也导致留守儿童患病不能及时医治和受到意外伤害的事件屡有发生,使孩子的生存状况存在诸多隐忧。

5. 监护人自身素质偏低,家庭教育缺失。由于监护人大多数是老年人,年纪较大,文化层次不高,有的是文盲或半文盲,他们不知道从心理上关心孩子、照顾孩子,不能在学习上给予帮助和指导,在教育态度、教育方法上还是老一套,与孩子交流沟通存在困难。加之新课程改革以后,教学方式发生了新的变化,就连一些年轻的农村家长也难以很好地辅导学生,更不用说老年人了。并且,由于监护人的素质偏低,也造成了学校与监护人沟通上的困难。

二、产生问题的主要原因

1. 农村家庭收入低下,父母家庭教育观念淡薄。家庭教育是伴随孩子的终身教育,家庭教育直接影响孩子行为、心理健康、人格与智力发展。特别是中小学时期,是人生行为习惯、性格形成的关键期,在这个时期父母外出务工,由于收入普遍不高,居无定所难以将子女带在身边,错过对孩子教育的黄金期,对孩子影响极大;有的父母平时与子女缺少沟通,疏于管教,造成亲情淡漠,孩子缺乏安全感;有的父母教育方法不得当,存在用钱补偿感情的心理,认为把钱寄回家,孩子有吃有穿有玩就行了,物质上满足,事实上成为孩子学习、身心发展的旁观者;祖辈隔代抚养大多比较溺爱,以生活照顾为主,且知识、能力上也承担不了对孩子品德培养、学习辅导的任务,使家庭道德教育处于真空状态。

2. 学校教育力不从心。外出务工人员将子女的教育寄望于学校教育,而学校教育由于学生多,教学任务重,心有余力不足。大部分留守儿童没有寄宿在学校,在学校的时间有限,教师难以顾及对留守儿童的心理关爱,与家长的沟通难以实现,很难为留守儿童提供个性化、针对性的教育,在学习上、生活上难以给予留守儿童更多的关心和爱护,对那些有问题的留守儿童难以进行管理。

3. 社会对留守儿童关注不够。由于种种原因,大多数农村在留守儿童教育管理方面处于无人员、无设施、无场所的"三无"状态。不能有效地弥补留守儿童家庭教育关怀的不足。

三、学校现行的对留守儿童教育的一些具体做法

1. 学校领导已开始重视留守儿童问题,并建立了相应的机制。在调研的几所学校,都有留守儿童的统计和对留守儿童教育的具体措施。部分学校成立留守儿童管理领导小组,明确学校各部门及班主任、任课教师的责任,形成校内齐抓共管的工作机制。

2. 学校积极开展一系列对留守儿童的关爱教育活动。

(1) 定期开通"亲情热线"电话,使留守儿童家长通过"亲情热线"经常与孩子联系交流,使孩子可以定期向父母汇报自己的学习、生活情况,并了解父母在外工作、生活情况,加强父母子女间的情感沟通,消除留守学生对亲情的心理饥渴。

(2) 开展模拟家庭活动,老师充当留守儿童的临时父母,将留守儿童接到自己家中,辅导学习,并给以生活上的关心和照顾。

(3) 建立帮扶机制,发动社会各界共同关心留守儿童的健康成长。通过"两免一补"、贫困生、特困生救助等办法对贫困留守儿童进行重点救助。

(4) 开展"结对子"活动。班主任组织学生与留守儿童结对子,在学习、生活上相互关心和帮助;同时,学校发动教师与留守儿童结对子,一个或几个教师负责一个村的留守儿童,对其进行不定期的家访,生活上给予一些关心和照顾,做到定点、定人联系。

(5) "五老"进校园活动。发动老干部、老党员等做义务校外辅导员,讲革命传统史,鼓励学生发挥艰苦奋斗、自强自立的优良作风,对留守儿童进行思想道德教育。

3. 积极建立家校联系,举办"四老"家长学校。学校在学生入学时,详细记录了留守儿童家庭基本情况及父母的联系方式。当留守儿童出现异常情况时,及时与父母取得联系。同时,针对农村留守儿童大多由祖父母、外祖父母做临时监护人的情况,学校对留守儿童爷爷、奶奶、姥姥、姥爷"四老"人员进行培训,改变"四老"家教观念陈旧,对孙辈重养轻教、娇惯溺爱的情况,引导这些老人更新观念、提高素质、学会科学的家庭教育方法。

4. 建立留守儿童档案,进行跟踪管理。完善学校留守儿童档案,实行动态管理。建立"三知、三多、三沟通"机制(对留守儿童基本情况、留守儿童监护人情况、留守儿童父母外出务工去向及联系电话等方面要知情;多与留守儿童谈心交心,多开展充满人文关怀的集体活动,多到留守儿童家庭进行家访;定期与留守儿童的父母、监护人、代管人进行沟通)。根据每一位留守儿童身心发展的具体情况,制定不同的教育方案,有针对性地加强对留守儿童的指导,并进行跟踪管理。

5. 积极开展各类校内外活动。班主任和老师给予留守儿童特殊的关爱,针对留守儿童的特点,坚持启发、引导的疏导原则,强化行为规范的养成训练,组织班队活动让留守儿童学会自我管理、自我保护、自我生活,经常开展丰富多彩的社会实践活动,让留守儿童在亲身体验中受到教育,以弥补亲情缺失对其人格健全发展的消极影响。

四、对留守儿童教育的建议

1. 请上级有关部门对农村留守儿童问题给予高度重视,给基层以财力支持,扩大寄宿制学校的覆盖面,让留守儿童集中到学校吃住。对农村教育加大投入,帮助留守儿童较为集中的村小学、中学新办或巩固原有的寄宿学校,并按照实际留宿的留守儿童数量,发放寄宿制学生生活补助。让留守儿童吃住集中到学校,一是可以解决家中无人照顾的问题;二是方便学生向老师请教问题,提高学习的积极性;三是有利于同学间的交流,发展积极向上、开朗健康的性格和心理;四是可以排除留守儿童上学往返途中的安全隐患。

2. 学校应在留守儿童教育中发挥主导作用。农村中小学应切实加强对留守儿童的教育与管理。一是从生活上和心理上给予留守儿童更多关心和关爱;二是针对留守学生特点,强化行为规范的养成训练,在教学中加强生存教育、安全教育和法制教育,帮助他们学会自我管理、自我保护;三是通过书信、热线电话等形式,加强与留守学生家长的沟通,为增进孩子与父母的联系创造条件。

3. 加强家庭教育指导,引导留守儿童家长重视对子女的教育。社会各方面应针对留守儿童家庭教育缺失的问题,宣传普及家教知识,教育进城务工的农村家长认识家庭教育的重要性,明确教育子女的职责。在留守儿童父母回乡探亲时,组织他们参加家长会或家长学校学习,引导他们经常与孩子进行情感交流,弥补父母不在身边给孩子造成的不良影响。同时教育临时监护人真正负起教养孩子的责任和义务,注重道德教育,更多地满足孩子的精神需求。

4. 强化监护责任,构建亲属监护网络。相关单位要通过多种方式,引导家长在外出务工的同时,把孩子的生活和教育事情安排好,外出打工后要加强与孩子沟通、学会交流以及教育孩子的科学方式和方法,发挥家长对孩子的独特的教育功能,引导孩子健康成长。此外,要加强临时监护人的家庭教育指导,转变监护理念,引导临时监护人及其他亲属对孩子的文化道德教育和精神需求给予更多的关注。让远离父母的孩子真正感到"心有人爱、身有人护、难有人帮",合力营造农村留守儿童健康成长的社会环境。

5. 发挥基层组织作用,构建社会呵护网络。全省各乡镇、村(居)委会应尽快做好留守儿童档案的建设工作,全面掌握留守儿童的有关情况,针对各类留守儿童的具体情况采取有效措施,更切合实际地解决留守儿童的生活教育问题。对于那些生活较困难和问题突出的留守儿童要特别关注,建立社区帮扶中心,并组织干部到留守儿童家里慰问,切实帮助留守儿童解决实际问题。要加强农村基层未成年人思想道德教育工作,由村支部负责,统筹乡村学校的老师、村妇代会主任、退休老同志、共青团员等各方面力量,给予留守儿童"一对一"的特别关怀,组织他们开展有益的集体活动,培养他们的集体主义精神和良好的行为习惯

总之,新农村建设离不开下一代,青少年是祖国的未来,我们社会各界都应当为他们提供一个和谐、优良的成长环境。只有这样,新农村建设才会成功,祖国的明天才会更加灿烂。

结尾的观点具有辩证性。

(录自瑞文网,有改动)

【复习思考】

1. 什么叫调查报告？这一文体有何特点？
2. 在调查报告写作过程中，为什么调查研究是一个重要的环节？
3. 在调查报告写作时，要做到观点与材料的统一，具体有哪些方法？

【案例训练】

1. 以你校的大学生为调查对象，写一篇关于当前大学生消费状况的调查报告。
2. 到你所在学校城市的郊区调查 10 户农民家庭，写一篇关于当前城市郊区农民生活质量的调查报告。
3. 将下面的调查问卷发给你校的新生，根据收回的问卷的统计数据，结合你所了解的大学新生的情况，写一篇关于大学新生现状的调查报告。

附：关于大学新生现状的调查问卷

您的性别
○男　○女

您所在的学校属于
○双一流建设院校
○普通本科院校
○专科院校

对于已经到来的大学生活，您是否适应
○非常适应
○适应
○一般
○不适应
○非常不适应

您目前每天的自习时间
○1 小时以下
○1—2 小时
○2—3 小时
○3 小时以上

您目前每天的休闲娱乐时间

○半小时以下
○半小时—1 小时
○1—2 小时
○2 小时以上

您目前每天的休息时间(包括午睡)
○5 小时以下
○5—6 小时
○6—7 小时
○7—8 小时
○8—9 小时
○9 小时以上

您是否有明确的兴趣爱好并且正在坚持
○是
○否

您是否已经有了短期(近一年)的目标
○是
○否

您目前是否已经对未来的发展有了一定的规划
○有详细规划
○有大致规划
○没有规划

您是否有着自己的理想或者志向
○是
○否

若尚未拥有理想,您是否想要拥有自己的理想
○想
○不想
○无所谓
○空

您觉得人生的意义在于
○享受生活
○提升自我
○其他

您觉得大学生活和之前十几年的生活有哪些方面发生了较大的改变(多选题)
☐学习方面
☐生活方面
☐人际交往方面
☐其他

您觉得学习方面发生了哪些改变(多选题)
☐课程安排
☐课程进度
☐课程难度
☐课后作业
☐其他

您觉得生活方面发生了哪些改变(多选题)
☐饮食
☐作息
☐无家人陪伴
☐其他

您觉得人际交往方面发生了哪些改变(多选题)
☐班级概念模糊
☐结识朋友困难
☐与室友相处不愉快
☐找不到对象
☐其他

您目前的压力情况
○压力很重
○有很大的压力
○有点压力

○没有压力

有人称大一为"高四",对此您
○非常同意
○同意
○没感觉
○反对
○非常反对

有人称上了大学就解放了,对此您
○强烈支持
○支持
○没感觉
○反对
○强烈反对

(录自 CSDN 网站)

第二节 简报

一、简报的含义、类型

（一）含义

简报是机关内部向上反映情况,向下级或平级机关沟通信息时使用的一种简短的,带有一定新闻性质的文字材料。简报的名称很多,如"××简报"、"内部参考"、"××工作通讯"、"互通情报"等都属简报的范畴。

简报在机关中使用的频率较高。基层单位印发的简报,是向上级机关汇报工作、提供信息,使上级机关了解本单位情况的重要工具,也是争取上级机关对本单位工作及时指导和帮助的重要手段。在平级单位间互发的简报,可促进相互了解,沟通有关情况。领导机关向下发的简报,则有传达指示、介绍经验、树立典型、推动工作的作用。

（二）类型

简报的分类可以用不同的标准：

按出刊的日期分,可分为定期的和不定期的。

按内容分,可分为反映某一方面工作情况的日常性简报和针对某项工作或某项任务办的专题性简报,以及为某一会议办的会议简报等。日常性简报,一般是常年的、定期的,专题简报和会议简报,一般是短期的或不定期的。

按形式分,可分为一事一报的单一简报和反映综合情况的综合简报。

按用途分,可分为汇报性简报、动态性简报、报道性简报、总结性简报以及介绍性简报等。

二、简报的特点

(一) 简明扼要,短小精悍

简报的篇幅一般都不太长,通常以千字左右为宜,最多也不超过两千字。为了达到"简",简报写作时语言要十分简洁,务去繁文缛句。

(二) 迅速及时,新鲜灵活

简报要迅速及时地反映有关情况,对时效性的要求较高,它有点类似新闻报道中的"消息",要求随来随写,材料新鲜。如果耽误时机简报就不能起到应有的作用。

(三) 取材与阅读范围均有限制

简报所反映的内容,一般只限于本部门、本系统、本地区的情况和问题。它的阅读范围也有限制,有的简报甚至还有机密等级与发送范围。这些都有别于公开发行的新闻刊物。

三、简报的格式和写法

(一) 报头

报头一般占第一页 1/3 版面。在报头的中间偏上方用套红印"××简报"几个醒目大字。大字下面要有简报的编号。下面左侧是编发简报单位的名称,右侧是编发的日期。再下面,常用套红粗线通栏横贯。这就构成了整个报头部分。如果简报内容带有保密性,那么在报头的右上角要写上密级或"内部刊物,注意保存",在左上角要打上编号。

(二) 正文

简报的正文,要自拟一个标题。正文的结构安排,有纵式与横式两类。纵式结构就是按照事件本身的发展顺序来叙述,线索比较清楚。横式结构则是按照事件的性质来归类,逻辑性较强。也有的简报,用纵横结合的方式来安排正文结构。这种方式,从大的方面来看,是分类安排的横式结构,但从每一类中的叙述方式来看,却又是以时间为线索,采用"纵"的方式来叙述的。

(三) 报尾

报尾位于简报最后一面的下方,划两条平行线(第二条线划在最后一行),在平行线内写明本期报、送、发的单位名称,或个人姓名、职务(职称)。在平行线内的右下角还要注明本期的印发份数。

四、简报的写作要求

(一) 内容必须真实可靠

简报不是文艺创作,其内容不允许虚构,事件、人物、细节、数字等都必须是完全真实的。

如果内容虚假，报道失实，将会造成很坏的影响。

（二）语言要简明扼要

简报因篇幅短小，报道迅速，语言要求简明扼要，要少用长句子，避免重复啰嗦，用简练的文字，表达丰富的内容。

（三）文风要朴实明了

简报上刊登的文章，都是实用文体，因此文风要朴实，没有必要用许多漂亮的词藻。

【例文评析】

例文 3-2

教育部简报

［2018］第 66 期

教育部办公厅编　　　　　　　　　　2018 年 12 月 27 日

暨南大学全面实施"侨校＋名校"战略
着力推进"双一流"建设

暨南大学秉承"宏教泽而系侨情"的办学宗旨，贯彻"面向海外、面向港澳台"的办学方针，深入学习贯彻习近平总书记视察广东及暨南大学重要讲话精神，凸显侨校特色，提高办学质量，弘扬和传播中华优秀传统文化，为服务国家战略和促进区域经济社会发展作出独特贡献。

坚持立德树人，提高人才培养质量。 倡导传承"忠信笃敬、知行合一、自强不息、和而不同"的暨南精神，形成独具特色、自成体系的招生、培养和管理模式。实施"海外生源拓展和提升计划"，扩大港澳台侨尤其是"一带一路"国家的生源规模，不断提升生源质量。构建内地、港澳台地区与华侨华人学生"分流教学、分类培养、同向融合"的育人模式，将港澳台学生培养成为自觉拥护祖国统一、为港澳台地区长期繁荣稳定作贡献的坚定爱国者，将华侨华人学生培养成为了解和热爱中华文化、对中国友好、主动促进中外交流的文化使者。构建"三三三本科教学治理体系"，即实抓教师、课程和学生三大要素，搭建本科教学核心团队、课程建设与管理中心、"'卓越未来'创新人才教育计划"三个平台，实施教风学风分级预警与处置、教师教

··· 评　析 ···

简报的报头，要有简报名称、期号、编印单位、编发日期等要素。

标题直接概括了简报的内容。

正文写得很简练，体现了简报"短"、"简"的特点。

学绩效评测、课堂教学辅助三套系统,提升本科教育质量内涵。成立创业学院,面向学生开设"创业基础""创新与创意"等课程,开展商业游学、新商业模型论坛、创业项目打磨会和项目路演等活动,为学生创新创业提供咨询、指导和孵化服务。

加强学科建设,打造世界一流学科。 出台《"双一流"暨高水平大学建设实施方案》《一流学科建设与综合改革方案》等文件,实施"1234"学科和科研建设规划,即构建一个大科技格局,提升承担国家重大科技任务和为地方经济社会发展服务两种能力,完善科学评价考核、成果转化和技术实验支撑体系高效利用三个机制,把握大平台、大团队、大项目、大成果四大抓手,推进一流学科和一流大学建设。以建设"世界一流学科"生物医药学科群为核心,遴选和建设一流培育学科,打造攀峰学科和学科群,带动学校综合实力整体提升。目前,药学学科进入"世界一流学科"建设名单,8个学科进入ESI世界排名前1‰。大力推进卓越智库建设,搭建高水平学术交流平台,华侨华人研究院、海国图智研究院入选首批中国智库索引(CTTI)。逐年增加科研经费投入,强化科研绩效考核,加强资金统筹和精细化预算管理。建构学科建设监测体系,建立常态化检测机制,为学科自我评估和外部质量评价提供支撑。

实施"人才强校",加强师资队伍建设。 加强人才引进工作,成立人才引进工作领导小组,构建"高层次人才引进绿色通道",实施高层次人才"一站式服务"和联系人制度,帮助其解决困难问题,营造利于潜心治学的良好环境。引育并举加强师资队伍建设,多点发力引才引智,构建分层次、分阶段和全覆盖的师资培养体系。实施"准聘长聘制",建立健全相关人事管理机制。实施"分类管理制",区分不同类型人员设置岗位聘用条件、职称评审标准和聘期考核指标。实施"多元薪酬制",构建岗位绩效工资、协议工资、项目工资、职务职级工资等多元分配体系,着力推动高水平师资队伍建设。

增进文化认同,弘扬中华优秀传统文化。 面向港澳台侨和海外学生开设中国传统文化、中国国情、中国历史等课程。组织港澳台侨和海外学生广泛开展社会实践,深入了解中国历史、文化和发展成就。每年举办"国际文化聚暨南"活动,展示不同国家和地区特色文化,促进校园多元文化的融合与认同。成立文化遗产创意产业研究院,举办"一带一路文化遗产合作与交流国际高峰论坛"、"文化遗产创意与创新展"学术研讨会等,推动文化遗产与创意产业的国际交流与合作。培育建设华人华侨研究教育部人文社会科学重点研究基地,设立华侨华人研究数据库。加强华文教育国别教材体系建设,编写的《中文》教材在海外发行逾 4 000 万册。制定推广"华文教师证书等级标准"和"海外华裔青少年华文水平"两项华文教育国家标准。建设中华才艺(武术、龙狮、书画)培训基地,承办世界华文文学研讨会,协助组建世界华文文学联盟,努力将中华优秀传统文化传播到五洲四海。

坚持开放办学,提升国际化办学水平。 主动对接地方经济社会发展需求,与粤港澳大湾区广州、深圳、珠海等城市签订合作办学协议。积极落实创新驱动发展战略,立足学科优势在广东省设立八大地方研究院,支撑地方医疗卫生、环境保护、智能制造、网络安全、光电技术、材料研发等行业发展,助推地方经济社会发展。与南沙新区共建中国广东自贸区研究院,为自贸区制度和政策创新提供智力支撑。依托优质医疗资源,在广东、河南、海南、新疆等地设立 25 所附属医院,服务地方医疗需求。同 50 多个国家和港澳台地区的 355 家高等院校和文化、科研机构签订学术交流合作协议,与东南亚、欧美、拉丁美洲以及"一带一路"沿线国家开展深度交流与合作,与美国、俄罗斯、德国以及香港知名高校、研究机构合作建设 14 个联合实验室和 4 个"111"学科创新引智计划基地,不断提升国际化办学水平和海外影响力。

分送:中共中央办公厅、国务院办公厅
　　　全国人大常委会办公厅、全国政协办公厅
　　　中央和国务院各部委、各民主党派中央,各省、自治区、直辖市党委、人民政府
　　　各省、自治区、直辖市党委教育工作部门、教育厅(教委)、各计划单列市教育局,新疆生产建设兵团教育局,部属各高等学校、有关省部共建、省部共同重点支持建设高校,有关新闻单位

> 尾部要写上分送单位,按单位级别的高低作先后排列。

2018 年 12 月××日印发
(录自教育部办公厅网站)

【复习思考】

1. 什么叫简报？它有哪些作用？
2. 简报主要分为哪些种类？
3. 简报的报头部分是由哪些要素构成的？
4. 简报的报尾部分是由哪些要素构成的？
5. 编写简报有哪些要求？

【案例训练】

1. 上海××大学团委在 2019 年暑假发动全校团员搞了一次爱心助学活动。请你以上海××大学团委的名义，编一期简报，报道这次活动的情况。
2. 请你画一个简报报头的格式，要求有简报名称、期数、密级、编号、编印单位、日期等要素。

第三节　计划

一、计划的含义、类型

（一）含义

计划是机关单位对将要进行的某项任务，或某一阶段的工作，根据党和国家的方针政策和上级的指示精神以及本部门、本单位的实际情况，作出的设想与打算，其中包括提出预定的目标和要求，制订出相应的措施，写明进行的步骤与方法，明确完成的时间等。目标、措施、步骤被称为计划的三要素。

纲要、打算、设想、安排、工作要点、方案等文种，与计划大体相似，但也有一些区别。

纲要是比较全面的、长远的、带有发展性的计划，它比较原则、简要地展示出对于发展远景和总目标的设想，以及对实施设想所划分的阶段和步骤，如《××地区畜牧业发展纲要》。

打算和设想，是一种初步的、预备性的想法，是还未成熟的计划，如《××市关于建设××高新技术开发区的初步设想》。

安排，适用于某一项内容单一、时间较短、比较具体的计划，如《××市商业局开展职工职业道德教育的工作安排》。

工作要点，是一种粗线条的计划，一般只需列出下一阶段需要做的工作要点，不必写出详细的措施与步骤。

方案，是单项工作的、专业性比较强的、比较周密具体的计划，如《××市西市区旧房改造方案》。

（二）类型

计划的种类很多，根据不同的划分标准，就有不同种类的计划。按内容分，有学习计划、工作计划、生产计划、科研计划、劳动计划；按性质分，有综合计划、专题计划；按范围分，有个人计划、单位计划、部门计划；按时间分，有长远计划、年度计划、季度计划、月度计划；按形式分，有表格式的计划和条文式的计划。

二、计划的特点

（一）政策性

我们制订的每一个计划，都要符合党和国家的方针政策，能使党和国家的方针、政策在计划中得到具体落实。

（二）预见性

计划要能够准确地预见未来，提出工作的设想。制订计划的人要高瞻远瞩，既要了解本单位、本部门的具体情况，又要结合当前的形势，对未来有准确的预见。

（三）可行性

计划应该是先进性与可行性的高度统一。计划中提出的目标是先进的，但这目标又不是高不可攀的，而是经过一定的努力可以达到的。

（四）指导性

计划植根于实践，又指导实践，是指导下属各单位、各部门进行工作的奋斗和行动纲领。下属各单位、各部门应努力完成计划中提出的奋斗目标，如在执行过程中发现计划的某些部分与实际情况不符，不能实现，要说明原因，及时修改，以保证实现计划中提出的目标。

三、计划的格式与写法

计划没有固定的格式，一般常用的格式有三种：条文式、表格式、文件式。文件式的计划，其结构由标题、正文、署名和日期三部分组成。

（一）标题

标题也就是计划的名称。标题要把制订计划的单位名称、计划内容、计划的期限和计划的种类准确地概括出来，例如《合肥市1995年国民经济和社会发展计划》这个标题，其中"合肥市"是单位名称，"1995年"是计划期限，"国民经济和社会发展"是计划内容。有的计划标题，也可省略制订计划的单位名称，而将单位名称写在正文之后，订计划的日期之前。

标题要写在第一行正中，字体要稍大些。如所订计划尚未经过群众讨论或尚未经过上级核定，则可以在标题后面加"草案"或"初稿"字样。

（二）正文

正文是计划的主体，包括做什么，怎么做，要求达到目的的时间和完成任务的时间。一般可分为三部分：

1. 简短的序言

序言应写明制订计划的主观目的，客观依据，指导思想，基本情况等。

2. 任务和要求（做什么）

这部分是计划的主要内容，写计划要达到的目的和达到这个目标的要求，要明确规定"做什么"、"什么时候完成"。要写清楚完成任务的数量、质量、工作步骤和时间进程。内容比较复杂的，可按主次顺序分条叙述，并可在每个问题前加上一个小标题，以示醒目。

3. 具体措施（怎么做）

这部分要写实施计划的具体办法和力量部署，措施要有科学性，要实事求是，切实可行。如措施的内容较多，也可分条分项来写。

（三）署名和日期

署名和日期就是制订计划的单位名称和日期，要写在正文下面的右下方。

如果计划附有表格或其他附件，或需要抄报、抄送单位的，应在制订日期的下一行左方空两格分别依次写明。如一些与计划有关的材料，在正文里一条条表述不太方便，也可以附表。

四、计划的写作要求

第一，撰写计划，必须以党和国家的方针、政策为依据。要搞好调查研究，走群众路线，自上而下，上下结合，反复酝酿，集思广益，群策群力。

第二，确定指标要量力而行，适当留有余地，既要能充分调动群众的积极性，又要实事求是，不提过高的指标。

第三，正文应突出工作重点，主次分明，条理清楚，措施有力，这样可便于检查和执行。

【例文评析】

例文 3-3

华东师范大学 2019 年工作要点

··· 评　析 ···
"工作要点"是计划的一个种类，标题由发文单位、计划内容、文种三要素组成。

正文前不需要有受文单位。

正文开头，说明制订计划要点的指导思想。

2019 年是新中国成立 70 周年，是全面建成小康社会、实现第一个百年奋斗目标的关键之年，是深入贯彻落实全国教育大会精神开局之年，也是学校深入落实第十三次党代会精神，加快向世界知名高水平大学建设目标冲刺，蓄能下一阶段发展的重要一年。学校将以习近平新时代中国特色社会主义思想为指导，深入贯彻落实全国教育大会精神，通过科学管理提升办学质量、通过改革创新释放发展活力，为一流大学建设第一阶段目标的实现奠定坚实基础,为国家战略任务的完成做出更多更大实质性贡献。

一、深化全面从严治党,持续加强党的全面领导

1. **强化党的思想政治建设。** 持续深入学习贯彻习近平新时代中国特色社会主义思想,增强"四个意识"、坚定"四个自信"、坚决做到"两个维护"。以党的政治建设统领各项工作,推进党的工作与一流大学建设任务深度结合。落实党委中心组学习制度,完善意识形态工作责任制,牢牢把握意识形态工作领导权。结合高校和岗位实际,落实"不忘初心、牢记使命"主题教育任务。围绕建国70周年、"五四"运动100周年等重要时间节点开展系列纪念庆祝活动,结合重大改革发展任务开展深度宣传,加快融媒体建设。持续推动"学校改革发展大调研"相关问题的整改落实。(宣传部、组织部、文科院、学工部、学校办)

正文的几个工作要点明晰准确。

2. **加强基层党建工作。** 以提升组织力为重点,促进各级党组织党建工作全面进步、全面过硬。继续加强各级党组织书记队伍建设,选优配强院系级党组织书记,建立新上岗培训和常态化培训机制,深化教师党支部书记"双带头人"培育工作。制定院系级党组织书记抓党建述职评议考核办法,加强考核结果的运用。扩大专职组织员试点范围,充实一线党务工作力量。探索建立党务干部职称评审机制,拓宽党务干部发展通道。(组织部、党校、高级研修学院、教师工作部、人事处)

3. **加强干部队伍建设。** 制定落实干部队伍建设五年规划。继续开展优秀年轻干部调研,扩大选人用人视野,加强干部发现培养。加大干部挂职锻炼和交流工作力度,促使干部在不同岗位、不同环节经受锻炼、提高能力。修订干部年度考核实施办法,进一步完善激励和监督机制。开辟校外海外研修基地,提升干部履职能力。(组织部、人事处、党校、高级研修学院)

4. **推进全面从严治党向纵深发展。** 完善全面从严治党"四责协同"机制,坚持不懈推进作风建设,强化对形式主义、官僚主义的集中整治,推动"八项规定"精神化风成俗、落地生根。做好监督执纪问责工作,加大对重点领域落实监管责任的检查力度,坚持把监督挺在前面。践行"四种形态",抓早抓小,整治师生身边的不正之风和微腐败问题。推进巡察工作,持续在整改落实上发力。加强专兼职纪检干部岗位锻炼、业务培训等工作，打造一支政治过硬、本领高强的纪检监察干部队伍。（纪委、监察处、巡察办、信访办、教师工作部）

5. **统战和群团工作水平。** 进一步推进民主党派、统战团体和党外代表人士队伍建设，加强民族宗教、港澳台侨工作，凝聚政治共识、提升参政议政水平、推动学校发展。依法充分发挥教代会、妇代会、团代会、学代会以及离退休同志等在保障师生权益、推进一流大学建设中的重要作用。（统战部、工会、妇委会、团委、老龄办）

二、大力落实立德树人根本任务，全面提升教学质量

6. **扎实推进三全育人综合改革。** 落实国家相关政策，开展"三全育人"综合改革试点工作，推进学生德智体美劳全面发展。进一步落实全国重点马克思主义学院实施方案。对接落实"高等学校思想政治理论课创优攻坚行动"，深化形势与政策课程建设。加强课程思政建设，充分发挥专业课的育人作用。推进"高校思想政治工作队伍培训研修中心"建设。完善奖助学金评选与管理，加强心理健康预防干预。推动本科生书院建设，支持书院品牌特色育人工作。做好第五届中国"互联网+"大学生创新创业大赛上海市赛承办工作，积极申报全国创新创业典型经验高校。推进创新创业学院建设，积极参与高水平科创和学科竞赛。加强青年马克思主义者学院建设，做好学生党支部书记和党员骨干培训。做好少数民族学生教育管理服务工作。（学工部、马克思主义学院、教务处、研究生院、创新创业学院、组织部、宣传部）

7. **推进一流本科教育建设。** 通过满负荷工作、高质量运行、全过程跟踪，大力提升本科教育质量。完善本科招生工作机制，切实深化招生、培养、就业工作的联动，实行专业动态调整。对接落实教育部"一流专业建设'双万计划'"和"一流课程建设'双万计划'"。启动新一轮实验实践教学建设，加强新工科专业建设，总结提升"菁英班"人才培养经验，形成一流的本科人才培养方案，推动通识教育和通识课程改革，推进"六卓越一拔尖"各项工作。统筹"一流专业教育＋一流教师教育"的卓越教师培养，推进师范类专业认证。通过引入第三方评估、加强信息化技术运用，完善本科教学绩效评估机制，优化资源配置。（教务处、招生办）

8. **提升研究生培养质量。** 持续深化研究生培养综合改革、专业学位综合改革。推进招生管理改革创新,完善博士生申请考核招生制度。推进博士生培养改革三年行动计划的实施,优化招生资源分配,提高博士生待遇,深化博士生培养机制改革。积极探索博士生弹性学制培养改革试点,全面提升研究生创新创业能力。加强教育硕士培养,有效对接基础教育高水平师资需求。构建学位点质量保障体系,完善学位点建设和动态调整机制。改造升级研究生培养、招生系统。分类制定研究生导师、研究生工作秘书以及研究生教育分管领导的激励政策。加强本科教育与研究生教育的衔接。(研究生院、信息办、教务处)

三、坚持卓越导向,有效增强学术核心竞争力

9. **加快一流学科建设。** 继续支持"2+5"重点学科(群)冲击一流。依托上海市高峰高原学科建设计划,推进教育学、地理学、岛屿大气与生态、马克思主义理论、世界史、统计学六个高峰学科加快发展。加大核心指标攻坚力度,选育和支持种子学科在教育部第五轮学科评估中和ESI全球排名中取得更好成绩。引导各一级学科加强自我研究、对标研究,制定针对性改革发展举措。(发展规划部)

10. **培育一流科研成果。** 加强国家科技三大奖、高等学校科学研究优秀成果奖(人文社会科学)等重要奖项的培育和申报。依托"幸福之花"先导基金项目和共享交叉基金项目,培育研究制高点。对接"珠峰"计划、高校科技创新服务"一带一路"倡议行动计划、高等学校乡村振兴科技创新行动计划、高等学校人工智能创新行动计划,大力开展超限制造、脑科学、长三角一体化等领域的研究。完善专利管理体系,增强学术成果向智库成果转化的能力。组织开展第五届思勉原创奖评奖活动,设立青年思勉原创奖。充分发挥学术期刊在培育一流成果、提升学术影响力方面的重要作用。(科技处、文科院、学报编辑部)

11. **加强科研基地平台建设。** 加快建立面向全校开放、协同共建、竞争流动的基地平台管理机制,促成学科交叉融合。做好两个国家重点实验室等基地平台的迎评、已评基地平台的整改以及新基地平台的组织申报工作。加强新型智库建设,产出高质量智库成果。加快公共创新服务平台建设,制定日常管

理运行和绩效考核办法,建设公共服务平台的信息管理系统,提高开放共享能力。推进校调查与数据中心建设,加强研究数据的共享及配套服务。(科技处、文科院、实验室与设备管理处)

12. **推进国际化进程。** 积极主持和参与国际重大科技合作项目,进一步深化与纽约大学等世界高水平大学的合作办学和联合研究平台建设。加强学科创新引智基地建设。不断拓展与"一带一路"沿线国家高校和科研机构的合作,加强"一带一路"国际合作项目的申报力度,有效推进海外中国研究中心建设,继续加强汉语推广及孔子学院建设。加强国际期刊建设。稳步提升学历留学生和全英文专业的规模和质量。加强海外宣传工作。(国际交流处、科技处、文科院、研究生院、国际教育中心、宣传部)

四、完善党管人才机制,深层激发教职工动力

13. **深化师德建设。** 坚持党管人才工作原则,深入落实新时代教师队伍建设要求。进一步完善师德师风建设制度规范和教职工考核及奖惩机制,将思想政治表现和育人功能发挥作为首要指标。确立校级教职工荣誉表彰体系,深入挖掘师德典型。明确师德失范行为处理细则,探索制定师德考核负面清单。(教师工作部、人事处)

14. **建设高水平师资队伍。** 拓宽引才通道,优化人才招聘政策,逐步完善学校、部门、院系、个人多维度引才机制。完善青年教师培育体系。继续扩大专职科研队伍和优秀博士后规模,逐步提高博士后待遇,强化绩效考核制度。健全完善师资管理制度。(人事处、教师工作部、教务处、科技处、文科院、国际交流处)

15. **推进人才评价考核制度改革。** 贯彻国家人才评价制度破"五唯"指导意见,加强分类指导,探索多元评价制度,修订高级专业技术职务任职资格与基本条件的相关规定,营造有利于人才成长的制度环境。完善教师聘期考核制度,加强考核结果的应用。(人事处、教师工作部、教务处、科技处、文科院)

五、全面深化综合改革,切实提升内部治理水平

16. **谋划落实重大规划方案。** 根据要求,做好中国教育现代化2035、上海教育现代化2035等重大规划的对接谋划和协同落实。贯彻执行学校第十三次党代会决策部署,加快推进"十三五"规划、一流大学建设方案、提高学校学术竞争力和经济运行水平实施意见、"迎双庆 促发展 惠民生"三年行动计划等政策的落实。推进崇明校区和医学院的筹建工作。按照要求开展一流大学建设和高峰学科第二阶段建设中期检查和评估工作。(发展规划部、学校办、督查办、崇明校区管委会办公室、医学院筹建办)

17. **优化内部治理体制机制。** 修订学校章程,进一步推进依法治校示范校建设。全面推进内设机构梳理,以一级学科和学科群为基础优化学院布局,加强对非实体科研机构规模和质量的管理。持续推进校学术委员会运行的日常化和规范化建设,通过完善制度切实发挥责任教授的作用。进一步完善经济委员会的日常运行机制,开展相关项目的研究工作,提出新的投入产出管理模式,发挥服务重要经济事务、重大项目建设等方面的独立评估和监督作用。优化工作流程、加强部门协同,打造高效、互通的"网上办事"系统。完善机关、院系考核机制。畅通管理人员发展通道,探索职员职称改革。(学校办、发展规划部、机关党工委、教务处、研究生院、信息办、人事处)

18. **完善绩效分配政策。** 精准把握提升学术竞争力和改善民生相结合的精神要义,加强责任教授、卓越激励、绩效奖励政策的全方位宣传,将政策创新转化为观念创新、学术创新。对政策实施情况进行评估,总结经验、汲取意见,加强绩效统筹,推出绩效分配政策 2.0 版。(人事处、发展规划部、科技处、文科院、财务处、教务处、研究生院、学工部)

六、优化经济运行,不断增强办学效益

19. **加强教育经费投入使用管理。** 梳理专业学位研究生教育、非学历教育、留学生教育、继续教育等结算体系,引导院系把结算经费统筹用于落实学校战略性发展目标。全面正式实施政府会计制度,实现预算会计和财务会计适度分离并相互衔接的"双体系"运行。做好新《个人所得税法实施条例》的宣传及落实工作。完善财务秘书培训与管理,加强院系财务秘书队伍建设。推进各业务系统与财务信息系统的信息共享。进一步加强内部控制建设,完善经济责任和财务审计制度,推进审计信息化。围绕"迎双庆 促发展 惠民生"三年行动计划,做好筹资工作。(财务处、发展规划部、审计处、信息办、校庆筹备办、基金会办公室、基础教育集团)

20. **完善国有资产管理机制。** 进一步完善学校采购工作制度。进一步规范学校资产的全口径和全生命周期管理,推进公用房核定和公用房使用成本分担机制,提升公用房使用效率。完成精密光谱科学与技术国家重点实验室、上海市磁共振重点实验室、纳光电集成与先进装备教育部工程研究中心的搬迁工作。加强公用房综合治理工作。加强大型科研仪器设施的规范管理,完善开放基金、绩效考核,提升大型精密仪器设备的开放共享度和使用效益。(国资处、招投标办公室、后勤保障部、物理与材料科学学院、公用房综合治理办公室、实验室与设备管理处、基建处、财务处、保卫处)

21. **推进各类资源功能拓展。** 以高校所属企业体制改革试点为契机,优化资产经营公司内部管理机制,探索服务"双创"和科研成果转化的新路径。加强策划主题出版和原创图书出版,厚植教育出版优势,服务"国际+"、"教育+"行动计划落实。对照上海市对大学科技园要成为科技创新策源地的要求,增强优势学科的社会价值转化,促成产业集聚;推进校内资源整合,扩大"教授工作室"平台辐射功能,服务学校创新创业活动。围绕图书馆智慧化转型,完善基础设施,拓展服务功能。开展校友调研和校友"双创"活动,服务创新人才培养。(国资处、资产经营公司、出版社、大学科技园、图书馆、校友工作办公室)

七、强化条件支撑,持续提升学校形象

22. **提升社会服务能级。** 加快推进国家战略精准对接工程("五+"行动计划)。以基础教育为突破口,逐步打造学校特色的社会服务体系。建立我校附属学校建设标准、办学评估制度和机制,加强基础教育服务拓展队伍建设。加快推进CTO学院建设。(学校办、基础教育集团、CTO学院、科技处、文科院)

23. **加快推进校园建设。** 按照时间表、路线图,加快实施中北校区无车校园建设、校园生态环境建设、校门建设工程、楼宇建设和修缮工程、楼宇文化环境建设、校史文博建设、校园体育设施提升、校庆创意产品设计、学校影响力提升和智慧校园提升10大校园形象提升工程。推进中北校区控制性详规调整,完成理科大楼地下停车库改造工程,加快物理楼裙楼、部分教学楼改造等工程建设。(校庆筹备办、基建处、后勤保障部、档案馆、博物馆、图书馆、宣传部、信息办、招投标办公室)

24. **提升民生保障能力。** 推进闵行校区食堂维修改造工程，开设中北校区河西食堂教工供餐点。改造两校区教师休息室，建设集休息、工作、研讨等功能为一体的教师工作站。拓展校内外周转房源，建立高品质服务管理体系。制订子女基础教育服务发展目标与规划，与属地教育局、附属学校等部门联合做好教职工子女入学预案，继续推进与一流大学人才队伍建设需求相匹配的子女教育服务体系建设。（后勤保障部、基础教育集团、教师工作部、工会）

25. **加强安全保障工作。** 持续优化安全工作体制机制，加强安全管理责任体系建设。加强校园安全监管，推进安全检查专业化，重点做好实验室、宿舍、网络、食堂等重点场所的安全隐患排查。完善应急处置预案，提高公共安全保障能力。加强安全育人，开展师生安全教育、生命教育、国防教育。（保卫处、实验室安全管理办公室、实验室与设备管理处、后勤保障部、学校办、宣传部）

注：任务分工排名首位的单位一般为任务牵头单位。

（录自华东师范大学信息公开网）

【复习思考】

1. 什么叫计划？它有哪些作用？
2. 纲要、打算、设想、安排、工作要点、方案等文种与计划有哪些异同？
3. 什么是计划的三要素？
4. 计划的正文是由哪些部分组成的？
5. 拟写计划，应该注意哪些问题？

【案例训练】

1. ××科技职业学院团委拟于2019年暑假举办以"祖国在我心中"为题的读书活动，请你代表该校团委草拟一份活动计划。
2. 2019年9月4日，是××高等职业学院新学期开学的日子，该校会计系二年级一班班委会开会研究，拟定了新学期工作的要点。请你代表该班班委会拟写这份工作要点。
3. 2019年9月1日，是××高等职业学院新生报到的日子，请你代该校学生会拟写一份迎接新生入学的工作方案。

第四节　总结

一、总结的含义、类型

（一）含义

对一个时期或一个方面的工作做系统的回顾、分析和研究，认清经验和教训，找出规律性的认识，并把这些写成书面文字，就是总结。

总结是做好各项工作的重要环节，是将感性认识上升到理性认识的必由之路。人类对实践的认识过程是没有完结的，总结好像一座里程碑，它既显示了全部实践、认识活动的阶段性，又展现了每一阶段实践、认识活动的连续性；它既肯定了成绩，也找出了问题；它既写下了昨天的历史，也展示了明天的道路。总结可以使我们从成功中取得经验，从失败中吸取教训，使今后的工作不走或少走弯路，不犯或少犯错误，从过去的工作实践中寻找规律，把今后的各项工作做得更好。可以说，没有总结，就没有进步，就没有科学的实践，就没有人类历史的发展。

（二）类型

总结的种类很多，标准不同，分类也不一样。

按性质来分，有工作总结、学习总结、劳动总结、科研总结、办班总结等。

按内容来分，有综合性总结、专题性总结等。

按范围来分，有个人总结、集体（单位）总结、地区工作总结、部门工作总结等。

按时间来分，有月总结、季度总结、年总结，甚至两年、三年、五年、十年的工作总结等。

二、总结的特点

总结的对象，一般是本单位、本部门、本系统的人所共同关心的问题，它的业务性、技术性比较强。

总结一般在学习、工作告一段落之后才写，因此，它的时间性就不如新闻那么紧迫。

总结不仅要回答"是什么"的问题，而且还要回答"为什么"和"怎么办"。因此，它要进行较多的分析，从实践中找出规律，有较强的理论性和指导性。

总结一般都用第一人称来写，作者所总结的，往往是本单位、本系统或作者本人的情况。

三、总结的格式与写法

总结可以有多种多样的写法，如条文式、小标题式、问答式、书信式、三段式等。用得最多的是三段式。三段式总结的结构，是这样安排的：

（一）标题

标题要与总结的内容紧密相连，力求准确、简明、醒目。一般有以下几种方式：

1. 标明单位名称、时限及总结种类,如《××矿山机械厂2018年财务总结》。
2. 概括总结的内容范围,如《我厂是如何深化劳动改革的》。
3. 归纳中心,揭示主旨,如《实行优化劳动组合,调动职工积极性》。

有的总结,除了正题外,还可以有副题。副题有的指出总结的内容范围,有的起说明、限制的作用。

(二)正文

1. 情况概述

要简要交代一下工作的时间、背景、取得的主要成绩和效果等,可以让读者了解全貌。

2. 主要做法、经验和体会

这部分是总结的重点,可以先讲做法,后讲体会和经验教训,也可以根据内容分成几个问题,一个一个地来写,每个问题既有做法,又有体会;还可以把工作分成几个阶段,按时间顺序来介绍情况,谈出体会。

3. 存在问题和努力方向

这是一个问题的两个方面,可以分开写,也可以合在一起写。这一部分一般都写得比较简单,但问题要提得中肯,改进措施要定得切实可行,努力方向要提得明确。

(三)署名和日期

本单位的总结,如果在标题中没有写出单位的名称,在总结的篇末要署名。署名要全称,日期要写明年、月、日。

四、总结的写作要求

第一,撰写总结,要在反映情况的基础上,进一步探求客观事物的发展规律。
第二,总结的内容要求真实,要用一分为二的观点,进行实事求是的分析。
第三,语言要准确、通俗、精练,对成绩与缺点的评价要字斟句酌,切合实际。

【例文评析】

例文 3-4

厦门老年大学 2018 年工作总结

··· 评 析 ···

标题由三要素组成:单位名称+时间+文种。

2018年,厦门老年大学认真学习贯彻习近平新时代中国特色社会主义思想和党的十九大精神,大力实施国家、省、市《老年教育发展规划》(以下简称《规划》),深化教学改革,加强管理创新,提升服务水平,办学质量和教学管理服务工作水平有较大幅度提升,在市委老干部局领导下,在市教育局等市直

正文开头介绍基本情况,使人看了一目了然。

部门的大力支持和省老年大学、省老年大学协会的大力指导下，圆满完成2018年各项工作任务，围绕中心，服务发展，推动我市老年教育发展取得新成效。

一、紧跟形势、凝心聚力，着力打造老年大学政治立校新优势

（一）深入学习贯彻习近平新时代中国特色社会主义思想。2018年是深入学习贯彻习近平新时代中国特色社会主义思想和党的十九大精神、纪念改革开放40周年的重要一年。我校以更高站位、更广阔视野，准确把握老年大学办学方向，在教学、科研、管理服务上着力筑牢老年大学这一意识形态领域不可或缺的主阵地，牢固树立老年大学讲政治的意识，下功夫打造政治立校的新优势，把习近平新时代中国特色社会主义思想和党的十九大精神作为老年大学教学必不可少的重要内容，在老年大学讲堂上理直气壮地宣讲宣传习近平新思想，并且把习近平在福建、厦门的从政实践和思想融入老年大学教学内容之中，让学员更好地学习、理解、领会习近平新思想。通过教学改革，加强思政课教学，通过课程内容创新和教学方式方法创新，努力解决"思政课"教学融入难、难融入的问题，克服"思政课"与专业课两张皮现象，探索老年大学思政课教学规律。除了课堂教学，还通过第二课堂学习活动，通过组织文艺演出、竞赛表演、活动展示、书画摄影，及深入社区、企业开展现场体验教学等多种形式，宣传习近平新思想和党的十九大精神，宣传厦门特区建设取得的重大成就。

（二）积极推进社会主义核心价值观培育工程。注重老年教育的思想政治引领是《规划》的重要要求。我校把培育和践行社会主义核心价值观作为老年教育的重要内容，把社会主义核心价值观教育当做老年教育必修课进课堂、进教材、进头脑，加强政治纪律、政治规矩教育引导，牢固树立"四个意识"和"四个自信"；通过举办时政讲座、课前课间在教室播放微视频、印发宣传材料、召开学员座谈研讨会等多种形式推动社会主义核心价值观教育。全年共举办12场社会主义核心价值观教育专题讲座；在老年学员中开展积极老龄观和中国社会老龄化问题教育，引导老年学员积极看待老龄社会，积极看待老年人和老年生活，引导老年人将晚年打造为有作为、有进步、有快乐的重要人生阶段，邀请市讲师团领导做《学习贯彻习近平关于家风建设重要观点》讲座。努力把学校办成传播党和人民事业正能量的主阵地,办成培育和践行社会主义核心价值的大讲堂。

（三）建立组织化、制度化、规范化措施,让讲政治抓细抓实,入心入脑,入地生根。一是建立健全校中心组的学习制度。按照市里关于干部理论学习的要求和部署,组织校理论学习中心组学习,并且根据形势任务需要,坚持经常性组织学习,建立健全党员领导干部学习的长效机制,促进中心组理论学习制度化、规范化建设,不断提升领导干部理论水平和实践能力。二是通过支部集中学习、专题辅导讲座、举办专题宣讲会、召开专题组织生活会,邀请市纪委领导作《中国共产党纪律处分条例》学习辅导,做到面上学和重点学相结合,政治理论学习全覆盖。三是开展体验式学习活动,如组织到当年习近平同志在厦门工作期间调研考察过的厦门市同安区白交祠村参观学习,在那里重温入党誓词。组织参加十九大精神专题网络学习及考试,深入推动党员领导干部全面、深入、系统学习。

二、贯彻《规划》,推动创新,促进老年教育工作开创新局面

（一）以全面实施国家和省老年教育发展规划为契机,推动并且积极参与我市的老年教育发展规划编制工作。国家和省的《规划》出台后,我校抓住这一有利时机,按照《规划》的任务和要求,精心谋篇布局,明确工作思路,扎实推进落实,配合相关部门为编制《厦门市老年教育发展规划（2018—2020年）》组织调研,深入思明区、同安区调研,先后召开三场座谈会,进行多人次个别访谈,撰写专题调研报告,全面翔实地反映我市老年大学及老年教育的现状、存在问题,并提出发展对策建议,两次参加市里组织的《规划》初稿的修改工作。

（二）制定《厦门老年大学贯彻落实〈厦门市老年教育发展规划（2018—2020年）〉实施方案》（以下简称《实施方案》）。为更好地贯彻落实国家、省、市《规划》,我校对《规划》的主题和要求进行细化,制定了我校的《实施方案》,明确了我校的办学总体目标和各项工作具体目标要求,明确了组织领导、工作措施和必要保障。与此同时,我校还制定了与《实施方案》相配套衔接的责任落实分解清单。这项工作对我校深入贯彻落实《条例》，确保贯彻落实《条例》工作抓深抓细、落地落实起到积极作用，也有利于推动我市老年教育事业深入健康发展。

（三）成立宣传中心。为统筹协调学校的对内对外宣传工作，4月成立了宣传中心，确定了以学校网站为基础发布平台与信息资料基地、以微信为即时发布平台、以校刊为阶段性传播与交换文本的总体布局。宣传中心进一步加强对外信息宣传工作。今年以来，本市主流媒体（厦门日报、厦门晚报、海西晨报、厦门卫视等）共报道我校工作56次；上级各涉老媒体（中国老年大学协会通讯、福建老年报、鹭江银潮等）共刊登我校通讯稿件16篇；《福建老年报》《老年教育》杂志对学校进行了专版报道。在校内媒体宣传工作方面，创新"一网一报一栏"模式，改报创刊，出版首期校刊《厦门老年大学》，并启动微信公众号厦门老年大学，加强宣传覆盖面和影响力，今年共推送29次、109篇文章，阅读量最高的一篇达到2 832次，公众号的关注人数超过3 000人。[※]*这些数字、实例都用得很好。*

（四）成立培训中心。为不断提升老年大学的教学质量和教学行政管理水平，4月成立了培训中心。依托省内外高校，邀请或聘任相关专家学者或社会名人名师，对老年大学各级管理和教学队伍进行培训。并于7月4日～6日邀请上海老年教育的专家来厦开展市区两级老年大学校长暨管理人员短期集中培训，培训内容包括老年大学课程建设与管理探索，老年大学教学管理模式的探索与实践，面向新时代、推进社区教育转型发展，老年人人际交往与心理学，解读《厦门市老年教育发展规划》等。通过培训，系统地学习了解老年教育的理论和实践经验，了解了老年教育所面临的挑战与问题，学习了先进的办学理念和办学方法，增强了做好老年教育工作的责任感和使命感，为推动全市老年大学提高办学水平起到积极作用。

（五）制定老年教育发展基金管理办法。（内容略）

（六）成立老年志愿者队伍。（内容略）

（七）推进厦门城市职业学院战略合作。（内容略）

（八）抓紧推进落实新校舍的规划设计方案的制定。（内容略）

（九）加强老年教育理论研究工作。（内容略）

因这篇总结的篇幅较长，后文内容作了删减。

三、夯实基础、强化管理,教学管理服务工作水平稳步提升

(一)努力提升老年教育资源供给。(内容略)

(二)提升老年教育的教学和管理质量。(内容略)

(三)进一步加强师资队伍建设、教学质量评价体系建设和专业学制建设。(内容略)

(四)制定校长谈心日制度。(内容略)

(五)加强后勤保障的现代化水平。(内容略)

四、创新发展、务实前行,第二课堂和校园文化建设取得新成绩

(一)积极开展庆祝改革开放40周年系列活动。(内容略)

(二)积极参加全国、省市举办各项比赛。(内容略)

五、市区联动、协同发展,业务指导工作进一步加强

按照《规划》要求,不断加强对区老年大学的业务指导,实现市区联动、协同发展,共同推动老年教育发展机制创新。

(一)组织召开全市老年大学工作会议。(内容略)

(二)召开全市老年大学校长联席会议。(内容略)

(三)校领导积极协调加强对区老年大学的领导。(内容略)

(四)加强教学合作,推动第二课堂教学深度交流与互动。(内容略)

(五)加强科研合作,推动老年教育理论研究取得新成果。(内容略)

这篇总结没有提到不足之处与今后的努力方向,如能写一下这方面的内容则更好。

(录自福建老年大学网)

【复习思考】

1. 什么叫总结?它有什么作用?
2. 按照不同的分类标准,总结可以分为哪些种类?
3. 总结的标题有哪几种写法?
4. 总结的正文是怎么写的?一般分为哪几部分?

【案例训练】
1. 请你回顾一年来的工作、学习情况,写一篇个人的年度总结。
2. 东平财经高等职业学院团委在20××年暑假组织全校团员进行了一次"向社会献爱心"活动,取得了很大成效。请你以该校团委的名义,写一篇总结。

第五节　规章制度

一、规章制度的含义、类型

（一）含义

规章制度是在一定的范围内制定的一种具有法规性与约束力,要求有关人员共同遵守的文件,是在一定范围内要求人们必须共同遵守的行为规范和准则。

规章制度是党的方针、政策的具体体现,我国各级党政机关、人民团体、企事业单位制定的各种规章制度规定了有关人员应该遵守的事项、职责或应该达到的标准,这样可以保证公务活动、生产工作、学习生活有序正常地进行。规章制度还可以约束和控制个体的各种行为,是个体服从集体的有效手段,是创造良好的工作、生活、学习、生产环境,建立正常的社会秩序的必要条件。

（二）类型

1. 条例

条例用于对某一方面的工作做全面、系统、原则的规定。指定条例的机构,一般为党的中央组织与国务院。国务院各部门与地方政府制定的法规不得使用条例。国务院制定的属于法律性质的条例,须经全国人大常委会通过。

2. 规定

规定是机关单位针对某项具体工作或专门问题制定的规章和禁令。规定的针对性较强,适用范围集中,各级机关、团体和企事业单位都可以使用。

3. 办法

办法是针对某项工作或某一方面活动做出的比较具体的规定的文书,它既有指导原则,又有具体办法。各级机关、团体和企事业单位也都能使用。

4. 章程

章程是各政党、社会团体制定的规定本组织宗旨、任务、制度、成员的权利义务等内部原则和事务的文书。章程应由该组织代表大会讨论通过后公布实行。

5. 制度

制度是党政机关、人民团体、企事业单位为了加强对部门工作的管理和严格组织纪律而制定的,要求有关人员共同遵守的规范性文书。制度具有较强的强制性和约束力。

6. 规则

规则是国家机关、人民团体、企事业单位为了进行管理或开展某项公务活动而制定的，要求有关人员共同遵守的规范性文书。

7. 细则

细则也称实施细则，是政府机关、社会团体、企事业单位根据上级机关发布的有关条例、规定或办法，结合本地区、本部门、本单位的实际情况制定的，具有一定的补充性、辅助性的详细的实施细则。

8. 守则

守则是政府机关、社会团体和企事业单位根据上级有关指示精神和实际工作需要制定的，要求所有成员严格遵守的行为准则。

9. 公约

公约是一定范围或行业的成员或其代表，在自愿的基础上，经过集体讨论制定的共同遵守的道德规范和行为准则。

二、规章制度的特点

（一）具有强制力或约束力

规章制度一般分为法规与规章两种。法规（如条例、规定、办法）是国家行政机关统一意志的体现，法规一经颁布，即有国家强制力保证其贯彻实施，有关方面和人员必须遵照执行，不得违反。否则，就要受到惩罚。规章（如章程、规划、公约）也具有一定的道德、组织的约束力，在其规定的范围内人人必须遵守、执行，如有违反，也会受到批评、谴责，甚至纪律处分。

（二）具有严密、鲜明性

规章制度的一条一款，如对工作标准、各部门职责、时限要求、奖惩界限等都有明确的规定，语言质朴严肃、简洁明确，多用单句、短句，兼用复句、长句。使人读了后对应该怎么办、不应该怎么办、必须怎么办、不得怎么办等问题了解得非常明确，政策界线规定得非常清楚，不能存有歧义，而要做到无懈可击。

（三）横列式的主体结构

规章制度主体部分的写作，总是围绕一个中心，以链环式的思维方式，将一项工作横列式地分成若干方面，并按其内在联系依次说明。

（四）规章制度的写作格式一般都是分条列目

条目的层次，最少只用"条"或"项"一级；通常多用"章"、"条"两级或"章"、"条"、"款"三级；最多可用到七级，即编、章、节、条、款、项、目。

三、规章制度的格式与写法

规章制度种类很多，各个文种的结构与写法不尽相同，但也有一些共同的地方。

（一）标题

规章制度的标题一般由单位名称、内容、文种组成，如《××市爱国卫生公约》；也可以由内容加文种或组织名称加文种两项构成，如《出版物汉字使用管理规定》、《中国写作学会章程》。如是暂行或试行的规章制度，在标题中要加上"暂行"或"试行"字样。

（二）题注

规章制度一般在标题下都要加题注，注明发布机关和发布时间，有的还注明通过会议的名称和时间，因此在正文之后不必署名，不写日期，不盖公章。

（三）正文

规章制度的正文结构一般有三种形式：

1. 分章列条式（章条式）

将规章制度的内容分成若干章，每章又分若干条。第一章是总则，中间各章是分则，最后一章是附则。

总则须写明制定规章制度的依据、目的、宗旨、背景、基本原则、意义、要求等。

分则按问题间的逻辑顺序，或按各部分内容的联系，或按工作活动程序以及惯例分条列项，集中编排。

附则是对制定的规章制度的补充和说明，要说明文件的制定权、修订权、解释权的归属者，还可以说明与其他相关的规章制度的关系以及生效的人群等。

2. 一条到底式（条贯式）

这种规章制度只分条目（款）不分章节，一般开头第一条说明缘由、目的、要求等，主体部分列出规章制度的具体内容，最后一条写相当于附则的内容。

3. 总冒分条式

这种规章制度正文先写个总冒，说明目的和根据，然后分条列出各项规定。

【例文评析】

··· 评　　析 ···

标题由规章内容与文种两要素组成。

以下结构用一条到底式，以条的形式贯穿到底。

"办法"的第一条写明征收对象。

例文 3-5

上海市耕地开垦费管理办法

为做好本市耕地开垦费的管理工作，根据《中共中央国务院关于加强耕地保护和改进占补平衡的意见》（中发〔2017〕4号）和《上海市实施〈中华人民共和国土地管理法〉办法》，制订本办法。

一、征收对象

非农业建设经批准占用耕地的单位和个人，在没有条件开垦或者开垦的耕地不符合要求的,应当按照规定缴纳耕地开垦费。

二、征收主体

市或区规划资源部门负责向用地单位或个人征收耕地开垦费。

三、征缴程序

(一)区分批次上报农用地转用方案的建设项目

区政府向市规划资源部门提出农用地转建设用地申请时,区不能做到占补平衡的,由区规划资源部门按照本市耕地开垦费征收标准,向市规划资源部门缴纳预缴款。

对农用地转建设用地的申请予以批准的,由市规划资源部门将区政府预缴款转作耕地开垦费;未批准的,由市规划资源部门将已缴纳的预缴款退还区政府。

根据经批准的农用地转用方案向用地单位供地时,应在核发《建设用地批准书》前,由区规划资源部门按照规定标准,向用地单位或个人征收耕地开垦费。

(二)单独选址农用地转用方案的建设项目

建设项目用地涉及占用耕地的,用地单位在向市规划资源部门提出建设用地申请时,应根据经区政府批准的《补充耕地方案》,按照耕地开垦费规定标准,向市、区规划资源部门缴纳预缴款。其中,由区落实占补平衡的,用地单位向区规划资源部门缴纳;由市统筹落实占补平衡的,用地单位向市规划资源部门缴纳。

建设用地申请一经批准,预缴款由市、区规划资源部门转作耕地开垦费;未批准的,由市、区规划资源部门退还用地单位已缴纳的预缴款。

对在农用地转建设用地的申请过程中,经依法批准占用永久基本农田的,缴费标准按照本市耕地开垦费最高标准的两倍执行。

四、收缴管理

耕地开垦费收缴按照《上海市政府非税收入收缴管理办法》执行,收入全额直接上缴国库。区规划资源部门征收的耕地开垦费,按照规定上缴区国库。市规划资源部门直接征收的耕地开垦费以及区上缴的耕地开垦费,按照规定全额上缴市国库。

五、使用管理

（一）耕地开垦费主要用于：

1. 耕地开发项目支出和相关的农业支出；

2. 经有关部门批准，用于易地购买耕地占补平衡指标的支出；

3. 本市土地整理以及滩涂促淤、围垦形成农用地的支出；

4. 耕地开垦的土地管理业务支出。

（二）各有关预算主管部门和单位(资金使用部门)根据各自职责，按照部门预算、国库直接拨付、政府采购等要求进行资金和项目管理。

（三）涉及土地围垦项目，由市发展改革委、市财政局会同有关部门审核管理。

六、监督管理

市、区规划资源部门应加强耕地开垦费征收的管理，每月统计耕地开垦费征收和减免情况，并抄送市财政局。市、区发展改革、审计、财政等管理部门负责监督耕地开垦费的征收和使用。

本办法自印发之日起施行，有效期至 2024 年 3 月 31 日。

上海市财政局
上海市发展和改革委员会
上海市农业农村委员会
上海市规划和自然资源局
2019 年 4 月 16 日

（录自《上海市人民政府公报》2019 年第 11 期）

> "办法"的最后要讲清本办法的实施日期。

··· 评　析 ···

标题由团体名称+"章程"两要素组成。标题下要写上该章程通过的日期与会议名称。

总则写该团体的性质、宗旨与指导思想等原则性的问题。

例文 3-6

上海市作家协会章程

（2018 年 12 月 17 日上海市作家协会第十次会员大会审议通过）

总　则

第一条　上海市作家协会是中国共产党上海市委领导的上海作家自愿结合的专业性的人民团体，是党和政府联系上海广大作家、文学工作者的桥梁和纽带，是推动社会主义文化大发展大繁荣的重要力量。

第二条 上海市作家协会高举中国特色社会主义伟大旗帜,以马克思列宁主义、毛泽东思想、邓小平理论、"三个代表"重要思想、科学发展观和习近平新时代中国特色社会主义思想为指导,坚持为人民服务、为社会主义服务的方向和百花齐放、百家争鸣的方针,坚持创造性转化、创新性发展,紧紧依靠广大作家和文学工作者,坚持以人民为中心的创作导向,努力推出更多无愧于民族、无愧于时代的优秀作品,不断满足人民精神文化需求,为把上海建设成为更加开放包容、更具时代魅力的国际文化大都市,建设社会主义文化强国,实现"两个一百年"奋斗目标和中华民族伟大复兴的中国梦贡献文学的力量。

第三条 上海市作家协会的一切活动以中华人民共和国宪法为根本准则,遵守国家的各项法律、法规,按照自身的特点积极主动地开展工作。

第四条 上海市作家协会是中国作家协会的团体会员之一,接受中国作家协会的工作指导。

第五条 上海市作家协会贯彻全心全意为作家服务的宗旨,履行团结引导、联络协调、服务管理、自律维权的职能,把协会真正办成广大作家和文学工作者之家。

第六条 上海市作家协会坚定不移走中国特色社会主义群团发展道路,坚持党对作协工作的统一领导,围绕中心,服务大局,与时俱进,改革创新,保持和增强政治性、先进性和群众性。

任 务

第七条 组织会员学习马克思列宁主义、毛泽东思想、邓小平理论和"三个代表"重要思想、科学发展观,习近平新时代中国特色社会主义思想,学习党的方针政策,坚持社会主义核心价值体系,不断提高文学队伍的思想道德修养、科学文化素养和文学艺术学养。

第八条 坚持文学创作的正确方向,坚持思想精深、艺术精湛、制作精良的统一,尊重和遵循文学创作规律,树立精品意识,实施精品战略。提倡题材、体裁、形式的多样化,鼓励作家大胆创新,推动各种艺术风格和流派发展,传承和弘扬中华优秀传统文化,学习和借鉴世界各国优秀文化成果,不断提高作品的思想水平和艺术水平。

> 以下为分则,分任务、会员、组织、经费及资产管理四部分来表述,每部分当中又有若干条,条理很清楚。

第九条 坚持以人民为中心的创作导向,引导广大作家深入生活、扎根人民,努力反映以爱国主义为核心的民族精神和以改革创新为核心的时代精神,反映人民群众建设美好生活的伟大实践,传承中华优秀传统文化,发展新时代社会主义先进文化,推进"红色文化、海派文化、江南文化"建设,打响上海文化品牌,弘扬建党精神和上海城市精神。

第十条 加强文学理论建设和文学批评工作。发展和壮大文学队伍,发现和培养创作、评论、编辑、翻译等文学新生力量和新文学群体,加强基层文学社团的联系,加强与文学网站及其他民间文学机构的联络,关心青年文学人才的成长。

第十一条 努力办好本会所属文学刊物和网站等新型文学传媒,坚持正确导向,不断提高质量,使之成为培养文学人才、扶植文学创作、开展理论研究的重要阵地和推出文学精品、繁荣文学事业的重要力量。

第十二条 促进老中青作家之间,传统文学门类作家和网络作家之间的联系和团结;建立和健全各专门委员会,并充分发挥作用;拓展文学公共服务空间,提高全社会文学素养。

第十三条 拓展文学交流渠道,积极组织优秀作家参与省际(包括香港、澳门和台湾地区)文学交流活动,主动服务和融入国家"一带一路"和长三角一体化发展战略,拓展与世界各国、各地区的文学交流,推动上海文学走出去,努力提升上海文学在国内外的影响。

第十四条 积极争取党和政府有关部门的支持,加强与文化、教育、新闻广电出版、文联等部门和影视机构联络协作,努力创造条件,推动文学成果传播和转化。

第十五条 加强文学公共服务,开展文学普及工作。加强和改进对区作协、行业作协等基层文学组织的指导和服务,构建畅通高效的工作体系。发挥基层文学组织和文学社团作用,把服务基层作为工作重心,充分发挥基层文学组织和文学社团对不同领域作家和文学爱好者的团结引导作用,厚植文学土壤,夯实文学基础。

第十六条 组织文学评奖活动,对优秀创作成果和文学人才给予表彰和奖励。

第十七条 本会依据宪法和法律的规定,加强协会管理,倡导作家自律,维护作家的合法权益,保障作家从事正当文学活动的自由。

第十八条 加强与社会各界的联系,与党和政府有关部门密切合作,为会员从事创作、评论和其他文学活动创造良好的环境和氛围,提供必要的条件和服务;积极帮助解决会员生活、工作、学习等方面的困难。

第十九条 做好所主管文学社团的业务指导和管理工作。

会　员

第二十条 本会由个人会员和团体会员组成。

第二十一条 凡遵守国家的法律法规,遵循公民道德规范和文艺工作者的职业道德,赞成本会章程,发表和出版过一定数量并在文艺界有较好影响的文学作品、理论研究、翻译作品、或从事文学的编辑、教学和组织工作有较大成绩者,由本人申请,本会会员二人介绍或本会各专业组推荐,经本会发展会员审批委员会通过,主席团批准,即为本会个人会员。

第二十二条 凡赞成本会章程,并有一定数量本会个人会员和办事机构的本市委办局和区或特大型企业的文学组织,向本会提出申请,经主席团批准,即为本会团体会员。各团体会员参加理事会实行团体理事制,由团体会员从其主持工作的主要负责人中通过民主协商,推举产生,报主席团批准。本会对团体会员有联络、协调、服务和指导的职责。团体会员接受本会委托,负责联系本会在该地或该行业、该企业集团的个人会员。

第二十三条 会员有遵守本会章程,执行本会决议,参加本会活动,缴纳会费的义务;有选举权、被选举权,有对本会工作及领导人员的建议、批评和监督权,有享用本会会员福利设施等权利。会员有退会自由。

第二十四条 会员的创作成果、著作权和其他合法权益受到侵犯时,有权要求本会予以保护,本会有责任提供法律咨询、协调纠纷等服务,依法维护会员的合法权益。

第二十五条 本会会员如严重违反本会章程或有严重违法行为、触犯刑律,经本会主席团通过,停止或取消其会籍。个人会员的入会、退会、转会及取消会籍实行公告制度。

组　织

第二十六条 本会的组织原则是民主集中制。

第二十七条 本会最高权力机构为会员代表大会。会员代表大会行使下列职权：

第一，决定本会的工作方针和任务；

第二，审议和批准代表大会工作报告；

第三，制定和修改章程；

第四，选举产生理事会；

第五，决定其他重大事项。

代表大会代表通过民主协商推选产生。代表中，重点向基层和一线作家倾斜，45周岁以下青年作家代表占一定比例，同时兼顾到网络作家、签约作家、自由撰稿人等新的文学群体。

代表大会每五年举行一次，由理事会召集。必要时由理事会决定提前或延期召开。

第二十八条　在会员代表大会闭会期间，理事会行使下列职权：

第一，执行会员大会的决议；

第二，审议本会年度工作报告；

第三，批准理事会理事的变更和增补；

第四，选举产生主席团：主席一人，副主席（含专职副主席）若干人，主席团委员若干人；

第五，决定其他重大事项。

理事会由个人理事和团体理事组成。其中，个人理事由代表大会选举产生；团体理事从主持团体会员工作的主要负责人中，通过民主协商推举产生。在代表大会闭会期间，团体理事如因工作调离等原因出现缺额时，替补人选由原团体会员另行推举，报请主席团通过。理事会会议每年举行一次，由主席团召集，必要时由主席团临时召集。

第二十九条　理事会闭会期间，主席团作为常设领导机构，领导并主持日常工作。主席团会议由主席召集，每年举行一至二次。

第三十条　本会设秘书长一人、副秘书长一至二人，在主席团领导下处理本会的日常会务工作。秘书长、副秘书长由主席团提名，理事会通过产生。秘书长、副秘书长最多连任一届。

第三十一条　本会根据需要建立各种工作机构和若干由作家、评论家等组成的各文学门类专门委员会。专门委员会职责为：评议申请入会人员，提出建议名单；受委托评审作品，提供学术和专业评价；牵头召开年会。专门委员会在主席团领导下开展工作。

第三十二条　本会必要时设立名誉职务。其具体人选由理事会推举或主席团聘请。

经费及资产管理

第三十三条　本会的经费来源：

一、政府财政拨款；

二、会员会费；

三、社会资助；

四、其他合法收入。

本会鼓励和争取多方吸纳社会资金，为发展繁荣社会主义文学事业服务。

第三十四条　上海市作家协会的资产受法律保护，任何单位和个人不得侵占、挪用和任意调拨。上海市作家协会所属事业单位的资产隶属关系不得任意改变。

附　则

第三十五条　上海市作家协会简称上海作协。上海市作家协会的英文全称：SHANGHAI WRITERS' ASSOCIATION。上海市作家协会会徽：图案外形是火炬，炬柄为笔尖，火花是上海市花——白玉兰。

第三十六条　本会章程修改权，属于会员代表大会；本章程解释权属于理事会。

（录自上海市作家协会官网）

> 附则放在章程的最后，写前面分则中没有提到的事项，以及本章程的解释权属于谁。

例文 3-7

新场乡村民公约

为加强精神文明、政治文明、物质文明建设，实现村民自我教育、自我管理、自我服务，构建居民自治、管理有序、服务完善、治安良好、环境优美、文明祥和的和谐村，特制定新场乡村民公约：

一、村居民要拥护中国共产党的领导，热爱祖国，遵纪守法，增强法制观念。

二、依法享受居民应有的权利，履行居民应尽的义务，倡

… 评　析 …

标题由公约内容+文种组成。

公约的正文一般都分条叙述，简明扼要。

导社会公德、职业道德和家庭美德。

三、积极维护社会治安，做好防火、防盗、防事故工作，及时劝解、调解矛盾纠纷，促进安全团结，倡导文明娱乐，不参与赌博，杜绝毒品。

四、拥军优属，尊老爱幼，家庭和睦，邻里团结，互相帮助，自强自立，团结友爱，争当文明居民。

五、搞好公共卫生和居容整洁，不在公共场所乱贴乱画、随地吐痰、乱倒垃圾，门前院内要保持清洁；不挤街占道，不乱搭乱建，确保街道畅通。

（录自四川省天全县人民政府网，有改动）

【复习思考】

1. 什么叫规章制度？它包括哪些具体的文体？
2. 规章制度有哪些具体的特点？
3. 拟定规章制度的标题，有哪些具体的格式？
4. 规章制度的正文应该怎么写？

【案例训练】

1. 请你以所居住的寝室的室长的名义，起草一份《寝室卫生公约》。
2. ××高等职业技术学院学生社团活动十分活跃，经过一段时期的筹备，最近要成立"××高等职业技术学院大学生影评协会"。请你为这个协会起草一份章程。
3. 请你代××高等职业技术学院起草一份《体育锻炼用品器材外借管理办法》。

第四章　财经文体

第一节　合同　协议书

一、合同

（一）合同的含义、类型

1. 含义

合同是两个或两个以上当事人之间，在办理某事时为了确定各自的权利和义务而订立的共同遵守的条文。合同属于契约类文书。所谓契约就是用文字把双方（或数方）交往中商定的有关事项记载下来，作为检查信用的凭证，具有对双方的约束作用。

在我国古代，契约也称为券。依其契刻书写的材料不同分为竹券、布券、纸券等，双方用文字将议定的要事记录下来后，把券分为两半，各执一半为凭信。如约对证，须将两券合一。双方如有争讼，验合契券，判定曲直。也有少数契约是分为三部分，双方及证人各执一部分，验合时须三券合一。契券验合相同是辨别契约真假、发生效力的最起码条件。合同从字面上来理解含有合起来相同的意思，这是契约的延伸。

根据《中华人民共和国合同法》的规定，合同是指"平等主体的自然人、法人、其他组织之间设立、变更、终止民事权利义务关系的协议"。由此可见，合同的主体是平等的民事主体，包括自然人、法人和其他组织；其内容是民事权利义务。

为使社会主义市场经济健康有序地发展，保护经济活动中当事人的合法权益，我国先后制定了一系列法规，1999年3月全国人大九届二次会议通了新的合同法，该法律自1999年10月1日起施行。《中华人民共和国合同法》是把原来的《中华人民共和国经济合同法》、《中华人民共和国涉外经济合同法》、《中华人民共和国技术合同法》三部合同法统一起来，舍弃了计划经济色彩浓厚的条款，增加了与现行体制相适应的新条款，在合同类型、合同效力、合同履行等方面作了一些新的规定。

2. 类型

合同种类繁多，按照合同适用范围可分为：买卖合同，供用电、水、气、热力合同，赠予合同，借款合同，租赁合同，融资合同，承揽合同，建设工程合同，运输合同，技术合同，保管合同，委托合同，行纪合同，仓储合同，居间合同等。

另外，合同还可以从其他角度分类。从表达方式上，可以把合同分为书面形式、口头形式及其他形式。书面形式中又有条款式合同与表格式合同之分。

从双方的权利、义务上分，可以分为双务合同、单务合同。

从合同的有效期分,可以分为长期合同、年度合同、季度合同、月份合同、临时合同。

(二) 合同的特点

作为一种法律性经济文书,合同的特点主要表现在三个方面:

1. 合法性

签订合同是一种法律行为,因为合同本身不同于为处理一般事物而撰写的文书。它是一种制约性的文书,要求当事人按照国家法令、政策签订。合同一经签订就受到了法律的承认和保护,合同本身也就具有了法律效力。双方当事人对合同的各项条款必须认真执行,不得随意违反,否则就要承担法律责任。

2. 对等性

指合同双方的平等关系。不论是购与销、租与赁、借与贷,也不论单位大小、部门级别的高低,双方在协商时关系是平等的。一切条款都必须在协商中取得一致后才能写入,任何一方不得把自己的意志强加给另一方。

3. 双向性

即双方权利与义务互相转化,为了达到各自的经济目的,双方都必须享有要求对方的权利,也同时应承担保证对方权利实现的义务。如收货交货、付款收款等,表现为甲方的权利就是乙方的义务,乙方的权利就是甲方的义务。

4. 单一性

合同的内容,目标明确,集中单一,不要将几件事情放在一个合同中写。合同中所标明的各项规定都要详细、准确,有关的实物或某种关系的各项相关指标均有相应的约定,要十分具体。

(三) 写作格式和方法

一般合同,其结构都由标题、编号、合同双方当事人的名称、正文、签署(合同结尾)、附件六部分组成。

1. 标题

合同的标题由合同性质和文种组成,书写在合同的第一行。如"借款合同"、"财产租赁合同"。有的标题中还需要写明标的物,如"工矿产品购销合同"、"农副产品购销合同"等。

2. 编号

写合同编号的目的是便于管理,一般是合同当事人根据自己的合同管理制度和方法填写,如:"编号:001"或"NO.001"等。有时根据实际情况编号可省略不写。编号位置一般在标题下一行靠右位置。

3. 合同双方当事人的名称

即订立合同双方单位名称或个人的姓名。一般书写在标题下面、正文上面。合同双方名称可以分两行并列书写,也可一前一后写成一行。

如:甲方:_____
　　乙方:_____

或：供方：_____
　　需方：_____
或：甲方：_____　　乙方：_____

当事人名称应写全称。若当事人是法人、其他组织，则写其全称；若当事人是自然人，则写上姓名。合同写作中，一般把取得"标的"的一方称为甲方，交付"标的"的一方称为乙方。

4. 正文

条文式合同的正文一般包括以下三个部分：

（1）双方签订合同的目的、依据或意义、希望等。行文要简明扼要，一目了然。常以"为了保护甲乙双方的合法权益，经双方共同协商，特订立本合同，以便共同遵守"发端。

（2）双方协议内容，一般包括以下三方面：

通用条款。这些条款是《中华人民共和国合同法》中明确规定的标的、数量、质量、价款或报酬、履行的期限、地点和方式、违约责任、解决争议的方法等条款。

专用条款。这是根据合同性质所必须具备的条款，比如：借款合同中的"借款用途"、"保证条款"等。

特约条款。指订立合同时，当事人一方为保障合同顺利履行、避免和减少纠纷，可在合同中规定某项条款，如："本合同的未尽事宜及本合同在履行过程中需变更的事宜，双方应通过订立变更协议进行约定。"

（3）附则内容是关于合同的有效性说明，何以生效、有效期多长、一式几份，以及其他一些未尽事宜。如果合同有附件也应说明。

5. 签署（合同结尾）

主要是落款和日期。落款写在正文下面的右侧，由双方署名。署名要写双方单位的全称和代表人姓名，并加盖公章。如有鉴证人，要写上鉴证机关名称并盖章签名。有些合同根据需要将双方的开户银行、账号、地址、邮政编码写在结尾处。署名之后，按年、月、日全称写签约日期。

6. 附件

它是对合同条款的相关说明材料及证明材料，是合同的组成部分，和合同具有同样的法律效力。一般在正文的主体部分注明附件的名称、份数。若合同正文能把有关内容说清楚，则可以不要附件。

（四）合同写作的基本要求

1. 恰当选用合同式样

为了帮助订立合同人克服法律知识、专业知识、语言能力方面的不足及对订立合同的有关事项考虑不周等问题，国家工商行政管理局曾经制定了统一的合同示范文本和参考文本，当事人可以根据实际情况直接选用，这类文本经过严格的理论论证和实证分析，恰当使用可以提高工作效率。但是合同涉及面非常广，不可能每一种合同都能找到适合的示范文本，所以在很多情况下需要当事人根据具体问题拟写合同文书。

2. 合同各项条款要齐名

合同从订立到履行完毕有一个过程。要减少合同履行过程中发生争议,在订合同时要尽量对可能出现的问题想清楚不要造成条款的疏漏和残缺。因条款不完备发生争议,裁决起来也很困难。特别是涉外合同,涉及不同法律、不同地域、不同语言,使合同订立起来更复杂,一旦条款疏漏,损失是很大的。再如技术合同,要对技术情报和资料的保密性加以说明,因为其中涉及知识产权问题。只有在合同中对相关问题讲清楚,才可能减少争议。

3. 注意合同各部分逻辑上的一致和内容上的衔接

合同写作不仅要注意合同总体结构的完整,还要注意内容上不要自相矛盾。这就要求合同文本的行文要在逻辑上相一致,内容上相衔接。对权利、义务的规定要全面、具体、恰当、明确,不能顾头不顾尾,前后矛盾,为自己留下陷阱、隐患。比如:合同中规定引进外商的某种先进设备,但没有规定具体的规格、型号、性能等,或规定的指标与"先进性"不一致。又如:合同中明文规定一方违约给对方造成的损失要依索赔条款进行赔偿,但没有具体规定索赔条件,或索赔条件与合同中所规定的赔偿原则相矛盾。诸如此类问题应特别注意。

4. 合同文字表述要准确、简明

合同的文字只应有一种解释,不能出现文字歧义或表述含糊,以至引起不同的解释。因此,合同写作应尽量使用简练的、内涵和外延具体明确的语句,避免内涵、外延不明确的易生歧义的语句。还要注意语法修辞,以防因病句、错别字甚至标点符号使用不当而影响对合同内容的理解和执行。合同有译本时,要注意翻译的准确性以及与原本的一致性。如果有两种以上语言的合同文本,或者约定具有同等效力,或者注明以哪一种文本为最终依据。

【例文评析】

··· 评　　析 ···

这是一份有关鲜蛋购销的合同,是一份条款式的购销合同。采用条款式写法,便于条分缕析。以合同标的＋合同种类为标题,约首写清了供需双方全称及法定代表人和职务,主体条款均为供需双方依据《中华人民共和国合同法》等有关法律的规定协商而定,责、权、利等规定明确,为共同信守打好了基础。文字表达准确,落款尤为规范。

例文 4-1

鲜蛋购销合同

供方:＿＿＿＿＿＿　　法定代表人:＿＿＿＿＿＿
职务:＿＿＿＿＿＿
需方:＿＿＿＿＿＿　　法定代表人:＿＿＿＿＿＿
职务:＿＿＿＿＿＿

根据《中华人民共和国合同法》等有关法律的规定,经双方协商,签订本合同,共同信守,严格履行。

第一条　品名、计量单位、数量:＿＿＿＿＿＿

第二条　产品质量与标准：供方出售给需方的鲜蛋应新鲜完整、不破损、不变质，保持鲜蛋表面清洁，不沾附泥污等物。

第三条　包装要求：由自备或向需方租用硬塑箱及木箱，由供方付给需方押金与使用费。

第四条　价格或作价办法：全年实行季节差价。收购旺季实行量低保护价，鸡蛋每市斤_____元，补贴饲料_____斤；鸭蛋每市斤_____元，补贴饲料_____斤。

第五条　收购地点：_____。

第六条　交货方式及运费负担：供方鲜蛋送往需方仓库，必须自备车辆、船只或其他运输工具。需方收货后则应按实际数量，每百斤补贴运输费、损耗_____元，交食品站不补贴运杂费及损耗。

第七条　验收方式与期限：供方将鲜蛋送到后，需方依次过磅照验，在 24 小时内验收完毕，逾期验收由需方补贴损耗_____%。

第八条　货款结算方式：需方通过验收后，应向供方及时支付货款。

第九条　超欠幅度：交售数量分月在合同规定数量超欠 5% 以内不作违约论处。

第十条　违约责任：供方违约每欠一斤鲜蛋，应补给需方损失_____元。需方违约拒收一斤鲜蛋，则补给供方损失_____元。

第十一条　其他约定：供方现存生产蛋鸡_____只、蛋鸭_____只，若需淘汰更新，须经双方协商同意，才能减少供货数量。

第十二条　本合同一经签字，即具有法律约束力，双方必须全面履行合同规定的义务，不得单方任意变更或解除，若遇不可抗力，不能履行合同时，应及时通知对方，以书面形式变更或解除合同。

本合同正本二份，购销双方各执一份，两份具有同等效力。

第十三条　本合同有效期自____年____月____日至____年____月____日止。

供方(盖章)：_____　　需方(盖章)：_____

代表人(签字)：_____　代表人(签字)：_____

电话：_____　　　　　电话：_____

地址：_____　　　地址：_____
___年___月___日　　___年___月___日

（录自瑞文网）

【复习思考】

1. 什么是合同？合同的主要特点有哪些？
2. 合同的主要内容有哪些？拟写合同要注意些什么？

【案例训练】

1. 根据下列所给材料，拟写一份经济合同。

××茶叶公司代表李××与英华茶场代表徐××于××年×月×日签定了一份茶叶购销合同，具体货物是英华特级红茶，数量是2 000斤，每斤价格为60元，××年×月×日之前由茶场运往公司，运费由茶场负责，检验合格后，茶叶公司于收货10天之内通过银行托付汇款。茶叶用大塑料袋内装，外用纸板箱或麻包袋封装，包装费仍由茶场负责。茶场地址为英华县城北区，开户银行是英华县农业银行，银行账号××××，电话1234567。茶叶公司地址为广州市××路××号，开户银行为广州市工商银行，账号××××，电话33870666。合同签订后，如双方不履行，在正常情况拒不交货或拒付货款都需处以货款20%的罚金，迟交货或迟付款，则每天罚万分之三的滞罚金，数量不足，不足部分的货款计赔仍按20%计算，质量不合格，则重新酌价，如遇特殊情况，则提前20天通知对方，并赔偿损失费10%。本合同由英华县工商行政管理所鉴证。

2. 根据下列所给材料，拟写一份买卖合同，并补充缺少的内容。

某服装厂向某服饰经营公司出售高档男、女西服各200套，其中男式西服每套1 000元，女式西服每套800元，共计价款36万元。款式以服饰公司在服装厂车间看到的成衣样式为准，面料为纯毛料。交货时间为2020年12月1日。服饰经营公司应向服装厂交付定金10万元，余款于提货时付清。还规定如任何一方迟延，则每迟延一天按货款的1%支付违约金。服装厂在服饰经营公司的要求下请A市某贸易公司作为保证人。服装厂地址为广州市沙涌南村前大街5号5楼，开户银行是广州市工商银行，银行账号××××，电话（020）36×××97。服装公司地址为上海市沧源路770号，开户银行为上海市工商银行，账号×××，电话5474××××。

3. 改正下面这份合同的不妥之处。

租车合同

签订日期　2019年3月21日
合同编号　__3_____

出租方：×××　××货运公司

承租方：×××　××建筑公司施工三队

一、出租方根据承租方需要，同意将四吨载重量解放牌汽车租给承租方使用，经双方协商订立如下条款。

二、承租方租用的汽车只限于工地运砂子、水泥、砖、木料和预制板用。承租方只有调度权，行车安全、技术操作由出租方司机负责。

三、承租方要负责对所租车辆进行维护保养，在退租时如给车辆设备造成损坏，承租方应负责修复原状或赔偿，修复期照收租费。因出租方所派司机驾驶不当造成损坏的由出租方自负，如果致使承租方不能按合同规定正常使用租赁车辆，承租方不但不给付出租方不能使用期间的租费，而且出租方每天还要偿付承租方200元钱的违约金。

四、租用期定为一年，自2019年4月1日起至2020年4月1日止，承租方如果继续使用或停用应在5日前向出租方提出协商，否则按合同规定照收租费或按合同期限将车调回。

五、租金每月为2 000元，从合同生效日起计，每月结算一次，按月租用，不足一个月按一个月收费。

六、所用燃料由承租方负责。

七、违约责任。出租方不得擅自将车调回，否则将按租金的双倍索赔承租方。承租方必须按合同规定的时间和租金付款，否则，每逾期一天，加罚一天的租金。

八、其他未尽事项，由双方协商，另订附件。

出租方：(盖章)　　　　　　　　承租方：(盖章)

法定代表人签字：　　　　　　　法定代表人签字：

二、协议书

(一) 协议书的含义、类型

1. 含义

协议书是国家机关、企事业单位、社会团体或个人之间，为了完成某项合作或其他事项，经共同协商取得一致意见后订立的一种具有经济或其他关系的书面凭证。

协议书与合同同属于契约类文书，写法、格式、内容、作用等都与合同有相似之处；但有时人们把"协议书"与"合同"等同，这是不对的。严格地说，它们是两种不同的文体。

协议书在经济活动中具有重要作用。它不像合同那样有很强的法规性，但具有凭证和约束作用，并在单位、组织或个人之间各种各样的经济交往活动中具有促进联系、加强合作的重要作用。由于协议书不像合同那样正规，所以使用起来更灵活、更方便、更易满足各种经济活动中的种种需要。协议书是在不具备签订合同的条件的情况下先行签订的合作文件，待条件成熟时，可签订正式合同。但有的协议书因已具备双方权利义务的明确规定，不需要另签合同，这时协议书就同时兼有合同的特性和作用。鉴于此，协议书在经济领域，特别是经济合作领域中使用越来越广泛。

2. 类型

协议书种类繁多,不能一一而论。概括来看,按照概念名称划分,有广义的协议书和狭义的协议书。广义的协议书,是指人们在处理经济关系及其他社会关系时常用的各种书面凭证,包括合同、协议、条约、字据等;狭义的协议书,是指与合同并列的一种文体,即之前所述的协议书。按具体内容划分,有承包工程协议书、购销协议书、承揽加工协议书、财产保险协议书、赔偿协议书、调解协议书、经济技术合作的协议书等。按适用的时间划分,有长期协议书、中期协议书、短期协议书和临时协议书。

(二)协议书的特点

协议书的特点在政策性、法律性和协商性诸方面与合同类似,但又有许多不同之处。协议书与合同的主要区别在于:

从内容看:协议书中的项目比合同要多,内容则不如合同具体。比如在我国与外资合营企业的协议书中,往往伴有技术转让、产品销售、贷款、聘请外国技术管理人员等方面的内容,且只对某些问题作出原则性的规定,起到意向作用,表明双方合作的诚意;而不像合同的条款那样,制订得具体详尽,便于执行。

从时效看:合同一般用于买卖交易等经济合作,交易一旦实现,合同的效力随之消失。协议书的有效时间较长,有的甚至是永久性的,如"子女过继协议"、"收养协议"、"赡养协议"等。

(三)协议书的写作格式和方法

协议书的结构包括标题、立协议单位名称、正文、落款等四部分。

1. 标题

标题可以只用文种"协议书",也可以写明协议书的具体名称"××协议书",如"建房协议书"、"赔偿协议书"等。

2. 立协议单位名称

在标题之下,正文之前,写明协议单位名称,并在双方单位名称之后注明一方是甲方一方是乙方,便于在正文中称呼。

3. 正文

正文包括开头、主体两部分,开头是交代签订协议的目的、原因、依据,然后用程式化的语言转入主体,如"现就有关事项达成协议如下"。

主体要求就协议的有关事宜作出明确、全面的说明,尤其要着力写好协议双方的权利和义务。

4. 落款

应写明协议双方单位的名称,加盖公章。必要时还得写上鉴证单位或公证单位的名称,并加盖公章。最后注明签订协议的日期。

(四) 协议书的写作要求

1. 要遵照平等互利协商一致的原则

协议书作为签订合同的基础文件,在起草制订时应贯彻平等互利、协商一致的原则,做到态度诚恳、语气平和、内容具体,条款明确,为进一步签订合同打下基础。

2. 要注意保持协议与合同口径的一致

在某种意义上讲,协议书是合同的前身,某些关键性的合同内容往往在协议书中先行出现,因而在制订协议书时,一定要目光长远,语词要留有余地,以便在关键性的重大问题上,保证协议书与合同口径的一致,签订合同时具有更大的主动权。

【例文评析】

例文 4-2

房屋租赁协议

出租方:×××(以下简称甲方)

××市××路××号,

电话:×××-××××××××

承租方:×××(以下简称乙方)

××市××区××镇×村,

电话:×××-××××××××

根据《中华人民共和国合同法》有关规定,为明确甲、乙双方的权利义务关系,经双方协商一致,订立本协议,共同信守。

第一条 甲方将自有的坐落在××市××区××路××号××室房屋一套,建筑面积××平方米,使用面积约××平方米,及一些日用家具(见附件),租给乙方作生活使用。

第二条 租赁期限

租赁期为×年,甲方从××××年××月××日起将出租房屋交付乙方使用,至××××年××月××日。

乙方有下列情形之一的,甲方可以终止协议,收回房屋:

1. 擅自将房屋转租、分租、转让、转借、联营、入股或与他人调剂交换的;

2. 利用承租房屋进行非法活动,损害公共利益的;

3. 拖欠租金二十天以上的。

合同期满后,如甲方仍继续出租房屋,乙方拥有优先承租

···评 析···

这份协议书是一份比较规范且又较细致、全面的房屋租赁协议。首先,本例文具备协议的各个要素:如当事人的姓名和住所、标的,即甲乙双方共同指向的租赁房屋,以及数量、质量、价款、履行期限、地点和方式、违约责任、解决争议的办法等。同时,本例文在书写格式上也比较规范,四个组成部分(标题、协议当事人名称或姓名、正文、落款)的位置恰当。行文通畅、简洁、准确,是本例文的写作特征。

权。租赁合同因期满而终止时,如乙方确实无法找到房屋,可与甲方协商酌情延长租赁期限。

第三条 租金和租金交纳期限、税费和税费交纳方式

甲乙双方议定月租金××元,按×个月为一期支付,每期租金支付时间应为该期首月的×日前,先付后用。

甲乙双方按规定的税率和标准交纳房产租赁税费,交纳方式按有关税法和市政发(××)第××件规定比例,由甲乙方各自负担50%执行。

第四条 租赁期间的房屋修缮和装饰

修缮房屋是甲方的义务。甲方对出租房屋及其设备应定期检查,及时修缮,做到不漏、不淹、三通(户内上水、下水、照明电)和门窗完好,以保障乙方可以安全正常地使用。修缮范围和标准按城建部(××)城住公字第××号通知执行。

甲方修缮房屋时,乙方应积极协助,不得阻挠施工。

出租房屋的修缮,经甲乙双方商定:按规定的维修范围,由甲方出资并组织施工。乙方因使用需要,在不影响房屋结构的前提下,可以对承租房屋进行装饰,但其规模、范围、工艺、用料等均应事先得到甲方同意后方可施工。

对装饰物的工料费和租赁期满后的权属处理,双方议定:

1. 工料费由甲、乙双方共同承担,各承担50%费用;
2. 所有权属甲方所有。

第五条 租赁双方的变更

1. 如甲方按法定程序将房产所有权转移给第三方时,在无约定的情况下,本协议对新的房产所有者继续有效;
2. 甲方出售房屋,须在三个月前书面通知乙方,在同等条件下,乙方有优先购买权。

第六条 违约责任

1. 甲方未按本协议第一、二条的约定向乙方交付符合要求的房屋,负责赔偿××元;
2. 租赁双方如有一方未履行第四条约定的有关条款的,违约方负责赔偿对方×××元;
3. 乙方逾期交付租金,除仍应补交欠租外,并按日租金的一倍,以天数计算向甲方交付违约金;
4. 甲方向乙方收取约定租金以外的费用,乙方有权拒付;
5. 乙方擅自将承租房屋转送他人使用,甲方有权责令停

止转让行为,终止租赁协议。同时除按约定交足租金外,并按日租金的一倍,以天数计算由乙方向甲方支付违约金。

第七条　免责条件

1. 房屋如因不可抗拒的原因导致损毁或造成乙方损失的,甲乙双方互不承担损失。

2. 因市政建设需要拆除或改造已租赁的房屋,给甲乙双方造成损失,互不承担责任。因上述原因而终止合同的,租金按实际使用时间计算,多退少补。

第八条　争议解决的方式

本协议在履行中如发生争议,双方应协商解决;协商不成时,任何一方均可向房屋租赁管理机关申请调解,调解无效时,可向市工商行政管理局经济合同仲裁委员会申请仲裁,也可向人民法院起诉。

第九条　本协议未尽事宜,甲乙双方可共同协商,签订补充协议,与本协议具有同等法律效力。

本协议一式两份,甲乙方各执一份,均具有同等法律效力。

附件:主要家具清单两份。

出租方:×××(盖章)

承租方:×××(盖章)

××××年××月××日

(录自陆亚萍主编《应用文写作教程》,复旦大学出版社,2015年1月第三版)

【复习思考】

1. 什么是协议书?它们与合同有什么区别?
2. 协议书具有什么特点?
3. 协议书的撰写有哪些要求?

【案例训练】

1. 根据下列条件,拟写一份投资协议。

上海闵行工业园区管理委员会(以下称甲方)同意上海宁化棉麻公司(以下称乙方)在上海闵行开发区新上生产项目,总投资100万元,注册资本1 000万元,其中一期投资50万元,投资密度120万元/亩以上。经营期限10年以上。本宗土地的使用年限为50年。上海闵行工业园区管理委员待上海宁化被服厂依法取得土地使用权后,按拍卖价签订供地协议,收取土地出让金。甲方在收到乙方第一笔土地出让金后,保证该项目用地在半个月内具备让乙方进场施工的条件。甲方有责任为乙方协调处理好项目建设周边关系、保障良好的建设环境,有权督促乙方及施工单位遵章守法、安全生产、文明施工。甲方保证在乙方进入工地施工前完成供水、排水、供电、道路、通信等基础设施(至项目用地红线外侧)。乙方应及时向审批机关提供相关资料,并按规定承担工商、税务、质监、验资、评估、探测等土地出让金以外的相关费用。

2. 根据所给材料拟写一份协议书。

哈尔滨××制衣厂与香港××公司于××年×月×日签署了一份协议。香港××公司要求××制衣厂为其每年生产丝绸服装10万件,规格为真丝面料、不绣花的女装衬衣,上半年下半年各交付一半。为了确保质量,香港××公司愿提供××万港元的生产丝绸服装的专用设备和附属设备,设备款项由香港××公司无息垫付,××制衣厂在两年内分期归还,每期归还50%,在来料加工的工费中扣除。产品价格每件60港元。香港××公司答应派出经验丰富的技术人员来××制衣厂进行技术指导,其费用由港方负担,协作期为五年。

3. 完善下列协议书的内容。

协议书

南开大学(以下简称甲方)

×××　(以下简称乙方)

经甲、乙双方协商,就甲方聘用乙方来甲方工作事宜签订如下协议:

一、甲方根据工作需要,聘用乙方来甲方工作,乙方自愿接受甲方聘用。

二、在协议期内乙方应履行如下义务:

(一)自觉遵守国家法律、法规及甲方的各项规章制度。

(二)服从甲方工作安排,努力完成所承担的各项工作。

(三)接受甲方的领导、聘任、考核与管理。

(四)服从甲方其他应当履行的义务。

三、在协议期内乙方享有如下权利:

(一)依据国家及甲方规定享受相应的国家工资及有关补贴。

(二)根据贡献,经甲方评定,享受相应的校内津贴和奖励。

(三)依照甲方有关规定参加职务晋升,享受医疗及其他公益待遇。

(四)对甲方工作有权提出合理化建议或批评意见。

四、在协议期内,乙方工作满三年,经学校批准可以报考非在职研究生;报考本校在职研究生应工作满两年,经所在单位同意,学校主管部门审批,与学校另签订协议书后,方可准予报考。

五、凡是因照顾骨干教师困难调入甲方的配偶,若骨干教师要求调出或自动离职、出国(境)留学、公派出国逾期不归、辞职,其配偶亦须同时调离。届时不办理调离手续者,按自动离职处理。

六、甲、乙双方必须严格遵守此协议,任何一方自行违约,甲、乙双方均有权要求对方履行协议,必要时可向甲方上级主管部门申述。

七、在协议期内,如遇到本协议未列事项,双方应本着工作第一的原则协商解决。

甲方: 乙方:

法定代表人: (签字)

(或委托代理人)

年 月 日 年 月 日

第二节 市场调查报告 市场预测报告

一、市场调查报告

(一)市场调查报告的含义、类型

1. 含义

市场调查就是经济部门或企业组织运用科学的调查方法,有目的、有计划地对市场的顾客、购买力、购买习惯以及产品营销各个环节的情报资料进行系统地收集、整理和分析研究,得出合乎客观事物发展规律的结论。在市场调查基础上形成的书面报告,就是市场调查报告。

市场调查报告是经济领域和商务活动中常用的应用文体。它为经济部门或企业组织进行市场预测、确定市场目标、拟订工作计划、作出经营决策提供科学依据,是促进市场营销活动、增强企业的竞争力和应变力、提高经济效益的重要工具。

2. 类型

关于市场调查报告的分类,不同的角度有不同的分法。以调查对象和作用作为依据,可分为:

(1)商品调查报告

调查的内容主要包括商品的设计、功用、价格、品牌(商标)、包装、售后服务及商品开发的评价、建议,其目的是根据商品消费者的需求不断改善现有产品和推出新产品。

(2)消费者调查报告

调查的内容主要包括现有顾客需求情况的调查(包括需求什么、需求多少、需求时间等);现有顾客对本企业产品(包括服务)满意程度的调查;现有顾客对本企业产品信赖程度的调查;对影响需求的各种因素变化情况的调查;对顾客的购买动机和购买行为的调查;对潜在顾客需求情况的调查(包括需求什么、需求多少和需求时间等)。这种调查有助于掌握市场需求,明确现实的目标市场定位。

(3)销售情况调查报告

调查的主要内容包括:当前商品的供应量、销售渠道、市场潜在容量、进出口;销售渠道

的选择是否合理,促销手段是否最优,产品的储存和运输安排是否恰当等。主要目的是了解销售市场的现状,尝试发展潜在的市场,为今后制定营销策略提供依据,对于提高销售效率、缩短交货期和降低销售费用有着重要的作用。

(4) 竞争情况调查报告

主要是对现有的和潜在的竞争对手及产品情况进行调查,通常包括竞争对手的数量(包括国内外)及其分布、市场营销能力;竞争产品的特性、市场占有率、覆盖率;竞争对手的优势与劣势、长处与短处;竞争对手的市场营销组合策略;竞争发展的趋势等。目的是趋利避害,稳住并开拓产品的市场占有率。

以上所分的四种类型,均可以进一步细分,形成某一方面的专题调查报告。

(二) 市场调查报告的特点

1. 客观性

客观性是确保市场调查报告质量的重要因素。市场既反映生产状况,又反映消费状况。市场是错综复杂不断变化着的,要准确把握这种变化,就要用科学的方法取得资料并加以分析。只有在此基础上构思出来的市场调查报告才具有客观性。

2. 真实性

凡是有价值的、结论正确的市场调查报告,其内容所选用的数据、事例等材料,都是反复核实确凿可靠的。根据调查目的、程序、以市场现实为条件,深入实际进行的调查,必须掌握准确的数据等信息资料,容不得半点虚假与臆造,市场调查报告所反映的内容只有真实,才能成为经济决策的依据。

3. 及时性

市场情况是瞬息万变的,做市场调查要在特定的时空范围内及时搜索信息,及时研究分析,及时地撰写有价值的研究报告,以保证及时提供可靠的信息资料,及时做出正确决策,而不至于坐失良机。

(三) 市场调查报告的写作格式和方法

市场调查的写作一般分为标题、引言、主体、结尾四部分。

1. 标题

市场调查的标题要求与文章的内容融为一体,是文章内容的高度的概括,用精练简洁的文字去表现文章的中心思想。市场调查的标题有以下三种形式:

(1) 在标题里直接写明市场调查的单位或地区、调查内容和范围、文种(调查或调查报告)。例如:《广州钻石牌电风扇在北京市场地位的调查》、《万宝电器在国内外市场供求情况的调查》。以上两条标题先写明了调查项目:"广州钻石牌电风扇"、"万宝电器",然后写明了调查地区:北京、国内外市场,又写明了具体调查的内容:"市场地位"、"供求情况",最后写了文种"调查"。这种类型的标题十分明确、简练,一目了然。

(2) 在标题里直接提出某一商品在市场上的问题,点明文章的中心。例如:《××牌洗衣机售后服务有待改善》《国内自行车市场进入饱和期》《国内化肥供不应求》。这三个标题直接把某产品在市场上的问题写了出来,所提出的问题正是文章的主题。这样的标题醒目而且引人注意。

（3）用标题点明文章的中心,再用副标题说明市场调查的项目、地区和文种。例如：

×国××牌电视机被冷落

——××牌电视机在我国市场销售调查

这一标题既提出了问题,又写明了市场调查的项目、内容和范围。

2. 引言

引言也叫前言,这部分主要说明调查的目的和依据、调查的对象、调查的时间和调查的方法。其中调查的对象,应具体写清调查的地点和调查的范围;调查的方法,应说明是采取什么方法进行的调查。接着用一句过渡语承上启下引出主体内容。有些市场调查报告不写引言,直接写正文。

3. 主体

主体一般由情况、分析或预测、建议或决策三部分组成。

情况部分一般用叙述或说明的方法,将调查得来的有关情况表述清楚。这部分可以按问题的性质来归纳成几大类,以小标题或提要句的形式进行表述;也可以按时间顺序进行表述。

分析或预测部分,主要是通过对调查资料的分析研究,预测市场发展变化的趋势,这部分要运用议论的方式和结论性的语言来加以表述。

建议或决策部分,这部分是根据分析或预测的结果,建议有关企业采取相应的行动和措施,或直接为企业作出决策。这是市场调查最终的落脚点。

此外,由于每次市场调查的目的要求不同,内容各异,因此每篇市场调查报告主体部分的写作内容与结构安排也各不相同。有的市场调查报告侧重分析和预测,基本情况部分在引言里概括说了,主体部分就是分析和预测,建议部分也省略了。有的市场调查报告主体部分省略了预测,只有情况介绍、分析、建议（或措施部分）。所以要具体情况具体处理,才能把主体部分写活、写好。

4. 结尾

这是全文的结束部分,起归纳收束的作用。结尾可总结全文;可重申重点,以加深认识;也可承接前言,以照应开头。总之,应根据内容灵活掌握,不求千篇一律。如果文章在开头或正文已对观点阐述清楚的话,也可省略结尾。

为了对调查的内容负责,通常在市场调查报告结尾之后右下方写上调查单位名称和人员姓名,并注明完成日期。一般供发表的市场调查报告,作者的姓名写在标题之下,结尾就不写日期了。

此外,有些详细的调查数据,统计图表等正文不能一一罗列的内容,可作为"附件"附在正文之后。

（四）市场调查报告的写作要求

1. 实事求是

写市场调查报告，作者首先应端正态度，以高度的责任心，深入调查，如实反映情况。市场调查中选用的事实、数据等材料一定要客观、全面、准确无误。对于重要数据，一定要反复核实、测算；对有疑点的资料，当不辞辛苦，反复核实；欠缺哪方面的材料应交代清楚，不可随意推测，主观臆造；对材料的分析，尽量做到客观全面，不掺杂个人偏见。

2. 突出重点

市场调查虽然也有对市场的分析、预测、和建议部分，但它和市场预测不同，市场预测侧重预测未来，而市场调查侧重市场的过去和现状。另外，就一篇市场调查而言，内容也应突出重点。一般而言，一篇市场调查报告重点回答一两个重要问题就足够了，如果材料充分，要反映的问题多，可以分几个专题，各有侧重地分别来写。

3. 叙述和议论相结合

市场调查一方面要报告调查所得的材料，一方面又要对材料作出深入的分析得出科学的结论。叙述和议论，都是必不可少的。叙述是摆情况，议论是表明观点，只有议论，就成了空发议论；只有叙述，又流于罗列现象。所以，有叙有议，叙议结合，才能写好一篇市场调查报告。

4. 文字要简练、准确

不用华丽辞藻，只需明白无误地表达内容即可。

【例文评析】

··· 评　析 ···

例文 4-3

2017年中国天然气行业市场深度调查分析报告

本例文是一篇从宏观角度对2017年中国天然气市场进行调查的报告，报告列出一系列具有可比性的数据及事实，说明我国天然气市场具有很大的发展潜力和空间，需求不断增加，气源充足，但也存在着许多亟待解决的瓶颈问题。报告反映和分析了市场情况，在此基础上也预示了天然气市场高速增长的需求还将在一段时期内继续延续的趋势。报告中数据、事实情况明了，结论水到渠成，较有可信度。

1. 天然气被确定为主体能源

长期以来，我国天然气在一次能源消费结构中占比较低。由于国内资源及消费结构以煤炭（2016年煤炭消费占一次能源消费比例达到61.8%）为主，天然气常常被认为是边缘能源或过渡能源。2016年，我国天然气消费量2 058亿立方米，占一次能源消费量的比重达到6.2%，而全球范围内天然气消费占一次能源比例达到24.1%，亚太地区达到11.7%，我国天然气消费占一次能源的比例仍然远低于世界和亚太平均水平。

环保压力巨大，重点区域空气污染状况仍未完全得到缓解。近年来，环境问题和空气质量问题已经引起了国家和人们的广泛关注，尤其是京津冀、长三角和珠三角等重点区域。根据国际环保组织绿色和平发布的 2017 年上半年全国大气污染数据显示,2017 年上半年,我国城市空气污染状况并没有完全得到缓解,与 2016 年上半年相比,二氧化硫(SO_2)同比下降 13.5%,PM10 同比下降 1.9%,一氧化碳(CO)同比下降 5%,但二氧化氮(NO_2)同比上升 4.5%,臭氧(O_3)同比上升 12.2%。京津冀地区"2+26"城市 PM2.5 平均浓度为 78.6 微克/立方米,同比上升 5%,其中北京、天津和河北的 PM2.5 平均浓度分别为 64.6 微克/立方米、72.4 微克/立方米和 73.7 微克/立方米。

天然气是可大规模替代煤炭的清洁能源。天然气主要成分是甲烷(化学式:CH_4),一般可以达到 97% 以上。甲烷是自然界最简单的有机物,也是含碳量最低的烃类,这意味着甲烷可以比其他烃类更加充分地燃烧,拥有较高的热值,充分燃烧下只产出二氧化碳和水,是真正的清洁能源。在实际使用中,等热值下使用天然气排放的二氧化碳是使用煤炭的 50% 以下,几乎不产生硫化物、粉尘和氮氧化物。在自然界中,天然气储量相对于其他清洁能源来说比较丰富,是真正可以大规模替代煤炭的清洁能源。

能源结构调整,天然气被确认为主体能源。2017 年 6 月,国家能源局下发《关于加快推进天然气利用的意见》(征求意见稿),明确提出扩大天然气消费量,将天然气培育为我国现代能源体系的主体能源。《天然气发展"十三五"规划》提出,到 2020 年,我国天然气消费占一次能源消费比例要达到 10% 左右,气化人口将从 3.3 亿提高到 4.7 亿,城镇人口气化率从 42.8% 上升至 57%,新建天然气主干及配套管道 4 万公里,综合供应能力达到 3 600 亿立方米以上。综合来看,天然气消费量、气化人口、管道里程数、地下储气量等重要指标在"十三五"将保持在 10% 以上的快速增长。

2. 天然气消费量快速增长,煤改气和气电用气是主要增量空间

我国天然气消费量保持快速增长,2017 年增速加快。自从 2013 年推出天然气价改,天然气消费量当年出现 12.9% 的天然气消费量增长以外,此后天然气消费量增速基本都稳定在 5%—10% 附近,与我国经济增长同步。2016 年我国天然气消费量达到 2 058 亿立方米,增速回落到 4.3%,但进入 2017 年

后,天然气消费明显提速,前10个月天然气累计消费量已经达到1 865亿立方米,同比增长18.7%。"十三五"规划提出,到2020年我国天然气年消费量要突破3 000亿立方米,相比于2016年消费量要增加1 000亿立方米,这意味着未来几年天然气消费将保持10%左右的较快增速。

消费结构以工业燃料和城镇燃气为主,气电有望提高占比。根据国家能源局石油天然气司等部门联合发布的《中国天然气发展报告》白皮书,天然气的消费可以大致分为以下四类:工业燃料用气、城镇燃气、发电用气和化工用气。2016年天然气消费结构中,工业燃料用气占比34.6%,城镇燃气占比35.4%,发电用气占比17.8%,化工用气占比12.2%。我们认为天然气消费量的后续增长主要依赖前三类需求,其中工业燃料和城镇燃气消费增量主要依赖于工业领域和城镇农村煤改气,而气电领域主要关注热电联产、分布式能源项目和调峰电站的建设,预计未来几年消费量的复合增速可以达到10%以上,天然气发展"十三五"规划提出,2020年天然气发电装机规模达到1.1亿千瓦以上,占发电总装机比例超过5%。《中国天然气发展报告(2016)》白皮书提出,到2030年,天然气发电装机规模占总装机比例超过10%。

煤改气空间巨大,重点关注京津冀地区煤改气进程。煤改气可以细分为工业燃料煤改气和城镇农村煤改气,分别对应消费结构中工业燃料和城镇燃气消费。《能源发展"十三五"规划》提出,加快实施"煤改气",以京津冀及周边地区、长三角、珠三角、东北地区为重点,推进重点城市"煤改气"工程,增加用气450亿立方米。煤改气要关注重点区域,如京津冀、长三角和珠三角的推进进程,目前京津冀地区煤改气发展最快。以"2+26"城市群全面禁煤推进煤改气,根据国务院发展研究中心资源与环境政策研究所相关统计测算,到2020年,京津冀区域天然气消费量达500亿立方米(自2015年复合增速12%),占一次能源消费比重约13%,(比2015年提高4.5个百分点)干线管道总长度约5 000千米,输气能力为750亿立方米/年,LNG接收站接收规模约1 100万吨/年。

3. 消费量增长倒逼上游供给和中游基建,油气改革势在必行

天然气消费量的快速增长倒逼全产业链快速增长。我国

天然气消费量的快速增长,需要上游资源供给和中游基础设施的保障。上游资源方面,我国国内天然气的生产主要依赖于中石油和中石化,天然气的进口主要依赖于中石油和中海油。天然气进口又可以分为管道气的进口和LNG的进口,管道气进口包括中亚A、B、C线和中缅线,合同由国家进行谈判,承接单位主要是中石油;LNG的进口主要依赖"三桶油"(中石油、中石化、中海油),2016年占比94%。其他企业可以进口LNG,但LNG进口需要LNG接收站和管道等中游基础设施作为保障,而中游基础设施一般都掌握在"三桶油"手中,所以其他企业参与LNG进口较少。中游基础设施方面,主要包括输气管道、LNG接收站、储气库等,其中最重要的资源就是输气管道。

中游同时制约上下游,是我国天然气行业发展的瓶颈。输气管道、LNG接收站等中游基础设施建设,一方面制约国内其他企业参与进口LNG,从而刺激上游供给多元化竞争,另一方面基础设施的不完善也制约了下游消费量的增长。"三桶油"把控近95%的油气储运管道。截至2016年底,中国油气长输管道总里程累计约12.6万公里,覆盖全国31个省市区,其中天然气管道占比59%,共7.43万公里(已扣减退役封存管道),原油管道约2.62万公里,成品油管道约2.55万公里。中石油共拥有油气管道8.12公里,占总数的64.44%,原油、天然气、成品油管道总里程分别占比72.13%、69.63%和41.41%,拥有西气东输系统线、陕京系统线、涩宁兰线以及忠武线等天然气长输管道。

中游放开需要油气改革的推进。2017年5月,国务院印发《关于深化石油天然气体制改革的若干意见》,拉开了油气改革的大幕,明确了油气改革的指导思想、基本原则、总体思路和主要任务。本次改革的关键词是"竞争",改革领域覆盖油气产业链上、中、下游。上游将放开油气勘查开采体制,社会资本作为"鲶鱼"被引入池子,搅动"三桶油"的垄断格局,此前上游勘查开采的垄断致使开发成本高、有效投入不足的瓶颈也有望被逐渐打破,能源资源的商品属性将逐步呈现。中游将剥离油气管道业务,实现"管网分离"。油气管网作为连接上下游的通道,如果无法独立,社会资本将难以参与到与上游公司的竞争中,"管网分离"将有效释放竞争性环节市场活力。下游促进天然气配售环节公平竞争,加大市场开发培育力度,下游竞争性环节的改革将有效提升优质油气的供应能力,淘汰落后产能。本次改革具有"全方面、深层次、市场化"的特点,油气价格在未来将进一步开放。

油气体制改革能很好借鉴电力体制改革。在此这次油气体制改革之前,我们国家对于油气勘探开发领域的放开,有过两次重要动作:一是2013年页岩气第二轮招标面向全社会开放,最后有16家企业中标,第一次在非常规天然气勘探开发中引入了"三桶油"之外的主体;二是2015年10月,以新疆地区作为试点,将常规石油天然气勘查区块面向全社会招标。但这两次实验并没有达到很好的效果,主要是因为地质条件、资源质量等因素,承诺投资实际完成情况并不好。不过在2015年3月正式开始电力体制改革后,我们认为油气改革有了一个很好的榜样可以学习借鉴。从产业链上看,我国的电力行业和油气行业在垄断格局上高度相似,电力行业"五大发电集团"在上游发电领域占有较高的市场份额、中游输配电基本被国网、南网完全垄断,下游售电也大部分是电网下属公司;而油气行业则是上游勘探开发由"三桶油"加上延长石油形成绝对垄断,中游中石油、中石化占据长输管网绝对份额,下游燃气分销虽然放开比较早,引入了多种类型的资本参与,但基本没有定价权。

因此,我们发现油气体制改革完全可以借鉴电力体制改革的思路,按照"放开两头,管住中间"的方法,引入社会资本,加强市场有效竞争。

相关报告:智研咨询发布的《2018—2024年中国天然气行业市场深度分析及投资前景预测报告》

(摘自中国产业信息网)

【复习思考】

1. 什么是市场调查报告?
2. 市场调查报告有哪些类别?
3. 市场调查报告的主要特点是什么?

【案例训练】

1. 根据所给材料,自拟标题,写一篇服装市场消费情况的调查报告。

我国消费者对于服装时尚的追求越来越强烈,服装消费在国内消费品市场备受推崇,服装市场发展势头良好,新的特点不断显现。总体来讲,服装的款式更趋国际化,种类更趋多样化,消费更趋品牌化、个性化。

女装:今年的女装市场与欧洲的女装市场比较相似,整体上有着注重"柔美"的趋势。人们越来越倾向于着装的舒适化、休闲化,休闲化的正装已经成为女装发展的潮流。针织面料正在成为主打面料,很可能在一两年内还会有更进一步的发展。服装配饰方面也将会发生一些变化,消费者"一步到位"的需求将进一步体现出来。

西服:休闲化风格的西服在销售比重上比往年翻了一番,据专家分析,这种趋势会进一步加强。休闲理念的融入,使服装的线条越发简洁、流畅,天然纤维的使用不断增加。比较突出的是,今年天然纤维在生产中被大量地采用,比重达到70%~80%,这是前几年很少见到的,估计明年这一比重不会有大幅度的变化。

衬衫:从市场运行状况来看,衬衫市场呈现出一种稳定上升的趋势。目前市场上主要有正装衬衫和休闲衬衫两种。休闲衬衫与正装衬衫相比,更能体现穿衣人的个性,更符合着装个性化的发展趋势,因此成为近年来衬衫的主要发展方向。另外,一些品牌还推出休闲商务装的着装理念,让职业装和休闲装合二为一,将成为衬衫市场上一道亮丽的风景线。

童装:随着儿童消费意识的不断增强,在购买童装的时候,儿童的意见将在家庭消费决策中占据更重的分量,因此童装设计对儿童本身的依赖性必然会越来越强。另外,童装品牌的定位将会更加清晰,逐渐从年龄段和生理定位走向年龄段、生理、心理三者结合定位。

羽绒服:羽绒服产品的特质决定了羽绒服是与气候密切相关的行业。在经过2002年的调整和恢复后,今年羽绒服生产企业将更加注重款式和色彩,羽绒服产品将出现细分,如:多功能、多用途等。羽绒服行业将重新整合,各自寻找发展空间,小企业更加注重少批量多批次,多款式,占领灵活多变的市场。大企业继续利用品牌优势,发挥市场主导作用,一些企业可能会考虑多元化发展。企业在羽绒服产品的开发和产品结构的改善等方面将加大投入力度,新产品的市场投放量将多于往年。

羊绒衫:今年羊绒市场竞争更加激烈,价格战、促销战接连不断,羊绒市场竞争已到了白热化的程度。随着竞争的不断加剧,羊绒市场呈现出一些新的发展趋势:羊绒产品的设计逐步与国际接轨,实现实用性和艺术性的结合;人们的消费观念也在不断改变,职业白领和时尚人群对羊绒制品更加热衷。根据专家预测,增加羊绒制品的附加价值将成为产品发展的一个新趋势。

T恤衫:从近几年的销售量及流行趋势来看,T恤衫市场将会持续升温,款式设计将会向两方面发展,一方面与正装相结合,生产出一种介于正装和休闲装之间的T恤衫;另一方面将会更加休闲化,在色彩、款式及图案上将会出现较大的变化。在面料的选择上,还将不断创新。

2. 根据下列案例,自拟标题,写一篇女士刮毛刀市场消费情况的调查报告。

男人长胡子,因而要刮胡子;女人不长胡子,自然也就不必刮胡子。然而,美国的吉利公司却把"刮胡刀"推销给女人,居然大获成功。

吉利公司创建于1901年,其产品因使男人刮胡子变得方便、舒适、安全而大受欢迎。进入20世纪70年代,吉利公司的销售额已达20亿美元,成为世界著名的跨国公司。然而吉利公司的领导者并不以此满足,而是想方设法继续拓展市场,争取更多用户。就在1974年,公司提出了面向妇女的专用"刮毛刀"。

这一决策看似荒谬,却是建立在坚实可靠的市场调查的基础之上的。

吉利公司先用一年的时间进行了周密的市场调查,发现在美国30岁以上的妇女中,有65%的人为保持美好形象,要定期刮除腿毛和腋毛。这些妇女之中,除使用电动刮胡刀和脱毛剂之外,主要靠购买各种男用刮胡刀来满足此项需要,一年在这方面的花费高达7 500万美元。相比之下,美国妇女一年花在眉笔和眼影上的钱仅有6 300万美元,染发剂5 500万美元。毫无疑问,这是一个极有潜力的市场。

根据市场调查结果,吉利公司精心设计了新产品,它的刀头部分和男用刮胡刀并无两样,采用一次性使用的双层刀片,但是刀架则选用了色彩鲜艳的塑料,并将握柄改为弧形以利于妇女使用,握柄上还印压了一朵雏菊图案。这样一来,新产品立即显示了女性的特点。

为了使雏菊刮毛刀迅速占领市场,吉利公司还拟定几种不同的"定位观念"到消费者之中征求意见。这些定位观念包括:突出刮毛刀的"双刀刮毛";突出其创造性的"完全适合女性需求";强调价格的"不到50美分";以及表明产品使用安全的"不伤玉腿"等等。

最后,公司根据多数妇女的意见,选择了"不伤玉腿"作为推销时突出的重点,刊登广告进行刻意宣传。结果,雏菊刮毛刀一炮打响,迅速畅销全球。

3. 根据所给材料,自拟标题,写一篇上海市居民饮食市场消费情况的调查报告。

本次调查主要针对一些饮食消费场所和消费者比较喜欢的饮食进行,调查表明,上海市民饮食消费有以下几个重要特点:

(1) 消费者认为最好的酒店不是最佳选择,而最常去的酒店往往又不是最好的酒店,消费者最常去的酒店大部分是中档的,这与本市居民的消费水平是相适应的,现将几个主要酒店比较如下:

泰福大酒店是大家最看好的,约有31.82%的消费者选择它,其次是望海楼和明珠大酒店,都是10.23%,然后是锦花宾馆。调查中我们发现,云天宾馆虽然说是比较好的,但由于这个宾馆的特殊性,只有举办大型会议时使用,或者是贵宾、政府政要才可以进入,所以调查中作为普通消费者的调查对象很少会选择云天宾馆。

(2) 消费者大多选择在自己工作或住所的周围消费,有一定的区域性。虽然在酒店的选择上有很大的随机性,但也并非绝对如此,例如,长城酒楼、淮扬酒楼,也有一定的远距离消费者惠顾。

(3) 消费者追求时尚消费,如对手抓龙虾、糖醋排骨、糖醋里脊、宫爆鸡丁的消费比较多,特别是手抓龙虾,在调查样本总数中约占26.14%,以绝对优势占领餐饮类市场。

(4) 近年来,海鲜与火锅成为市民饮食市场的两个亮点,市场潜力很大,目前的消费量也很大。调查显示,表示喜欢海鲜的占样本总数的60.8%,喜欢火锅的约占51.14%;在对季节的调查中,喜欢在夏季吃火锅的约有 81.83%,在冬天的约为 36.93%,火锅不但在冬季有很大的市场,在夏季也有较大的市场潜力。目前,本市的火锅店和海鲜馆遍布街头,形成居民消费的一大景观和特色。

二、市场预测报告

(一)市场预测报告的含义、类型

1. 含义

所谓预测,就是预见和推测。经济预测是在调查研究的基础上,运用科学的方法,对客观经济过程及未来变动趋势所进行的分析、预算和判断。将这一预测情况及结果反映出来的书面形式就是市场预测报告,也叫经济预测。

市场预测报告与市场调查关系密切但又有明显的不同。其区别主要有两点:一是侧重点不同。市场调查重点在反映市场的历史和现状,解决当前市场急需解决的问题;经济预测报告则侧重推知未来,明确未来经济发展的趋势。二是方法不同。市场调查一般通过普遍调查、典型调查或抽样调查获取材料,然后加以分析整理,得出结论;经济预测报告则主要根据统计资料,通过数学分析,预测未来。

市场预测报告作为有根据的科学预见和主要的经济信息,在发达国家早就被用来谋求经济效益并已取得显著的效果。当前,我国的市场经济正在飞速发展,市场预测报告在经济活动中发挥着不可忽视的作用。它为工商企业及经济决策部门制订计划,进行科学决策提供重要的依据,在提供经济信息、保证经济计划与决策的科学性、提高企业的经营管理水平、增加经济效益、防止经济工作中的盲目性等方面,都有着至关重要的作用。

2. 类型

企业常用的市场预测报告多为专项经济预测报告,主要有以下几种:

(1) 市场预测报告

即预测企业产品需求量的报告。它是企业制定产销计划和进行经营决策的重要依据。

(2) 销售预测报告

即预测企业产品市场销售情况的报告。包括预测产品的市场销售量、市场占有率、产品竞争能力等。它是企业改善经营管理、扩大销售量、增强竞争意识的依据材料。

(3) 生产预测报告

即预测企业的生产能力,预测改扩建后的生产效益和各种产品年产量等内容的报告。它是企业制订生产计划的依据。

(4) 资源预测报告

即预测企业所需原料、能源来源和供应保证程度的报告。它是企业制订生产计划和物资供应计划的重要依据。

(5) 成本预测报告

即预测企业产品在一定时期内的成本水平的报告。它是企业有计划地降低成本、加强经济核算、确定市场价格,争取获得更大经济利益的重要依据。

(二)市场预测报告的特点

1. 科学性

客观的经济对象在各个发展阶段往往具有一定的内在联系,经济预测就是通过对经济现象的历史和现状的分析,去寻求这种内在的联系,揭示其发展规律,并以此为出发点来推测未来的趋势。现代预测不只是凭借经验来进行的,而是经过严格的推理和科学的运算,得出结论,因而保证了预测结果的科学性和精确性。

2. 创造性

预测是面向未来的,科学的预见本身就是一种创造。经济预测,无论是国民经济总体预测还是某一种商品的销售预测,都要依赖于创造性思维。科学的可靠预测,对企业、对国家的经济发展和管理,都会发生极大的影响,产生明显的效益。

3. 时效性

市场预测报告要提供经济信息,探索经济发展规律,预测经济发展趋势,为决策部门提供决策依据,就要注重时效性,在经济活动中及时发挥它应有的作用。

(三)市场预测报告的写作格式和方法

市场预测报告的结构通常包括标题、前言、正文、落款四个部分。

1. 标题

常见的市场预测报告标题有两种形式:

完整标题:通常包括预测时限、预测范围、预测目标、文种(预测或预测报告)四部分构成,例如《××××年全国××市场预测》。

不完整标题:即完整标题的省略形式。或省略时限,或省略范围,或省略文种。例如:《我国家用轿车市场预测》、《××××年宏观经济预测》、《复印机市场需求持续上升》、《数字化电视的消费趋势》。

2. 前言

又称导语。这一部分要简明扼要地介绍预测的目标、时间、地点、范围、对象,说明报告的主旨及采用的预测方法。也可提纲挈领地介绍全文的主要内容。前言是否需要,要因文而异,有的经济预测报告就省略了前言。

3. 正文

正文一般包括概况、预测、建议三部分。

概况:这一部分主要陈述预测对象的发展历史和当前状况,为预测提供基础。回顾历史是为了在其发展的连续性上寻找规律,认识现状,预测未来。所以,要真实全面地展示调查得来的历史的特别是现实的资料和数据,并作出简要的分析。有时概况部分很简要,而分析部分却很详细。一般来说,简要的经济预测报告,前言部分就是概况(分析)部分,而主体部分侧重于预测。概况部分的详细与简略与报告内容的多少有关。

预测：这是全文的重点和核心，是经济预测报告的价值所在。它集中反映预测的成果，反映预测的过程和结论。要求在上述概况的基础上，运用已知数据、资料，通过各种预测方法和手段，去粗存精、去伪存真、由表及里，推导出经济发展的前景和未来的趋势。

建议：这是市场预测报告的落脚点，也是全文的收束。通过科学的预测，提出改善经营、加强管理的措施和办法，以供有关部门采纳作为决策的依据。所以，这一部分内容要力求具体、切实可行。

总之，概况是预测的基础，预测是报告的核心，建议是预测结论的延伸，三部分层层递进，环环紧扣，构成市场预测报告的有机主体。

4. 落款

写市场预测报告的单位，作者的姓名，时间。要分行写，标注在正文右下方。如果用于发表的市场预测报告，作者单位和姓名要标注在标题下面。

（四）市场预测报告的写作要求

1. 国家的方针政策要谙熟于心

写市场预测报告，必须了解掌握不同时期国家的方针政策，特别是经济方针和政策，了解整个国民经济发展的宏观规划和短期计划内容、指标，了解相对一个时期经济工作的中心任务。

2. 精通预测业务

写市场预测报告，要求作者既要有一定的理论水平和分析判断能力，又要有丰富的实践经验；既要熟悉各项经济政策，又要熟练各种预测方法，自如地运用现代化预测手段。

3. 掌握多方信息

要写好市场预测报告，眼睛只盯着经济问题还是不够的，必须有较开阔的视野，除了相关的经济信息外，还应及时广泛地掌握政治、科技、文化等诸方面的信息，因为它们都是影响市场的可变因素。

【例文评析】

例文 4-4　　　　　　　　　　　　　　　　　…评　析…

当前消费市场形势分析及中长期展望

当前，消费品零售额连续近×个月保持在×％—×％的增长水平，表明消费品市场已明显进入新一轮快速平稳增长期。根据我国正处于新一轮消费结构升级的中长期趋势判断，××××年及整个"××五"期间，国内消费品市场将继续

> 本例文是一篇宏观市场预测报告。报告为文章式标题，表明报告立足于当前而展望我国的中长期消费形势。内容上以有说服力的连续近×个月保持增长的数据和其他指标，说明当前我国消费品市场已进入新一轮快速平稳增长期。但报告又指出，从中长期看，由于受一些深层次因素的制约，消费品市场很难突破×%—×%的增长平台。报告进一步分析了影响当前及中长期消费增长的诸多因素，预测了趋势，并做出了对策建议。阐述有理有据，分析透彻，结论建立在翔实的分析基础上，说服力强。案例文字表述准确、通畅，结构完整，层次清晰，可谓是一篇经济预测方面的佳作。

保持高位运行态势，但由于受一些短期和长期深层次问题的制约，消费品市场很难突破×%—×%的增长平台。因此，短期内，宏观调控政策的着力点应重点放在努力增加就业、提高中低收入者收入水平、增加有效供给、扩大政府公共支出等方面；长期看，则重点要从制度和体制入手，努力缩小收入差距，加快解决制约消费增长的长期性深层次问题。只有这样，消费需求快速增长势头才能得以持续。可以预计，到××××年左右，我国将有望迎来新一轮大规模消费增长的新浪潮，消费拉动型经济增长的局面将形成。

一、当前消费品市场基本判断及增长预测

初步预计，××××年消费品零售额将突破×万亿元大关，比上年增长×%左右，扣除价格因素实际增长×%，比××××年有所回升。消费需求成为拉动经济增长最为稳定的因素之一。

当前，消费品市场的主要特点表现为：

一是消费与投资增幅差距有所缩小，二者增长比例趋于协调。随着经济结构调整力度加大和宏观调控政策效应的不断释放，消费与投资增长不协调的局面有所改善。××××年×—××月消费品零售额增长×%，城镇固定资产投资增长×%，二者差距由上年同期相差×个百分点缩小为×个百分点。

二是城乡消费市场两旺。农村消费需求明显回升，和城市消费差距不断缩小。××××年×—××月城市消费同比增长×%。县及县以下消费增长×%。农村消费比去年同期增幅提高×个百分点。和城市消费增长差距由上年同期的×个百分点，缩小为××××年全年×个百分点，××××年××—××月进一步缩小为×个百分点。表明随着城乡居民收入不断提高，特别是各地不断提高城镇居民最低生活保障水平和各项惠农政策的逐步到位，城乡居民消费意愿有所提高，消费需求开始释放。

三是居民消费结构升级步伐有所加快，服务性消费明显增加。××××年以来，餐饮业、文化办公用品类、体育娱乐用品类和化妆品类消费一直保持×%以上增长；旅游和通信消费增长势头依然强劲。

四是住房、汽车消费由前几年的爆发式增长转为较快增长。这对消费平稳快速增长形成了有力的支撑。××××年××月份,限额以上批发零售业中,汽车类消费增长×%;住房消费虽受宏观调控影响增速放慢,但其增幅仍保持在×%以上。

五是多数消费品供过于求。无效供给和结构性有效需求不足的矛盾较为突出。总体来看,经过长达×年的调整,我国消费品市场随着经济景气持续向好,能够以×%以上的增长率持续在高位运行,明显高于一般认为的×%左右的正常增长率区间。改革开放以来,社会消费品零售额名义增长年均×%,与之比较,目前×%以上的名义增长水平基本接近长期趋势。这表明,当前我国所面临的已不完全是消费需求不足的问题。

当前及今后扩大消费,一是加快经济增长方式转变的需要。目前,我国经济增长过度依赖于投资和外需。我国投资率高达×%,比世界平均水平高近×倍,××××年外贸依存度超过了×%以上,这种增长方式是不可持续的。要想延长本轮经济的扩张期,必须要扩大内需,促进消费增长,实现经济增长由投资和外需拉动型向消费拉动型转变。二是从供求关系来讲,消费需求要及时跟进。新一轮投资扩张,工业领域形成的大量生产能力需要释放,消费需求如果不能及时跟进,势必导致产能过剩,最终有可能使我国经济再次陷入通货紧缩。三是促进城乡消费协调增长。消费总量需求不足的矛盾虽然明显缓解,但结构性消费需求不足的矛盾较为突出,特别是城乡消费增长极不平衡,农村消费需求增长依然偏慢,消费水平明显较低。目前,×%的农村居民(包括县及县以下)在全社会消费品零售总额中所占份额仅为×%。而×%的城镇居民所占份额达到了×%,城乡消费差距较大。由于城乡消费水平过度悬殊,导致我国大规模的消费结构升级浪潮被大大延缓,对国民经济持续均衡发展形成制约。启动农村市场、增加农村有效需求、促进城乡之间消费协调增长,已成为新时期宏观调控的一项重要内容。四是城乡居民总体消费水平依然偏低。虽然目前我国人均GDP已超过××××美元,但绝大多数城乡居民的生活水平还处于生存型消费阶段,只有极少数人进入发展型和享受型消费阶段,城镇也有少部分居民生活在最低保障线以下。因此,培育和扩大消费需求,促进需求快速增长,对×××年全面建设小康社会目标的实现具有非常重要的意义。

二、影响当前及中长期消费增长的因素分析和趋势预测

××××年,是我国"××五"规划的头一年。在科学发展观的指导下,认真解决人民群众最关心、最直接、最现实的问题,对居民收入和收入预期增加、提高居民消费信心以及进一步扩大消费都会产生积极的推动作用。但随着国内供给能力增加,外部市场需求放缓,从××××年及中长期看,我国面临的市场供求矛盾将会更加突出。初步判断,××××年消费增长仍将会维持在一个较高水平,但其增速可能会比××××年有所回落。随着教育、医疗、社保等社会事业改革的加快推进和制度的进一步完善,特别是就业问题逐步得到缓解,预计到××××年左右,我国将有望真正迎来新一轮大规模消费增长的新浪潮,消费拉动型经济增长的局面有望形成。

1. 宏观环境日益朝着更加有利于消费增长的方向发展……(文字略)

2. 中低收入者收入水平有望逐步提高,即期消费需求将会得到明显释放……(文字略)

3. 居民消费结构升级呈加速趋势,将为××××年及"××五"时期消费快速增长提供可靠的保证……(文字略)

4. 国内市场趋于饱和,市场供大于求的矛盾更加突出,调整结构、扩大消费的任务较为艰巨。

从供给与总需求的关系看,影响××××年以及中长期我国市场供求关系的,主要是总供给大于总需求,特别是工业消费品供过于求的矛盾会非常突出。从短期看,随着宏观调控效应进一步显现,经济增长速度放缓,拉动国内市场旺盛的需求将会有所减弱。中长期看,扩张期过后的新生产能力的形成,对市场供求平衡将造成一定的冲击:一方面,前几年工业领域大量投资所形成的产能将开始释放;另一方面,目前我国资金储备充裕,技术创新能力明显增强,供给能力显著增加,供过于求的矛盾将会凸显。近期尤为值得关注的是,随着国际市场贸易摩擦加剧,人民币升值压力加大,出口增速有可能明显下滑,出口国际市场的商品将会返销国内,进一步挤压国内市场(如纺织、家用电器、鞋等产品),这有可能导致××××年市场供求矛盾变得更加突出。

总体来看,××××年甚至整个"××五"时期,消费品市场受宏观环境趋好和新一轮消费结构升级加快的影响,可保持较长时间的稳中见旺态势。从中长期看,随着社会主义新农村的加快建设,到"××五"中后期,农村消费增速有望明显加快,与城市消费增长的差距将明显缩小,由此将带动整个消费品市场进入一个新的增长高峰期。预计到"××五"期末,我国最终消费率和居民消费率有望回升到与国民经济发展相适应的水平,即在 GDP 增长率为×%—×%及温和通胀的情况下,全社会消费品零售总额实际增长率将达到×%—×%的水平,最终消费率由目前×%提高到×%—×%的水平,居民消费率由×%提高到×%—×%的水平。

三、下一步扩大消费面临的主要问题及对策

1. 努力增加就业是当前及今后提高居民消费预期及促进消费增长的关键;

2. 提高农民收入,扩大农民消费仍将是××××年及整个"××五"宏观调控的重要任务;

3. 加快教育、医疗体制改革,加大财政对教育、医疗、社保的投入力度;

4. 控制或扭转收入差距扩大趋势,努力提高中低收入者的收入水平。

(录自姚君喜主编《现代商务写作》,甘肃人民出版社,2005 年 3 月第一版)

【复习思考】

1. 什么是市场预测报告?
2. 市场预测报告的种类有哪些?

【案例训练】

1. 根据所给材料写一篇市场预测报告。

2020 年 1—2 月全国消费品市场预测

一、2019 年消费品市场简况

1. 社会消费品零售总额保持稳定增长

2019 年全国社会消费品零售总额突破 4 亿元,增长 8.8%,增幅比上年同期回落 1.3 个百分点。

分地域看,城市消费品零售总额增长 10%,县及县以下农村消费品零售总额增长 6.8%,城乡增幅差距比 2008 年缩小 0.6 个百分点。城市消费品增长额对全国消费品零售总额增长的贡献率为 71%。

从行业看,批发零售贸易业增长 9.2%,餐饮业增长 16.6%,其他增长 3.2%。批发零售贸易业和餐饮业对全国消费品零售总额增长的贡献率分别为 70.8%和 21.8%。

2. 全国居民消费价格总水平累计下降0.8%

至2018年底,全国居民消费价格总水平已连续8个月同比下降0.8%,其中,城市下降1.0%,农村下降0.4%。

二、2020年1—2月社会消费品零售总额预测

当前有利于社会消费品零售总额稳定增长的因素有:一是春节期间,民工潮、探亲流以及学生放假,航空、铁路、公路运输繁忙,交通消费大幅增加。节日期间,人们的团聚、旅游、休闲等活动,还带动了日常消费用品及餐饮消费的增长。二是商家在元旦、春节、元宵节等中国传统节日及情人节等洋节期间开展各类大规模促销活动,带动当季消费品的销售增长。三是城乡居民消费结构升级带动汽车、住房、家用电器、家具装饰、电子通信等热点消费持续增长。四是各地开展的送温暖活动和扶贫解困资金的到位,在一定程度上保障了弱势群体改善生活消费。此外,由于气候原因及过节因素的影响,城市食品、交通运输等消费价格上涨,消费额会有所增加。

值得关注的是城镇居民储蓄意愿仍然居高不下,不利于居民增加即期消费。此外,消费结构升级带动的消费热点还需消费政策的进一步支持和对消费环境的培育。

综合分析历史数据与近期消费环境,全社会消费品市场呈稳定增长趋势,预计1—2月份实现社会消费品零售总额7 543亿元,增长9%,增幅比上年同期提高0.5个百分点。

2. 根据所给材料写一篇市场预测报告。

关于××区民营经济发展方向及前景预测

根据区政府关于编制"十三五"发展规划的要求,结合我区实际情况,特拟定我区民营经济发展方向及前景预测,以利于指导我区民营经济更快更好地发展。

目前我区民营经济发展的基本状况:

"十二五"以来,我区深入贯彻党的十九大精神,解放思想,开拓创新,放开搞活,加快赶超,全区民营经济取得了长足发展。2019年,全区民营经济实现增加值66.8亿元,占全区GDP的74%;民营经济实现税费收入3.35亿元,民营经济贡献占地方财政收入的58%;民营企业1 812家,注册资金20.3亿元;个体工商户8 636家,注册资金1.6亿元;民营经济总注册资金21.9亿元,从业人员达5.2万人。民营经济作为我区经济的重要支柱,在促进经济增长、增加收入、解决就业、保持稳定等方面发挥了重要作用,为全区经济发展和社会进步做出了不可替代的贡献。在全面建设小康社会的"十三五"期间,民营经济仍将发挥重要作用。

3. 根据所给材料写一篇市场预测报告。

2020年几种主要商品价格趋势预测

1. 粮食价格

经过近几年的结构性调整,我国粮食价格恢复到了比较合理的区间,目前的价格水平有利于农业结构的进一步调整,有利于提高粮食种植的科技含量。但是由于今年粮食价格上涨,棉花价格下跌,明年农民种植粮食的意愿会很强,如果明年没有大的自然灾害,粮食收成会是近三年最好的一年。因此明年粮食价格会有所上涨,但上涨的空间不会很大。农业、种

植业结构调整的步伐还要加快。

2. 肉禽、蛋价格

由于养殖成本上升,加之这几年养殖业效益不好、生产有所调整,预计明年肉禽、蛋价格仍将平稳上浮。

受此影响,水产品价格会相应上浮,不会低于今年水平。在调整结构、搞好与出口国关系的基础上,蔬菜价格涨幅会超过今年。烟酒及在外用餐的价格水平预计都会有所提高。

整个食品类价格水平的上涨幅度会超过今年,仍是明年居民消费价格指数保持上涨趋势的主要因素。

3. 棉花价格

虽说明年世界经济景气程度不会太高,棉花需求会有所影响,但国际、国内市场棉花价格明年会出现略有上涨的局面。受棉花价格影响,沉寂多年的居民衣着类价格水平,不会再有大幅下降的形势,预计能与今年持平。

4. 娱乐教育文化用品及服务价格

国家大幅下调中小学教材价格、整顿学校收费、治理娱乐文化场所,这些整顿治理因素会明显影响到明年娱乐教育文化用品及服务的价格涨幅。

其他如家庭设备用品及服务、交通和通信等价格不会有太大的变化,仍将维持小幅下降的趋势。随着市场经济秩序治理工作的深入,居民居住价格不会有太多的上涨。房屋建设费用经过清理整顿,房地产价格会有所下浮,水、电、热、气等价格也不会有太多的上涨。

5. 明年工业生产资料价格

受近几年国债持续投入的影响,我国基础设施建设规模逐渐扩大,其滞后作用开始显现;明年建筑材料的需求趋旺,价格会在近几年持续低迷的基础上明显改观。

明年国债投向结构会作较大调整,技改项目会有所加强,加工工业会注入新的活力。但是行业生产秩序整顿工作不会停止,该"关停并转"的,国家也不会手软。这样一方面扩大新的、高质量的需求,另一方面淘汰落后的、低水准的供应。因此明年其他工业生产资料的市场价格(除汽车外)也会呈现稳中上涨的格局。

第三节　经济活动分析报告　可行性研究报告

一、经济活动分析报告

(一)经济活动分析报告的含义、类型

1. 含义

经济活动分析就是企业和财经部门根据经济计划指标、会计核算、统计资料和调查研究等各方面获得的各种资料,运用科学的分析方法,对一定时期的经济活动进行分析、研究、计

算、评估的一种管理工作，其核心是总结经验，找出规律，发现问题，提出改革方案或改进措施，从而达到改善经营管理、提高经济效益的目的。根据经济活动的结果而形成的书面文字材料就是经济活动分析报告。

2. 类型

按经济部门分，经济活动分析报告可以分为工业经济活动分析报告、农业经济活动分析报告、商业经济活动分析报告等等。

按其分析的目的和涉及的范围分，经济活动分析报告又可分为：

（1）综合分析报告

综合分析报告也叫全面分析报告，又叫系统分析报告。它是根据各项主要经济指标把某一部门或单位在一定时期内的经济活动作为一个整体，进行有目的、有重点的系统分析研究后写成的书面报告。它主要用于对年度和季度经济活动进行分析。它起着总结的作用。

（2）部门分析报告

部门分析报告也叫专业分析报告。它是有关职能部门或人员，结合本身业务活动对其所掌握的经济指标进行分析写成的书面报告。这种报告可分为定期或不定期的两种，可以为综合报告提供资料。

（3）简要分析报告

简要分析报告也叫进度分析报告。它是围绕几个（某项）财务指标、计划指标或抓住一两个重点问题进行分析，以观察经济活动的趋势和工作改进程度。它多是在年、季、月末结合编制报表的过程进行的。它具有篇幅短小，时间性强，反映问题及时等特点。

（4）专题分析报告

专题分析报告，也叫单项分析报告，或叫专项分析报告。它是对某项专门问题进行深入细致的调查分析后写成的报告，一般是结合中心工作，对某些重要经济措施和经济活动中的重大变化，或对经营中的薄弱环节和关键问题单独进行专题分析。这种报告具有内容单一，一事一议，分析问题较为深刻，反映问题较为及时的特点。

（二）经济活动分析报告的特点

1. 数量词多且信息量大

企业的经济活动状态，直接由一系列数据表现出来，文字材料的陈述大多是对数据的分析与说明。

2. 注重分析研究

陈列一大堆数据不是经济活动分析报告的目的，其真正的目的在于运用科学的分析方法，对收集、积累的资料和调查情况进行科学的分析，找出现有经营管理中存在的不足之处，进一步改进企业生产、经营、管理水平。因此，分析既是经济活动分析报告的一大特色，也是经济活动报告的核心。

3. 专业性比较强

经济活动是多方面、多专业的,而经济活动分析报告仅针对一个行业、一个部门或一个单位在经济活动中各项经济指标的完成情况而言,因此,其内容具有较强的专业性。

4. 时间要求比较严格

市场经济条件下"时间就是金钱,时间就是效益"。对企业经济活动起指导作用的经济活动分析及其报告的形成,必须做到"及时"二字,否则势必丧失取得最佳效益的时机。

(三) 经济活动分析报告的写作格式和方法

经济活动分析报告的基本结构包括标题、正文、落款三部分。

1. 标题

通常有两种形式:

(1) 写明分析范围(地区、部门或单位)、时间(年度、季度、月份)、内容与对象(成本、利润、资金、效益等)、文种

例:××××年国际收支状况分析报告

××市××××年财政预算完成情况分析

(2) 只有内容概括

例:当前金融运行中需要注意的几个问题

我国国际竞争力

这类标题可以加副标题,对正标题进行补充。

2. 正文

正文一般包括开头和主体两部分。

(1) 开头(又叫引言或前言)

开头一般简明扼要点明经济形式,阐明进行分析的目的和要求,或提出分析的主要问题,或介绍分析对象的基本情况。

(2) 主体

一般包括情况介绍、分析、建议措施三部分。

① 情况介绍

它是经济活动分析的对象,主要包括两个方面:一是数据资料,二是经济活动分析的客观事实。要获得以上资料,一方面可以从计划、统计、会计核算资料中收集,另一方面,还可以从报表之外的其他资料中去搜集,诸如原始记录,有关生产、技术方面的资料(包括历史资料),同类先进企业的有关资料。此外还要深入实际,掌握一些分析对象的第一手资料。

② 分析

这部分是对情况介绍中所提出的问题,运用已掌握的有关数据资料,采取行之有效的分析方法,对经济活动中的影响经济效益的各种因素进行具体分析。常用的分析方法有三种。

对比分析法:这种方法是把同一基础上(即时间、内容、项目,条件相同)能够可比的数据

资料加以比较,根据比较的结论来研究经济活动的原因和结果的一种分析方法。

因素分析法:就是通过分析主客观因素,找出企业经营活动成功或失败的原因,总结经验教训,制定出有针对性的措施解决存在的问题。

动态分析法:就是通过对企业生产、经营、管理、销售等活动状况的分析来寻找经济活动的规律。

③ 建议、措施

这是在分析的基础上有的放矢,提出解决问题、改进工作、提高效益的设想、意见、办法和措施。经济活动分析的目的、意义就在于此。以上三部分是相互关联的有机整体。所以必须做到层次分明,条理清楚,逻辑严密。

3. 落款

应写清楚提出经济活动分析报告的单位、负责人及日期。如果是用来发表的经济活动分析报告,作者单位、姓名一般都写在标题下。

(四)经济活动分析报告的写作要求

1. 要在正确的理论指导下进行

必须掌握经济规律,实事求是,从实际出发进行研究分析。在分析某一经济活动时,不能孤立地看待某个问题或现象,要联系整个国民经济的大局。要处理好局部与整体、近期与长远的利益关系,要将本部门、本单位、本行业的小账同国家的大账结合起来。

2. 要掌握大量可靠的数据资料

经济活动分析报告离不开大量可靠的数据资料,可以说数据资料的质量决定着经济活动分析报告的质量。所引用的数据不仅要确凿无疑,而且要有典型性。

3. 要抓住关键问题

经济活动分析报告的写作,不能面面俱到,不分主次。要抓住主要矛盾,深入分析,揭示出潜在的问题,提出有预见性和针对性的意见。

【例文评析】

⋯ 评　析 ⋯

例文 4-5

保障房到底保障了谁?

本例文既是一篇经济活动分析报告,又是一篇新闻调查,既介绍经验,又揭示问题。标题采用了设置悬念的设问句式,既一目了然,又能引起读者的兴趣。

保障房的对象是有城市户口的居民,这根本就是一个错误。保障房应首先保障最低收入人群,最低收入者都没有保障,怎么能去保障中等收入的普通人?

——著名经济学家茅于轼

我们给困难户的房子是为了保障他享有基本居住权的房

子,是要他自己用来居住的房子,而不是送给他一个造钱、赚钱的机器。用纳税人的钱给他一个房子来出租赚钱,不公平。

——舒可心

近日,《国家金融报》记者走访了北京几个新交付使用的保障性住房小区。仅在保利嘉园3号院、住欣家园、大方居三个小区,就发现马自达跑车、奔驰、宝马等多辆豪车。保障房小区频现"穷人"开着奔驰、宝马入住的乱象——保障性住房到底保障了谁?

户籍门槛是个错误

"保障房的对象是有城市户口的人,这个大方向本身就是错的。"著名经济学家茅于轼告诉《国际金融报》记者。据了解,保障性住房一直有户籍门槛,如北京保障房的分配只限于有北京市户籍的居民,而真正需要住房的北漂和外来农民工这些最低收入者,却因户籍问题而一直被忽略。

《国际金融报》记者连续数日通过实地观察楼层亮灯情况、走访房产中介的方式了解到,北京各经济适用房、两限房小区普遍存在着入住率不高的现象。如保利嘉园、住欣家园、大方居等新交付使用的小区,入住率还不到50%。

对此,地产专家舒可心认为,入住率低一方面缘于我们不是真的需要那么多的经适房、两限房,另一方面这些房子没有分配给真正需要住的人。他认为,中国更需要廉租房之类的具有保障意义的房子。

据了解,北京市本地居民的自有房屋比例已达80%,茅于轼表示:"实际上,城市本地居民并不是迫切需要住房的人,真正需要住房的是北漂和农民工这些低收入者。保障房对象是有城市户口的居民,根本就是一个错误。保障房应首先保障最低收入人群,最低收入者都没有保障,怎么去保障具有中等收入的普通人?"

保障房不该用于出租

出租也是保障房小区一个突出的现象。《国际金融报》记者发现,保障房小区附近的房产中介公司挂牌招租的现象十分普遍。据巨锐地产公司工作人员介绍,像北京的北辰福第、富力阳光美园、保利嘉园等几个新交付使用的保障房小区,有一半的房子被用于出租。记者在21世纪房产公司了解到,不少业主直接把新房钥匙托管给中介招租,与租户协商、签订合同等环节也均交给中介打理,中介只需把一年期租金汇到业主的

> 在结构安排上也匠心独运,导语借着著名经济学家、地产专家对保障房的疑惑,引出分析的目的,过渡到分析的主体。主体三个部分,既是独立的,又是相连的,可谓一环紧扣一环,环环相扣,聚焦于"保障房"和"保障谁",并一一做出分析。

账户即可。

对此,舒可心认为:"当我们通过劳动得来的财富积累到很高的程度,而有些人无法劳动或者劳动无法保障其生存时,我们就用纳税人的钱来建房送给他们,这就是所谓的保障房。"他认为,我们给困难户的房子是为了保障他享有基本居住权的房子,是要他自己用来居住的房子,而不是送给他一个造钱、赚钱的机器。用纳税人的钱给他一个房子来出租赚钱,这本身就是不公平的。

保障房是一种"造富"?

保障房该不该给产权,一直是业界争论的焦点。茅于轼认为,保障性住房就不应该给产权。

茅于轼的理由很简单,经济适用房是给业主以有限产权的,这不仅使得保障房变得有利可图,而且以后收入增长了,不具备保障条件了,却能依然占据着产权,不能形成一个严格的内循环的退出机制,既不公平,又无效率可言。

《国际金融报》记者调查到,申请保障房时,隐瞒财产、造假的现象比较普遍。

"很多人凭借关系获得了保障房,有几套房子。"保利嘉园小区附近的中介告诉记者,因此茅于轼指出,"政府应该停止大规模建设经济适用房,而应该提供不给产权的公租房。"

据了解,像经济适用房、"两限房"这类保障性住房的建筑面积、居住条件,与一般的商品房相差无几,有的甚至比商品房还好。"实际上,如果保障性住房的条件没那么好,就会有效减少富人想方设法挤占穷人保障房资源的现象。"舒可心表示。

保障房除了解决收入困难人群的住房问题,也承担着拆迁安置的任务,部分北京居民在拆迁时既得了补偿款又分到了房子,因而这部分人有可能具备了消费豪车的能力,面对这样的"造富运动",茅于轼认为拆迁只补偿钱就可以了,不要给房子,补偿钱让拆迁居民自己选择住在哪里。同时,对于解决低收入者的住房问题,茅于轼也倾向于政府向其提供住房补贴,而不是大规模地兴建经济适用房,对于住房补贴的标准,可以具体商定。

(录自陆亚萍等编著《应用文写作教程》,复旦大学出版社 2015 年 1 月第三版)

二、可行性研究报告

（一）可行性研究报告的含义、类型

1. 含义

可行性研究报告，是在制订生产、基建、科研计划的前期，通过全面的调查研究，分析论证某个建设或改造工程、某种科学研究、某项商务活动切实可行而提出的一种书面材料。

项目可行性研究报告主要是通过对项目的主要内容和配套条件，如市场需求、资源供应、建设规模、工艺路线、设备选型、环境影响、资金筹措、盈利能力等，从技术、经济、工程等方面进行调查研究和分析比较，并对项目建成以后可能取得的财务、经济效益及社会影响进行预测，从而提出该项目是否值得投资和如何进行建设的咨询意见，为项目决策提供依据的一种综合性的分析方法。可行性研究具有预见性、公正性、可靠性、科学性的特点。

2. 类型

（1）用于企业融资、对外招商合作的可行性研究报告

此类研究报告通常要求市场分析准确、投资方案合理，并提供竞争分析、营销计划、管理方案、技术研发等实际运作方案。

（2）用于国家发展和改革委(以前的计委)立项的可行性研究报告

此类研究报告是根据《中华人民共和国行政许可法》和《国务院对确需保留的行政审批项目设定行政许可的决定》编写的，是大型基础设施项目立项的基础文件，发改委根据可行性研究报告进行核准、备案或批复，决定某个项目是否实施。另外医药企业在申请相关证书时也需要编写可行性研究报告。

（3）用于银行贷款的可行性研究报告

商业银行在贷款前进行风险评估时，需要项目方出具详细的可行性研究报告，对于国家开发银行等国内银行，该报告由甲级资格单位出具，通常不需要再组织专家评审，部分银行的贷款可行性研究报告不需要资格，但要求融资方案合理，分析正确，信息全面。另外在申请国家的相关政策支持资金、工商注册时往往也需要编写可行性研究报告，类似用于银行贷款的可行性研究报告。

（4）用于申请进口设备免税

主要用于进口设备免税用的可行性研究报告，需要写明进口设备申请免税的背景、原因。

（5）用于境外投资项目核准的可行性研究报告

企业在实施走出去战略，对国外矿产资源和其他产业投资时，需要编写可行性研究报告报给国家发展和改革委或省发改委；需要申请中国进出口银行境外投资重点项目信贷支持时，也需要可行性研究报告。

在上述五种可行性研究报告中，第(2)(4)(5)准入门槛最高，需要编写单位拥有工程咨询资格，该资格由国家发展和改革委员会颁发，分为甲级、乙级、丙级三个等级。

(二)可行性研究报告的特点

项目可行性研究报告从本质上说也是一种论证报告,主要有以下两个特点:

1. 目标的明确性

项目可行性研究的目的和报告的主题是解决四个问题:一是项目建设的必要性;二是项目建设的可行性;三是项目实施所需要的条件;四是进行财务和经济评价,解决项目建设的合理性。

2. 论证的周全性

一份项目可行性研究报告必然涉及经济、政治、思想、技术等多方面因素,对这一系列因素之间的关系和影响进行全面周密的分析研究和论证,进而得出令人信服的结论,这是项目可行性研究报告的使命,也是它的一个明显特征。

(三)可行性研究报告的写作格式和方法

项目可行性研究报告视项目规模和性质有简有繁。下面是它的一般格式:

1. 标题

项目可行性研究报告的标题由拟建项目名称和文种组成。

2. 正文

项目可行性研究报告的正文一般由以下 5 个部分组成:

总论。这一部分要综合概述报告中各部分的主要问题和研究结论。内容包括项目提出的背景,投资的必要性和经济意义,研究工作的依据和范围,研究结果概要。

项目分析。包括国内外市场调查和市场需求预测,市场促销策略,国内现有工厂生产能力的估计,产品进入国际市场的前景,拟建项目的建设规模和产品方案。

新项目方案。包括新项目的目标,新项目的组成结构,新项目的实施计划、安排等。

可行性分析。包括项目的必要性、项目的经济可行性和技术可行性,组织管理的可行性、社会的可行性。

总结与建议。

3. 结尾

最后写明报告单位(报告人)和日期。

可行性研究报告正文后面往往带有附件和附图。

(四)可行性研究报告的写作要求:

1. 尊重事实,客观评价

可行性研究报告为决策者提供了重要的决策依据,在很大程度上影响决策的正确与否,所以可行性研究报告的写作一定要摆脱个人偏见和领导的意图,冷静、客观地分析、评估、计算、论证。若在某个问题上意见有分歧,写作者也要在报告中如实反映。

2. 专业知识要求很高

编写可行性研究报告是一项很复杂的工作,内容涉及诸多方面,而且对知识的专业性要求很强。所以要编写一份有价值的可行性研究报告，必须请多个领域的专家参与，使编写过程尽可能科学，论证尽可能严密细致。只有这样，才能使结论尽可能可靠。

3. 重视不确定因素

可行性研究报告的结论大部分来自预测和估算，与将来的实际情况会有出入，因为信息中存在不确定因素，这些不确定因素会给项目带来潜在风险，甚至导致决策失误。因此要重视盈亏平衡分析、敏感性分析、概率分析等不确定性因素的分析。

【例文评析】

例文 4-6

快餐店可行性研究报告

一、项目概况

（一）项目名称：爱心快餐店

（二）建设性质：新建

（三）建设单位：沈阳市残疾人协会

（四）建设地点：××

（五）建设年限：2020 年×月—2021 年×月

（六）建设资料：快餐店×家

（七）投资估算：××万元

二、项目必要性分析

（一）满足消费者的消费需求

餐厅附近聚集鲁迅美术学校、沈阳音乐学院、东北大学等学校，并靠近较为繁华的商业区，如华润万象城、家乐福超市、沈阳工业展览馆等。消费群体较大，消费能力可观，又可为学生及来往市民供应早中晚餐，满足其消费需求。

（二）优化本地区产业结构

快餐店的加入，可小幅度刺激附近消费，优化产业结构，为本地区注入新的活力。

（三）带动本地区居民就业

设立快餐店可增加本地区岗位需求，促进本地区居民就业。

三、项目可行性分析

（一）市场可行性

···评　析···

本例文是一篇较典型的产品可行性研究报告。通过市场调查、市场分析，结合市场状况，准确、合理地给产品定位，确立营销目标，提出理论依据，并对企业经营战略进行重点策划。

科学、有据、切合实际，是本例文的成功之处。

餐厅选址于高校集中的位置,附近又有大型的商场和超市,人流量大,客源充足有保障,中午吃饭时间附近许多同类型的餐馆基本都是客满。开设快餐店具备市场可行性。

(二)经济可行性

由于服务员以聋哑人为主,餐厅的主题是爱心餐厅,推出的各种菜式皆为低中档消费,所以餐厅内装潢不须太豪华,简洁大方即可,预算投入不需要太高。开设快餐店具备经济可行性。

(三)政策可行性

近几年国家出台了多项残疾人就业扶持和优惠政策,给予残疾人工作很多照顾和便利。国家政策法规为开设快餐店提供了强有力的政策保障,具备政策可行性。

(四)技术可行性

快餐店销售的各种菜肴制作简单、快速、方便,经过短时间的培训即可上岗,并且快餐店对服务员的要求不是很高,不需要跟顾客做过多的交流。与传统餐馆服务模式也不一样,聋哑人学习使用各种做快餐的机器和简单的与顾客沟通的技巧后就能立刻开始工作。开设快餐店具备技术可行性。

(五)模式可行性

社会生活的节奏加快,使快餐业的存在和发展刻不容缓。此次爱心快餐店选址在各高校附近,而大学生消费群体大多都热衷于快餐文化,残疾人所服务的快餐店也是大众乐于接受的。开设快餐店具备模式可行性。

四、结论

此次与沈阳市残疾人协会共同投资开设的爱心快餐店具备充足的理由和条件。综合上文陈述归纳总结,靠近附近几所学校和大型商铺的优越地理位置能够带来充足的客源,快餐厅的服务形式对于聋哑人来说能够很快适应,爱心快餐厅既能够刺激本地区消费,也能够为残疾人朋友增加就业机会,帮助其就业。因此本项目具有很大的优势和很好的发展前景,是可行的。

(录自群走网,有改动)

【复习思考】

1. 什么是经济活动分析报告?
2. 经济活动分析报告的种类有哪些?
3. 可行性研究报告和经济活动分析报告写作要求上有什么不同?

【案例训练】

1. 根据所给材料,写一篇经济活动分析报告。

《中国华源集团××××年1—5月经济分析报告》内容提要如下:

报告剖析了公司工业、贸易、非正常经营三大板块的财务状况,对主营业务收入、净利润、四大流动资产、三大费用作了较为细致的分析对比,着重对进出口公司、安徽华源的客户情况、贸易方式、产品盈利水平等进行了剖解。

报告指出:公司净利润比去年增幅加大,虽已超额完成了1—5月的预算目标,但年度预算目标,仅完成了23.12%。其中华源江纺、华源新余的退出和华源安纺的亏损等因素,造成了工业板块利润比去年同期下降747.2万元。安徽华源主营业务利润率仅为5.33%,无法弥补占收入9.58%的三大费用,更难以消化离退休人员医药费420万元,产品的盈亏受制于原料价格和原料所占的成本比重,不少产品仅有微利甚至亏损;而新近受让华源集团的房产公司、南海传说大酒店等也消耗了当前部分利润;贸易板块利润同比上升了698.9万元,但销售收入完成进度不甚理想,贸易收入结构有待改善,代理业务所占比重较大,利润贡献不高。

报告着重提出,工业企业应努力调整产品结构,压缩、减少亏损产品;贸易公司应重视客户利润贡献,培育核心客户,链接终端客户,建立自有产品品牌,开拓国内稀缺的资源性产品进口业务。总的要求是:以持续经营、保持合适资产负债率、优化资产结构为出发点,以调整产品结构、改造业务流程、降低四大流动资产和三大费用为抓手,进一步提升资产运行质量和运行效率。

在进行财务分析时必须坚持以数据说话,找到症结,落实措施,把解决历史遗留问题和当前存在的问题有机结合起来,并在实践中逐步建立起行之有效的现代管理体系,使投资集团在中国华源集团的产业结构调整和发展功能性产业中起到应有的作用。

随着中国华源集团新的产业格局的形成,必须在更高的层面上思考投资集团的定位和发展,投资集团将在华源集团的资本经营、产业整合中起到"孵化器"、"转化器"、"放大器"、"抽水机"的独特作用。

2. 将下列经济活动分析报告补充完整。

2012年中国国际收支状况分析报告

2012年中国国际收支状况继续保持良好态势,外汇储备稳步增长,人民币汇率继续保持稳定。

一、2012年中国国际收支状况

国际收支依然保持较大顺差,外汇储备稳步增长。2012年我国经常账户顺差205亿美元,资本和金融帐户顺差19亿美元,2012年末外汇储备达到1 655.7亿美元,中国对外清偿能力进一步增强。

人民币汇率继续保持稳定。2012年末人民币汇率比上年末上涨12个基本点,人民币小幅升值。国内经济成功抵御亚洲金融危机冲击,进入了新一轮迅速发展,周边国家以及主要贸易伙伴国经济繁荣,在这种情况下,我国的资本和金融帐户逐步恢复了1998年以前的顺差局面。

二、2012年中国国际收支状况分析

首先,国民经济持续快速健康发展,对外开放水平不断提高,是保证国际收支平衡和人民币汇率稳定的最基本因素。2012年GDP增长7%,外贸进出口保持快速发展,进一步奠定了人民币汇率稳定的基础。根据世界贸易组织统计,2012年中国进出口贸易总额的世界排名继续上升,出口上升至第7位,进口上升至第8位。

其次,吸引外资规模增大和吸引外资质量提高是保持中国对外经济活力的重要因素。根据联合国贸发会议的统计,我国吸引的外商直接投资自1993年以来始终名列发展中国家之冠。20多年改革开放形成的良好的经济基础以及加入世界贸易组织后所创造出的诸多商机,都将使中国在今后相当长的一段时间内,依然会大量吸引外国直接投资。中国外债依然以长期性外债为主,规模控制在国际收支保持平衡的范围内。

第三,国家宏观调控能力和水平的不断提高是保证国际收支平衡维持人民币汇率稳定的重要力量。合理有效的外汇管理和本外币政策的协调发展是维持汇率稳定的重要力量。自1996年中国实行国际收支统计申报制度以来,我国的国际收支统计质量不断提高,净误差与遗漏所占比例稳步下降,日益成为我国制定宏观经济政策和完善外汇管理的重要依据。

3. 将下列经济活动分析报告补充完整。

健全房地产金融快速发展的几点建议

一、我国房地产金融业的发展现状

随着国家加快住宅产业的发展,居民住房消费商品化水平提高,房地产金融业的规模正在不断扩大,占商业银行业务的比重不断提高;中国人民银行也更加注重住房金融体系的完善,住房金融业务的经营机构也由过去建设银行等少数银行经营发展成为多家商业银行共同经营,住房金融市场已经开始由过去少数银行垄断经营发展到多家银行为重新分割市场份额而进行激烈的竞争。

(一)住房消费贷款蓬勃发展,但各地发展态势不平衡。为深化住房制度改革,促进住房建设与消费,国家先后出台了一系列的住房与金融政策,为住房消费贷款业务提供了良好的发展契机。各家商业银行根据国家的政策导向相继采取各种措施,加大住房金融业务的经营力度,使得住房消费信贷业务取得前所未有的快速发展,但由于受当地经济发展状况及房改进程的制约,个人住房贷款业务发展较快的地区多集中于东南沿海地区,上海、广东、北京、浙江、江苏、福建和厦门等省市,占到贷款业务量的50%以上。中西部地区发展虽有起色但仍较落后,这与该地区经济发展状况、居民收入水平、个人商品意识和资信度等紧密相关,体现了资金运动的特征和规律。

(二)住房信贷结构发生很大变化,重点向住房消费贷款倾斜。根据国家宏观政策和住房市场的发展需要,商业银行住房信贷结构重心转移,由过去重点支持住房开发贷款转为重点支持住房消费贷款。

(三)住房金融市场竞争激烈,经营开始规范,内部结构开始走向协调。近几年来,国家加快住房制度改革步伐,重点发展住宅产业,使各商业银行逐渐认识到住房金融推动整个国民经济增长和消费需求扩张的重要性,以及住房金融的巨大发展潜力和广阔的发展前景。因此,各商业银行纷纷从不同的角度且以不同的方式介入住房金融市场竞争,特别是自1998年起,在国家产业政策和人民银行金融调控政策的引导下,各家商业银行都纷纷承诺拿出几百亿,总量上千亿的信贷规模,支持住房建设和住房消费,在品种创新、服务网络、服务质量等方面的竞争都更趋激烈。同时银行的住房信贷业务更加理性、规范地遵循贷款通则,严格依照贷款程序办事,防范贷款风险的意识进一步增强。

二、制约房地产金融发展的主要因素

(一)商品房房价太高,经济适用房政策不完善。多年来,与其他商品大打价格战的经营策略不同,商品房价格居高不下直接影响着人们的购房倾向。而经济适用房政策不明确,造成大量高收入阶层涌入经济房市场。据了解,目前,国内绝大多数地方经济适用房已成为住房供应的主渠道。应当说,经济适用房的发展平抑了过高的商品房价格,适应了停止住房实物分配后个人购房的需求,对拉动经济增长起到了重要作用。但由于政策方面的不完善,在各地还普遍存在着诸如中低收入家庭收入界限、购买对象条件、购买程序、价格确立办法等方面的问题。

(二)住房消费贷款额度低、期限短、利率高。我国抵押贷款的期限短则3—5年,最长的也只有20—25年。我国目前的高房价使中低收入家庭难以承受,贷款期限过短就更令需要贷款的居民无法涉足。而当前一些银行机构推出的所谓"零首付",由于进入的条件太高,对普通购房者来讲没有实际意义。

(三)缺乏风险转移机制、贷出款项没有保障与抵押贷款形式单一、限制条件多的状况并存。目前,我国住房贷款的形式主要是职工抵押贷款,形式单一,而且限制条件非常严格,束缚了购房者消费贷款的选择性和自由度。住宅抵押贷款二级市场至今尚未形成。二级市场的缺乏造成证券化程度低,融资工具缺乏,银行不能通过转让贷款债权的方式来转移资金风险。

(四)住房金融法规不够健全,对住房资金的筹集、运用缺乏有效的管理与监督。目前,虽然已出台了一些涉及房地产抵押的法律,如《民法》、《城市房地产管理法》、《城市房地产抵押管理办法》等,但总的来说住房消费贷款运作的法律环境尚不够完善,表现为有些法规缺乏可操作性,特别是作为住房消费贷款的重要形式——住房按揭贷款,更是缺乏法律方面的保证,这不利于住房金融的进一步健康发展。

此外,融资结构的不合理,住房消费信贷地域分布的不平衡,住房金融配套服务体系发展的滞后也都是我国房地产金融发展的制约因素。

4. 根据材料,写一篇可行性研究报告。

本项目旨在开发出一套用于企业管理的软件,帮助企业管理人员方便、安全、高效地进行企业日常工作的管理,并通过此次软件开发过程全面提高自身的综合素质。

通过本软件的开发,实现汉语编程的推广,把使用汉语编程开发的数据库系统应用到企业管理的具体实际情况中,从而体现汉语编程数据库开发系统的优越性,寻找本软件推广的突破口。

(1) 技术目标

汉语编程企业管理应用软件的开发完全采用汉语程序设计语言的程序设计与数据库相结合的手段进行开发,实现手段先进、有效、简单。

(2) 经济目标

本工程产品作为汉语编程的具体应用,是带有实验性的,在一定的时期内无经济上收益。目标是通过实现本产品的设计语言,能够做到开发其他软件,并推广由本语言开发的相关软件,注重以后的潜在发展,是在概念上、形象上的不断升值。

(3) 社会目标

通过本工程产品达到推广汉语编程的目的,使汉语编程向着产业化的道路发展。引起国人对汉语编程的进一步的重视,提高公司在社会中的知名度、影响力。

(4) 其他目标

推广汉语编程,使更多的人掌握汉语编程。

(5) 工程规模

投资总额:10 000 元

人力总数:5 人

工程耗时:30 天

工程时间:2020.4.16—2020.5.16

(6) 工程环境

a. 所开发产品的寿命的最小值为一年;

b. 本工程由汉语编程企业管理应用软件课题组开发;

c. 工艺依托现有汉语编程环境;

d. 工程开始时间:2020.4.16 结束时间:2020.5.16

(7) 可行性研究的方法和评价尺度

可行性研究所采用的方法和步骤:

通过调查分析汉语编辑现阶段所具备的能力及实现的方法、确定主体结构。利用现阶段汉语编程所能达到的能力,以最简洁、最容易的办法,边开发边测试,实现一个初级应用软件。

评价尺度：

利用汉语编程开发一个初始产品，以能够提高企业管理工作效率、减少额外人力、物力资源开销为评价标准。

(8) 对现有产品的分析

目前市场存在的管理应用软件，大多为西语所编，具有一定英语基础的开发人员才能对软件的基本结构进行修改，只具有计算机基础知识的办公室管理人员无从进行基本结构的添加、修改，更无法对应用软件进行优化、升级。

第四节　招标书　投标书

一、招标书和投标书的含义、类型

（一）含义

招标与投标是国际上通用的交易形式。所谓招标，是指招标人对货物、工程和服务等事先公布采购的条件和要求，以一定的方式邀请投标人投标，并按照公开规定的程序，在投标人中选择最恰当的合作伙伴的行为；所谓投标，则是指投标人响应招标人的邀请，参加投标竞争的行为。

我国企业从20世纪80年代起，随着改革开放的不断深入，经营管理上引进竞争机制的需要，开始使用招标与投标的贸易形式，之后招标与投标在更大的范围内得到应用，有关招标投标的文书也得到广泛的应用。

关于招标书，学术界有不同的界定，有的把"招标广告"、"招标公告"、"招标通告"、"招标启事"等叫做招标书；有的认为招标书是一套文件的总称，既包括招标广告又包括与招标有关的其他文件；还有的把招标广告分离出去，特指招标方为投标者提供的正式招标文件。

招标书是招标人为达到优选买主或工程项目承包人的目的，对外公告的、有明确招标内容和条件要求的书面文件。一封完整的招标书，应当包括标题、招标项目介绍、招标说明、投标须知（招标章程）、承包合同以及结尾等几项内容。不同类型的招标书虽然结构上相似，内容仍有较大差异。

投标书是投标人按招标书提出的条件、要求，向招标人提出的承办申请、企业情况介绍、总预算等书面文件。投标书是对招标书的回答，是提供给招标人的备选方案。

（二）招标书、投标书的类型

招标书和投标书的种类很多，按不同标准可分成不同种类：

按使用对象分，可分为生产经营性招标、投标书，如工程建设承包租赁、劳务等招标、投标书；科学技术招标、投标书，如科研课题、关键技术攻关、技术引进与转让等招标、投标书；

生活招标、投标书,如换房招标、投标书等。

按招标、投标人数划分,可分为单独招标、投标书和联合招标、投标书两种。

二、招标书、投标书的特点

招标书和投标书具有明确性和竞争性两个明显的特点。明确性表现在招标书对招标项目的主要目的、质量标准、人员素质和时间要求等,要有明确详细的表述,以便投标人能有的放矢。投标书要按规定格式准确细致地填写标价、材料耗用量、工期、有利条件等内容,以便招标者选定投标人。竞争性表现在招标者通过发布招标通告或招标通知书,可同时招徕众多的投标者,客观上起到了促进投标者竞争的作用。投标书中投标者在正确估计自己实力的基础上,充分表达出自己的优势,以强大的实力来争取中标,所以,招标书和投标书都具有较强的竞争性。

三、招标书的写作格式和方法

在招标书中,除了正规的招标书,最常见的是招标公告和招标通知书。

招标公告,又称招标广告、招标启事。招标公告是公开使用的通过大众宣传媒介发布的周知性文件,它通过公告将招标项目告知于众人,以吸引众多的单位前来投标。

招标通知书,是招标单位对一些有业务联系的单位或认为有能力承担招标项目的若干企业,直接发送邀请,通知其参加投标的函件。它不同于招标公告。招标公告是向世人发布的,而招标通知书只局限于一定的范围之内。

不论招标公告,还是招标通知书,都要求简洁明了、准确详细。在结构内容上一般包括标题、前言、正文、结尾四个部分。

(一)标题

标题有三种形式:一是由招标单位名称、招标项目名称和文种三部分内容组成,类似公文标题,譬如《××大学供热中心锅炉改造招标公告》;二是由招标单位名称和文种两部分组成,譬如《×××公司招标书》;三是只写文种,即《招标书》。

(二)前言

前言部分主要是写明招标单位的基本情况、招标目的、招标缘由和根据。表述时应力求言简意赅、重点突出,使读者心中明确招标的目的,了解招标单位的基本情况,以便考虑是否应该与之合作。然后说明该项目已通过有关主管部门审核批准,既强调已有一定的行政、法律依据,又可作为向正文的过渡。

(三)正文

正文部分是招标书的核心主体部分。它着重介绍说明有关项目各个方面的具体要求。主要包括下列内容:招标项目名称、招标范围、招标投标方法、招标时限、招标地点、标书售价、投标与开标时间等。如果是工程建设招标,还应说明施工地址、施工总量和期限、各项经济技术指标、施工图纸说明、材料供应方式、备料情况、承包形式等；如果是大宗货物买卖招标，则应写清货物名称、数量与质量、规格、花色、样式等；如果是科研课题招标，则应标明科研项目名称、技术要求、等级、难度、期限等。总之，它是招标标的方方面面的具体详细说明。如果是邀请招标书，面对的只是一个或几个特邀单位投标，正文写作就可以大大从简，而把具体要求事项另付一份说明材料（即招标说明书或招标企业须知等）就可以了。

（四）结尾

结尾写明招标单位的名称、地址、发文时间、邮政编码、电话、电挂、联系人等有关事宜，还要加盖公章。如国际招标，还要写明招标范围支付货币类别、付款方式等，然后翻译成国际通用的两种（甚至两种以上）文字的招标公告同时发表。

四、投标书的写作格式和方法

投标书的写作内容一般与招标书的内容相对应。投标书可以用文字的形式表达，也可以用表格的形式。投标书一般包括标题、正文、结尾三部分。

（一）标题

通常情况下写项目名称＋投标书，或只写文种"投标书"。

（二）正文

先以简明的语言表明投标的态度，如"我们研究了××××工程的招标文件，愿意按设计图纸、技术说明书和合同的要求承担上述工程的施工任务"。然后，提出正式报价，如工程总标价、总工期、主要材料指示、工程质量标准以及要求建设单位提供的配合条件等。这是开标后评标、议标的主要依据。因此，这部分内容要具体、准确、全面地表述清楚。力求论证严密、层次清晰、文字简练。如果是表格式投标书，按表格所列逐项填写即可。

（三）结尾

包括署名和日期两项内容。即写明投标单位名称、负责人姓名并加盖印章，注明提出申请的年、月、日。

五、招标书与投标书的写作要求

（一）标准明确、表达准确

招、投双方必须明确项目的各项标准，以质量标准为例，要明确是国际标准、国家标准、部颁标准或是企业标准。如果没有通用的标准，要注明按图纸加工或按样品加工。表达要准确，要使招、投双方对问题的理解保持一致，否则，容易引起纠纷。

（二）实事求是、切实可行

招标方的要求不能定得太高，以适宜为主，否则势必大大增加投资成本；投标方更要实事求是，要把决策建立在科学的研究和论证的基础上，切忌为中标而作出毫无把握的许诺。双方都实事求是，才能保证项目的切实可行。

【例文评析】

⋯ 评　析 ⋯

例文 4-7

××商厦建筑安装工程招标书

本例文是一份××商厦建筑安装工程招标书，目的是希望众多投标者前来投标。读后，该招标书能激发投标者竞争意识，其内容具体且全面，从九个方面对招标项目做了较为详细的说明。向社会公开招标，招标书的内容必须具体、明确。招标书涉及法律问题，受法律的监督和保护，故起草招标书应力求结构严谨、用语准确，本例文基本具备这一点。

　　为了提高建筑安装工程的建设速度，提高经济效益，经市建委批准，××公司对××商厦建筑安装工程的全部工程(或单位工程，专业工程)进行招标。

　　一、招标工程的准备条件(本工程的以下招标条件已经具备)：

　　1. 本工程已列入××市年度计划；

　　2. 已有经国家批准的设计单位出的施工图和概算；

　　3. 建设用地已经征用，障碍物全部拆迁；现场施工的水、电、道路和通信条件已经落实；

　　4. 资金，材料，设备分配计划和协作配套条件均已分别落实，能够保证供应，使拟建工程能在预定的建设工期内，连续施工；

　　5. 已有当地建设主管部门颁发的建筑许可证；

　　6. 本工程的标底已报建设主管部门和建设银行复核。

　　二、工程内容、范围、工程量、工期、地质勘察单位和工程设计单位(见附表)。

　　三、工程可供使用的场地、水、电、道路等情况(略)。

　　四、工程质量等级，技术要求，对工程材料和投标单位的特殊要求，工程验收标准(略)。

　　五、工程供料方式和主要材料价格，工程价款结算办法(略)。

　　六、组织投标单位进行工程现场勘察、说明和招标文件交底的时间，地点(略)。

　　七、报名日期、投标期限、招标文件发送方式：

　　报名日期：××××年××月××日。

　　投标期限：××××年××月××日起至××××年××月××日止。

　　八、开标、评标时间及方式，中标依据和通知：

　　开标时间：××××年××月××日。(发出招标文件至开标日期,一般不得超过两个月)。

评标结束时间:××××年××月××日。(从开标之日起至评标结束,一般不得超过一个月)。

开标、评标方式:建设单位邀请建设主管部门,建设银行和公证处(或工商行政管理部门)参加公开开标,审查证书,采取集体评议方式进行评标,定标工作。

中标依据及通知:本工程评定中标单位的依据是工程质量优良,工期适当,标价合理,社会信誉好,最低标价的投报单位不一定中标。所有投标企业的标价都高于标底时,如属标底计算错误,应按实予以调整;如标底无误,通过评标剔除不合理的部分,确定合理标价和中标企业。评定结束后五日内,招标单位通过邮寄(或专人送达)方式将中标通知书送发给中标单位,并与中标单位在一月(最多不超过两月)内签订建筑安装工程承包合同。

九、其他:

附:施工图纸、勘察、设计资料和设计说明书(略)

建设单位(即招标单位):
_____
××××年××月××日

地址:××市××区××路××号

联系人:×××

电话:××××××××

(录自陆亚萍等编著《应用文写作教程》,复旦大学出版社,2015年1月第三版)

【例文评析】

例文 4-8

××公司投标书

··· 评　　析 ···

××进出口总公司招标公司诸位先生:

经研究××号招标文件后,我公司决定参加××桥梁工程项目所需货物的投标,并授权下述代表人×××、×××代表我公司提交下列投标文件,其中正本一份、副本五份。

> 本例文是中国××桥梁公司的一份投标书，是根据××进出口总公司招标公司为××桥梁工程项目所需货物向社会发出招标书而写的投标书。标题由投标单位名称（××公司）和文种（投标书）构成，顶格写明招标单位的全称——××进出口总公司招标公司诸位先生。前言写明投标的依据，点明投标的项目和内容。主体部分按招标文件、招标态度、保证事项分条叙述，条理清楚。落款写明投标单位名称、授权代表人姓名、地址、电话号码、投标日期等。共有8个附件，该投标书能紧扣要求进行编写，格式工整。具体、详细、认真是本案例的特征。此写法有利于引起招标单位的注意和重视。

1. 投标报价表。
2. 货物清单。
3. 技术规格。
4. 技术差异修订表。
5. 投标资格审查文件。
6. ××银行开具的金额为××万元的投标保函。
7. ××银行开具的金额为××万元的履约保证金保函。
8. 开标一览表。

签名代表人兹宣布同意下列各点：

1. 投标保价表列拟的供货物的投标总报价为××万元。
2. 投标人将根据招标文件的规定履行合同的责任和义务。
3. 投标人已详细审查了全部招标文件的内容，包括修改条款和所有供参阅的资料及附件，投标人放弃要求对招标文件做进一步解释的权利。
4. 投标书自开标之日起两个月内有效。
5. 如果在开标之后的投标有效期内撤标，贵公司可以没收投标人的投标保证金。
6. 如果中标后，我方未能忠实地履行所有的合同文件或随意对合同文件作出修改、变动，贵公司可以没收我方许诺的履约保证金。
7. 我们理解贵方并不限于只接收最低价，同时也理解你们可以接受任何标书。

附件：

1. 投标报价表（略）
2. 货物清单（略）
3. 技术规格（略）
4. 技术差异修订表（略）
5. 资格审查文件（略）
6. 投标保证金保函（略）
7. 履约保证金保函（略）
8. 开标一览表（略）

投标单位：中国×××桥梁公司（公章）

投标者姓名：×××（签章）

投标代表人姓名：××（签章）

地址：×××××××

电话：×××××××

传真：×××××××

××××年××月××日

（录自陆亚萍等编著《应用文写作教程》，复旦大学出版社，2015年1月第三版）

【复习思考】

1. 什么是招标、投标？
2. 招标书的正文有哪些内容？
3. 投标书正文有哪些内容？

【案例训练】

1. 根据所给材料，写一份招标书。

一、工程概况

1. 工程名称：县汽车站
2. 建设单位：市汽车运输有限责任公司分公司
3. 工程地理位置：线的交汇处西南角在高速公路切口处

二、自然条件

1. 极端最高气温
2. 极端最低气温
3. 年平均气温
4. 年降水量
5. 历年最大风力
6. 历年最大风速
7. 雾

三、设计要求

1. 以市发展和改革委员会《关于县汽车东站可行性研究报告的批复》为依据。

2. 符合交通部《汽车客站级别划分和建设要求》(JT/T200-2004)和建设部、交通部《汽车客运站建设设计规范》(JGJ60-99)。

3. 基本符合县规划办公室《县汽车东站建设用地规划设计条件》。

4. 设计方案符合经济实用、美观的原则。体现以人为本和方便旅客，主要经济技术指标应表述清楚，如：征地面积、车站实际使用面积、停车场面积、主站房建筑面积（候车室、售票厅及分层面积）和辅助设施建设面积等。

四、招标要求说明

1. 投标单位必须具有独立法人资格和建筑设计乙级(含乙级)以上资质。

2. 邀请设计单位参加方案设计,自愿接受邀请的设计单位须交保证金5 000元,并按规定的时间到现场踏勘。

3. 本次方案设计招标获胜的单位为初步设计和施工图设计单位。

4. 有下列情况之一的,设计方案无效:

(1) 不响应设计招标书的;

(2) 未按规定时间到现场踏勘;

(3) 逾期送达设计方案的;

(4) 设计方案未达到《××省建筑工程设计投标文件编制深度规定》要求的;

(5) 方案设计一般不得超过可行性研究报告所规定的各项指标±5%,如特殊情况可作说明,停车场面积加大不受限制。

5. 设计单位报送的方案设计文件为七份,其中一份为正本,包括相关资质证明书,营业执照(复印件)供备查使用。正本文件应加盖设计单位公章,并由法定代表人或其授权人及相应资格的注册执业人员、具体编制负责人签字盖章,单独密封并在密封件上注明"正本文件"字样,其余文件为副本,供评标使用。副本文件和其他资料不得有任何显或隐示设计单位的文字和标记。

设计单位应将上述副本文件和密封的正本文件在规定的时间内送达到指定地点。

2. 根据所给材料写一份招标书。

照明工程施工工艺验收标准

一、严格按图纸施工、面板、灯具、电器配件等材料,其品种、规格、颜色应符合设计、住户要求,产品质量符合国家标准。指定材料为南平太阳牌强弱电线,PVC塑管。

二、现场勘测建筑结构布局,统一放水平基准线。

三、按施工现场实际尺寸施工放样,用鲜艳的画笔画出开关、普通插座、空调插座、网络插座、电视插座、智能化控制安装、漏电断路器安装、线管预埋位置,用墨盒弹线,横平、竖直弹线。

四、室内三房两厅套房为标准,分七路走线。

1. 卧室、客厅、书房、厨房、卫生间照明一路。

2. 厨房插座一路。

3. 卧室、客厅、书房普通插座一路。

4. 客厅空调插座一路。

5. 卫生间热水器插座一路。

6. 卧室空调一路。

7. 书房空调一路。

每一路用电不得超过3千瓦。

3. 根据所给材料,写一份投标书。

  工程名称:水文花园园林绿化工程

  项目负责:佘光晟

  投标单位:咸宁长青绿化有限公司

  我单位研究了贵办的水文花园园林绿化工程招标文件及工程的图纸和其他有关资料,并查勘了现场,现正式提出,我方愿意以人民币_____元的总承包价承包水文花园园林绿化工程的施工任务,并同意按照该工程的图纸、合同条款、施工细则和工程量清单以及招标文件中其他有关条款进行施工。并保证在2005年6月10日以前完成并移交整个工程,同时我方将按规定交纳履约保证金(合同金额的5%)_____元,工程风险抵押金(合同金额的10%)_____元。

4. 根据下列所给材料写一篇招标公告。

广东××体育发展有限公司ERP项目招标公告

  此次招标分两个阶段进行,一是投标书评定阶段;二是产品的演示和案例考查阶段。第二个阶段只有投标书被选中的公司才有资格参加。

  项目名称:广东××体育发展有限公司ERP项目;

  招标内容:广东××体育发展有限公司ERP项目建设方案及实施。

  对投标人资质要求:

  投标人具有服装行业ERP软件的开发、实施能力,有成熟的ERP解决方案及自主产品,并且有至少2年的成功运行案例和至少5年的ERP实施经验;具有现代企业信息化总体方案设计能力和经验,以及在法律上、财务上独立,合法运作并独立于业主和招标人的国内计算机信息系统开发、集成商为合格的投标人;

  投标人应遵守中国的有关法律和规章条例;

  投标人所提供产品的开发工具包及相关支撑软件等必须有合法的许可;

  注册资本叁佰万元人民币以上(含叁佰万元人民币);

  项目需求:详见招标书;

  标书下载地址:http://www.gd-××××.com.cn/download/××广发ERP项目招标书.doc

  标书售价:免费;

  标书答疑时间和电话:20××年12月17日以前,工作时间(周一至周五上午8:30至11:30;下午13:30至17:00);0757-8777×××转8850、1338023×××转8850;

  投标截止时间:20××年12月31日23:59(以收到投标书为准);

  投标书形式及投递方法:投标人所制作投标书正本一份副本六份,并随电子文档光盘一份,快递到我公司(邮费自付);

  投标人的评定:由我公司的投标书评审团对标书进行评定,选出多家投标人进行第二阶

段的产品演示及案例考查评定,届时我们会电话通知被选中者;

投标书的处置:我公司保证对所有投标书保密,无论投标人是否中标,我公司有权对投标书进行处理,不再通知投标人。

第五节 产品说明书 商业广告

一、产品说明书

(一)产品说明书的含义、类型

1. 含义

产品说明书,又称为"产品使用手册(Operating Manual)",是生产厂商为销售及进一步宣传和说明其产品而附在产品包装内部或外部的一种宣传资料,主要用来说明产品的结构、功能、性状等各方面特征,并告诉客户如何正确使用所购物品,使顾客对产品有深一层的了解,以免因使用不当而造成不良后果,同时对今后产品的日常保养有一定的提示作用。

一份成功有效的说明书,不仅可以迅速激起人们的购买欲望,而且可以起到良好的宣传广告作用。

2. 类型

(1)包装物上的说明书

把简短的产品说明印在包装物上,这种形式往往用于日常生活用品和医药用品,既方便消费者,又美化包装。

(2)专用纸张说明书

它是以较长篇幅写在专用纸张上,放进包装盒的说明书,适用于科技含量较大,使用较复杂的产品。

(3)图表式说明书

有的产品成分较复杂,就用图表来表示。如用图表表示奶粉中各种营养成分,一目了然。电器产品其结构、性能通常也以图表来表示,图表说明与文字说明往往是结合起来使用的。

(4)装订成册的产品说明书

这类说明书往往用于零部件多、结构复杂、使用技能要求较高的大型机械设备,除了文字说明外,还要用许多图表说明。

(二)产品说明书的特点

1. 说明性

说明、介绍产品,是产品说明书的主要功能和目的。

2. 实事求是性

产品说明书必须客观、准确反映产品。

3. 指导性

产品说明书应包含指导消费者使用和维修产品的知识。

4. 形式多样性

产品说明书的表达形式可以只用文字，也可以图文兼备。

（三）产品说明书的写作格式和方法

1. 标题

总体图表、分解图表等辅助说明。

产品说明书的标题有完整的标题和省略的标题两种。完整的标题由产品的商标、型号、货名加文种"说明书"、"使用书"或"使用说明书"构成，如《胃炎胶囊使用说明书》。也有省略文种的如《鼎炉牌美国洋参丸》等。

2. 正文

（1）前言或概述

这一部分，有的产品说明书是介绍新产品的主要性能特点，有的产品说明书则是强调编写说明书的目的或说明维修、使用好新产品的重要性，有的产品说明书没有这一部分。

（2）目录

如果是篇幅较长、装成一本的产品说明书，为了便于读者翻阅，还得有个目录。如果是只有几张纸的产品说明书，则不需要目录。

（3）主要技术数据

要写得准确、简洁，也可以用表格的形式来反映。

（4）使用方法

往往配上插图，按照一定的程序，说明产品的使用方法。

（5）保养和维修

简要说明本产品保养的一般知识和维修的注意事项。

（6）附属备件及工具

如果随产品附有备换零件和工具，则应在这一项中写明。

3. 落款

注明厂址、电话号码、电报挂号，其中还可印上醒目的商标。

（四）产品说明书的写作要求

撰写产品说明书，一定要实事求是，恪守信誉，对用户高度负责，说明的内容必须符合产品的实际状况，这样才能取得用户的信赖。

产品说明书的文字，要通俗、简明、准确；产品说明书的封面要精心设计，做到图文并茂，给人以美感。

【例文评析】

··· 评　　析 ···

例文 4-9

明明白白花钱　实实在在消费
——××纸品

这篇产品说明书语言简练、内容完整、通俗易懂。说明书的写作目的就是让人们尽可能多地了解所介绍商品的知识，进而指导人们使用，因而语言必须平实易懂。本例文在写作上的可贵之处正是抓住了××纸品的特点进行说明，内容具体、实在。

　　××实业有限公司，是××地区生活用纸行业的龙头企业之一。长期以来，××公司用"××品牌，实实在在"的经营理念，努力打造"××"、"××"两大品牌系列生活用纸。××纸品选用100%纯原浆，经先进工艺加工而成。其特点是：手感好，刀纹细，洁白无菌，量足实用。敬请广大消费者放心选用。

　　欢迎垂询：

　　公司地址：×××××

　　电话：×××-××××××××

（摘自陆亚萍等编著《应用文写作教程》，复旦大学出版社，2015年1月第三版）

二、商业广告

（一）商业广告的含义、类型

1. 含义

顾名思义，广告即"广而告之"，是面向公众的一种告知行为。广告有广义和狭义之分。广义的广告是指广告主通过一定的媒介和方式向预想对象进行的一种信息传播活动，包括以营利为目的的商业广告和不以营利为目的的公益广告。狭义的广告主要是指那些以营利为目的的商业广告。

广告是随着人类社会的商品生产和商品交换的产生而产生的，并随着商品经济的发展而发展。从古至今，广告发展经历了三个阶段，即原始广告时期、印刷广告时期和现代广告时期。

原始广告时期，广告主要以口头宣传和实物标示的形式出现。口头广告源远流长，是古代社会"广而告之"的主要形式，行商坐贾常常一边做买卖一边用不同的腔调叫喊，根据不同叫法，人们便可以知道他在出售什么商品。古老的广告形式还有很多，如在旗帜、灯笼、招牌等标志物上书写文字广告，用箫声、梆子声、锣鼓声等代表某种商品和商业行为的音响广告等，有些原始广告方式直到现在还在发挥作用。

随着造纸和印刷术的发明和进步，广告由原始时期进入印刷时期。迄今为止发现的世界上最早的印刷广告,是我国北宋时期(公元 960—1127 年)济南刘家针铺的铜版广告。

19 世纪以后,随着科学技术的进步和经济发展速度的加快,广告也进入了一个新的时代,其主要特点是广告经营的专业化和广告传播的大众化。近年来,随着我国市场经济体制的不断完善,企业和商品都要参加市场竞争,广告的作用越来越大,广告业迅猛发展。广告的传播方式越来越先进,报纸、杂志、广播、电视、国际互联网等现代化大众媒介使广告迅速走进千家万户。

2. 商业广告的分类

商业广告因其划分的标准不同,而种类繁多。

根据广告所运用的媒体划分,可分为报刊广告、电视广告、广播广告、招贴广告、橱窗广告、牌匾广告、通信广告、车船广告、灯箱广告、包装广告、礼品广告、墙壁广告、实物广告、纸袋广告、日历广告、模型广告等。

根据广告覆盖的范围划分,可分为国际性广告、全国性广告和区域性广告。

根据广告宣传的内容和特点划分,可分为商品广告、劳务广告、企业广告、公益广告、文体广告、招聘广告等。

根据广告的构成成分划分,可分为文字广告和物象广告。

当然,在繁花似锦的广告园地中,还可以根据不同的标准划分出更多的种类来。在具体的实践活动中,各种类型的广告并不互相排斥,恰恰相反,它们往往相辅相成,交错重叠,复合运用。

由于各种类型的广告宣传的角度不一,特点不同,故其收到的效果也不尽相同。正因为如此,各企业应根据自己产品、劳务的宣传需要,选择适宜于实际情况的广告类型和形式,充分发挥最佳广告效应。

(二)商业广告的特点

广告所借助的媒体不同,特点当然也不相同。最常见的媒体广告形式有报纸广告、杂志广告、电视广告、广播广告、互联网广告。

1. 报纸广告的特点

(1)读者众多,覆盖面宽

报纸的读者众多,遍及社会诸阶层,与人们的日常生活紧密相连。因此报纸被广泛利用,产生较大的影响和效益。

(2)区域性强,易供选择

每种报纸发行范围往往具有一定的区域性,广告可灵活选择适合的报纸有针对性地进行宣传。

(3)版面灵活,制作简易

报纸广告大多既不需要像杂志广告那样提前提供广告文稿,也无须像电视广告那样提前拍摄,更不必像标牌、灯箱等广告那样追求绘画色彩、灯光效果。报纸广告印刷时间短,版面安排灵活,相对而言,成本较低。

2. 杂志广告的特点

（1）对象明确，选择性强

多数杂志专业性较强，有相应的较为固定的读者群，这就特别适宜于某类专用商品的广告宣传需求，其实效显而易见。

（2）印刷精美，图文并茂

一般说来，杂志上的广告多为彩色印刷，这就使得它所宣传的产品外形美好、色彩绚丽，往往能达到清晰具体、赏心悦目的效果，容易集中、突出地表达传播的内容和主旨。

（3）版面集中，周期较长

杂志上的广告一般都集中在封面、封二、封三、封底和插页上，位置相对集中醒目，便于读者记忆。另外，杂志多为半月刊、月刊、双月刊，周期较长，且便于保存，因而能使广告更好地发挥作用。

3. 电视广告的特点

（1）视听兼备，形象生动

电视广告视听兼备、形象生动。那鲜明的色彩、跳跃的画面、动人的音乐、富于鼓动性的解说，既塑造了生动的商品形象，又建立起了良好的企业信誉；既丰富了人们的商品知识，又满足了人们的文化需求。有的优秀电视广告，还具有较高的欣赏价值。

（2）宣传面广，深入家庭

电视作为一种生活用品，早已深入到千家万户。据统计，在我国，如果一则广告通过中央电视台第一套节目播出，同时观看的观众，最保守的统计数字不低于一亿人，这就相当于一出戏剧在能容纳万人的人民大会堂公演十年的观众人次。可想而知，电视广告宣传有多么巨大的受众群体。

（3）直观真切，感染力强

电视画面是直观的、真切的、生动形象的，它能对产品的性能特点给以具体的、动态的、突出的展示，因而也就更具有说服力和感染力。

4. 广播广告的特点

（1）不受时空限制

广播广告的突出特点是传递的信息不受时间、空间的限制。不论城市乡村、不论室内室外、不论居家旅行、不论田间地头，只要有一台小小的收音机，便可以随时收听到，最易发挥心理学上无意注意的作用。

（2）收听对象广泛

就接收率而言，广播广告的听众具有相当的广泛性。无论男女老少、工人农民、知识分子，只要听力正常都可以收听。尤其在电视还没有普及的山区，收音机装置成了家庭娱乐的主要手段，为广播广告开辟了广阔天地。

（3）传播迅速及时

无线电波在空中的传递速度是相当快的，它和光速一样，每秒可达 30 万公里，所以无线电波一经发射,马上就可从收音机中收听到。广播广告传递速度快,对于时间紧迫、季节性强的商品广告,别具吸引力。

5. 互联网广告的特点

近年来迅速崛起的互联网,被认为是一种适合于细分化市场营销趋势的新媒体。这主要是因为网络媒体有以下特点:

(1) 互联网受众人数每年都在成倍增长,而且他们受教育程度较高,相对富裕,具有相当的购买力。

(2) 互联网通过特定方式,如电子讨论组、电子新闻组、娱乐网站等,构成虚拟社区,将兴趣相近的人吸引到一起。

(3) 互联网具有较强的交互性,用户可以自由上网发布信息,寻找信息。

可见,网络广告的吸引力不仅在于其惊人的增长速度和较低的千人成本,更在于较强的交互性、高购买力的受众以及更加准确的到达率。因而,有相当多的广告主和广告公司看好网络广告的前景。

(三) 商业广告的写作格式和方法

商业广告文案撰写有一个为人熟知、长期使用的英文公式,就是 AIDCA,即:

Attention(注意)	简写为	A
Interest(趣味)	简写为	I
Desire(欲望)	简写为	D
Conviction(确信)	简写为	C
Action(购买行动)	简写为	A

意思是撰写广告文案先要引起读者的注意,生动有趣,引起消费者的消费欲望,进而确认商品,并引导他们产生购买行动。

一般一则完整的广告文稿结构内容,包括标题、标语、正文、附文四个部分。具体写作时,视不同情况也可只侧重某一个或几个方面。

1. 标题

标题是指整则广告的总标题或广告全文的标题。标题就是整则广告给人的第一印象,所以要求有强大的吸引力,能一下就抓住读者的视线,写作时应尽可能简明扼要、新颖别致、引人注目。如果标题醒目有趣,往往容易吸引读者,否则就易失去读者。标题形式主要有以下三种:

(1) 直接性标题

这是通过标题把广告所要宣传的事物和情况直截了当地告诉公众,简洁明了,使人们一看就清楚广告要推销什么。这种标题通常或点明产品,或道出牌号,或说出厂家,或陈述特点。如"沱牌曲酒"、"一汽金杯汽车有限公司"、"容声牌电冰箱"、"出租摩托车"等。这种标题对于巩固阶段的产品效果尤为明显。

（2）间接性标题

这种标题本身并不直接介绍产品，而是通过一种富有暗示性的文学性语言文字来描述产品，既概括产品主旨，又富于含蓄蕴藉的情趣。

如：我们已突破了世界语言的障碍（荷兰电信广告标题）

表现了消费者对商品的消费期待和商品消费利益点，对应了消费者的消费心态，体现了商品满足消费的有效性。

（3）复合标题。这种标题把直接性标题和间接性标题结合起来，既清楚明白，一目了然，又新颖别致，有吸引力和诱惑力。

如：女人好辛苦，爱心来滋补（爱心舒丽口服液广告）

冠心病谁来治——青岛养心氏，您的心让我的心来照顾（治疗冠心病药物青岛养心氏的广告）

2. 标语

广告标语又称广告口号或广告语。指表达企业理念或产品特征、长期使用的宣传短句，主要目的是为了维护广告宣传的连续性。它在创作时遣词造句应简洁、精练、有强烈的鼓动性，表现应灵活多样。一般说来，每则广告的正文、标题都可以不断更换。但广告标语一般短时间不能更换。如中国济南轻骑摩托车厂的广告标语是："踏上轻骑，马到成功"。这个厂的系列产品野马、雄风、K90、木兰等各有各的广告标题和正文，但标语却只有这一个。至于标语的具体表现形式，或号召、或幽默、或颂扬、或点题都行，但不管如何表现都强调有鼓动性。

广告标语的表达技巧是多种多样的。对于创作者来说要根据产品和企业的具体情况，找出最易被消费者接受的表达方式。一般常见的方式有这样几种：

（1）返璞归真法

摈弃华丽的辞藻，用朴实的语言来与消费者沟通。

如：永远不会泛黄（国外某油漆广告）

串起生活每一刻（柯达胶卷）

作为全球最大的感光材料的生产商，柯达在胶卷生产技术方面的领先已无须再用语言来形容，柯达更多地把拍照片和美好生活联系起来，让人们记住生活中那些幸福的时刻。

（2）幽默引人法

用诙谐幽默的语言让消费者在欢笑中接受广告传递的信息。

如：除了钞票，承印一切（法国某印刷厂广告）

（3）唤起共鸣法

如：钻石恒久远，一颗永流传（戴比尔斯钻石）

戴比尔斯钻石的这句广告语，不仅道出了钻石的价值，而且也从另一个层面把爱情的价值提升到足够的高度，使人们很容易把钻石与爱情联系起来，这的确是最美妙的感觉。

又如：好东西要与好朋友分享（麦氏咖啡）

这是麦氏咖啡进入台湾市场推出的广告语，由于雀巢已经牢牢占据台湾市场，那句广告语又已经深入人心,麦氏只好从情感入手,把咖啡与友情结合起来,深得台湾消费者的认同,于是麦氏就顺利进入台湾咖啡市场。当人们一看见麦氏咖啡,就想起与朋友分享的感觉,这种感觉的确很好。

(4) 烘云托月法

人头马一开,好事自然来(人头马 XO)

尊贵的人头马 XO 价格昂贵,喝人头马 XO 一定会有一些不同的感觉,因此人头马给你一个希望,只要喝人头马就会有好事到来。有了这样吉利的"占卜",谁不愿意喝人头马呢?

(5) 赞赏他人法

就是通过赞扬消费者的方法来让消费者获得一种心理的满足。

如:优秀的你选优秀的车

3. 正文

广告正文是广告文稿的核心。它的主要作用是进一步论证、阐明广告标题,更透彻地表现广告宣传的宗旨。正文可长可短,其写法多种多样,主要有以下几种形式:

(1) 陈述型

又称"简介体"。是用准确、简洁、朴实的语言介绍产品,突出产品的主要特点。

(2) 说明型

说明型的正文是以科学、客观的语言,表述、解释产品或企业的有关信息,重在说明事实。

(3) 描写型

描写型的正文重在用具体、形象的语言描绘产品及其给人带来的享受。

(4) 论证型

论证型的正文重在"以理服人"即依据一定的论据,采用一定的论证方式,来告诉消费者为什么要使用某某产品,说服消费者购买。

(5) 感化型(抒情型)

感化型的正文是通过与产品或企业相关的某种感情的抒发来感染消费者、打动消费者。从文体看由于散文和诗歌最适合于抒情因而感化型正文常用散文式和诗歌式。另外,书信体也适合于抒发人物内心的情感体验,所以现在许多文案(尤其是报纸广告文案)采用了这种文体,并且已形成了一种潮流。

在实际的广告文案的写作中,正文的表达方式丰富多彩,不一而足。需要说明的是,尽管广告正文很重要,但并不是每则广告都必须有正文。有些广告因受场所、媒体等条件的限制无法使用正文。如实物广告、霓虹灯广告等,正文就不容易表达。

4. 附文

附文又叫随文,指广告中那些次要的、备查备用的信息,它包括企业及销售人的名称、地址、电话、邮政编码、传真等。由于附文不是广告的中心议题,它只是为消费者提供一些必要的线索资料,因此,也可以省略不写。如果要写,就应以不醒目的方式摆在次要位置上,不要喧宾夺主。同时还要尽可能写得详细清楚,以便于消费者查询、联系、购买。

附文的写作方法有如下几种：

（1）排列法

既按照一定顺序，把信息排列在文案的最下端，不添加多余文字。

例如：小天鹅集团

    地址：中国无锡惠线路 67 号

    邮编：214035

    本地服务热线：（020）8442××××

    总部监督电话：（0510）370××××

（2）附言法

就是用委婉、礼貌的语言提醒消费者注意那些附加性的信息。

例如：飞利浦 DVD 广告文案的附文

- 凡购买 DVD840 影碟机一部，附送宝力宝精选珍藏 MTV 卡拉 OK 碟一张，数量有限，送完即止。
- 如有垂询，请致电飞利浦顾客服务热线：（021）65179158

（3）表格法

将文案中附加性信息用表格的形式表现，更加清晰明了。

（四）商业广告的写作要求

1. 内容真实

我国《广告管理条例》中规定："广告应当做到内容真实，必须对广大消费者和用户负责，宣传商品，保证真实可靠。"广告内容真实，这是对广告文稿最起码、最基本的道德要求，是商品和企业信誉之所在，也是企业的财源之所在。广告不能为赚钱而不讲信义，诱惑、欺骗消费者，这不仅会损害消费者利益，也会影响企业的形象和经济效益。

2. 主题突出

广告只有主题鲜明突出，才能吸引消费者，达到促销的目的，切忌头绪纷繁，杂乱无章。广告主题可根据商品本身的特点，竞争对手的情况，消费者的需求及心理等因素来确定。如商品在创牌阶段应侧重介绍其性能、用途、价格及特点，以引起消费者注意，产生购买的欲望；在竞争阶段，应侧重介绍该商品与其他同类产品相比，所具有的优点及长处，使消费者通过比较，决定购买这种商品；在保持阶段则应着重介绍用户对它的赞誉及权威机构对它做出的评价，宣传它的牌子老、质量好、信得过，以巩固该商品在市场上的地位。

3. 创意求新

广告讲创意。成功的广告往往都有独到的创意，敢于想他人之所未想，为他人之所未为，打破常人的思维习惯进行逆向思维与多向思维，使人读了感到新颖、神奇，具有强烈的吸引力和感染力，好的创意能化腐朽为神奇，取得意想不到的促销效果。

4. 语言精妙

一则成功的广告要求语言精妙,生动形象,准确健康,幽默通俗,让人在阅读的一刹那感受到强大的吸引力和诱惑力,产生购买欲望。为了使广告语言精妙,可以引用成语、俗语、对联,也可以采用拟人和反复等修辞手法。

【例文评析】

例文 4 - 10

梦中花园——丽江古城

兼山乡之容、水乡之貌
一座依顺自然的山水之城
一座亲和自然的田园之城
丽江古城

纳西民俗风情
深层历史文化
一个以人为本的世外桃源
一个天人合一的梦中家园
滇西北雪域大江中
在熙攘浮躁的当今世界,这座古城已成了
难得一闻的一曲远山清音,红尘牧歌

… 评　析 …

本例文是一则旅游宣传广告。标题一目了然,主体承接标题,以抒情诗的结构形式,以丽江古城的自然之美、古朴之美、人文之美为铺垫,将梦中花园——丽江古城叙述得既得体又充实,条理既清晰又易解,语言极富吸引力。阅罢,仿佛在远山的清音之中,升华出一片远离尘世的净土,一座令人神往的世外桃源,先睹快哉! 这是本例文的可贵之处,也是其广告要达到的艺术效果和真实目的。

(录自陆亚萍等编著《应用文写作教程》,复旦大学出版社,2015 年 1 月第三版)

【复习思考】

1. 简述广告文案的基本结构形式。
2. 简述标题的含义和作用。
3. 标题和标语有何区别?
4. 简要说明产品说明书的特点。

【案例训练】

1. 评析下列广告标语。

(1) 享受清新一刻　　　　　　——可口可乐

(2) 分享这份梦幻　　　　　　——香奈尔香水

(3) 科技以人为本　　　　　　——诺基亚

(4) 四海一家的解决之道　　　——IBM

(5) 福气多多，满意多多　　　——福满多方便面

(6) 农夫山泉有点甜　　　　　——农夫山泉

(7) 超越画质风采，超值打印生活　——爱普生打印机

(8) 维维豆奶，欢乐开怀　　　——维维豆奶

(9) 鹤舞白沙，我心飞翔　　　——白沙集团

2. 根据所给材料，拟写一则广告的文案。

广告情节：

一个十几岁的男孩站在路边吃麦当劳法式薯条，看见他的三个朋友向他走来。他并不想把薯条分给他们，于是迅速把薯条藏到了夹克衫的口袋。他冷淡僵硬的和他们打了个招呼。忽然，他发现了一个漂亮的女孩向他走过来。她对他微笑，他也回以微笑，并和她并肩离去。他注意到她有些冷，于是就将他的夹克衫披在她的肩上。他的脸上满是骄傲。但很快，他想起了他的薯条，于是他小心地伸出手想把薯条从他的夹克衫里取出来。女孩并没有发现口袋里的薯条，以为他想握住她的手，于是她伸出手拉住了男孩的手。最后，是一对年轻的情侣手挽手散步的背影，他把他那只闲着的手放在身后，用力地拽着那袋薯条，明显的是薯条和美人两者都不想放过。

3. 根据所给广告标语，拟写广告文案。

(1) 水往高处流　　　　　　　——淄博市潜水电泵厂

(2) 家中有金福，全家有口福！　——金福食品

(3) 百衣百顺　　　　　　　　——电熨斗

(4) 淡装浓抹总相宜　　　　　——涂料

(5) 网聚人的力量！　　　　　——网易

4. 以下所给材料是有些产品说明书中出现的问题，请你指出有哪些不妥之处。

(1) 吹风机的使用说明："睡眠时请勿使用。"

(2) 香皂的使用说明："如一般香皂使用。"

(3) 某饭店提供的浴帽外盒上写着："适用于一颗头。"

(4) 面包布丁："本产品加热后会变热。"

(5) 儿童咳嗽药（2—4岁儿童专用）："服用后请勿开车或操作机械。"

(6) 安眠药："服用后的症状———可能会引起嗜睡。"

(7) 美国××航空公司的坚果点心包装上（飞机上常会发的点心，内含花生、豆子、榛果等坚果）的使用说明："打开包装，吃坚果。"

5. 找一个你所熟悉的物品，写一篇产品说明书。

第五章 法律文书

第一节 法律文书概述

一、法律文书的含义

法律文书是指司法机关及非讼机关、当事人及其代理人依照法定程序,在进行诉讼或与诉讼有联系的非讼活动中,依据事实,适用法律、法规所制作的具有法律效力或法律意义的文书。

法律文书有广义和狭义之分。

广义的法律文书是指公安机关、检察机关、法院等司法机关及律师、公证机关、仲裁机关、当事人、诉讼参与人依法制作的,用于处理各类诉讼案件及非讼案件的具有法律效力或法律意义的文书的总称。

狭义的法律文书仅指司法机关在处理各类诉讼案件中依法制作的各类文书,具有国家公文的性质,是严格意义上的法律文书。

二、法律文书的类型

法律文书可以从不同的角度进行分类。

(一)按不同制作主体

可分为司法机关及其工作人员的文书,诉讼当事人及其代理人的文书,仲裁机关和公证机关的文书等。

(二)按文书形式

可分为文字叙述式文书、填空式文书、表格式文书、笔录类文书等。

(三)按性质

可分为诉讼文书、非讼文书。其中诉讼文书又可分为刑事诉讼文书、民事诉讼文书、行政诉讼文书三类。非讼文书用于公证实务及仲裁案件等。

三、法律文书的特点

(一)制作的合法性

法律文书制作的合法性,主要体现在制作主体合法、内容合法、程序合法。法律文书的制作总是和一定的法律程序相联系的,有严格的规定。什么情况下依据什么法律,应制作什么文书，制作的主体是谁，制作的内容和要求是什么，如何提交送达等，都必须有法律依据。任何单位和个人都不能随心所欲地进行制作。

（二）形式的规范性

法律文书是一种具有明显规范性的文书。每一种法律文书都必须按照国家有关机关颁布的统一格式样本制作，不允许另搞一套，主要表现在以下三方面。

1. 结构程式化

结构程式化是指法律文书结构固定化，写作事项要素化。法律文书的结构一般包括首部、正文和尾部三部分，其中正文一般包括事实、理由和处理意见三部分。法律文书中每一部分的内容也呈现要素化特点，如对事实的叙述基本上是由时间、地点、人物、原因、手段、经过、结果七种要素构成的。

2. 用语规范化

法律文书制作时必须按法律文书样式使用语言，而不得用其他词语替代。例如盗窃、强奸罪，不能写成偷窃、强暴罪；表述犯罪形态分别称为犯罪既遂、犯罪未遂、犯罪预备、犯罪中止，而不能写成已经犯罪、犯罪未成、犯罪准备、犯罪暂停等。

3. 称谓统一化

法律文书中当事人和诉讼参与人的称谓都是统一规定的，同一个当事人在不同诉讼阶段的称谓又不尽相同，都必须遵照办理，不得随意书写。例如，在刑事诉讼中，公诉案件的当事人称为被害人；自诉案件中的原告一方当事人称为自诉人；被告一方当事人在公安机关或检察机关侦察、审查阶段称为犯罪嫌疑人，而在检察机关交付同级人民法院审判的公诉书和刑事自诉状中称为被告人；在二审程序中则为上诉人或被上诉人。在刑事诉讼中的附带民事起诉状里，当事人的称谓是原告人或被告人。代理诉讼的，分别称为法定代理人、指定代理人、委托代理人。这些称谓是不能用错的。

（三）法定的强制性

法律文书的法律效力是指它具有强制执行效力。刑事判决书一旦生效，判处的刑罚就要执行。民事、行政判决书一旦生效，当事人应当执行，拒不执行的，人民法院可以采取强制措施。我国法律为法律文书法律效力的实现提供了可靠的保障。

有些法律文书虽无执行效力，但却具有法律意义，是处理诉讼案件或非诉讼事件中不可或缺的必经程序或必备手续。如检察人员的公诉意见书、辩护人的辩护词、诉讼代理人的代理词、当事人的诉讼文书、公证文书、仲裁文书等。

四、法律文书的作用

（一）司法实践活动的忠实记录

在进行诉讼和非讼活动中，每一程序和环节都有相应法律文书的制作和使用，并最终形成完整的卷宗，这些卷宗忠实地记录了办理案件的全过程，是检验办案质量、对案件进行复查的重要依据。

（二）进行法制宣传教育的重要教材

法律文书其制作的根本目的在于有效地保证法律的实施。不仅如此，公开对外的法律文书还有明显的法制宣传教育作用。法律文书通过对具体案件的处理，用活生生的事例来宣传法律、解释法律，从而使人们更好地认识法律，明确是非，懂得守法，依法办事，而且有利于提高人民同各种违法犯罪行为作斗争的积极性。

（三）保证国家法律正确实施

法律的制定贵在实施，由静态的立法到动态的司法，是法律实施的一个重要途径。司法活动一个重要内容便是法律文书的制作，因此法律实施的一个重要方式是运用法律文书这一具体形式。一个没有法律文书而实施的程序是不具有法律效力的，法律文书是司法机关依法办案、诉讼参与人依法参与诉讼的文书凭据，是保证诉讼活动依法进行的不可缺少的工具。

五、法律文书的写作要求

（一）内容要真实、准确、有针对性

法律文书中的事实材料必须真实。无论是刑事案件中的犯罪事实或民事、行政案件中的纠纷事实，既不能夸大，也不能缩小，更不能虚构。凡是写进法律文书的内容，还要求列举出足以证明该事实存在的证据。只有被告人的口供，而无旁证材料的事实，不能写入法律文书，因为司法裁判是以事实为依据的，若材料与事实有出入，就可能损害当事人的合法权益，也有可能使国家、集体或第三人的利益受损，严重的可能影响当事人的生命权。法律文书的事实材料是处理案件或定罪量刑的依据，必须以法律为准绳，所以选用的事实材料与适用的法律条款应完全对应一致，理由须充分明确。

（二）法律文书格式要求符合法定规范

法律文书具有国家公文的性质，而且具有强制性的法律效力。为了准确无误地实现这种效能，各类法律文书都规定了具体明确的格式，必须严格遵守。

（三）法律文书的语言必须准确、精练、朴实

1. 准确

法律文书的内容自始至终必须是准确无误的。当事人的情况、案情事实要准确无误，适用法律、语言修辞要准确无误，甚至标点符号也要做到准确无误。不能有失实、夸大、缩小、虚构、歧义、模糊、矛盾的现象。在语言文字的组织运用方面要字斟句酌、反复推敲、逻辑严密。法律文书的准确性还体现在法律术语的使用上。法律术语是司法实践中总结出来的，能准确表达法律概念的标准用语，如称已婚男女为夫妻，不能称爱人。

2. 精练

法律文书应该简明扼要，概括地表达出完备的内容。要求主旨明确，行文干净利落，不

说空话、套话,不拖泥带水,删去与主旨无关的字、词、句段。法律文书的语言贵在精练,言虽简略,理皆要明,不能言简而意缺。不能滥用简称,如把人民代表大会简称"人大"等,都是法律文书不允许的,必须使用全称。

3. 朴实

法律文书要求朴实无华,直笔叙述,一是一,二是二,是则是,非则非。最忌夸张、渲染、比喻、形容描绘。如血肉横飞、皮开肉绽、贪得无厌等词不宜使用,而应直接写出具体的伤情、损害、物品、金额、案情等。

【复习思考】

1. 什么是法律文书,它有哪些类型?
2. 法律文书有哪些特点,它又有哪些作用?
3. 如何才能写好法律文书?

【案例训练】

1. 将下列答辩状规范化。

答辩词

对不孝之子孙××的上诉,答辩如下:

第一,他说我没有抚养过他,那是忘恩负义的一派胡言。他母亲与我离婚时他才8岁,屁事不懂。8岁前谁养他?是我。

第二,他两公婆都有工作有收入。大女儿17岁,经常打零工,也有收入。他一家四口人,三人有收入,每个月给我80元赡养费何难之有?

请二审法院维持原判。

答辩人 孙××
××××年×月×日

2. 指出下面一篇上诉状存在的问题并提出修改意见。

刑事上诉状

上诉人:王××,男,30岁,汉族,住××市××乡××村××组,初中文化。

上诉人因车祸一案,不服××市人民法院20××年刑字第×号刑事判决,现提出上诉。

(1) 我父亲王××来城里办事,于20××年×月×日上午11时被卡车轧死。这辆卡车超载,刹车失灵。司机名叫李××。

(2) 人命关天,我父亲被轧死了,法院还判司机李××无罪,到底讲不讲理?法院为什么要包庇罪犯?如果法院不判李××有罪,我早晚要和李××拼命,血债要用血来还。

(3) 我父亲王××是个技术很高的木工,每月收入3 000多元,身体非常好,起码还能干10年。父亲的死,给我们一家带来巨大的经济损失,我们全家悲痛欲绝。

根据上述理由,我请求:

(1) 追究司机李××的刑事责任。

(2) 司机李××所在单位赔偿我家经济损失 300 000 元。

此致

××市中级人民法院

上诉人:王××

20××年×月×日

第二节 起诉状

一、起诉状的含义

起诉状又称诉状,是诉讼原告或其代理人、刑事案件自诉人或其代理人为维护自身的合法权益,依法向一审人民法院提出起诉,并提交的书面材料。起诉状写作主体为特定主体,只有合法的诉讼原告或其代理人、刑事案件自诉人或其代理人才有资格提起诉讼。

二、起诉状的类型

根据案件的性质,起诉状可分为民事起诉状、刑事自诉状和行政起诉状。民事起诉状是民事案件的原告或其法定代理人,为了维护民事权益就有关民事权利和义务的争执或纠纷,向人民法院提交的诉讼状。刑事自诉状是刑事自诉案件的被害人及其法定代理人,为追究被告人的刑事责任或者附带民事责任而直接向人民法院提起诉讼的法律文书。行政起诉状是公民、法人或者其他组织认为行政机关及其工作人员的具体行政行为侵犯其合法权益时,按照行政诉讼法的规定依法向人民法院提起诉讼,要求依法裁判所提出的书面请求。

三、起诉状的特点

1. **民事起诉状的特点**

在内容方面,主要表现为纠纷起因的繁杂性,案由的概括性以及是非的交错性;在形式方面主要表现为诉讼行为的先发性、诉讼根据的主动宣示性。

2. **刑事自诉状的特点**

自诉状所涉及的案子中被告人的侵权行为已经构成犯罪,而非一般违法,这是它与民事起诉状的区别所在。它与刑事公诉案件的区别是,刑事自诉状所涉及案子的被告人的罪行相对较轻。

3. **行政起诉状的特点**

被告身份具有特定性。行政诉讼的被告固定为国家行政机关(不以行政工作人员为被告)。此外,行政起诉状的特点还包括案件受理范围的法定性,提起诉讼程序的前置性、多样性以及举证责任的倒置性。

四、起诉状的写作格式和方法

民事起诉状、刑事自诉状和行政起诉状虽然三者的内容和性质不同,但写作的格式和要求基本相同。起诉状通常由首部、正文、尾部三部分组成。

(一) 首部

首部包括标题和当事人基本情况两部分。

1. 标题

在页面上部居中根据案件类别写明诉状的名称。如"刑事自诉状"、"民事起诉状"、"行政起诉状"、"刑事附带民事诉状"等。

2. 当事人基本情况

应按原告(刑事诉状的原告称为"自诉人")、被告的先后分别写明其姓名、性别、年龄、民族、籍贯、职业或工作单位、职务和住址等项目。自诉人未满18周岁的,应写明法定代理人的姓名以及和自诉人的关系。原、被告为多人的,应据其在案件中的地位和作用排列顺序,逐一说明其基本情况。原、被告如系单位,应写明单位名称、地址和法人代表的姓名、职务等。民事起诉状中如果有第三人的,应在被告之下另起一段写明第三人的身份事项,写法与原、被告相同,并说明第三人与原、被告的关系。

(二) 正文

正文包括案由和诉讼请求、事实与理由、证据和证据来源等部分。

1. 案由和诉讼请求

案由,即控告的具体事项或罪名。诉讼请求是说明被告应承担何种法律责任,请求法院依法追究其法律责任。原告的诉讼目的和要求,应在诉讼请求中向法院明确具体地提出来。有多项请求的,应按顺序逐一列明。刑事自诉状的诉讼请求主要写明请求法院认定被告人犯有何种罪(如侮辱、诽谤、伤害等),并处以刑罚的事项。民事起诉状主要写明请求法院依法解决原告一方要求的有关民事权益争议的具体事项,如请求法院认定合同无效,或解决损害赔偿等。行政起诉状主要写明关于撤销某某行政机关的错误决定的请求事项。

2. 事实与理由

这是诉状的核心部分,起诉状的事实,是法院裁判的根据。刑事诉状应真实地反映案件的具体情况,详细交待被告犯罪行为的"七要素":即时间、地点、动机、目的、手段、情节和结果等内容。民事和行政诉状应写明权益纠纷的事实和原因,发生、发展的过程及结果等。起诉状的理由,是在叙述事实的基础上辨明是非曲直,阐述纠纷或犯罪的性质和责任,并援引适当的法律条文作为依据,论证诉讼请求的合理性与合法性。

3. 证据和证据来源

通常在事实与理由之后另起一段列述证据和说明证据来源。证据要求真实、具体、可信。要针对主要事实列举证据,要写明书证、物证和其他相关证据的名称及来源,写明证人的姓名、职业、住址及证言要点等。

（三）尾部

起诉状的尾部应依次写明以下内容：

1. 致送人民法院的名称。
2. 起诉人的姓名或印章。
3. 起诉的时间，即"××××年×月×日"。
4. 起诉状如由代书人代书，应写明代书人姓名、工作单位和职务。
5. 附项。即在诉状的左下角，详细列明提交法院材料的名称、状态及数量。

如：（1）本状副本×份；（2）物证×件；（3）书证×件。

五、起诉状的写作要求

第一，要注意文种名称的区别。法律规定的刑事自诉案件，虽然其诉讼文书的写作格式与民事起诉状、行政起诉状相同，但在行文中不能用"刑事起诉状"而应该用"刑事自诉状"或"刑事诉状"。

第二，要注意诉讼的特殊限定。公民和法人虽然都依法享有起诉权，但不是任何情况下都可以起诉的。如民事纠纷，有下列情况之一的，当事人不得向人民法院起诉：①客观上不存在纠纷或不归人民法院管辖的；②法院正在审理或已经审理过的；③依法在一定时期内不得起诉的；④按法律规定已超过起诉期限的。

第三，要注意语言表达的规范性。起诉状的语言要求尽量使用书面语言，准确、简明地表达，切忌感情冲动，尤忌无理狡辩和人身攻击。所有提法要符合当下社会的政策、法律法规。

【例文评析】

例文 5-1

民事起诉状

原告：李××，女，××××年×月×日出生，汉族，××单位职工，现住本市××路××号，电话：××××。

被告：张××，男，××××年×月×日出生，汉族，××公司职员。所住地址：××市××路××号，电话：××××。

诉讼请求：

一、请判令原、被告离婚。

二、婚生儿子由原告抚养，由被告支付抚养费。

三、共同财产依法分割，共同债务依法承担（具体见清单）。

··· 评 析 ···

这是一份由公民提起民事诉讼用的民事起诉状，全文包括首部、正文和尾部三部分。首部是由标题和当事人的基本情况两项内容构成的，标题用以标明文种，接着依次写明当事人的姓名、性别、出生年月日、民族、工作单位、住址和联系方式等。

> 正文是由诉讼请求、事实与理由两方面内容构成的。诉讼请求分条列出，明确、具体，事实中将婚姻关系破裂的客观事实叙述得清楚，一目了然。理由部分引用《婚姻法》第32条作为起诉的法律依据。

事实与理由：

原、被告于××××年，经人介绍相识结婚。婚后被告对原告非打即骂，多次造成身体伤害（见医院验伤单）甚至在原告怀孕期间，打骂依旧，差点造成流产。

孩子出生后，被告对原告、孩子不管不问。××××年年底还因赌博、嫖娼被公安机关依法处理。特别是上月初因赌博输钱被原告劝阻，被告大怒，将原告打得头破血流，造成头部被缝5针并伴有脑震荡。（见医院治疗证明）

综上所述，原被告夫妻感情已彻底破裂。

现在原告坚决要求结束这场名存实亡的婚姻。故依《婚姻法》第32条之规定，向贵院起诉，请求依法公正审理。

证据及证据来源

1. 身份证复印件。2. 结婚证复印件。3. 房产证复印件。4. 财产及债务清单各一份。

此致

上海市长宁区人民法院

附：本诉状副本一份。

> 尾部写入致受诉法院名称、起诉状的副本数及起诉人签名、具状日期等。

起诉人：李××

××××年×月××日

【复习思考】

1. 什么是起诉状，起诉状有哪些类型？
2. 什么是行政起诉状，它与民事起诉状有何不同？
3. 什么是刑事自诉状，它与民事起诉状在写法上有何不同？

【案例训练】

1. 根据下列材料，拟写一份起诉状，未明事项，自行模拟。

××××年×月×日，上海××皮鞋厂与兰州××实业公司签订了一份购买皮革合同，由××实业公司向皮鞋厂提供××牌牛皮×××张，总计款额××万元。按照合同规定上海××皮鞋厂于××××年×月×日将货款全部汇入对方帐户。但对方并未按合同准时交货。虽经皮鞋厂多次催促，但对方借故拖延，拒不执行。最后，上海××皮鞋厂又曾多次要求退还货款，也遭拒绝。为避免自己蒙受更大的损失，故不拟再要求对方履行合同，只要求对方如数退还全部货款及损失。遂向法院提起诉讼。

2. 阅读下面一份刑事诉状，指出其错误的地方，并加以修改。

刑事起诉状

起诉人：王××，男，1949年10月5日出生，汉族，××省××县人，村民，住××省××县××村。

被告人：王×杰，男，1950年5月2日出生，汉族，××省××县人，村支部副书记，住址同上。

1. 诉讼请求：王×杰犯强奸罪、伤害罪，请依法追究其刑事责任。
2. 责令被告人承担起诉人的经济损失6 300元。

事实与理由

20××年元月30日傍晚，被告人王×杰（村支部副书记兼治保主任）处理我与王×广（村长）乘车纠纷，因处理不公正，我没有接受。引起被告人的不满，先训斥我"没有王法"，后又强拉我去见支书。在去支书家的路上，被告人在后面猛力将我推倒在地，由于冷不防，摔得我眼冒金星，头疼难忍。当夜呕吐数次，小便失禁，次日到县医院检查，经医院确诊为脑震荡，前后治疗两个多月，花去医疗费、拍CT等2 000多元，但病情仍未好转。该院开出证明，让转诊到省立医院检查治疗。3月份由我妻子李××护送我到西安，经过省立医院检查治疗30多天后返回原籍，又用去钱款7 500多元，至今还并未痊愈。为治病，住院、用药、路费、食宿，加上误工损失，我总的经济损失约10 000余元。此事虽经乡里多次调解处理，但至今没有得到解决。

20××年5月8日，我妻子到被告人王×杰家去讨医药费，王×杰乘机将我妻子强奸。事后，我妻子向村妇女主任刘×香、村支书张×平、村干部商××进行了告发。

综上所述，被告人王×杰目无国法，动手伤人，又强奸妇女，侵犯人身权利。性质恶劣，影响极坏。已构成犯罪。请求人民法院根据我国《刑法》第二百三十四条、第二百三十六条之规定，追究王×杰的刑事责任，赔偿我的经济损失。

证据和证据来源，证人姓名和住址：

××县医院诊断证明2份，省立医院诊断证明3份；医疗费用票据20张，差旅票据15张。证人刘×香、张×平、商××，住××县××乡××村。

此致

××县人民法院

起诉人：王××
二〇××年六月七日

附：本诉状副本1份

第三节　上诉状

一、上诉状的含义

上诉状是诉讼当事人或其法定代理人，因不服人民法院的一审判决或裁定，在上诉期限内依法向上一级人民法院提起上诉，请求撤销、变更原判或发回重新审理的诉讼文书。

二、上诉状的类型

上诉状依据案件的性质,可分为刑事上诉状、民事上诉状和行政上诉状三种。

三、上诉状的特点

上诉是法律赋予当事人的一项权利。

上诉状是当事人行使上诉权,维护自身合法权益的有力工具,也是二审人民法院受理和审理案件的依据。

对上诉案件的重新审理,有利于二审人民法院对下级法院审判工作的监督。它对匡正误判、实现司法公正、保护当事人的合法权益,具有不可忽视的作用。

四、上诉状的写作格式和方法

上诉状一般由首部、正文、尾部三部分组成。

（一）首部

首部包括标题、当事人基本情况和案由三部分。

1. 标题

根据案件性质,写明是民事、刑事还是行政上诉状。

2. 当事人基本情况

书写项目、次序和起诉状相同。书写当事人情况时要将其在一审所处的诉讼地位（原告、被告、第三人）在括号中加以注明。另外,针对公诉案件而写的刑事上诉状,因不能将人民检察院列为被上诉人,所以,只需列写上诉人即可。

3. 案由

这一栏要求写明不服一审判决或裁定的事由、原审法院的名称、处理时间、文书的名称和字号以及上诉的意思表达等内容。其行文格式一般为:"上诉人因××（案由）一案,不服××法院××××年×月×日（××）法×字第×号判决（或裁定）,现提出上诉。"

（二）正文

正文包括上诉请求与事实和理由两部分。

1. 上诉请求

这部分主要说明不服一审判决或裁定,请求人民法院重新审理和改判。内容大致包括以下几点：一是简要概括案件,引述原审判决的结论。二是表明对原审判决的结论是全部不服还是部分不服,如是部分不服的,还应表明对哪一部分不服。三是提出具体的上诉请求,是撤销原审判决、还是改变或部分改变原审的处理决定。上诉请求应具体,明确。

2. 事实和理由

事实和理由是上诉状的主要部分,也是上诉人提出上诉请求的根据。一般情况下,可以从以下几方面入手：一是阐明原审判决所认定的事实全部或部分错误,并提出纠正或否定错误的事实和证据,二是否定原审判决对案件定性的准确性具体指出其错误或不当之处。三是指出原审判决所援引的法律条文不准确,并提出正确的法律依据。四是指出原判所采用的审判程序不合规定,如审判组织不合法,应回避而未回避,应公审而未公审,必须辩护而无辩护人等。事实和理由的论证,要针对原审判决,以驳论为主,在批驳中阐明自己的观点。

(三)尾部

尾部的写法与起诉状相同,先写致送××人民法院的名称,其次是上诉人的签名或盖章及上诉日期,最后列出附项。

五、上诉状的写作要求

第一,上诉状的写作首先是要求对象明确,具有针对性。上诉状主要是针对原审判决,而不是像起诉书那样针对当事人,这是两者之间的重要区别。

第二,提出上诉也有一个合理合法性的问题,避免过分要求和不合理的主张,否则自己也就违反了公正性。由此可见正确确定上诉点非常重要,找准上诉点的条件是:熟悉法律,正确认识案件事实,尤其是关键事实。

第三,要注意以驳论为主,立论为辅,有破有立,破立结合。最后,应当注意提出上诉的法定时间,民事判决的上诉期为15日,刑事为10日;民事裁定的上诉期为10日,刑事为5日。逾期上诉无效。

【例文评析】

例文 5-2

民事上诉状

上诉人名称:北京××××广告公司。所在地址:北京市××区,××路××号。

法定代表人:徐××,职务:总经理,电话:×××××。

企业性质:集体,工商登记核准号:××××××。

经营范围和方式:经营、代理国内外商来华广告业务。

开户银行:中国银行北京分行××支行,账号:××××××。

被上诉人名称:北京市××××总公司。所在地:北京市××区,××路××号。

法定代表人:黄××,职务:总经理,电话:×××××。

上诉人因广告代理合同纠纷一案,不服北京市××区人民法院××××年×月××日(××)初字第×××号民事判决,现提出上诉。

…评 析…

这是一份企业提起上述的民事上诉状。

该上诉状首部、案由、上诉请求、上诉理由四个部分写法规范,格式齐全,内容完整。

上诉请求

1. 依法撤销原审判决，予以改判；
2. 判决被上诉人给付因其违约所欠款项人民币肆万元；
3. 本案一、二审诉讼费用由被上诉人全部承担。

上诉理由

1. 原审判决认定事实错误。

××××年×月××日，上诉人与被上诉人签订广告代理合同。合同约定：自××××年×月×日起至××××年×月×日止，上诉人在××区、××大街两侧黏挂有被上诉人标志的广告吊旗，被上诉人支付广告代理费28万元。合同订立后经有关部门批准，在指定的日期内，上诉人开始在指定路段黏挂由被上诉人总经理黄××审定认可的广告吊旗。

由于天气原因，连日刮风下雨，致使黏挂的广告吊旗破损较多，虽经一再补挂，仍不能保持持久。为此，有关部门下令停挂该广告吊旗，并摘除已挂的吊旗。

以上事实，有有关部门出具的证明。然而，原审判决却认定上诉人悬挂广告吊旗未经有关部门批准，属非法悬挂；且未能按约定期限悬挂。这一认定违背了客观事实，是错误的。

2. 原审判决适用法律错误

原审判决在对事实认定错误的基础上，将上诉人与被上诉人之间订立的合同，认定为无效合同，并适用《中华人民共和国经济合同法》中关于无效合同处理的规定，判决上诉人承担责任，返还被上诉人交付的24万元广告代理费。这在适用法律上亦属错误。

事实上，上诉人与被上诉人依据各自真实意思表示订立的合同符合《中华人民共和国经济合同法》基本原则，属合法、有效合同。合同订立后，上诉人又依据广告代理的规定向有关部门办理了相应的手续，并实际履行了该合同确定的义务，应当适用有关法律予以保护。

根据上述事实和有关法律，特请求依法撤销原审判决，予以改判。

此致

北京市中级人民法院

上诉人：北京××××广告公司

××××年×月×日

附：本上诉状副本一份

正文叙述中，上诉人不服一审判决，认为上诉人按合同在规定的时间，规定的地点悬挂广告吊旗。导致最终任务没有圆满完成，是因为天气原因，不是人为因素，点明原审判决认定事实、适用法律都存在错误。

该上诉状理由中能针对上诉观点进行充分的论证，驳斥了原审判决确认的"将上诉人与被上诉人之间订立的合同，认定为无效合同"的错误认定，同时援引《中华人民共和国经济合同法》加以分析，反驳的论据充足，具有一定力度，故最终提出"依法撤销原审判决，予以改判"就显得合情合理。

【复习思考】

1. 什么是上诉状?
2. 上诉状与起诉状有哪些异同点?
3. 上诉状的写作有哪些要求?

【案例训练】

1. 根据下列材料,拟写一份上诉状,未明事项,自行模拟。

（一）案情

上诉人李××（女）与被上诉人蒋××（男）经人介绍相识。上诉人称,未婚前就曾告诉蒋××自己患过轻微精神病,经治疗后已经痊愈。蒋××也曾通过介绍人及上诉人单位多方了解,情况属实,双方才正式结婚。婚后夫妻感情融洽,生活、工作均很正常。两年后李××生育一女,由于难产动了手术,产后照料婴儿又过度劳累等因素,导致李××精神病复发,蒋××多次陪同上诉人赴医院诊治,不久病情即告稳定。之后蒋××声称,婚前不知女方患有精神病,受到蒙蔽与欺骗。并借此为由,近一年来经常在外应酬,深夜始归,有时甚至不归,为此,双方曾多次发生争吵。不久蒋××向××区人民法院起诉,声称李××婚前患有精神病,对此不甚了解,婚后又再度复发,夫妻双方已无感情基础,要求判决离婚。

（二）一审判决情况

一审判决认为上诉人婚前即患有精神病,虽经治疗,但未痊愈。被上诉人婚前对此不甚了解,婚后上诉人又多次复发,夫妻双方已无法共同生活,判决准予离婚。为此,上诉人不服,向上一级人民法院提起上诉,要求撤销原判,改判不准离婚。

2. 阅读下面一份上诉状,指出其错误的地方,并加以修改。

上诉状

上诉人（原审被告）：欧阳×,女,36岁,湖北省×市人。

被上诉人（原审原告）：丁××,男,37岁,湖北省×市人。

上诉人因离婚一案不服××市人民法院判决,现提出上诉。上诉的请求和理由如下：原判认为,双方婚姻父母包办,并无感情基础,婚后因家庭纠纷,不断吵闹。近几年,女方毫无根据怀疑男方有外遇,经常到男方单位吵闹,影响工作与身心健康,双方感情日益破裂,分居多年之久,现男方提出离婚,调解无效,经调查属实,判决离婚。

上诉人认为原判认定的事实,是不正确的。我与被上诉人结婚,虽由父母作主,但订婚后,约见过几次。结婚时,被上诉人也喜气洋洋,这能说明没感情基础吗？我们结婚14年,生了一个孩子,家庭和睦。近几年,被上诉人对上诉人感情冷淡,照顾甚微,经常争吵,这毕竟是"家庭琐事",依此而判离婚,毫无法律根据。上诉人认为被上诉人有外遇,原判中说"毫无根据",上诉人的确看到被上诉人与一个护士常在一起,而且从对我的恶劣态度也可证实。我吵闹不休,是为了让被上诉人有所收敛,原审以此作为判离理由,不足为据。

根据上诉理由,请求撤销原审判决,依法改判,不准被上诉人与上诉人离婚。
此致
××市人民法院

上诉人:欧阳×(盖章)

二○××年×月×日

第四节　申诉状

一、申诉状的含义

申诉状是诉讼当事人及其法定代理人、被害人及近亲属,对已发生法律效力的判决、裁定不服,按照审判监督程序向人民法院或人民检察院提出申请复查重审的诉讼文书。

二、申诉状的类型

申诉状依据案件的性质,可分为刑事申诉状、民事申诉状和行政申诉状三种。

三、申诉状的特点

申诉状是运用审判监督程序维护司法公正性和准确性的一种法律文书。

申诉状和上诉状相比较,它们的相同点是,都是向同级或上级法院、检察院提请重新审理的诉讼文书。不同之处在于程序和时限不同。上诉状有上诉时限,用于对尚未发生法律效力的判决、裁定上诉;而申诉状一般不受时间限制,用于对已经执行和正在执行的判决、裁定进行申诉,但并不一定影响判决的执行。上诉状递交后,必定会引起第二审程序的发生。申诉状递交后,可能引起也可能不引起审判监督程序的发生。

四、申诉状的写作格式和方法

申诉状一般由首部、正文、尾部三部分组成。

(一)首部

首部要写明以下三项内容:

1. 标题

根据案件的性质确定标题,如"民事申诉状"、"刑事申诉状"、"行政申诉状"。

2. 当事人的基本情况

申诉人的基本情况与起诉状、上诉状相同。但需要注意的是:刑事自诉案件与民事案件的当事人申诉应将被申诉人的情况列出,而公诉的刑事案件与行政诉讼则一般只写申诉人,不写被申诉人。

3. 案由

写明申诉人,因何案不服何地人民法院何年何月何日何字何号的判决或裁定而提出申诉。如:"申诉人×××因××一案,不服××法院××××年×月×日(××)字第×号刑事(民事、行政)判决(裁定),现申诉如下。"

(二) 正文

正文由申诉请求和申诉理由两部分构成。

1. 申诉请求

这部分应简明扼要地说明原来的判决(裁定)有何错误或不当之处,并明确提出要求撤销、变更原判或再审等请求。

2. 申诉理由

这是申诉状的主要部分,主要是针对原判决(裁定)书的不当之处,通过摆事实,讲道理,具体说明其认定的事实有误,或适用的法律错误,或法律程序不当等,并提出相应的处理意见。为了增强申诉的说服力,应当提供足够的事实证据,或提出正确适用的法律以及援引具体的条款,以利于人民法院查明案件的真实情况,纠正错误。

(三) 尾部

这部分与其他诉状的写法基本相同,依次写明致送的机关、申诉人姓名、具体日期及附项等。

五、申诉状的写作要求

第一,申诉状是对已经或正在发生法律效力的判决(裁定)所提出的变更请求。由于司法机关对已经生效的裁判一般不会轻易改动,因此在写申诉状时,必须要有极强的针对性。

第二,要从事实出发,列出具有说服力的事实、证据或相关的法律条文,以此来论证原判决(裁定)有误,从而达到推翻或部分更改原审判决的目的。

第三,还要注意申诉状应按案件管辖范围向主管机关递送。按法律规定,对已发生法律效力的判决或裁定,认为有错误的,可向原审法院或上一级法院申请再审。对于刑事案件,被害人对人民检察院的起诉决定不服,应在法定期限内向人民检察院递交申诉状。

【例文评析】

例文 5-3

刑事申诉状

申诉人:刘××(系原审被告人刘××之父),男,1941年9月15日出生,汉族,××县人,系××省××县××中学教员,住××县××街,邮政编码:××××××。

申诉人刘××对××省××县人民法院20××年11月7

··· 评 析 ···

这是一份一审程序的申诉状,全文包括首部、正文和尾部三部分。

首部是由标题和当事人的

基本情况两项内容构成的。标题用以标明文种,接着依次写明申诉人的姓名、性别、出生年月日、民族、籍贯、职业或工作单位和职务、住址等。由于这是一起由检察院提起公诉的刑事案件,因此不写被申诉人。

申诉人认为原审已发生法律效力的判决确有错误,要求原审法院立案再审。

在事实与理由中,申述人运用夹叙夹议的形式分两个问题阐明了原审判决的错误,有事实,有分析,所论事理尽在情理之中。

本文合乎申诉状的写作格式,申诉理由充足,申诉请求合法,值得一读。

日(20××)刑初字第17号刑事判决书不服,提出申诉。

请求事项

请求原审法院立案再审,依法改判,从轻判处原审被告人刘××的刑罚。

事实与理由

我认为,××省××县人民法院20××年11月7日(200×)刑初字第17号刑事判决,不管是对案件发生起因的确认还是在适用法律方面,都有错误,我们无法接受。

一、刘××故意伤害案件的发生起因,在于被害人郭××不遵守交通规则所致。对这一重要问题,原判没有认定,只是说:"被告人刘××与被害人郭××,在××小学西面土路上骑自行车相撞,因双方互相躲让而没有让开,致使两车相撞,随后发生口角,并厮打起来。"事实的真相是,被害人郭××不遵守交通规则,骑自行车在道路的左边行使,致使发生了与被告人刘××相撞的后果。对此,郭××不但不表示歉意,还态度蛮横,这才引起双方的口角和互相厮打。对这起故意伤害案件的发生,被害人郭××应负主要责任,而原判对此却不分是非,在量刑时,对这一情节也不加考虑,这显然是不公正的。

二、案件发生后,派出所有关人员曾到我家传讯被告人刘××,因刘××不在家,通知我们家长,待刘××回来后,让他马上去公安派出所。刘××回来得知后,便去派出所,并如实交代了罪行,接受司法机关的审查和裁判。根据××××年×月××日最高人民法院、最高人民检察院、公安部《关于当前处理自首和有关问题具体应用法律的解答》第2条规定,应以投案自首对待,而原审判决没有认定被告人刘××有自首情节,更没有适用《刑法》第67条,给予从轻处罚,对此,我们怎能服判?

据此,我们请求法院对此案立案再审,重新处理。查清发案原因,分清是非,全面适用法律,正确处理此案。

此致

××县人民法院

申诉人:刘××(盖章)

二○××年×月××日

附:原审法院刑事判决书复印件一份

【复习思考】

1. 什么是申诉状,它有哪些特点?
2. 简述上诉状与申诉状的区别。
3. 申诉状的写作有哪些注意事项?

【案例训练】

1. 选择一份申诉状,运用你所学到的有关这方面的写作知识进行分析,并设法参加或旁听一些公开开庭的案件审理活动,根据你对某一案情的认识,独立写作一份申诉状。
2. 阅读下面一份申诉状,指出其错误的地方,并加以修改。

民事申诉状

申诉人:张××(被申诉人的继母),女,52岁,汉族,××市××区服装厂女工。

案由:我因"李××继承房屋产权"案不服××人民法院(20××)××字第××号民事判决,现申诉如下:

一、我和李×婚姻关系存续期间所买的两间房屋是我自己的血汗钱,当时拖欠的钱,也是我本人偿还的。

二、买房子时,我的故夫,被申诉人的父亲李×向我表示,他不愿意买这两间房子。

三、一、二审法院只是认定事实,援引法律条文,不顾我提供的事实,一股脑儿下判,对这样的判决,我不能信服。

根据以上理由,请高级人民法院重新依法判处,保护公民合法财产。

此致
××市人民法院

申诉人:张××(盖章)
二○××年×月×日

第五节　答辩状

一、答辩状的含义

答辩状是诉讼当事人收到人民法院送来起诉状副本或上诉状副本后,就被诉的事实和理由进行答复或辩驳的诉讼文书。

二、答辩状的类型

根据案件的性质不同,答辩状可以分为民事诉讼、刑事诉讼和行政诉讼答辩状三种类型。根据审判级别的不同分类,可分为一审答辩状和上诉答辩状两类。一审答辩状以驳斥一审原告的观点为目的，上诉答辩状则追求对一审判决的维持，二者的对象、内容不同，其功能、目的也不同。

三、答辩状的特点

答辩是应诉行为。对当事人来说，答辩是法律赋予被告人、被上诉人的诉讼权利，体现了当事人诉讼地位平等的原则，是当事人辨明是非、维护自身合法权益的手段。对法院来说，兼听则明，一份好的答辩状有助于查清案件事实，全面分析案情，正确断案。

四、答辩状的写作格式和方法

答辩状一般由首部、正文、尾部三部分组成。

（一）首部

首部包括以下内容：

1. 标题

标题一般写"答辩状"也可写"民事答辩状"、"刑事答辩状"、"行政答辩状"。

2. 答辩人的基本情况

答辩人的基本情况与诉状中原、被告的基本情况写法相同。答辩人是自然人的，应写出答辩人的姓名、性别、年龄、民族、职业、住址及邮编。代理人是法定代理人时，还应写明法定代理人与答辩人的关系。代理人是律师，只需写明其姓名、职务及律师事务所名称即可。

3. 答辩事由

答辩事由用于说明答辩的原委及主要内容，应写明因何人提出何案而进行答辩。一审答辩状和上诉答辩状的事由写法稍有不同。一审答辩状的行文一般是："因×××（原告）诉×××（答辩人）××（案由）一案现提出答辩如下"。上诉答辩状的行文一般是："上诉人×××因××（案由）一案不服××人民法院××××年×月×日×字×号判决，提起上诉，现提出答辩如下"。

（二）正文

正文是答辩状的主体，是针对起诉状或上诉状所做出的答辩。它包括答辩理由和答辩意见两部分。

1. 答辩理由

通常是运用反驳的方法。首先，要抓住原起诉或上诉状的错误或不当之处，作为反驳的论点。其次，要列举客观真实的事实和证据材料作为反驳的论据。最后，要援引法律条文，并运用逻辑推理的方法进行论证。阐述理由时应做到有理有据、条理清晰、事实分明、切中要害。

2. 答辩意见

答辩人在充分阐明答辩理由的基础上，对案件的处理应依次提出自己的答辩意见。具体来说答辩意见包括以下内容：一是依法律和客观事实，说明答辩理由的合理、合法和正确。二是通过对事实的综合归纳，指出对方诉状或上诉状中的谬误。三是提出自己的主张，请求人民法院依法准确裁判。

（三）尾部

尾部写明致送的人民法院名称、答辩人姓名、日期及附项等。

五、答辩状的写作要求

第一，要注意时限。根据诉讼法的规定，民事和刑事诉讼的当事人，在收到法院发送的诉讼副本的 15 日之内，行政诉讼在 10 日之内，应当向人民法院提交答辩状，否则会被视为当事人自动放弃答辩。

第二，要针对起诉书的指控，从事实、理由、引用的法律条文和推出的结论等方面，逐条予以批驳，并提出自己的结论。

第三，叙述要有理有据，请求要合情合理，逻辑推理要严密，论证要无懈可击。

【例文评析】

例文 5-4

民事答辩状

答辩人：济南市××大学
住址：济南市××路××号
法定代表人：张××，济南市××大学校长

答辩人因王××交通事故人身损害赔偿一案，提出答辩如下：

1. 原告在诉状中称我校对王××的夜不归宿，没有采取有效的管理和教育措施，导致其在校外因交通事故死亡负有责任。事实上我校针对王××的这种违反校规校纪行为多次规劝、批评教育并给予了处分。其班主任张××老师多次找王××谈话，王××每次态度都较好，表示同意搬回学校居住，但并没有实际行动。针对这一情况，我校经研究决定给予王××记过处分，并向学校递交了《关于给王××记过处分的申请》。所以对王××学校已尽到管理和教育的职责和义务，不存在任何失职。

2. 我校对王××因交通事故死亡事件不承担任何法律责

··· 评 析 ···

这是一份有关单位对起诉提出答辩用的民事答辩状，全文包括首部、正文和尾部三个部分。

首部是由标题、答辩人的基本情况及案由几项内容构成的。标题用以标明文种，答辩人的基本情况部分写明作为答辩人的单位的名称、地址及法定代表人的姓名、职务等。案由注明"因……一案，现提出答辩如下："这是答辩状表述案由的惯用格式。

正文主要阐述答辩理由，即先陈述对方的错误事实，以及依据有关法律法规一一作出答辩，有理有据，说服力强。最后表明态度。

任。根据教育部《学生伤害事故处理办法》第十二条第二项的规定,在学生自行外出或擅自离校期间发生人身损害伤亡的事故,应由肇事方司机负责,与学校无任何关系。事故发生后,学校垫资 5 000 元给原告,积极协助原告与肇事方的赔偿事宜,达成了赔偿协议。因此原告诉讼请求中关于死亡赔偿金的请求无任何事实和法律依据。

3. 原告要求退还死者生前所交的四年学杂费无任何依据。学生在学校学习接受教育应该缴纳学费及其他费用,这是法定义务。死者生前在我校已接受三年的教育,这期间发生的学杂费不予退还。

此致

济南市××区人民法院

附:答辩状副本1份

答辩人:××大学
20××年×月×日

> 尾部是由致送答辩状的人民法院名称、答辩人签名及具状日期等几项内容构成的。

【复习思考】

1. 什么是答辩状?它有哪些特点?
2. 简述答辩状正文的内容?
3. 写答辩状有哪些应当关注的事项?

【案例训练】

1. 根据下列材料,拟写一份答辩状,未明事项,自行模拟。

(一)案情

××学院学生杨××等5人自××××年入学后,经常聚集在一起躲在学生宿舍或无人上课的教室内赌博,有时甚至通宵赌博至第二天凌晨。赌资也由最初的几元、十几元饭票发展到数十元、上百元生活费,最多的一次上千元,直至将学习、生活用品等押上。

对于杨××等人的赌博行为,其所在学院多次教育,但杨××等人不思悔改,甚至发展到今年5月27日晚杨××等5人闯入其辅导员石××老师的单身宿舍,对曾经批评、教育他们的石老师进行恐吓和威胁。据此,公安机关依据有关条例的规定,对杨××等5人分别给予行政拘留7—15日、罚款200—1 000元的处罚。随后××学院根据杨××等人行为的情节、性质和他们的一贯表现,分别作出了开除学籍、留校察看等处分。

杨××等人对此不服向××市人民法院提起诉讼,声称他们的行为"没有构成违法",公安机关对他们的处罚"与法律规定不符,是滥用职权",并指责"正是由于公安机关的错误处罚导致了学院作出错误的处理决定"。要求撤销公安机关和学院对他们作出的处罚和处理决定。

(二)答辩理由

杨××等人的行为违反了《中华人民共和国治安管理处罚条例》第32条第1项、第22条第5项之规定,已构成违法。依据法律的规定对违法者予以行政处罚,是法律赋予公安机关的权力,属于公安机关正当的职责范围,并非是滥用职权。

此外,学校对它们作出的处理决定,是学院自身的职权,也是学院自主决定的,公安机关并未参与意见。行政处罚与行政处理是两个不同性质的问题,分别由两个不同的单位行使职权,上诉人将它们混淆在一起,提出无理要求,这也是错误的。

2. 阅读下面一份答辩状,指出其错误的地方,并加以修改。

民事答辩状

答辩人:文××,男,64岁,汉族,××省××县人,农民,现住××乡××村。

因唐××不服法院判决提起上诉一案,提出答辩如下:

一、被告唐××在上诉状中写道:母亲与文离婚是文之过,文游手好闲,酗酒成性,打骂妻女是家常便饭。最后手执木棍,将妻女赶出家门,那时我才一岁。婚姻法第十五条规定:"父母对子女有抚养教育的义务;子女对父母有赡养扶助的义务。"文××没有抚养我,我不赡养他,受法律保护。

我与唐××于××××年结婚,××××年离婚。夫妻共同生活三年。我们靠教书工资为生,恩爱如初,生一女小红。后来我失了业,生活每况愈下,我经常借酒浇愁,动辄打骂妻女。我妻懒惰,好逸恶劳,忍受不了苦日子,闹着与我离婚。我焉有过错?

二、唐小红于××××年生,我视她如掌上明珠。××××年她随其母而去,法院判决女方抚养,我即使有能耐,又有何用?我抚养了她母女三年,总该享受三年义务吧。

三、唐小红说她母女寄人篱下,备受煎熬,我从没资助过现金。我泥菩萨过河,自身难保,怎谈得上资助于人?

我已64岁,孤苦伶仃,体弱多病,不能自己谋生。唐小红丧尽天良,拒不赡养我。恳求法院勒令她付给我三年抚养费×××××元(每月以×××元计算)。如数付清后,父女关系一刀两断。

此致
××市中级人民法院

答辩人:文××

××××年×月×日

第六章　求职礼仪文体

第一节　求职信　应聘信

一、求职信

（一）求职信的概念

求职信又称为自荐信，是求职者写给用人单位的信件，陈述自己的学历、才能和经历等情况，推荐自己适合担任某项工作或从事某种活动，以期获得对方录用。写好求职信是敲开职业大门的第一个重要步骤。

（二）求职信的特点

1. 自我推荐

求职信与推销一样，目的都是要引起顾客（雇主）兴趣，达到成功推销自己的效果。所以求职信应突出与用人单位最有关系的内容，尽最大可能推荐自己，引起对方的强烈兴趣和关注。

2. 态度得体

求职信要充分展示自己的才能，但既不能给人高傲自大的印象，也要避免过分谦虚谨慎，给人不能胜任职位的印象，总之态度要不卑不亢，大方得体。

3. 突出特长

求职信在介绍自己胜任工作的条件和能力的同时，还需要展示自己不同于他人的特长和优势，即展示自己的与众不同之处。

（三）写作格式

求职信是一种书信文体，它的写作格式与书信基本一致，一般由标题、称呼、正文、祝福语、落款和附件等几个部分构成。

1. 标题

一般以"求职信"或者"自荐信"三字为标题，位于首页正中。

2. 称呼

第二行顶格书写。求职信如果是写给单位，则直接写单位全称即可。如果是写给单位具体负责人，一般称呼其职务，如"××主任"、"××经理"等。如果不知道具体负责人，也可以称呼"尊敬的领导"。

3. 正文

正文是求职信的重点，一般由开头、主体、结尾三部分组成。

（1）开头

求职信的开头要交代清楚求职者的年龄、性别、学历、专业、毕业院校等基本情况，给用人单位一个初步而清晰的印象。

（2）主体

应针对具体情况陈述自己担任某一职位的有利条件，并且要重点提到你具备与此项工作要求相符合的专业素养、特长能力和性格特点。但是，所述内容应真实可信。

如有可能，也可写明自己对应聘工作职位的相应要求，以便自己在录用后有适合自己工作的环境和待遇。

（3）结尾

结尾要再次强调自己想得到该项工作的迫切心情，希望早日得到明确的答复。

4. 祝福语

具体格式与书信相同，在正文后，要写上感谢或祝福的话语。

5. 落款

在正文的右下方，写上求职者的姓名和日期。署名前，要加上"求职人"字样。另外，为方便对方联系，最好写上自己的详细通信地址、移动电话、电子邮箱等准确的联络方式。

6. 附件

附件部分是附在信末用以证明或介绍自己具体情况的书面材料。它可以包括学历证书、职业资格证书、获奖证书、发表的文章或各类证明材料等。

（四）写作要求

1. 实事求是

求职信要如实介绍自己的情况，切忌弄虚作假。在叙述自己的能力与水平时，要有分寸，表达的情感要真诚，不能油滑浮夸，说一些不着边际的话。

2. 突出特长

在实事求是的基础上，在自荐信中将自己的特长、优势以及个性充分展现出来。另外，可以在一定程度上写明自己对用人单位的某些预见，以体现自己对用人单位的关注。所以并不能制作万能的、通用的求职信。

3. 言简意赅

求职信要开门见山，言简意赅，避免冗长、累赘。

【例文评析】

例文 6-1

求职信

尊敬的××校长：

　　您好！

　　感谢您在百忙之中阅览我的求职信。作为一名即将面临就业的毕业生，我怀揣着极大的渴望写下了这篇求职信，现将我的相关材料呈上，敬请审阅。

　　我是××大学 2019 届数学专业应届本科毕业生。我在大学期间获得 20×× 年度单项奖学金，英语达到国家四级水平，计算机能力考试获得国家一级证书，并通过了全国普通话测试二级甲等考试。同时在课余，我还注意不断扩大知识面，辅修了教师职业技能（中学数学教育）课程，熟练掌握了教师的基本技能。利用课余时间自学了计算机的基本操作，熟悉 Windows 操作系统，熟练掌握 Office20×× 办公软件，并能熟练运用软件 Authorware、Powerpoint 等制作课件，进行多媒体教学。

　　学习固然重要，但能力培养也必不可少。为提高自己的授课能力，积累教育经验，从大二开始，我在学好各门专业课的同时，还利用课余时间积极参加家教实践活动，为多名数学基础较差的初中和小学学生进行数学补习，使他们的数学成绩都有较大程度的提高，我的工作也得到了家长的肯定和好评。

　　为进一步积累系统的数学教育经验，我到××一中进行了长达两个月的初中数学教育实习工作。两个月的实习时间中，我积极向有经验的老师请教，力争使自己的教学风格做到知识性和趣味性并举。而通过自己不断的努力和教学实践，我的课堂教学能力以及沟通协调能力都有明显提升，使我对未来的教育工作充满了信心和期望。

　　经过四年的刻苦学习，现在的我已豪情满怀、信心十足，也做好万全的准备来迎接接下来的挑战。我恳请贵单位给我一个机会，让我有幸成为你们中的一员，我将以百倍的热情和勤

···评　　析···

开门见山，表达求职愿望，态度谦和有礼。

介绍个人基本信息，重点陈述大学期间所学课程、所得荣誉、所拿证书与所学技能。

突出重点，陈述大学期间参与的职业相关实习实践活动，突出业务能力。

再次表达求职愿望，态度诚恳。

奋踏实的工作来回报您的知遇之恩。

期盼能得到您的回音！

此致

敬礼！

附：本人联系方式

×××××××××× 　　　　　　　　　　　随信附上联系方式。

求职人：×××

2019年×月×日

附件（相关材料）

（录自面试网，收入本书时有改动）

【复习思考】

1. 求职信格式有哪些要求？
2. 写求职信需要避免哪些问题？

【案例训练】

1. 根据下面的内容，写一封求职信。

　　何××，女，是一名××省财经学院××届会计电算化专业的学生，即将毕业。在校三年期间，曾获得班里三好学生、品学兼优生、优秀班干部等荣誉称号。系统学习了专业课程：基础会计、商业会计、企业会计、成本会计等，也熟悉手工记账，完成了一套手工记账会计毕业实训，同时也掌握了有关于财务的出纳实务知识以及统计知识。在校期间，还参加了学校组织的为期两个月的全校性社会实践，到××市××××印刷有限公司实习，被评为当年"优秀实习生"。何××准备毕业后找一份会计的工作。

2. 评改下面的求职信。

尊敬的领导：

　　您好！非常感谢您在百忙中抽空审阅我的求职信，给予我毛遂自荐的机会。我叫×××，毕业于××大学。普通的院校，普通的我却拥有一颗不甘于平凡的心。

　　我，自信乐观，敢于迎接一切挑战。虽然只是一名普通的本科毕业生，但是，年轻是我的本钱，拼搏是我的天性，努力是我的责任，我坚信，成功定会成为必然。

　　经过大学四年锤炼，在面对未来事业的选择时，我对自己有了更清醒的认识，由于我在大学中锻炼了较好的学习能力，加上"努力做到最好"的天性使然，四年中，我在班级的考试中均名列前茅，与学校三等奖学金有着不解之缘。

　　在大学四年中，我也练就了较好的实验操作技能，能够独立操作各种仪器。但我并没有满足，因为我知道，在大学是学习与积累的过程，为了更好适应日后的工作，我不断地充实自己，参加了大学英语四级考试，并顺利通过。

听闻贵校招聘本专业的教师，我冒昧地投出自己的求职信，四年的寒窗苦读给了我扎实的理论知识、实验操作技能及表达能力，我虽然只是一个普通的本科毕业生，但大学四年教会了我什么叫"学无止境"，我相信，通过不断努力刻苦地学习，我一定能够胜任这份高尚的职业，通过我的言传身教，定会为祖国培养这方面的专业人才。

一直坚信"天道酬勤"，我的人生信条是"人生在勤，不索何获"。给我一次机会，我会尽职尽责。一个人唯有把所擅长的投入到社会中才能使自我价值得以实现。别人不愿做的，我会义不容辞地做好；别人能做到的，我会尽最大努力做到更好！发挥自身优势，我愿与贵单位同事携手共进，共创辉煌！

　　此致
敬礼！
　　诚祝事业蒸蒸日上！

求职人：×××
××年××月××日

二、应聘信

（一）应聘信的概念

应聘信是应聘者根据用人单位发布的招聘启事、通知和其他相关信息，向用人单位展示自己，有目的地表达求职意向，应聘某一职位的信函，是具有高度针对性的求职信。其称呼一般是针对特定单位的人，内容主要是针对用人单位提出的条件，表示才智特长，具有较强的目的性。

（二）应聘信的特点

应聘信与求职信相比，有如下特点：

1. 目标更明确

应聘者可以通过招聘启事等，了解用人单位的用人条件和相关要求，心中有数，能减少求职的盲目性。

2. 针对性更强

应聘者依据招聘启事明确了应聘单位的要求，因此一般而言，应聘者呈递应聘信是有针对性地点对点发送。并且应聘者一般也会依据招聘启事中对拟聘人员的条件要求，有针对性地向用人单位介绍自己，力求做到内容集中、重点突出。

（三）写作格式

应聘信的写作格式与求职信基本相同，一般由标题、称呼、正文、祝福语、落款和附件等几个部分构成。

1. 标题

首行居中写上"应聘信"三个字,有时也可不写。

2. 称呼

第二行顶格书写。应聘者可以依据招聘启事提供的负责招聘的部门或负责人写上恰当的称呼。

3. 正文

正文写法与求职信基本相同,首先简要说明求职的缘由,写明自己在哪里获得了用人单位哪方面的招聘信息,以及自己准备应聘什么岗位等。其次,针对用人单位发布招聘启事上标明的要求,重点介绍自己适合这个岗位的素质和能力,包括性别、专业、知识储备、特长和具有的优势等,特别应重点强调用人单位对应聘者所提要求与自己在某方面的一致或相似之处。最后,再次表达自己应聘的强烈愿望与信心。

4. 祝福语

具体格式与求职信相同,在正文后,要写上感谢或祝福的话语。

5. 落款

在正文的右下方,写上求职者的姓名和日期。署名前,可以加上"应聘人"字样。同样,为方便对方联系,最好写上自己的详细而准确的联络方式。

6. 附件

附件部分是对应聘信中所介绍的内容起证明作用的书面材料,应选择具有说服力的证件和资料等。

(四)写作要求

应聘信的写作要求与求职信基本一致,但有一点值得注意:应聘信要针对用人单位招聘广告中提到的招聘要求具体介绍自己,全面展示自己的专业技能、特长、外语水平以及其他能力。如说明自己擅长的领域掌握的具体程度,阐述自己学习的具体课程,获得的荣誉称号等信息。尽量做到自己的主观条件和对方的客观需求相一致,使用人单位意识到你是他们需要的最佳人选。

【例文评析】

例文 6-2

应聘信

··· 评　析 ···

尊敬的××总经理:

您好!

本人欲申请贵公司招聘启事中所提及外贸专员一职,我自信符合贵公司的要求。

根据用人单位发布的招聘启事,有目的地表达求职意向,有强烈针对性。

> 简要介绍基本信息，陈述大学学习情况、所获证书与所得荣誉。

我是××大学国际贸易系2019级应届本科毕业生，中共党员。四年大学苦读，我在德智体各方面都取得了较全面的发展，学习成绩一直在年级前三名，综合积分专业排名第一。××××年通过××省计算机二级等级考试，××××年通过全国大学英语四级等级考试，××××年通过全国大学英语六级等级考试，具有良好的英语写作与会话能力。并且连续四年获得省优秀三好学生称号。

> 通过大学中所任职务与参与主办的活动，体现自己的组织力、表现力，并说明所具备计算机技能。

大学四年来，我先后担任国际贸易××班班长、系学生会主席、校《××××》主编。并且参与主办"校园十大青年歌手""××书会"等多项校园活动。业余时间我特别注重计算机能力培养，选修、自学了各类计算机课程。能熟练运用C++语言、FORTRAN语言，同时也熟悉Windows的各种操作。

> 通过与外贸专员相关的实习实践活动，展现自己的业务能力。

在业务能力方面，我虽然为应届本科毕业生，但也曾于2018年暑假实习期间，参与××公司对俄罗斯畜产品贸易谈判工作，凭借出色表现获得实习单位的好评，并取得"优秀实习生"的荣誉称号。

贵公司从事国际贸易业务，正是我向往的工作单位。随信附有我的简历，希望贵公司可以给我一个机会。如果能到贵公司工作，我相信我的工作能力一定不会让你们失望，我一定会珍惜这一难得的机会，努力作出自己的贡献。

附件有我的简历及证书，请您查阅！

敬颂

商祺！

附：本人联系方式

××××××××××

应聘人：×××
2019年×月×日

（录自豆丁网，收入本书时有改动）

【复习思考】

1. 试比较应聘信与求职信的异同。
2. 应聘信如何更有针对性？

【案例训练】

1. 根据下面的内容，写一封应聘信。

李同学是××外贸职业学院的一名国际贸易专业的应届毕业生。在校期间,他学习了网络营销、市场营销、国际贸易、电子商务案例分析等专业课程,成绩优秀,班级排名一直稳定在前10%。课余时间还参与了××公司网站品牌和产品的网络推广工作,成为骨干人员。同时也在学校中从事《××英语周报》的业务推广工作。

　　此外,他还担任过本系学生会社会实践部部长,曾组织学生参与多个社会实践活动。日前,他在《××晚报》第三版得知××公司欲招聘网络营销员一职,认为这非常适合他的专业,决定应聘。

2. 评改下面的应聘信。

尊敬的领导:

　　首先感谢您给我这次难得的机遇,请您在百忙之中抽出一点时间,以平和的心态来看完这封应聘信,由于时间仓促,准备难免有不足和纰漏之处,请予以谅解!

　　其实,只想抱着一种平静而真诚的心情,把这看作是交流和沟通的平台。真的,这可能是我人生中又一转折,至少会是人生中一次不一般的经历。

　　首先,我想表明一下个人的工作态度。也可能是阅历的浅薄吧,一直到现在我都固执地认为:我的工作就是一种学习的过程,能够在工作中不断地汲取知识。当然,钱很重要,不过对我来说,充实而快乐的感觉就是最大的满足了!

　　如果非要推销自己的话,我想个人的生活经历让自己考虑问题更细致一些。第一,从十八岁开始,一直独自一人在外生活,自理能力不成问题;第二,大专生的学历,让我更有一种紧迫感、危机感。

　　当然,自己也并不是具备什么压倒性的优势,甚至从某种程度来说,优势即是劣势,虽然才刚开始接触这个行业,只能说刚刚上道而已,要走的路还任重而道远!可不管怎么说,只要兴趣所在,心志所向,我想这些都是完全可以克服的。

　　最后,恭祝贵公司事业蒸蒸日上,祝您工作顺利!请予以考虑我这个新兵。愿与贵公司携手共筑美好未来! 为盼!

第二节　简历

一、简历的概念

　　简历是求职者给招聘单位发的一份简要介绍。要写明自己的基本信息:姓名、性别、出生年月、婚姻状况、政治面貌、学历学位、联系方式等一般情况,更要重点写明受教育的情况、学习与工作经历、荣誉与成就等,使用人单位对你有一个快速而全面的了解。一份良好的个人简历对于获得面试机会至关重要。

二、简历的特点

　　简历与求职信、应聘信相比,具有其明显的特点:

（一）简洁明了

简历，顾名思义是简洁的履历，切不可篇幅过长，浪费用人单位的时间。简历要精练，使人一目了然，印象深刻。因为招聘单位没有时间或者不愿意花太多的时间阅读一篇冗长空洞的个人简历。通常简历的篇幅为 A4 纸版面 1—2 页，不宜过长。

（二）条理分明

简历不同于求职信，不需要大段的话，而是用布局合理、条理清晰的几个方面表述。最重点的内容有：个人基本资料、工作经历（职责和业绩）、教育背景；次重要的信息有：求职目标、核心技能、奖励和荣誉信息等。其他的信息可不作展示，对于自己的最闪光点只需点到即止，不用过于详细，留在面试时再展开。

（三）富有价值

把最有价值的内容放在简历中，无关痛痒的内容则不需要浪费篇幅。简历中尽可能提供量化数据，比如获得几次奖学金，年销售业绩达到多少万元，发表学术论文多少篇等。最好还可以提供能够证明自己工作能力的成功经历，比如组织了一项大型活动，拿下了一个很大的客户等。对于自己独有的经历一定要保留，如曾在著名公司工作与培训、与著名人物接触等都可以重点处理。

三、简历包含的内容

简历一般由基本资料、求职目标、教育背景、职业技能、个人经历、荣誉证书等几个部分组成。没有具体格式，页面的编排以简洁清晰、一目了然为准。

（一）基本资料

包含姓名、性别、年龄、联系方式（包含手机和邮箱）、政治面貌等内容，缺一不可。

（二）求职目标

要填写好自己的目标职位。可以根据所学专业和招聘单位要求，有针对性地填写，不要很笼统，否则用人单位会觉得你是在敷衍。

（三）教育背景

大学期间的专业、主修课程以及自己学习了什么知识，跟自己这次求职相关的学科多写一点。

（四）职业技能

大学期间自己具备的职业能力。如外语水平、计算机水平、教师资格证、普通话水平证书等。

（五）个人经历

客观写下自己的实践、实习与兼职经历，最好与所求岗位相关，给用人单位提供一个考量标准。有什么自己策划的活动或者是整理的案例也可以写上。

（六）荣誉证书

大学期间获得的荣誉称号，如"优秀学生干部"、"国家奖学金"、"优秀毕业生"、"写作大赛一等奖"等。

四、简历的写作要求

（一）有的放矢

对不同的职位，招聘单位的侧重点是不同的，一定要根据应聘职位来制作简历，才能有的放矢，充分发挥简历的作用。不要为了省事只制作一份简历，然后大量复印投递。简历制作是否能吸引眼球，取决于应聘者对应聘职位的认识。如果一份简历能够对照招聘要求来一一说明，那无疑最契合用人单位的要求。

（二）突出要点

了解招聘者的招聘重点，并在简历当中提炼、突出这方面的内容，打造自己的核心竞争力，这样更容易给人留下清晰印象。不要堆砌太多无关紧要的内容，只写主要的能力水平，如专业技能、专业资格、英语水平、工作经历等，最好能让招聘者对应聘简历留下两三点核心印象。

（三）注意细节

较之业务，招聘者更看重素质，较之能力，招聘者更看重态度。素质和态度往往从简历的细节处体现出来，所以大部分招聘者会特别重视细节，往往一个错别字就会导致简历进入垃圾箱。因此，简历中的每一个字都需要反复推敲，并安排好简历的布局。

（四）篇幅适宜

在简历初步筛选的过程当中，简历不过是获取面试资格的工具，篇幅过多显然会成为累赘。因而简历越简单则产生的效果越好，如果求职者花费几页纸介绍的经历同职业目标并无太大关系，则极易导致招聘者产生厌恶感。因此，求职者的简历篇幅最好能控制在一页之内。

（五）精心编排

简历的好坏，关键在于简历给人的印象如何，简历当中除了对文字内容严格把关以外，还必须对简历进行必要的加工。选择适当的模板风格，如时尚风格、简约风格、商务风格等，在此基础上，依据个人风格进行编排，要做到美观大方，简洁明了。

【例文评析】

例文 6-3

个人简历

姓名：赵××
性别：女
出生年月日：1992/04/07

··· 评 析 ···

介绍个人的基本信息，包括性别、年龄、学历等基本情况。

政治面貌：群众

健康状况：良好

婚姻状况：未婚

学历、学位：硕士研究生、文学硕士学位

教育背景：

××××大学中文系2014/09—2017/07中国现当代文学专业硕士。三年研究生学习生涯中，扎实学习并掌握了现当代文学史，在导师的带领下对×××等大家的作品进行了深刻分析与研究。熟练掌握文学写作技巧，曾担任校刊的编辑工作。毕业论文得到专家组一致好评，被评为"优秀毕业论文"。此外，研究生期间还获得了"××××大学优秀研究生"荣誉称号。

××××大学中文系2010/09—2014/07汉语言文学专业学士。四年大学本科学习生涯中，全面学习了中国文学史、中国文学批评史、外国文学史、语言学概论、应用文写作等课程，成绩一直保持在全班前十。在校期间，曾参加校级文学写作比赛，作品荣获一等奖。此外，课余时间曾从事文学创作工作，积极响应各杂志社的约稿征文活动，有丰富的创作经验。

工作经历：

2017/08—至今，为《××××杂志》编辑。硕士研究生毕业后，通过校园人才招聘会找到《××××杂志》编辑的工作，工作期间认真踏实，先后参与了《××××》等几本大型文学杂志的编辑工作，业务技能熟练，对文学杂志出版的要求把握准确，有良好的团队协作能力，获得主编和同事们一致好评。

能力证明：

英语通过国家CET四级、六级考试，通过××市研究生英语学位统考，英汉互译表达流畅。

计算机获得C语言二级证书。擅长利用互联网进行各种网际信息交流，具有一定网站建设、规划经验；熟练运用操作HTML、Frontpage98等工具制作各类网页及特效图；熟练操作Windows平台上的各类应用软件，如Word、Excel、Powerpoint等。

获奖情况：

本科在校期间，曾参加"××××大学创作文学写作大赛"，作品被大赛组委会评为一等奖，并选刊于《××××大学校报》;曾获得"××××大学20××年度国家励志奖学金"。

研究生在校期间,曾荣获"××××大学优秀研究生"荣誉称号;三年均被评为"××××大学人文学院研究生第二次学业奖学金一等奖";毕业论文被专家组评为"优秀毕业论文"。

个性特点:

做事条理性强,善于应对复杂的工作;乐于与人合作,有良好的团队协作精神;执行能力佳,对于上级指派下来的任务可以快速领会并认真执行;追求完美主义,力图将手中的每一项工作都做到尽善尽美。

就业意向:

从事社科图书编辑、文学图书编辑、青少图书编辑等工作。

联系电话: 139×××××××

联系地址: ××市×××大街×号

邮编: ××××××

Email Address: 00000000@sohu.com

> 挖掘自己身上的优点,并且使其更贴近求职要求。明确提出求职意向,目标清晰。

【复习思考】

1. 一份好的简历应该具备哪些要素?
2. 简历与求职信、应聘信的联系与区别。
3. 写简历要避免的"雷区"有哪些?

【案例训练】

1. 按照所学内容,设计一封属于自己的简历。
2. 评改下面的简历。

姓名:王思

性别:女

年龄:21岁

民族:汉

籍贯:山西忻州人

政治面貌:团员

毕业学校:×××医学高等专科学校

专业:口腔护理

学习经历:

在大学,我孜孜以求,圆满地完成了学业,各科成绩优异,同时也获得过工作积极分子,在学好专业课的同时,也努力掌握各项专业技能,并考得了各项技能证书。积极参加社会实践活动。

主要社会工作:

三下乡为乡亲义诊,普及医学常识;加入红十字会,义务献血;加入志愿者协会,为灾区人民捐衣捐物;去敬老院奉献爱心。

性格及特长:

性格内向、诚实守信、认真负责、沟通和协调能力强。

爱好音乐与文学。

个人荣誉:

中医刮痧毕业证和职业资格证书;计算机一级证书;英语四级证书等。

实习经历:

××××年于×××市中心医院进行为期半年实习。实习过程愉快而又紧张,努力学习临床知识的同时,与实习各科室护士长、同学、病人及家属等建立深厚友谊。本人实习期间严守医院规章制度,认真履行实习护士职责,严格要求自己、尊敬师长、团结同学、关心病人,不迟到、不早退、踏实工作。期待一份契机和成功是我的夙愿,而您作为一家医院的负责人,也会希望一个得力的助手加盟以协助您的工作。

第三节　感谢信　慰问信

一、感谢信

(一) 感谢信的概念

感谢信是向帮助、关心和支持过自己的集体(党政机关、企事业单位、社会团体等)或个人表示感谢的专业书信,使得对方在付出劳动和贡献后得到心理上和精神上的满足,有感谢和表扬双重意思。感谢信是文明的使者,是一种不可少的公关手段。从文体来说,它属于应用文体。

(二) 感谢信的特点

1. 内容真实

感谢信用于表达对集体或个人的感激之情,因此,感谢信中所叙述的内容必须真实可信。

2. 感情丰沛

感谢信最核心的目的是为了表达谢意,借事抒情,往往具有着浓郁的感激之情和真诚的褒奖之辞。

(三) 感谢信的分类

1. 按感谢对象的不同来分

(1) 写给集体的感谢信

这类感谢信,一般是个人处于困境时,得到了集体的帮助,并在集体的关心和支持下,最终克服了困难，渡过了难关，摆脱了困境，所以要用感谢信的方式表达自己的感激之情。

（2）写给个人的感谢信

这类感谢信，可以是个人写给个人，也可以是集体为了感谢某个人曾经给予的帮助或照顾而写的。

2. 按感谢信的存在形式来分

（1）公开张贴的感谢信

这种感谢信主要指发布在报纸、电视、广播、网络等媒体的感谢信，是一种可以公开张贴的感谢信。

（2）寄给单位、集体或个人的感谢信

这类感谢信，以书信的形式直接寄给单位、集体或个人。

（四）感谢信的写作格式

感谢信一般由五个部分组成，包括标题、称谓、正文、结尾和落款。

1. 标题

第一行的正中用较大字体写上"感谢信"三个字，有的还在"感谢信"的前边加上一个定语，说明是因为什么事情、写给谁的感谢信。

2. 称谓

第二行顶格写对方单位名称或个人姓名，姓名后面可以加适当的称呼，如"同志"、"先生"、"师傅"等，称呼后用冒号。

3. 正文

正文部分要写清楚感激事由，何时何地因何原因得到对方的帮助，并表达感激之情，同时，褒奖对方的高贵品德。

4. 结尾

结尾部分写上"此致"、"敬礼"以示尊敬，或者再度表达拳拳的感激之情。

5. 落款

在右下角落款部分附上感谢人的姓名以及写信日期。

（五）感谢信的写作要求

1. 事由清楚

叙述对方对自己或本单位的帮助，一定要把人物、时间、地点、原因、结果以及事情经过叙述清楚，便于大家了解和学习。

2. 感情真挚

感谢信表达谢意要情感真挚、热情洋溢，使所有看到信的人都受到感染和启发，并产生褒奖先进的共鸣。

3. 简练得当

感谢信因事而发，要求语言避繁就简，评价中肯得当，切勿不着边际地大发议论。

【例文评析】

例文 6-4
感谢信

尊敬的各位领导、各位同事：

<small>开篇点明感激事由，感谢领导和同事们的无私帮助。</small>

今天，我怀着十分感恩的心情，写下这封感谢信。我要衷心地感谢各位领导、各位同事在我母亲突患重病急需经费救治的危难时刻，捧出一颗颗爱心，从并不宽裕的口袋里，掏出一张张救命钱送到我的手中，使我母亲及时得到救治，让母亲又重新回到了我们身边。

<small>具体介绍困难情况，父亲离世，母亲病重，让自己的家庭陷入重大危机。</small>

最近几年，我家家运不济，屡遭不幸。先是久病的父亲去年突然辞世，不但留给我们无尽的悲伤和思念，还留下大笔的债款。正当我们全家苦苦挣扎、奋力赚钱以期早日偿还父债时，苦难却再一次降临到我们这个不幸的家庭——母亲因为悲伤过度，加上营养不良，竟在一次平常的行走中跌断了脊骨，敲响了死神的大门。刹那间，死亡的阴影再次笼罩在这个家庭的上空，我们悲痛欲绝，我们刚失去了父亲，不能再失去母亲！我们姐妹暗暗下定决心，一定要把母亲从死亡线上拉回来。

<small>面对高昂手术费，在自己束手无策的时候，领导和同事们的慷慨解囊让母亲脱离险境。</small>

当我们将母亲送到医院时，高额的手术费用却让我们措手不及。正当我一筹莫展时，好心的工友提醒了我，我们有一个充满爱心的集体、有一批充满爱心的领导、有一群充满爱心的同事，也许他们能够伸出爱的手，帮我解决燃眉之急。于是，我鼓起勇气向厂领导作了汇报，领导当即表示同意，并带头捐出两千元，各位工友在厂领导的带领下，也纷纷伸出援助之手，在极短的时间内，为我募得五万多元，使我母亲及时得到救治，脱离了危险！救命之恩，永世难忘！各位领导、各位同事对我母亲的捐助，对我们全家的深恩，我会长留心间！不管今后我走到哪里，我都会永远记住这份浓浓的情、深深的爱。

<small>滴水之恩，涌泉相报，表明自己将铭记救母之恩，且以实际行动回馈社会。</small>

虽然，我暂时没有能力来一一报答各位领导同事对我的深恩，但我会以此激励自己，向你们学习，好好工作，好好做人，好好感恩！

最后,请允许我向所有帮助过我的恩人们深深地鞠躬,并祝好人一生平安。

  此致

敬礼!

×××
2019 年 7 月 5 日

(录自应届毕业生网,收入本书时有改动)

例文 6-5

感谢信

南昌市发展和改革委员会:

  在贵单位的大力支持下,南昌市政府与蚂蚁金服集团已于 2019 年 4 月 3 日在前湖迎宾馆签署了《建设移动支付城市合作协议》。根据协议约定,双方将在政务民生、交通出行、医疗保障、教育校园、商业消费、普惠金融等六大领域持续拓展和深化合作,在全省率先启动移动支付试点城市项目,将南昌打造成全国领先的移动支付标杆城市。

  本次活动从方案提出到协议签署,前后时间不超过一个半月,发改委各位领导带领产业协调处加班加点、废寝忘食,为合作快速推进和落地付出了极大努力。从贵单位的各位领导干部身上,我们深深感受到南昌市建设"五型"政府、打造"四最"发展环境的决心和毅力,感受到南昌作为江西排头兵"只争朝夕"的拼搏精神,我们也将百倍努力,全力以赴参与南昌的建设,为做大、做强、做优大南昌都市圈添砖加瓦。在此,我们对贵单位表示衷心的感谢并致以崇高的敬意!

  此致

敬礼!

浙江蚂蚁小微金融服务集团股份有限公司
2019 年 4 月 10 日

(录自南昌市人民政府官网)

评析

先介绍发生的事件,即南昌市政府与蚂蚁金服集团签署合作协议,此举,将有利于推动南昌市打造移动支付标杆城市。

为了该协议的签署,南昌市发展和改革委员会做出了艰苦卓绝的努力,对此,表示衷心的感谢。

落款部分附上单位和发信时间即可。

二、慰问信

（一）慰问信的概念

慰问信是组织、部分群众以及某个人向做出特殊贡献和遭遇重大损失的集体、个人表示慰劳、问候、致意的书信。

（二）慰问信的种类

从慰问的对象内容上看，慰问信可分为三种类型。

1. 对做出贡献的集体或个人的慰问

这类慰问主要针对那些承担艰巨任务、作出了巨大贡献甚至牺牲、取得了突出成绩的先进个人或集体。如慰问那些抗洪抢险的解放军战士，慰问保家卫国的边防军人，慰问春节期间仍坚守岗位的铁路工人等，鼓励他们始终如一，继续前进。

2. 对遭受困难或蒙受损失的单位或个人的慰问

这类慰问常常是针对那些由于某种原因（如车祸、火灾、地震、暴雨等）而暂时遇到困难或蒙受了巨大损失的集体或个人。对他们表示同情和安慰，鼓励他们加倍努力克服困难，尽早地改变现状。如对灾区人民的慰问，对边区群众的慰问。

3. 节日慰问

这是一种上级对下级、机关单位对群众表达的节日问候，表示对他们以前工作的肯定和赞扬，并祝福他们在今后的工作、学习、生活中做出更大的成绩。如"春节慰问"、"教师节慰问"、"记者节慰问"等。

（三）慰问信的格式

慰问信由五个部分组成，分别是标题、称谓、正文、结尾和落款。

1. 标题

标题可写成"慰问信"、"写给×××的慰问信"或者"×××致×××的慰问信"。

2. 称谓

称谓在标题下方的顶格，是被慰问对象的单位名称或个人姓名。

3. 正文

正文是慰问信的关键部分，一般包括以下内容：

（1）用简要的文字讲述慰问的原因和背景，引出下文。

（2）全面具体地叙述事实，予以赞美或表示同情。

（3）结合具体情形，或提出希望，或给予勉励，或表达期许。

4. 结尾

结尾部分，可致敬，可勉励，可祝福，亦可期待。

5. 落款

落款位置一般在右下角，写明发信单位或个人姓名，附上发信日期便可。

(三) 慰问信的写作要求

1. 感情真实

慰问信的情感要真挚，要从心底乐人之乐、忧人之忧，表达真切的关怀和鼓励，不可过分夸张。

2. 朴实简练

慰问信的语言要贴切、朴实，在精练的语言中，体现出对集体或个人的关怀与勉励。

【例文评析】

例文 6-6

致全国双拥模范的慰问信

全国双拥模范城（县）、双拥模范单位和个人：

　　值此新春佳节来临之际，全国双拥工作领导小组、退役军人事务部、中央军委政治工作部，向全国双拥模范城（县）党委政府、驻军领导机关和广大军民，致以节日问候和诚挚祝福！向在拥军优属、拥政爱民工作中作出突出贡献的全国双拥模范单位和个人，表示衷心感谢和崇高敬意！

　　新时代，新风貌。过去的一年，全国军民在以习近平同志为核心的党中央坚强领导下，深入学习贯彻习近平新时代中国特色社会主义思想和党的十九大精神，继续统筹推进"五位一体"总体布局、协调推进"四个全面"战略布局，齐心协力打好三大攻坚战，步调一致深化改革开放，众志成城战胜风险挑战，党、国家和军队各项事业保持良好发展态势，贯彻落实党的十九大精神实现良好开局。全军部队坚持以习近平强军思想为指导，坚定不移走中国特色强军之路，聚力推进国防和军队现代化，全面提高新时代备战打仗能力，海上阅兵、境外演习彰显军威，国产航母、中国航展圈粉无数，军事政策制度改革部署展开，人民军队昂首阔步踏上实现强军目标、全面建成世界一流军队新征程。

　　这一年，国家成立退役军人事务部，"军人依法优先"向全国交通等领域拓展，全面开展悬挂光荣牌、退役军人和其他优抚对象信息采集工作，开展"最美退役军人"学习宣传活动，尊崇军人正在成为社会风尚。这一年，爱国拥军模范王继才告别了用生命坚守的开山岛，扫雷英雄杜富国为民排雷失去双手双眼，空降兵四级军士长李道洲为救群众三进火场英勇献身，他们用热血

··· 评　析 ···

　　开篇点题，向全国双拥模范单位和个人，表达感谢与敬意。

　　进一步介绍，过去的一年，我军在党中央的正确领导下，锐意进取，攻坚克难。在此期间，涌现了一批可歌可泣的英雄楷模，形成了拥军爱民的新风尚。

忠诚和无私大爱,树立起爱国拥军、爱民奉献的时代丰碑。

追梦筑梦军民携手奋进,爱民爱军我们风雨同行。双拥模范城(县)大力弘扬拥军优属、拥政爱民优良传统,为部队练兵备战排忧解难,为维护军民利益主动作为,为军民深度融合凝神聚力,巩固发展了坚如磐石的军政军民关系。双拥模范单位充分发挥部门、行业和系统优势,广泛开展群众性拥军活动,热心帮助军人军属和优抚对象解决实际困难,唱响了军爱民、民拥军的主旋律。双拥模范个人拥军优属走在前列、爱民奉献勇当先锋,为实现中国梦强军梦努力奔跑,彰显了新时代追梦人的精神风貌。

> 结尾部分,对未来的双拥工作产生新的期许,号召并勉励双拥模范单位和个人更加深入地做好新时期双拥工作。

2019 年,是新中国成立 70 周年,是全面建成小康社会关键之年,也是决胜实现国防和军队建设 2020 年目标任务的攻坚之年。行百里者半九十,强国强军伟大事业需要广大军民继续紧密团结,一起拼搏、一起奋斗。全国双拥模范城(县)、双拥模范单位和个人,要更加紧密地团结在以习近平同志为核心的党中央周围,以习近平新时代中国特色社会主义思想为指导,全面深入贯彻党的十九大和十九届二中、三中全会精神,紧紧围绕党和国家工作大局、国防和军队建设全局,以永不懈怠的精神状态和一往无前的奋斗姿态,更加深入扎实地做好新时代双拥工作,开创军政军民团结新局面,以优异成绩迎接新中国成立 70 周年。

> 写单位全称,如果写慰问信的单位不止一个,也都要一一写上。日期写在署名的下边,年、月、日都要写上。

全国双拥工作领导小组
退役军人事务部
中央军委政治工作部
2019 年 1 月 25 日

(录自南昌市人民政府官网)

··· 评　析 ···

例文 6-7
致全省扶贫工作组及家属的慰问信

全省扶贫工作者及家属:

> 说明慰问缘由。

又是一年秋来到。值此收获季节,在第五个"10·17 国家扶贫日"到来之际,中共江西省委、江西省人民政府代表全省人民,向所有奋战在脱贫攻坚战线上的同志们及家属,致以诚挚问候和崇高敬意!

一年来,广大扶贫工作者坚定"两个维护",树牢"四个意识"，以习近平总书记关于扶贫工作的重要论述为行动指南，以习近平总书记寄予江西的要"在脱贫攻坚上领跑，不让一个老区群众在全面小康中掉队"的政治重托为强大动力，扑下身子帮扶，撸起袖子攻坚，充分展示新时代弘扬井冈山精神和苏区干部好作风的新气象、新作为，为我省取得2017年度脱贫攻坚成效跃进全国第一档次位列第二、2018年再增6个贫困县顺利脱贫摘帽的亮丽成绩，打好了一场场艰难硬仗，洒下了艰辛汗水，有的同志为扶贫工作殚精竭虑甚至献出了宝贵生命，用最讲党性、最讲政治、最讲忠诚的强烈使命担当，书写了坚决打赢脱贫攻坚战的时代荣光。

> 正文中间部分肯定了全省扶贫工作组一年以来的艰苦付出，同时，热烈赞扬了他们取得的骄人成绩，并对家属们的鼎力支持给予高度评价。

一年来，我省脱贫攻坚取得的优良成绩，与广大扶贫工作者家属的鼎力支持紧密相联。正是你们识大体顾大局、舍小家为大家，克服众多困难，挑起家庭重担，用无私奉献筑起了强大后盾，为广大扶贫工作者奋战脱贫攻坚工作解除了后顾之忧，为全省脱贫攻坚前方报捷作出了特殊贡献。

脱贫攻坚已进入决战决胜关键时期。全省上下要深入贯彻习近平新时代中国特色社会主义思想和党的十九大精神，从更高层次落实习近平总书记对江西工作的重要要求和对江西脱贫攻坚的政治重托。按照省委十四届六次全会部署，把坚决打赢脱贫攻坚战作为千方百计提升老区人民福祉的首要任务；紧紧围绕"核心是精准、关键在落实、实现高质量、确保可持续"总要求，全力实施脱贫攻坚三年行动；下狠劲克难中难，用韧劲攻坚中坚，更加精准、更加务实绣好脱贫攻坚"一针一线"；强化精准脱贫保障，筑牢稳定脱贫机制，确保遇困、遇灾、遇病不返贫；持续巩固提升脱贫实效和质量，努力在脱贫攻坚上走在全国前列，为建设富裕美丽幸福现代化江西，共绘新时代江西物华天宝、人杰地灵新画卷作出新的更大贡献。

> 结尾处寄予殷切期许，脱贫攻坚工作任重而道远，呼吁全省扶贫工作小组和家属们，为建设新时代新江西而不懈奋斗。

祝全省扶贫工作者及家属身体健康、工作顺利、生活幸福！

中共江西省委
江西省人民政府
2018年10月17日

（录自南昌市人民政府官网）

【复习思考】

1. 感谢信的基本格式要求有哪些？
2. 慰问信书写过程中的注意事项有哪些？
3. 慰问信的语言有什么要求？

【案例训练】

1. 试评改下面这封慰问信。

　　入夏以来，我市持续高温，遭遇了几十年难遇的特大干旱。在热浪滚滚的酷暑中，你们不惧烈日、不畏酷暑、不分昼夜、不怕苦累、无私奉献，严格按照各级党委、政府和上级业务部门的统一部署，把抗旱救灾、防治动物疾病作为当前的头等大事来抓，兢兢业业地奋战在第一线，勤勤恳恳地坚守在各个岗位，用实际行动彰显了党的先进性，实践着"服务三农、富民兴渝"的诺言，确保了全市重大动物疫病的继续清净无疫，保障了畜产品安全，得到了广大群众和各级党委政府的高度赞誉。在此，市动物卫生监督总站向你们及家人表示衷心感谢，并致以亲切慰问和崇高的敬意。

　　沧海横流，方显英雄本色；紧要关头，更展兽医雄风。当前，高温仍在持续，旱魔仍在肆意，我们要发扬连续作战和不怕疲劳的精神，克服麻痹松懈情绪，树立"抗大旱、救大灾、防大病"的思想，在各级党委领导下，与灾区群众同心协力，并肩战斗，誓夺战高温、斗酷暑的最后胜利，为确保全市畜牧业的健康发展和让市民吃上"放心肉"做出新的贡献。

　　祝鏖战在一线抗旱救灾和防治动物疾病的兽医同志们健康平安、家庭幸福。

2. 评改下面的感谢信。

尊敬学校领导、老师、同学：

　　你们好！

　　我是来自××大学的一名贫困家庭出身的学生，从上大学的第一天起就肩负着许许多多的责任：为家人减轻负担、为自己的未来负责、为培养我帮助我的人争气。最初这一切让我感到压力巨大，有时会担心自己能不能做好，能不能坚持克服困难一往无前地走下去。所幸，我是一个幸运的孩子。

　　怀着说不出的激动与感谢、怀着无法形容的心情，我拿到了这份助学金。学校给予我的帮助也是学校对我的肯定，千言万语化做一份动力，鼓舞我在今后的学习道路上更加奋勇向前。这份助学金我一定会正确合理地使用，我要把它用在学习和生活上。这同样是学校、老师和同学对我的一次考验。

　　能拿到这份助学金对我来说不只是一份帮助、一份来自校领导的关怀，更是我学习动力的源泉。这份奖学金不仅帮助我的家庭减轻了经济负担，也让我的心里有了一个目标：我要努力学习，掌握更多知识，为今后有个好的工作打下牢固基础，作一个有理想、有抱负、有志向的新一代青年，为建设祖国奉献出自己的力量。

作为一个来自农村的孩子,我很珍惜来城市上大学的机会,所以在大一时,我做了很多的兼职,包括在外面发传单、在餐馆打工,虽然很辛苦,但想到家里更辛苦的父母,我的心里就有了很大的动力。父母之恩大于天,我定会努力报答。但除此之外,社会上那些好心帮助我的热心人,也值得我真诚地感谢。自古到今,滴水之恩当以涌泉相报,我不能很确定地说我以后一定会成为多么了不起的人物、多么杰出的人才、怎么样去回报一直以来帮助我的社会,但是我想,我一定会努力,尽量让自己做得更好!

作为一个大二的学生,我已融入了这个与以前不一样的生活氛围。同时,我也在努力学习各个方面的知识。学以致用,我会努力把自己所学到的知识文化尽快地用到社会实践中,尽快地把精神财富转化为物质财富。

我打心里感谢国家对于贫困生的关怀,能让我们不用背负太多的压力去学习,同时也非常感谢我的同学和老师,谢谢你们对我的信任,一方面这是对我的肯定,另一方面,我也会更加积极向上、斗志昂扬,以大学生应有的态度和风范过好每一天,踏踏实实学习,积极参加班上和学校的活动,为班级争光。拿到助学金以后,我不用带着沉重的心理枷锁来面对自己的学习和生活,助学金为家里暂时减轻了负担,日夜操劳的父母也可以暂时舒缓一些了,这也带给我巨大的宽慰。

我的学校全方面地为学生考虑,不仅在学习上紧抓学生的成绩,在生活方面也是关怀备至,深入了解学生的心理和家庭情况,为贫困学生设立了助学金,减轻贫困学生的心理和家庭压力,使他们感到学校这个大家庭带给他们的温暖,让他们在一个充满爱心的环境中完成自己的学业。在此,我深深地向校领导鞠上一躬。

想到许多贫困学生因家庭条件而被迫辍学,想到我有这样的机会获得国家的资助,我的内心充满了无限的感激。除了"感恩",我想没有其他词汇能诠释我此时此刻内心的感受了。所以,我要怀着感恩的心努力学习、拓展知识范围、珍惜时间、拼搏奋斗、努力成为祖国未来合格的接班人和建设者。用自己的力量为祖国、为人民做出我力所能及最真诚的贡献。

我代表我们这些贫困生在这里表示深深的感谢,向国家、学校及关心和帮助我们这些贫困生的各位领导及老师表示深深的感谢。

再次诚挚地感谢大家对我的照顾和帮助!

感谢人:×××

2019年××月××日

(录自"无忧考网")

第四节　请柬　聘书

一、请柬

(一)请柬的概念

请柬,又称为请帖、邀请书(函),是为了邀请客人参加某项活动而发出的礼仪性书信,一一般用于较隆重的场合。

（二）请柬的特点

1. 对象明确

请柬的发送对象是特定的单位或个人。

2. 礼貌庄重

请柬的语言表达须礼貌庄重。

3. 简明精美

请柬篇幅短小精悍，内容单一，往往制作精美，讲究美观、大方。

（三）请柬的种类

按形式分，有横式请柬和竖式请柬。

按用途分，有会议请柬、仪式请柬、参展请柬、宴会请柬等。

（四）请柬的写作格式

大多数场合可采用模式化的现成请柬，特定的活动或有特殊要求时，则需自己制作请柬。请柬根据风格不同，可制作成横式或竖式，一般包括封面和内页两个部分，通常用较厚的纸质，装帧精美。请柬内容由五部分组成，分别是标题、称谓、正文、结语和落款。

1. 标题

请柬标题一般在首行正中写上"请柬"或"请帖"二字，或者在有封套的正面书写"请柬"或"请帖"二字。

2. 称谓

称谓一般另起一行顶格书写，如果称谓是单位，需写上单位全称，称谓是个人需加上表示尊敬的称谓。

3. 正文

正文部分需写明邀请缘由，如结婚典礼、生日聚会、企业开张、联欢会等，并把参加活动的具体时间、地点、注意事项等一一写上。

4. 结语

正文末尾一般要写上"恭候莅临"等敬辞，也可另起一行写上"此致"，下一行顶格"敬礼"等礼貌性用语。

5. 落款

落款部分需注明邀请单位或个人，并附上日期。

（五）请柬的写作要求

1. 精确严谨

请柬用于重要场合，需将活动时间、地点等信息精准地表达出来。

2. 庄重典雅

请柬用语注意郑重、典雅，体现恭请之意。

【例文评析】

例文 6-8

请柬

李明先生：

　　2019年5月10日是家父70岁寿辰，当日中午12时在建国路32号嘉会喜宴楼敬备薄酒，敬请光临。

钟强敬上
2019年5月3日

··· 评　析 ···

这是一篇邀请个人参加喜宴的请柬，语言简明、雅致，内容准确到位，是日常社交请柬的典范。

例文 6-9

请柬

尊敬的陆小军先生：

　　2019世界机器人博览会将于2019年8月20日—25日在北京亦创国际会展中心（北京市亦庄开发区荣昌东街6号）举办。诚邀您届时莅临指导。

2019世界机器人博览会组委会（公章）
2019年8月10日

··· 评　析 ···

这是一篇正式的参展请柬，语言庄重得体，态度谦虚有礼，短小的篇幅中清楚交代时间、地点、邀请单位，行文简明精练。

二、聘书

（一）聘书的概念

聘书，也称聘任书，一般是指机关、团体、企事业单位聘请某些有专业特长的人完成某项任务，所发出的具有邀请性质的专用书信。聘书旨在加强应聘双方协作的纽带、增强应聘者的责任感、荣誉感，突出信任和守约的重要性。

（二）聘书的分类

根据内容，聘书可分为职务类聘书和任务类聘书两类。

根据聘期时间，聘书可分为长期工作聘书、短期工作聘书和兼职工作聘书。

（三）聘书的特点

1. 严肃性

聘书是劳动力需求方对劳动者进行选择之后，决定对其正式聘用时所形成的具有法律效力的文书。聘书的制作和发送是非常严肃的事情，要合法，要规范，要明确。

2. 凭据性

聘书是受聘者上岗工作和保护自己工作权利的依据，也是用人单位衡量受聘人员是否履行职责、是否完成任务的依据。对于双方而言，聘书都有重要的凭据作用。如果双方发生纠纷，需要劳动仲裁部门或法律部门解决纠纷，聘书也是依法解决的重要证据。

3. 双向选择性

聘书是在双方自愿的基础上形成的，招聘单位有权向受聘者发出聘请意愿，受聘者也有权决定自己是否应聘，具有双向选择性。在双向选择的过程中，双方的利益可以更好地得到保障。

4. 期限性

聘书需写明聘用的期限，长期工作聘书可以是一年或数年，临时工作的聘书则到临时工作结束时自动终止。兼职工作则相对比较灵活，特别是一些名誉性的兼职，没有明确的时间期限。

（四）聘书的写作格式

聘书一般由五部分组成，分别是标题、称谓、正文、结语和落款。

1. 标题

标题一般第一行居中，使用"聘书"或"聘请书"二字。

2. 称谓

称谓另起一行顶格书写被聘请人的姓名，通常加职务、职称等身份以示尊敬。

3. 正文

正文部分需写明被聘请者的职务、薪资、权限等基本条件，同时可以适当加入对被聘人员的殷切期许。

4. 结语

结语部分为表示敬意，可用"此致敬礼"作结，也可以"此聘"作结。

5. 落款

落款部分位于聘书的右下方，需附上聘请单位全称和聘请时间，并加盖单位公章。

（五）聘书的写作要求

1. 沟通一致

聘书是招聘方与应聘方充分沟通的产物，是经过双方充分沟通，并经过确认后签署的应聘文件。

2. 短小精悍

聘书篇幅一般比较短小，内容要求简明扼要，将聘书内容准确、精简地表达出来。

【例文评析】

例文 6-10

聘　书

××先生：

　　兹聘请您为我公司技术部总工程师、主任，聘期自 2019 年 3 月 1 日至 2024 年 2 月 29 日，聘任期间享受本公司高级工程师全额工资待遇。

　　此聘！

××电子电器有限公司（章）
2019 年 2 月 25 日

··· 评　析 ···

这是一篇典型的聘书，正文写明受聘者担任职位、受聘时间、受聘待遇，庄重严肃，简单明了。

【复习思考】

1. 请柬写作的特点有哪些？
2. 聘书写作的要点有哪些？
3. 请柬和聘书最突出的特点是什么？

【案例训练】

1. 学校辩论队计划举办第一届全市高校联盟辩论大赛，请你写一份邀请高校联盟成员学校辩论队来你校参赛的请柬。要求：格式正确，地址、时间等信息自拟。
2. 你校将聘任唐鹏为荣誉校长，请你拟写一份聘书，相关信息自拟。

第五节　启事　声明

一、启事

（一）启事的概念

"启事"中的"启"含有"陈述"之意，"事"即"事情"。启事，就是公开陈述事情，一般指单位或个人将需要向公众说明或请求予以支持的事情简要记叙，张贴在公共场所或者刊登在报纸、刊物和网络上。

不能将"启事"写成"启示"。"启事"和"启示",是人们日常生活中使用较多又容易混淆的两个词语。"启示"是"启发提示,使有所领悟"之意,与"启事"的"公开陈述事情"相去甚远。

(二) 启事的特点

1. 公开性

启事是通过各种传播渠道,使公众对某些事项得以了解,或通过宣传获得公众响应与协助,具有公开性的特点。

2. 广泛性

启事的使用范围非常广泛,凡是需要向公众说明或需求协助的事项,都可以使用启事,包括征招类启事、告知类启事以及寻找类启事。

(三) 启事的分类

征招类启事,如招工、招聘、招生、招领、征文、征婚、招标启事等。

告知类启事,如迁移、更名、开业、停业、竞赛、讲座、解聘启事等。

寻找类启事,如寻人、寻物启事等。

(四) 启事的写作格式

启事由三部分组成,分别是标题、正文和落款。

1. 标题

标题一般需写明事由,例如"寻物启事"、"招聘启事"等,位于正文之上,居中。

2. 正文

正文部分直接写明需要告知公众的事项,或者需要公众协助帮忙的事情,内容准确,条理分明。

3. 落款

落款部分要写明发布启事的单位或个人,附上发布时间,寻找类启事还需附上准确的联系方式。

【例文评析】

… 评　析 …

例文 6-11

《〈消法〉普及运用大家谈》栏目征稿启事

正文首段交代征稿启事的原因和目的。

自 2013 年 10 月进行第二次修改以来,新的《中华人民共和国消费者权益保护法》(以下简称《消法》)已经施行了 5 年多,在规范经营者行为、维护消费者合法权益方面发挥了重要作用。全国市场监管部门及社会各界共同努力,广泛宣传《消法》知识,让公众普遍知晓和更多地掌握消费者权益保护的法律武器,引导理性消费、依法维权;一线监管执法人员认真学习钻研《消法》,不断提高业务技能水平,在消费者权益保护监管执法实践中发挥了重要作用。为了进一步促进《消法》的宣传普法和贯彻落实,中国市场监管报社在市场监管总局有关司局指导下,将于近期开设《〈消法〉普及运用大家谈》栏目,现征集栏目稿件,欢迎一线监管执法人员和社会各界人士踊跃投稿。

栏目稿件要求如下:

1. 稿件以学习、宣传、普及、贯彻《消法》为主题,紧扣一线监管执法实践,或者运用《消法》维护自身合法权益的实际感受,谈相关体会,思其中得失,析典型案例,解法规原理。要求主题突出,表述准确,事例真实,贴近实际。

2. 每篇稿件字数不超过 1 800 字。

3. 稿件请发送电子版至 12315cicn@sina.com 邮箱,在邮件主题栏内标注"《〈消法〉普及运用大家谈》栏目稿件",并在稿件正文末尾注明作者姓名、通信地址、邮政编码、联系电话。

4. 联系人:吴楠,电话 010 - 63722068 - 661。

中国市场监管报社
2019 年 3 月

(录自中国市场监管报官网)

> 交代清楚征稿要求,包括主题、字数、稿件投寄邮箱、稿件要求和征稿方联系人,表述清晰有条理。

例文 6 - 12
招聘启事

西南医科大学(泸州)资产经营有限责任公司于 2013 年 1 月由西南医科大学出资注册成立,其性质为四川省属国有企业,主要从事对商业、房地产业、酒店业的投资,资产管理;物业管理服务;科技技术开发、咨询、转让、推广服务。现根据公司发展需要,面向社会公开招聘办公室副主任及文秘各 1 名,有关招聘事项公告如下:

一、招聘原则

坚持公开、平等、竞争、择优的原则,采取面试与考核相结合的方式。

··· 评　析 ···

> 招聘启事首先说明招聘方公司基本情况。

二、报名条件及招聘岗位

（一）报名条件

1. 政治合格，遵纪守法，品行端正，有一定法律法规基本知识；认真细致，爱岗敬业，吃苦耐劳，有良好的职业操守；思维敏捷，接受能力强，能独立思考，善于总结工作经验；具有良好的沟通能力及文字处理能力。

2. 学历条件

（1）办公室副主任：全日制硕士研究生或本科汉语言文学、行政管理等相关专业毕业（本科学历要求有3年以上行政管理工作经验且表现优秀者，研究生学历者可适当放宽专业限制）。

（2）办公室文秘：全日制本科或专科汉语言文学、行政管理等相关专业毕业（有3年以上行政管理工作经验且表现优秀者可适当放宽专业限制）。

3. 具备扎实的文字功底和良好的书面写作能力及沟通协调能力，能够熟练撰写工作总结、会议纪要、宣传稿件等各类工作报告，能熟练应用OFFICE办公软件等；应具有良好的学习能力、独立工作能力及职业道德；有3年以上大型国企或知名民营企业行政管理工作经验者优先；在校期间表现特别优秀的应届毕业生优先。

4. 年龄在22周岁至35周岁之间，身体健康，体形端正，面部无明显特征、缺陷，无残疾，无口吃，无重听，无色觉异常，无纹身。

（二）招聘岗位

公司办公室副主任1名

公司办公室文秘1名

（三）具有下列情形之一的人员，不得报名：

1. 曾受过各类刑事处罚和劳动教养的；
2. 曾被开除公职的；
3. 有违法、违纪行为正在接受审查的；
4. 有法律法规规定不得报考的其他情形。

三、招聘程序

（一）报名

1. 报名时间：2019年6月6日至6月14日。
2. 报名地点：西南医科大学城北校区奥体中心1楼西南医科大学(泸州)资产经营公司办公室。
3. 报名形式：现场报名。报名人员如实填写《西南医科大学资产经营有限责任公司公开招聘专业人员报名登记表》，并提交户籍证明原件、学历证书和身份证原件及复印件、相关执业资格证书、专业技术资格证书、体检报告(县级以上医院出具)、个人简历(含工作成绩)、近期免冠2寸彩照2张，如有公开发表的文章需提供复印件。

(二)资格审查

对报名人员进行资格审查，资格审查通过者进入面试。

(三)面试

采取面试方式，主要测试应试者综合分析能力、应急应变能力、逻辑思维能力和语言表达能力等，全面了解应聘人员的综合素质、业务能力、道德品质等情况。

(四)考核

根据应聘者的面试成绩，从高分到低分等额确定进入考核人选，考核工作主要对应聘者的德、能、勤、绩、廉进行全面考核。

(五)聘用

采取试用期制度，试用期为3个月，试用期满经考核合格后签订正式劳动合同，聘用合同一年一签。

四、工作待遇

试用期间只享受基本待遇：办公室副主任2 800元/月，办公室文秘2 000元/月。正式聘用后，工资福利待遇按公司相关规定执行。

五、注意事项

(一)报考对象所提供的各种信息、证件、证明必须真实完整，招聘过程中发现报考者弄虚作假的，取消报考资格，所造成的损失由本人承担。

(二)联系人：罗老师，联系电话：0830-2808515。

(三)本公告由西南医科大学(泸州)资产经营有限责任公司负责解释。

附件：《西南医科大学资产经营有限责任公司公开招聘专业人员报名登记表》。

西南医科大学(泸州)资产经营有限责任公司

2019年6月5日

(录自西南医科大学官网)

二、声明

（一）声明的概念

声明是国家、政党、政府或团体公开说明真相，或向公众表明自己立场、态度和主张的应用公文。一般单位和个人也可使用声明来说明与本单位或本人直接相关的问题或事实真相。

注意"声明"与"申明"不可混淆。"声明"指"公开表明态度或说明真相"，属于应用文的一种文体；而"申明"指"郑重说明"，应用文也没有此种文体。

（二）声明的特点

1. 公开发布

声明需要公开宣布，让公众知晓，通常在媒体发布，具有公开性。

2. 立场鲜明

声明通常对相关事项或问题进行事实披露或澄清，并表明自己的立场和态度。

3. 法定权威

声明是具有法定资格的机关或法定代表人，做出的相关事实说明和表态，往往具有权威性。

（三）声明的分类

1. 停止侵害声明

机关、团体或个人的某种合法权益受到侵害时，为维护自己的合法权益、引起公众关注，并要求侵权方停止侵害行为的声明。

2. 遗失停用声明

机关、团体或个人遗失了支票、证件等重要凭据或证明文件时，为防止他人冒领冒用而发表的声明。

3. 道歉澄清声明

机关、团体或个人因某些较为重要、严肃的事情，需要向公众做出道歉、澄清、说明的声明。

（四）声明的写作格式

声明由三个部分组成，分别是标题、正文和落款。

1. 标题

标题一般置于正文之上，居中，可以直接使用"声明"，也可以说明事由，如《严正声明》，还可以是单位、事由和文种的组合，如《××公司关于××的声明》。

2. 正文

声明正文一般需要写明声明的事项，包括事件的始末，声明单位的立场、态度和做法。

3. 落款

落款部分需署名，并附上日期。

（五）声明的写作要求

1. 内容清晰

声明的效果取决于声明内容表述是否具体明白,因此在写声明时,内容必须明确。内容较多的启事可标项分条列出,使之醒目。

2. 语言简练

声明的语言要求准确,切忌模糊、模棱两可,同时还要求简练通俗,让人一看就明白。

【例文评析】

例文 6-13

澄清声明

尊敬的客户:

近期我行关注到某企业对外提供金融服务及对外宣传时,使用"天玑财富"、"天玑金服"等标识,包括使用"天玑"、"天玑财富"的企业简称、发行含"天玑财富"字样的理财产品等经营行为。对此,我行声明如下:

1. "天玑财富"为我行合法注册的商标且有效存续,我行未授权任何公司、个人在任何金融产品上使用"天玑财富"商标。

2. 目前市场上出现的含"天玑财富"标识的企业与我行无任何关联关系,含"天玑财富"字样的理财产品非我行发行产品。

3. 对于某企业侵犯我行商标专用权的行为,我行已发出律师函要求其立即停止在经营活动及对外宣传活动中使用"天玑财富"字样,同时保留采取其他法律手段进一步追究其法律责任的权利。

请消费者谨慎投资、注意风险。

特此声明!

平安银行股份有限公司
2019 年 4 月 9 日

（录自平安银行官网）

评析

首段说明声明的原因。

分点表述声明的主要内容,首先声明商标的知识产权,其次澄清关系,之后对侵权方示以警告。

正文末尾提醒消费者合理投资,并以"特此声明"作结。

例文 6-14

关于个别机构发布"全国百强中小学"榜单的声明

近期,有机构在网络发布了"全国百强中学"、"2018 中国最具影响力中小学百强榜"等榜单,现郑重声明:教育部从未授权任何组织或机构开展面向全国中小学校的此类评选排名活动。

教育评价具有重要导向作用,科学规范公正的教育评价是提升教育教学质量的有效途径。但是,当前社会上出现了一些粗制滥造、弄虚作假的教育评价,标准不科学、操作不规范、过程不公开,不能客观公正地反映学校真实状况,严重干扰了学校正常的教育教学秩序。在此,提醒全国各中小学校,切勿参与此类评选排名活动。针对此类评选排名活动,教育部将进一步加大工作力度,依法依规予以处理。

特此声明。

教育部办公厅

2019 年 5 月 9 日

(录自教育部官网)

···评　析···

标题点明发布声明的缘由。

正文针对当前社会中出现的一些巧立名目的教育评价,进行严正批评,并对相关方面提出提醒和警示。

最后以写"特此声明"结尾。

【复习思考】

1. 启事和声明有哪些区别?
2. 启事具有哪些特点?
3. 声明具有哪些作用?

【案例训练】

1. 假如你在某自习室丢失了书包,请根据你自己书包的特点和里面的物品情况等写一则寻物启事,相关信息自拟。
2. 评析下面一则声明。

　　福建日报报业集团拥有海峡都市报(海峡网)采编人员所创作作品之版权,未经报业集团书面授权,不得转载、摘编或以其他方式使用和传播。违反上述声明者,本报社将追究相关侵权人的法律责任。

　　特此声明

海峡都市报　海峡网

(录自海峡网)

第六节　讲话稿

一、讲话稿的概念

讲话稿一般指领导讲话稿,是党政机关、社会团体、企事业单位负责人,在各种会议上发表带有宣传、指示、总结性质讲话的文稿,是应用写作的重要文体之一。讲话稿的使用范围主要是各种会议,也可以通过报纸、广播、电视等媒体予以发表。

二、讲话稿的特点

（一）内容明确

讲话稿的内容需契合会议主题和讲话者身份,因此讲话稿必须要明确会议的主题、性质、议题、背景、要求,听众的身份、背景情况、心理需求、接受习惯和领导指示等。

（二）篇幅适宜

讲话稿的篇幅一般与会议安排讲话时间的长短相关,因此对讲话稿的篇幅要特别注意,不宜长篇累牍也不宜浮光掠影。一般来说,会议中的发言可以适当长些,而在表彰、庆典上的讲话则应当简短。

（三）语言恰当

讲话是供人们现场听的,要易于听众消化、吸收和理解,所以讲话稿的语言既要简洁、得体,又要通俗、活泼。讲话稿种类繁多,不同场合会对讲话语言有不同需求,因此撰写领导讲话稿时必须提前考虑讲话场合和氛围。

三、讲话稿的分类

（一）会议讲话稿

是指在各种会议上发表的讲话,常常作为会议文件列入会议议题。包括工作会议讲话稿、代表会议讲话稿、通信会议讲话稿、会议总结讲话稿等。

（二）一般讲话稿

一般讲话稿是人们参加各种聚会、庆典等纪念性会议上所发表的讲话稿。这类讲话稿有的是提前准备的,有的则是即兴发挥,讲完后被整理成篇。

四、讲话稿的写作格式

讲话稿一般由三部分组成,分别是标题、正文、结尾。当然,讲话稿内容相对灵活,也可以根据实际情况灵活安排结构。

（一）标题

讲话稿的标题分为两种：一种一般是由讲话人的姓名、职务、会议名称和文种构成，如《××省长在防汛抗旱工作会议上的讲话》；另一种是由一个主标题、副标题和讲话时间、讲话人等组成。主标题一般用来概括讲话的主旨或主要内容，副标题说明是在什么会议上的讲话，副标题之下另起一行标明讲话时间和讲话人职务姓名。如：

自强的清华更奋进

——清华大学 109 周年校庆致辞

（2020 年 4 月 9 日　清华大学）

清华大学校长　邱　勇

（二）正文

讲话稿的正文一般包括称谓、开头和主体几部分。

1. 称谓

讲话稿的开头应根据会议性质和与会人员的情况来确定恰当的称谓，如"女士们，先生们"、"同志们"、"各位专家学者"等，要求庄重、大方、得体。

2. 开头

讲话稿的开头要用极简洁的文字把要讲的内容概述一下，说明讲话的缘由或者所要讲的内容重点。

3. 主体

讲话稿的主体是讲话的关键所在，根据不同的讲话内容和发表讲话的目的，主体各不相同。在结构布局上一般有以下几种写法：一是按时间顺序；二是按工作进度；三是按问题的逻辑关系。不论采用哪种写法，都要求言之有序、言之有物、言之有文。

（三）结尾

讲话稿的结尾往往需要精心结撰，通常使用慷慨激越、蓬勃向上的语句将整篇讲话推向高潮，是积蓄势能的爆发，也是产生共鸣的引擎。不论采用哪种写法，结尾部分都要富有感染力，起到鼓舞人心的作用。可以运用排比、比喻等修辞手法。

五、讲话稿的写法

（一）讲话稿开头的写法

1. 评价会议

这种类型的讲话稿开头一般是叙述开会缘由，适用于工作动员会议、汇报会议、总结会议。例如：《在全局"不忘初心、牢记使命"主题教育动员会上的讲话》开头语为：

按照中央、自治区党委统一部署，今天下午我们召开会议，对全局开展"不忘初心、牢记使命"主题教育工作进行动员部署。刚才，×××同志传达了中央、自治区党委开展"不忘初心、牢记使命"主题教育工作会议精神；稍后，×××同志还要作讲话，提出明确要求，我们要认真抓好落实。下面，我就全局开展好这次主题教育讲几点意见……

2. 总结工作

这种类型的讲话稿开头一般从某一时期的工作总结入手，引入开头语，适用于总结或者表彰性质的会议。例如：某大学书记在工作总结大会上的讲话开头：

时间过得很快，暑假就要到来，这个学期也快要结束。今天，我们在这里召开学校学期末工作总结大会，对上半年工作进行总结，进一步凝聚共识、落实责任，推动工作再上台阶。

3. 介绍当前

这种开头侧重于对工作环境的分析，主要包括会议召开时的形势，会议前的考察和研究成果，以及发布的会议精神和重要文件、重要决定等。这样的开头通常适用于工作总结会议、工作部署会议等。如某省组织部长《在某市领导干部大会上的讲话》的开头部分：

根据工作需要，省委决定，对某市委主要领导的职能进行调整。这次市委主要领导职能的变动，是省委根据实际需要，为了优化领导班子结构、加强干部交流而综合考虑的，是正常的调整……

4. 分析问题

即通过指出目前工作中的问题，树立解决问题的具体目标，以此作为开头语。例如某位领导在机关作风转变动员大会讲话的开头：

机关工作作风如何，对于我市政治、经济、文化和社会的发展有重要意义。从目前情况看，大多数单位都能在市委、市政府的领导下统一部署行动，机关人员工作勤勉、扎实苦干。但也有少数部门和单位中的部分同志、精神不振、工作疲沓、纪律松弛、作风涣散，直接影响了全局工作。正因如此，市委、市政府决定，召开本次转变机关作风大会。

5. 表彰成绩

适用于表彰、总结、庆祝类型的讲话稿。主要目的是肯定过去的成绩，并祝贺表彰的单位和个人。如某市长在庆祝八一建军节暨双拥表彰会上的讲话稿是这样开头的：

大家上午好！值此"八一"建军节来临之际，我们欢聚一堂，共同庆祝中国人民解放军建军92周年，共叙军民鱼水深情，共商军地共建大业。在此，我代表市委、市政府和全市的干部群众，向人民解放军驻地部队全体指战员、武警官兵、预备役军人和广大民兵，致以节日的祝贺和问候！向军队离退休干部、革命伤残军人、转业复退军人以及烈军属，表示诚挚的慰问和良好的祝愿！

（二）讲话结尾写法

1. 预测未来

根据讲话的全部内容，充分展现自己站在战略高度所发挥的预见能力，对讲话主题思想

相关延伸,进行预测和期待,例如:

同志们,防汛抗旱工作涉及面广,社会关注度高,我们绝不能有丝毫松懈麻痹,一定要严格按照省委、省政府的决策部署,充分做好"防大汛、抗大旱、抢大险、救大灾"的准备,担当作为,齐心协力,努力夺取防汛抗旱工作的胜利,以优异的成绩向全省人民交出一份合格的答卷,为建设富饶美丽幸福新湖南作出应有的贡献!

2. 号召鼓动

用充满力量的文字,鼓动听众,将讲话的气氛推向高潮。例如:

同学们,我们伟大祖国的未来是无限美好的,我们伟大民族的未来也是无限美好的。希望广大青年学生深怀爱国之心、牢记报国之志,更加自觉地投身人民创造历史的伟大实践,自觉从社会实践和人民群众中汲取营养,自觉在艰苦环境中经受磨炼,用自己无悔的人生去谱写壮丽的青春乐章,努力创造无愧于时代的辉煌业绩。我们相信,在祖国960万平方公里的广阔土地上,在全面建设小康社会、实现中华民族伟大复兴的壮丽事业中,你们完全可以大有作为,也一定能够大有作为。

3. 自然收束

水到渠成地结束讲话,适用于研讨会议和座谈会议。如:

上面几个问题是我自己思考的,也希望同志们能一起共同研究,做出更好的回答,抓好会议精神的落实。我的认识和思考有限,上面的几点意见也不一定对,仅供大家参考。

【例文评析】

例文 6-15

南京大学校长吕建院士在2018级本科新生开学典礼上的讲话

···评　析···

标题由讲话人姓名、讲话时间和讲话场合构成。

尊敬的各位来宾,各位家长,老师们,同学们:

大家下午好!

金秋九月,我们又迎来了激动人心的入学季。校园里气氛热烈,处处欢声笑语。看着各位新生开心地来到南京,来到南京大学,开启人生新的旅程,我的心中也充满了喜悦。在这个喜庆的日子里,请允许我代表学校,向各位新生致以热烈的祝贺!向为你们的成功付出辛勤汗水的高中老师、家长们致以衷心的感谢!

各位同学走进学校大门的时候,是否看见了可爱的蓝色小鲸鱼在校门上空拉着条幅欢迎你们呢?那就是南京大学可爱的卡通形象,也是你们进入南京大学后拥有的昵称——"小蓝鲸"!同学们可能听出来了,"蓝鲸"谐音地名"南京"。刚刚加入南京大学大家庭的你们,从这一刻起,化身为一个个小蓝鲸,如鱼得水地开始自己的大学探索之旅。

迎新的那天,我也去了热闹非凡的迎新现场,看着你们带着开心、好奇、忐忑、憧憬一路走来,观察着、触摸着、了解着南京大学这所百年名校。几天下来,大家是否对南京大学有了一个直观的认识?通过看到、听到、读到的各种信息,相信大家也有了自己的答案。

校园里各具特色的建筑,是否让你看懂她?仙林校区二源广场上树立着两块石碑,分别镌刻着两个校名——"国立中央大学"和"金陵大学"。他们是南京大学的两个源头,更是中国现代大学的源头之一。石碑无声记录了南京大学的辉煌历程。116年来,南大人始终立于历史潮头,把握时代脉动;始终致力民族振兴,培养栋梁之材;始终潜心学术研究,铸就科学高峰。与时代同呼吸、与民族共命运,谋国家之强盛、求科学之进步,是南京大学不懈的追求。

南京大学含义隽永的校歌,是否让你听懂她?今天我们即将唱起的校歌,是由南京大学历史上南高师时期首任校长江谦先生作词,由现代中国音乐界一代宗师——"弘一法师"李叔同先生谱曲,歌词古朴典雅,旋律端庄悠远。她让我们仿佛看到金陵城中"千圣会归"、"名师云集"和"集天下英才而教育之"的壮观场面;让我们充分感受到南京大学以"仁"、"智"、"勇"为内核,诚动天下、教泽绵延的初心与使命。

南京大学造型别致的校徽,是否让你读懂她?这枚设计风格传承自中央大学时期的盾型校徽,正面分别排列着南京市的市树雪松、象征着知识与理性的书本、南京大学的建校时间"1902"年、南京大学的英文名、艺术字体的"南京大学"四个字以及守护其左右的两只金陵神兽辟邪。校徽上的图案阐释了南京大学位于文脉绵延的金陵城中,以坚忍不拔、生生不息的精神,十年树木、百年树人,造就英才,弦歌不辍。

这些颇具代表性的象征符号,都在向你们传达着南京大学的过去、现在与未来。可以说,南京大学是深邃浩瀚的知识海

> 介绍南京大学的内涵与培养方式,进一步增强新生对学校的喜爱与了解。

洋,是宁静旷达的精神家园,是卓越引领的人才摇篮,是火热历练的人生熔炉。

了解到南京大学的内涵,还只是开始大学生活的第一步。在这广袤的天地,小蓝鲸们要不迷失方向,就必须对准目标,知道自己在南京大学能学什么、学成什么、如何学。

南京大学一直把对同学们的培养作为学校最大的事业,始终践行"知行合一"的教学思想。目前,南京大学文理工医学科融通、专业体系相互通达的"三三制"本科人才培养模式,在全国乃至世界都享有盛誉。通过"三三制"的培养,你们将具备扎实融通的学科基础、多元发展的综合素质、变化发展的长远眼光,从而拥有高远宽广的立世格局。

南京大学海量的优质课程资源,独树一帜的创新创业教学体系,优质的国际化研修项目,五彩纷呈的校园文体活动,广阔的校外实践平台,都等着你们来 pick,由你们来决定为谁打 call。通过丰富的知识和实践的洗礼,你们将实现个性化的成长,具备自主学习的能力,掌握起航人生的智慧。

在南京大学学习和生活的你们,将体验"以人为本、崇尚理性、注重人文、开放包融"的校园文化,将被"严谨求实、勤奋创新"的学风浸润,将继承"诚朴雄伟、励学敦行"的校训精神,通过自己的努力,成长为具有"真诚、平实、儒雅、担当、卓越、引领"南大风范的优秀人才。

同学们,我也是南京大学培养出来的学子,在南京大学的学习经历让我感触颇深。对于如何度过大学四年的时光,作为你们的师长,我想给大家提供几点建议:

> 对大一新生提出中肯建议,用语亲切朴实,观点鲜明突出。

首先,要完成从高中生到大学生的转变。大学期间的学习和生活不同于高中阶段,是一个需要探索、钻研、创造的广阔世界。来自不同地域、拥有不同个性的你们,个个都是成绩好、素质佳的好青年。在大学里,你们将面对更加优秀的合作伙伴,更加强力的竞争对手。因此,以后可能碰到的困境、诱惑、挫折、失败,或许比你们预想的还要多。要解决未来可能面临的难题,你们要对自己提出更高的要求:强健身体、强韧心理;自主学习、自我管理;融入集体、与人为善。希望你们逐步成为人格更加独立,身心更加健康,学习更加主动,行动更加合群的大学生。

其次,要完成从大学生到南京大学学生的转变。作为一名小蓝鲸,我们有着更高的要求。小蓝鲸们要用好"三三制"提供给你们的广阔空间。在通识教育阶段,打牢基础,在不同专业中实现知识的通达交融;在专业化培养阶段,钻研专业知识,拓展学科视野;在多元化培养阶段,选择合适自己的发展路径,为毕业后的发展做好准备。希望你们通过在南大四年的学习,打造出跨专业通识教育的宽度和个性化专业学习的高度,培养出基于批判性思维的创造能力和以不变应万变的适应能力。

第三,要完成从校园学子到时代精英的转变。进入南京大学的你们,即将成为引领未来的中坚力量。在这样一个机遇与挑战并存的时代,你们要立志立德,担当使命,着重培养家国情怀;你们要脚踏实地,静谧自怡,不断提升自我修养,将南大的优秀基因同自身的个性特点相融合,诠释出自己的生命底色。希望你们牢记习近平总书记"爱国、励志、求真、力行"的嘱托,担当振兴中华的历史使命,传承中华优秀文化,引领世界未来发展,成为伟大时代的弄潮儿。

各位小蓝鲸,南京大学正式走入你们的生活,你们也开始书写南京大学新的历史。现在就请开始你们的旅途,在南京大学这片浩瀚海洋中,经由温暖的浅水区,一路锻炼本领不断成长,游向蔚蓝的海洋深处。同学们,你们都曾学过这样一段古文:"北冥有鱼,其名为鲲。鲲之大,不知几千里也。"这是庄子在名篇《逍遥游》中的恣意想象,但在南京大学,你们能真切地感受到这种舒展的愉悦和成长的收获,发现自己,学以成人。愿南京大学四年的学习生活,让你们乘风破浪,一往无前,遨游五湖四海,直达人生的精彩境界!

谢谢大家!

> 结尾部分,殷切措辞中,寄托真挚祝福。

(录自南京大学公众号)

【复习思考】

1. 讲话稿的基本格式有哪些?
2. 试比较讲话稿与演讲稿的异同。

【案例训练】

1. 以学生代表的身份,写一篇在开学典礼上的讲话稿。

2. 请结合讲话稿的有关知识，评析下面这篇讲话稿的特点。

用一生去追寻科学精神
——在清华大学2018级本科生开学典礼上的讲话

清华大学校长　邱　勇

亲爱的同学们：

今天，3 800多名2018级新同学来到清华园，成为这里的新主人。我代表全校师生员工，对你们的到来表示热烈的欢迎！祝愿你们在美丽的清华园里实现自己的人生理想！

在今年的新生中，2000年以后出生的同学超过了四分之三，你们是当之无愧的21世纪的新一代。你们当中有来自广东的甘锦生同学，他从小与奶奶相依为命，虽然生活艰难，但始终保持积极向上的阳光心态。你们当中有来自太平洋彼岸秘鲁的卡洛斯·拉莫斯（Carlos Ramos）同学，他喜欢踢足球并曾在国际信息类科技竞赛中获奖。你们当中有来自湖南的郑舒文同学，她不但成绩优异，而且喜爱演奏小提琴。祝贺甘锦生、卡洛斯·拉莫斯、郑舒文通过自己的努力成为清华的一员，也祝贺全体2018级同学圆梦清华！

同学们，你们成长在互联网科技日新月异、全球化进程波澜壮阔的时代。在过去一百多年里，科学技术的突破性进展使人类社会发生了翻天覆地的变化。相对论构建了人类全新的宇宙观和时空观，量子力学从根本上改变了人类对物质结构及其相互作用的理解，信息技术的突飞猛进极大地改变了社会的生产方式、提高了人们的生活质量。世界因科学变得精彩纷呈。在漫长的历史进程中，人类在科学精神的激励下，不断驱除愚昧，不断拓展知识的边界。

科学精神源自科学但又超越科学，是科学发展过程中形成的最具价值的成果。科学造福社会，而科学家身上所体现的科学精神对人类社会和人类思想产生了更为广泛的影响。著名科学家乔治·伽莫夫在宇宙学领域取得了卓越成就并最早提出了遗传密码模型。他的经典著作《从一到无穷大》以生动的语言将数学、物理、化学乃至天文学、地质学、生物学等内容巧妙融合，让读者深切体悟到科学精神、感受到科学魅力。21世纪是一个创新的时代，科学必将以前所未有的方式，更深远地影响人类文明的进程。作为21世纪的新一代，你们要追寻科学精神，做创新时代的引领者。

追寻科学精神，要有求真求实的作风。科学精神就是求真求实的理性精神。求真求实的过程往往是漫长而孤独的。牛顿在发现万有引力基本原理之后，一直在反复检验和论证理论计算与实际观测不相符的地方，直到把相关问题彻底解决并构建出更加完整和严谨的理论体系。二十多年后，牛顿于1687年正式发表了《自然哲学的数学原理》，该书标志着经典力学的建立。人们在求真求实的道路上往往会遇到荆棘和坎坷，甚至会遭受误解和攻击。达尔文在1859年发表了经典著作《物种起源》，他提出的进化论思想强烈地冲击了当时社会的传统观念。达尔文因此遭受了长期的污蔑和责难，但他不畏强暴，始终坚守自己的学术观点。科学精神指引着人们为探索世界而笃行不倦,也激励着人们为追求真理而献身不悔。求真求实也意味着拒绝虚假,恪守诚信。诚信是每个人都应该遵循的基本准则。希望同学们能够始终说真话、做真人,在追求真理的过程中成就有意义的人生。

追寻科学精神,要有质疑批判的态度。南宋哲学家陆九渊说,"为学患无疑,疑则有进"。质疑是一种学习能力,质疑需要敏锐的洞察力和大胆的想象力。科学问题来源于质疑,没有质疑就没有问题,也就没有科学的持续发展。著名科学哲学家波普尔说:"科学态度即批判态度。"科学问题的分析和解决需要批判的态度,科学研究中的去伪存真、革新进步也离不开批判的态度。自由质疑和理性批判的缺失,必定会阻塞科学前进的道路。希望同学们敢于质疑,勇于批判,在不断提升独立思考能力的过程中成为思想深刻的人。

追寻科学精神,要有高尚的人文情怀。追求人类幸福与社会进步一直是推动科学发展的强大动力,人文情怀始终引导着科学的前进方向。当你们走进科学殿堂,享受科学的美妙,沐浴科学精神的阳光雨露时,要努力培养人文情怀。1931年,爱因斯坦在一次对年轻人的演讲中说:"如果你们想使你们一生的工作有益于人类,那么,你们只懂得应用科学本身是不够的。关心人的本身,应当始终成为一切技术上奋斗的主要目标。"这是一位伟大科学家对后辈的寄语。科学是追求真理的伟大事业,但追求真理不能成为漠视自然、漠视生命、漠视人性的理由,不能成为违反法律、道德、良知的借口。伟大的科学家始终深情地凝望全人类,始终胸怀祖国和人民。科学家从不超脱于生活之外,相反他们无比热爱生活。希望同学们在追寻科学精神的过程中,涵养关爱他人、关爱社会的人文情怀。

同学们,21世纪是一个充满梦想的时代,也是一个创新无处不在的时代。科学精神是科学的精髓,是创新的不竭源泉。希望你们勇敢地捍卫真理,始终保持理性的批判态度,以谋求人类福祉为最崇高的目标,用一生去追寻科学精神。

亲爱的同学们,从今以后,清华将成为你们新的家园。我相信,美丽的清华园一定会因你们而更加精彩,你们的青春足迹也一定将为清华园所铭记!

谢谢大家!

(录自2018年8月23日 清华新闻网)

第七章 传媒信息文体

第一节 消息

一、消息的概念

消息是指以简明扼要的文字，客观迅速地报道新近发生的、重要的、有意义的、能引起人们广泛兴趣的事实的一种新闻文体。消息是新闻最基本的体裁，通讯、特写等其他新闻体裁，都是作为消息的补充、延伸而发展起来的。消息体现了新闻文体的一般规律和要求，掌握消息写作可以为其他文体写作打下坚实基础。

二、消息的要素

（一）五个"W"和一个"H"

消息要素是阐明新闻事实的基本元素，一般被人简要地概括为五个"W"和一个"H"。这分别是六个英语单词的第一个字母，它们具体指的是：何时（When），指新闻事实发生的时间；何地（Where），指新闻事实发生的地点；何人（Who），指新闻事件中的人物或主角；何事（What），指新闻事实的性质即发生什么事情；如何（Why），指新闻事实发生的原因；何果（How），指新闻事件如何发展，结果怎样。

（二）消息要素的运用

新闻要素对于每一篇消息来说都是重要的，这些要素不清楚或不完全，读者在理解时就会遇到障碍，无法准确地了解事件和它的意义。早期新闻学理论要求消息要素必须在导语中出现，随着传播技术的发展和写作方法的改进，现在对消息导语已不作这种严格要求。根据需要，这些要素也可以出现在消息的其余组成部分中。

当然消息的六要素并不是绝对要同时出现的，应根据具体报道的情况来决定详写哪些要素而省去某些要素。必须特别强调的是：何时、何地、何事三个要素，在任何情况下都是不能省略的，如果事件发生的原因是众所周知的，可以省略"何因"；报道自然现象可不涉及"何人"；在追踪报道中可只在最后一篇才出现"何果"；连续报道或同时发出一组报道时，不必在每篇中都出现所有的要素。

三、消息的特点

（一）真实

真实是消息的生命，也是新闻职业道德的基本准则。新闻真实性的具体要求是：构成新闻五要素的时间、人物、地点、经过、因果等必须核对清楚,绝对真实,消息中引用的资料、数字、史实等必须确切无误。消息的写作要严格遵循新闻真实性原则,杜绝道听途说、捕风捉影、弄虚作假、以讹传讹的做法。

(二)新鲜

新鲜是指新近发生或发现的新事物、新经验、新创造、新成就、新动向和新问题。消息内容一定要给人以新鲜感,通过新闻事实所反映的思想和问题具有创新性,给人新的启迪。除此之外,还可以选择新的报道角度,或是变换新的表现手法,或是运用新鲜的语言。总之,就是给人以新鲜感。

(三)迅速

迅速是消息的第二生命,只有迅速反映客观现实,才能发挥消息的威力,提高新闻的价值。新闻是"易碎品",迟写慢发,就会使消息贬值或失去意义,迅速及时也是新闻竞争的需要。通常所说的"抢新闻",其实就是抢时间,新闻工作者需把采写、播发消息的速度作为衡量自己工作效率的重要标志。

(四)简短

简短是消息区别于其他新闻体裁的鲜明特色,消息是用简洁、生动、概括的文字来表达事实要点的报道。消息要写得快、传播得快,就需要篇幅短小。简短精悍是提高新闻质量的关键,既便于及时发布,增加媒体的信息容量,又便于读者阅读,适于人们快节奏的生活需求。

四、消息的写作格式

消息一般由五部分组成,分别是标题、导语、主体、背景和结尾。

(一)标题

标题是消息的眉目,是对消息主要事实或意义简明扼要的概括,是消息内容的点睛之笔。消息的标题可以是单行标题,也可以是双行标题,甚至是多行标题。

(二)导语

导语是一篇消息在开头位置以最精粹的文字,简明扼要地把最重要、最新鲜的事实及其意义表达出来,吸引读者注意。导语可以分为叙述式导语、描写式导语、评论式导语、问答式导语、引用式导语以及对比式导语。

(三)主体

消息主体又称为"消息躯干"或"消息主干",是消息的主要内容,作为主干和中心,所占文字最多。主体的作用在于解释和深化导语,用充足、具体、典型的材料对导语所作的叙述进行充分的展开。主体的展开顺序一般可分为时间顺序式、逻辑顺序式、时间顺序与逻辑顺序结合式。

（四）背景

背景是指与新闻人物及事件形成有机联系的一定的环境和历史条件，通常被称为"新闻中的新闻"、"新闻背后的新闻"。背景材料运用得好，有助于了解新闻发生、发展的来龙去脉，解释、烘托新闻的主题，丰富、增加新闻的知识性和趣味性。新闻背景材料可分为对比性材料、说明性材料和注释性材料。

（五）结尾

结尾通常就是消息的最后一段或最后一句话，是消息内容的自然延伸或收束。结尾通常与导语呼应，对消息内容有深化主题的作用，使受众得到更多的启发和教育。常见的结尾方式有自然结尾、总结式结尾、展望式结尾、启发式结尾以及引语式结尾。

五、消息的结构形式

（一）倒金字塔式结构

倒金字塔式结构是消息最基本的一种结构形式，它是按新闻事实重要性递减的顺序来安排材料的。倒金字塔式结构要求把最重要、最新鲜的新闻事实或结论放在最前面，较为重要的随后安排，再次的再向后安排，最不重要的放在最后。这种先重后轻、先主后次的结构形式，好似一座倒置的金字塔。

（二）金字塔式结构

金字塔式结构是一种按事件发生、发展的时间顺序安排组织材料，或者按事实发展的逻辑关系，将诸多新闻事实按其内在联系逐段写出，最后写出事件的结局或得出结论的结构形式。这种结构叙事条理清晰，现场感强，适合报道那些内容单一、故事性强的新闻事件。

（三）并列式结构

并列式结构是两个或两个以上相互独立又有内在联系的材料或段落为同一主题服务的结构形式，在综合消息和经验消息中经常使用。这种结构条理清晰，各个段落所涉及的内容基本上是并列关系，并无主次和先后之分，但必须围绕一个共同的主题展开。

六、消息的分类

（一）动态消息

动态消息是迅速简洁地报道正在发生或新近发生的现实事件和情况的新闻。动态消息又称动态新闻，是新闻媒介中发布数量最多、使用频率最高、时效性最强的一种体裁，被看做新闻报道中的轻骑兵。按照题材的性质常分为"硬新闻"和"软新闻"。前者通常以报道政治、经济、外事等对人类社会有重大影响的事件为主；后者主要报道社会生活中的新变化、新动态等与人们生活密切相关的新鲜事等。简讯是动态新闻中最为短小的一种，又称短讯或简明新闻，通常一两百字甚至几十字，用于报道事件的简要情况或将不太重要的消息作简化处理。一般以突发性事件为其主要报道内容，开门见山、一事一报，或进行连续性事件报道。

动态消息的特点是一事一报，内容集中而又单一，短小精悍，报道简洁明快。动态消息还比较讲究客观性，一般采用概括叙述的方法，只把新闻事实本身表达清楚，不作解释和评述。动态消息的深度主要靠事实本身来显示。动态消息时间性最强，要显示"动态"，就必须着眼于新情况、新趋势、新成就和新变化。它要求作者关注正在发展的事态的变动情况，并随时将最新动态报告给关心事态发展的读者。

（二）综合消息

综合消息也称综合新闻，它是围绕一个中心综合反映国际国内某一领域带有全局性的情况和动向的新闻报道。它是记者就某一现象或问题进行大范围采访，进而对同类事物或一事物的多侧面进行归纳的综合报道。

综合消息的特点是报道面广，概括性强，写作难度较高，既要有全面性的概括材料，又要有代表性的具体事实。写这类消息要注重点面结合，尽可能多地占有材料，多角度地反映客观事实的概貌。由于综合消息材料是丰富的、多样的，各个材料的详略处理和表现角度也相对灵活。

综合消息不是一事一报，所报道的一组新闻事实所发生的时间、地点可能不是相同的，原因、结果和过程也各有不同。这样，综合消息在时效性上就不能像动态消息那样迅捷，要相对灵活一些。

（三）经验消息

经验消息又称典型报道，是对某地区、某部门、某单位在工作中取得的典型经验或成功做法的集中报道。其作用是集中而典型地体现党和国家的方针政策，反映事物的普遍规律，为解决当前实际工作中存在的问题提供直接或间接的经验。

经验消息指导性强，往往在叙述事实的基础上，通过分析归纳出反映规律性的经验，达到以点带面、推动某方面工作的目的。因此要求具有较强的针对性和说服力，在提出问题的同时还要讲清解决的办法，并在此基础上总结出能切实解决问题的具有指导意义的经验。经验消息报道的事实不是突发性的，时效性相对较弱。经验消息在媒体上发布时，往往配有评论，以进一步阐明其现实意义和普遍意义。经验消息既有总结先进经验的，也有总结反面教训的。

（四）述评消息

述评消息也称新闻述评，是用夹叙夹议、边述边评的方式来反映一个单位、一个部门以至国内外重大事件、重要问题的一种新闻报道。它介于新闻和评论之间，既报道新闻事实，又在报道的同时对新闻事实的性质、特点、发展前景等作出分析、解释、评价。它兼有消息和评论两种功能。

述评消息的特点是在叙述事实的同时，引出必要的议论。写这种形式的消息针对性、政策性相对较强，它要求作者具有相当的理论水平和政策水平，能针对问题，分析形势，研究动态，揭示事件的本质意义，指明事件的发展趋势，帮助读者更好地认识理解事态。写作中应注意以叙述为主，评论为辅，合理安排两者的主次关系。

七、消息的写作格式

消息的种类是多样的,但其结构大致相同。一条结构完整的消息一般由标题、导语、主体、背景和结尾五个部分组成。

(一)标题

标题是消息的眉目,是对消息主要事实或意义的概括,是消息内容的画龙点睛之笔。消息标题的作用有:提示新闻内容,揭示事实的实质,帮助读者选择信息,理解新闻主题和增强消息的吸引力。此外,报纸、杂志和网络消息的标题还能够起到美化版面的作用。

1. 标题的种类

消息的标题除采用单行标题外,还可采用双行标题和多行标题。

(1)单行标题

单行标题,多用于篇幅较短的动态消息或各种栏目的简讯,简洁明快地反映消息内容的中心思想,使人一目了然。

(2)双行标题

双行标题有两种,一种是引正式双行标题,就是引题加正题,没有副题。引题又叫眉题和肩题,根据需要在有些消息的标题中出现。它与正题相配合,是为正题服务的。引题的作用是铺垫和引导正题,用来渲染气氛和交代背景。它位于正题前面,字号小于正题。引题的字数不宜多,一般不超过一行。多数是一句话,也可以是大致对偶的两个分句,引题不是消息必具的标题。如第27届中国新闻奖一等奖获奖作品标题:

没有留下豪言壮语,只有拼尽全力的执著,海军某舰载航空兵部队一级飞行员张超——

折翼海天,用生命为航母事业铺路

其中第一行为引题,叙述消息的写作背景和原因。第二行为消息的正题。正题也叫主题、主标题或大标题,在消息标题中的地位最为重要,高度概括新闻中最重要或最引人注意的事实和思想。它在标题中所用的字号最大,居于最显著的位置。正题是独立的句子,表达一个完整的概念,通常为一行,也可双行。正题是消息必具的标题。

另一种是正副式双行标题,没有引题,由正题和副题组成。如:

奋斗的史诗 复兴的伟力
热烈庆祝中华人民共和国成立七十周年

第一行为正题,第二行即为副题。副题又叫子题,一般是用事实对主题作补充和解释,说明消息的来源和依据，揭示消息的主要内容或结果。它的位置在正题后面，字号较小。副题的形式比较灵活，可以是一句完整的话，也可以是用逗号隔开的几个分句，还可以是一段消息的内容提要。副题也只能依附正题而存在，也不是消息必具的标题。

（3）多行标题

这类标题在三行或三行以上，一般引题、正题和副题齐全，含量丰富，声势浩大，常用来报道比较重要或比较复杂的新闻事实。在报道一些重要会议或重大活动时，多行标题中的副题有时因内容丰富而排列多行。如：

"金鸡"第五次啼晓
《红衣少女》捧走最佳故事奖
吕晓禾、李羚获最佳男女主角奖

第一行为引题，叙述写作背景并渲染气氛，第二行为消息的正题，第三行为副题。

2. 标题的设计要求

俗话说"读书先看皮，读报先看题"。新闻的竞争，首先就是标题的竞争。因此，标题的设计是消息写作的重要一环。消息的标题要精心设计，合理安排。消息标题要体现"新闻性"，即对核心新闻事实进行概括和提炼，或集中反映新闻的主题思想，这是设计标题最基本的要求。标题的写作方式灵活，几乎所有文字的表现手法都可借鉴使用，要求做到浓缩醒目，吸引读者。

（1）准确简洁

准确，是衡量标题好坏的首要标准。一是反映的事实要准确，要顾及事物的全貌，不能歪曲整个消息的基本事实；二是标题中的观点和论断要准确；三是语言运用要准确。

（2）简洁生动

简洁，要求文字凝练明快，言简意赅。标题不宜过长，语言尽量简明，需要作者有高度的概括力。一般标题只保留事实的核心部分、事件发展的结果，而省略其他部分。标题语言可以适当采用简称。生动，要求表述新鲜活泼，形象具体，新颖醒目，有文采。要选取那些最能传达新闻事实和新闻主题的词语进入标题，增强标题感染力，吸引读者的注意，引起受众的兴趣。

（二）导语

导语是一篇消息在开头位置用以导引读者阅读或收看收听的那段文字，多是紧跟"消息头"（如本报讯）之后的第一句话或第一段文字。其作用在于以最精粹的文字，简明扼要地把最重要、最新鲜的事实及其意义表达出来，吸引读者注意，并对消息内容有总体把握，定下基调，开启下文，以便展开新闻事实。导语是消息区别于其他新闻文体的重要特征，是消息特有的概念和标志，是消息中最有价值的部分。因此好的导语应当起到新闻导读的作用。

为了使导语精彩醒目，发挥引人入胜的作用，可以而且应该根据不同稿件内容采取多种多样的写法。从表达方式来看，常用的有以下几种方法：

1. 概述式导语

它是通过摘要、概括的方式，直截了当、简明扼要地叙述出新闻中最主要、最新鲜的事实，突出新闻要旨，给人总的印象以便于阅读全文。这是导语最基本、最常用的一种方式。如第28届新闻奖一等奖获奖作品《创造港珠澳大桥的"极致"》的开头：

港珠澳大桥海底隧道工程近日完成"最终接头"的安装，已经可以步行穿越了。昨天，记者来到这条世界最长的海底隧道采访，除了兴奋之外，还得到了一个令人震惊的消息：在"最终接头"成功安装后，还进行了一次耗时34小时"返工"式的精密调整，最终误差缩小到了"毫米"，建设者们说："我们没留遗憾。"

第一句话告诉我们发生何事，后用直接引语"我们没留遗憾"概括浓缩，并且用"34小时"、"毫米"等细节加强港珠澳大桥的"极致"之感。

2. 评论式导语

它是在概述新闻事实的基础上适当加入作者议论，夹叙夹议，对事实作出画龙点睛的评论，用以揭示其蕴含的因果关系或现实意义，升华新闻的主题。它可以增强消息的可读性，帮助读者进一步理解新闻事实，充分发挥新闻的指导作用。政治性、政策性较强或重大历史事件、重大发现、重大成果一类的题材，比较适用于这一导语形式。当然作者的评论必须客观准确。如第10届中国新闻奖一等奖消息作品《"天体大十字"预言宣告破产》的导语：

世界各地的天文学家证实，8月18日没有发生特殊的天文现象，更没有发生地球毁灭这样的大劫难。世界各地的人们像往常那样度过了平静的一天，"天体大十字"这一"末世论"预言宣告破产。

3. 问答式导语

问答式导语又叫提问式导语。它是在新闻事件的关键或读者最为关心的地方提出问题，然后用事实作简要的回答，以引起读者注意和思考，增强新闻的吸引力和说服力。如第26届中国新闻奖一等奖消息作品《从受触动到行动　知识改变命运　629户人的藏乡走出359名大学生》的导语：

"这两年，别人想在我们村寨娶走个媳妇都难。"3月25日，记者在阿坝州若尔盖县求吉乡采访时，嘎哇村村委会主任仁卓的一句感慨引起了记者的注意。为何难？原来，村里年轻人不少都出门上大学去了。全乡共629户人，近7年间已有235人从大学毕业，还有124名大学生在读。

消息用生动的话语"想在我们村寨娶走个媳妇都难"，自然而然地引出大家的疑问"为何难"，再引出答案：原来是由于"村里年轻人不少都出门上大学去了"，切合消息的主题。

4. 引用式导语

引用式导语一般在消息开头就引用权威资料或权威性的、精彩的语言,以点明消息的主题或体现新的思想或传达某种政策,代替作者的评论,给读者留下强烈的印象。引用式导语要紧扣主题,引用自然、贴切、生动。上例导语中就用了熟悉村寨工作的村委会主任的话语引出下文。

5. 对比式导语

它是把新闻事实同一个与之既有联系又相反的内容放在一起叙述,通过对比衬托,以突出新闻事实的价值和意义。如第8届中国新闻奖二等奖消息作品《寂寂烈士坟 纷纷春雨泪》的导语:

> 昨天,一场纷纷扬扬的春雨,泪水似地撒落在银河革命公墓公安坟场的烈士墓碑上,令近在咫尺的豪华墓园与黄土一堆的烈士坟形成了强烈的反差,扫墓者不禁为之心碎。

用豪华墓园与冷清破败的烈士坟强烈对比,发人深省。报道发出后,也引起了社会的关注,公安烈士墓园很快得到了修葺。这也是对比式导语起到的作用。

除此以外,还有描写式、结论式等多种导语形式,不一一叙述。

(三)主体

在消息中,导语以后、结尾以前的文字,都属于主体部分。消息主体又称为"消息躯干"、"消息主干",是消息的主要内容。作为主干和中心,所占文字最多,是消息写作中不可忽视的重要部分。主体的作用有:一是解释和深化导语。它承接导语详细地叙述事实,说明问题,用具体、典型的材料对导语所作的叙述进行充分的展开。二是补充新的事实。导语一般只突出最新鲜、最重要的新闻事实,导语中未提及而又能表现新闻主题的事实和其他要素,便由主体补充出来,但要尽量避免重复导语。主体最常见的结构方式主要有以下几种:

1. 时间顺序式

就是按照新闻事件发生的时间顺序安排层次。这种结构便于读者对事件的来龙去脉形成鲜明的认知,对事物的全貌形成一个完整、清晰的印象。重大事件消息、社会新闻、特写性新闻和故事性较强的消息多采用这种方式。

2. 逻辑顺序式

就是按照新闻事实的内在联系和主次、因果、并列等逻辑关系来安排层次。这种结构有利于反映事物内在发展规律,揭示出事物的本质特征和意义,条理清晰,增强说服力。动态消息、经验消息、综合消息、述评消息多采用这种方式。

3. 时间顺序与逻辑顺序结合式

就是将上述两种方式结合起来安排层次。在实际写作中,消息主体结构的安排常常是将时间顺序与逻辑顺序紧密结合,交叉使用,很难区分开来。这样做既便于将事实叙述得有条理,又能把事物各方面逻辑联系讲清楚,可以更好地为主题服务。多用于内容较复杂的消息的写作。

在主体的写作中，应注意主题集中明确。集中指的是消息要围绕一个主题来写，应紧扣这个主题选取典型材料。明确就是要求消息的主题不能模棱两可，不应存在某种程度的不确定性。还要注意主体与导语的文字应避免重复。

（四）背景

新闻背景是指与新闻人物及事件形成有机联系的一定的环境和历史条件，通常被称为"新闻中的新闻"、"新闻背后的新闻"。它并不是消息结构上的一个独立部分，也不是每篇消息必需的内容。背景材料运用得好，有助于了解新闻发生、发展的来龙去脉，解释、烘托和深化新闻的主题，可以代替作者的议论而使报道显得客观，可以丰富内容，增加知识性和趣味性。从内容上分，主要有政治背景、经济背景、文化背景、社会背景、历史背景等。按照其作用和功能，又可以分为对比性材料、说明性材料、注释性材料三种：

1. 对比性材料

对事物或人物进行今昔、正反、左右的对比，以突出新闻事实的性质、特点和意义，加深读者对新闻事实的认识。通常有两种比较方法，即此事物与彼事物的横向对比以及当前情况与过去情况的纵向对比。如这篇消息的背景用今昔对比让读者体会到通航的重要性和意义：

利比亚因洛克比空难事件与美国和英国的关系发生危机后，安理会于1992年通过决议，对利比亚采取包括空中封锁在内的制裁措施。几年来，利比亚朝觐者一直从陆路和海上前往麦加。

相反，如果没有对比性背景的出现，消息仅仅写成：

一架载有150名朝觐者的利比亚客机，昨天下午3点10分离开利比亚首都的黎波里，直接飞往沙特阿拉伯的吉达市。这是利比亚飞往沙特阿拉伯的第一批朝觐者。

则让读者感到莫名其妙，不知道这条消息写作意义何在。

2. 说明性材料

介绍消息的政治背景、历史状况、地理环境以及新闻人物的行为活动等情况，阐释新闻事件的来龙去脉，揭示事物发生的意义，帮助读者更好地理解消息的内容。第29届中国新闻奖一等奖消息作品《23年圆梦，福建晋江水流进金门》的背景写道：

"盼了23年，终于迎来大陆的清水！"在金门接水仪式现场，金门自来水厂厂长许正芳表示，通水后该工程可满足金门未来30年中长期发展用水需求，并间接改善地下水枯竭与湖库水质不佳等问题，不仅造福民生，更有助于金门产业发展。

作者用金门自来水厂厂长激动的话语揭示出福建晋江水流进金门的深远意义。

3. 注释性材料

对消息涉及的的人物性格、产品性能、使用方法、名词术语、科技知识以及事件意义等加以适当的解释,帮助读者掌握消息的主题,增长知识和见闻。如第29届中国新闻奖二等奖消息作品《蓝田发现迄今为止中国最早的人类活动痕迹》的背景写道:

> 学术界普遍认为古人类可能起源于非洲。目前已知的人类最古老的化石,是来自埃塞俄比亚的一块约280万年前的骸骨。到目前为止,非洲以外发现的最古老的古人类是位于格鲁吉亚的德马尼西人。在德马尼西遗址发现了大量约185万年前至178万年前的多种古人类遗骸与人工制品。中国云南元谋曾发现两颗可能属于直立人的门牙,其历史在170万年以上。此前在蓝田公王岭发现的直立人头盖骨,最近确认其历史大约距今163万年。

作者在消息背景中分别叙述了人类活动的较早起源的时间和地点,之后很自然得出了文章结论:"该发现将古人类离开非洲的时间前推到约212万年前,比格鲁吉亚的德马尼西遗址显示的时间还要早约27万年。"

(五)结尾

结尾通常就是消息的最后一段或最后一句话,是消息内容的自然延伸或收束。它常与导语呼应,对消息内容有画龙点睛的作用,使读者得到更多的启发和教育。结尾的写作力求简洁生动,内容不要和导语、主体重复;要以叙事为主,切忌空泛,尽量写得生动活泼。消息结尾的写法多种多样,要根据消息的内容和要求来确定。常见的结尾方式有以下几种:

1. 自然结尾

大多数消息采用这种方法,即按照新闻报道的结构安排,顺其自然地叙述完主体部分,不另写结尾。

2. 总结式

一些内容较为复杂的消息报道的最后,对内容进行概括性的总结,进一步显示消息的价值,从而给受众一个完整深刻的印象。

3. 展望式

在新闻事实表达完毕之后,对其发展方向和结果作出预测,通常都是描绘美好的前景,引人进一步思考或关注事情进一步发展。

4. 启发式

在新闻事实已表达清楚的基础上,以启发、激励式的话语,引发读者思索,加深读者对消息内容的理解。

5. 引语式

消息结尾处引用人物的语言或俗语、谚语,以道出消息的主题,显示新闻价值。

此外,还有评论式、描述式、数字式、推理式等各种结尾方法,在此不一一列举。

【例文评析】

例文 7-1

广西百色一 80 后扶贫女干部在自然灾害中被冲走 确认罹难

··· 评　析 ···

这是一则典型的倒金字塔结构消息。标题突出，导语将本篇消息的核心内容加以介绍，随后是扶贫女干部背景介绍，灾难发生的时间地点，以及后续的救灾措施等。

中新网百色 6 月 19 日电（记者　林浩）记者从广西百色市凌云县委宣传部确认，经过指纹对比，在该县重大自然灾害中失踪的乐业县扶贫第一书记黄文秀遗体已找到，确认罹难。

1989 年在百色出生的黄文秀为北京师范大学法学硕士，曾得到广东方面教育扶贫资助，2016 年毕业后定向选调到广西工作，在百色市委宣传部工作，并担任乐业县新化镇百坭村第一书记。6 月 16 日晚，她从百色返回乐业途中遇到山洪，搭乘的车辆被冲走。

据黄文秀同学介绍，她平日要照顾肝癌晚期的父亲，面临工作、家庭、生活的压力，她总是面带微笑、乐观开朗、积极向上。

6 月 16 日 21 时至 17 日凌晨 5 时，凌云县大部出现大雨到暴雨，局部大暴雨到特大暴雨，其中凌云县伶站乡九民水库降雨达 371.4 毫米。持续暴雨引发山洪，冲走过往车辆，有人员失联。截至 18 日下午 6 时，在该县重大自然灾害中罹难的人数已增至 9 人。针对此轮强降雨造成的灾情，广西已对百色启动自治区 IV 级救灾应急响应。目前，当地还在继续搜救失联人员，百色蓝天救援队到现场增援搜救。

（录自中国新闻网 2019 年 6 月 19 日）

例文 7-2

"中国北极"漠河夏至上演 21 小时"白夜"奇观

··· 评　析 ···

单行标题多用于这类篇幅较短的动态消息。

6 月 21 日是中国二十四节气中的夏至，是北半球一年中白昼时间最长、黑夜最短的一天。位于黑龙江省大兴安岭地区的漠河市持续 21 小时亮如白昼，天空中绚丽多姿、色彩变幻，这就是罕见又瑰丽的"白夜"奇观。

两万余名中外游客于当晚云集于此，仰望天空欣赏"白夜"，围绕篝火载歌载舞，观看特色文艺演出，并期盼邂逅神奇的北极光美景。

漠河市是中国纬度最高、气温最低的城市，有"神州北极"、"极光之城"的美誉，所辖5A级景区北极村是中国唯一可观赏到北极光和极昼现象的地方。（王琳）

> 结尾补充介绍漠河市的特殊地理位置，便于读者理解。

（录自中国新闻网2019年6月23日）

例文 7-3
第12届"汉语桥"中学生中文比赛葡萄牙赛区决出优胜者

··· 评 析 ···

> 标题简洁明快，反映消息内容的中心思想，使人一目了然。

新华社里斯本6月22日电（记者赵丹亮） 第12届"汉语桥"世界中学生中文比赛葡萄牙赛区决赛22日在位于布拉加市的米尼奥大学落下帷幕。来自莱利亚市卡拉赞斯·杜华特中学的苏珊娜·卡斯特洛·德格拉萨（中文名温秋月）获得冠军。

本次比赛由中国驻葡萄牙大使馆、米尼奥大学孔子学院承办。经葡萄牙4所孔子学院与中学中文班层层筛选后推荐的5名选手参加了比赛。比赛分为主题演讲、中国基础文化知识问答与中华才艺展示3个部分。选手们以"携手汉语，筑梦未来"为主题，讲述了自己学习中文的心得和对中国文化的向往。

> 正文具体介绍了比赛情况。

温秋月在演讲中说，自从学习中文以来，她就被博大精深的中国文化深深吸引，现在她每天坚持背诵古诗词，阅读中国历史书籍，尤其对中国的武侠小说情有独钟。受"侠义"精神感染，她给自己起了带有武侠元素的中文名字"秋月"。

> 选取演讲的小细节进行描写，既丰富了文章内容，也使得此消息更真实，与主旨相契合。

葡萄牙米尼奥大学孔子学院中方院长李春江在闭幕词中说，随着中葡经贸往来和文化交流日益密切，语言发挥的桥梁作用越来越大，"汉语桥"的成功举办不仅激起葡萄牙人从小学习中文的热情，也大大促进了中葡两国人民之间的文化交流。

> 结尾点明此次活动的重要意义，这才能真正体现出此消息的价值。

（录自新华网2019年6月23日）

【复习思考】

1. 消息有哪些特点？
2. 消息的结构是由哪些部分组成的？
3. 你认为在消息写作中应该注意哪些问题？

【案例训练】

1. 为庆祝中华人民共和国建国 70 周年，实验中学开展了以"我和我的祖国"为主题的系列活动，包括文艺汇演、演讲比赛、书画展示等等，假设这些活动在 2019 年 9 月 28 日举行，请你为该校校报写一篇消息，介绍此次活动的情况。
2. 评析下面这则消息：

"科学"号圆满完成西太平洋海山科考返回厦门

新华社"科学"号 6 月 22 日电（记者张旭东）我国新一代远洋综合科考船"科学"号圆满完成国家科技基础资源调查专项"西太平洋典型海山生态系统科学调查"航次任务后，于 22 日返回厦门。

航次首席科学家、中国科学院海洋研究所研究员徐奎栋说，本航次，船载的"发现"号遥控无人潜水器共下潜 19 次，对海山进行了精细调查。据初步统计，本航次共获得 250 多种生物样品，这几乎是过去两个"科学"号海山航次才能获得的物种总数。

"本航次，我们采集到了很多以前没有见过，或者见过但没有采集到的生物样品，包括鱼、虾、蟹、贝类和多毛类等。"徐奎栋说，"如果一个航次的满分是 10 分，我给本航次打 12 分。"

此外，科考队员在利用"发现"号进行海山调查时还发现了很多有趣的现象，包括在寡营养海域的海山发现多片壮美的珊瑚林，以及海星摄食深海珊瑚的现象等。

据了解，本航次还完成了 20 多个站位的水体调查，其中包括对海山顶部一个站位开展了连续 24 小时观测，这有利于科考队员了解一天内这个站位海洋浮游生物的垂直迁移、叶绿素、温度、盐度变化等。

"科学"号于 5 月 18 日从青岛起航执行本航次任务，共有来自中国科学院海洋研究所、山东大学、中国科学院青岛生物能源与过程研究所等单位的 80 人参与。

（录自新华网 2019 年 6 月 22 日）

第二节 通讯

一、通讯的概念

通讯，是新闻报道的重要体裁，是以记叙为主，兼用描写、议论、抒情等多种表达方法，具体、生动、形象地反映新闻事件或典型人物的一种新闻报道形式，是报纸、电台、通讯社使用频率很高的一种文体。与其他新闻体裁相比较，通讯容量大、范围广、写法活，所报道的内容是现实生活中具有典型意义的人或事。此外,通讯所选择的材料比较丰富,既有故事又有细节,报道方式和报道手法灵活多样,是深受读者喜爱的一种新闻体裁。

二、通讯的作用和分类

（一）通讯的作用

1. 为读者提供更多的新闻细节

相比消息,通讯提供更多、更详细的细节,满足读者了解详情的要求。

2. 使新闻更具有感染性

消息是概括的新闻事件的报道,而通讯在消息的基础上还有审美化的追求。通讯可以运用记叙、描写、抒情、议论等多种手法,文学性更强,更感染人。如前文提到的《折翼海天,用生命为航母事业铺路》是《解放军报》首先报道的消息,为英雄画像,后续三篇通讯《平凡英雄》、《真心英雄》、《无名英雄》从不同角度呈现英雄的平凡与伟大,更富有感染性。一名网友评价:"让我第一次意识到,英雄原来离我如此之近,如此伸手可触。曾经的张超,平凡如我。他的成长,让我感到,有一天,我也能完成属于我的英雄壮举。"正是这几篇通讯让读者意识到英雄与凡人如此近距离。

（二）通讯的分类

按内容分,通讯一般分为人物通讯、事件通讯、工作通讯、概貌通讯。此外,专访和特写也属于通讯的范畴。

1. 人物通讯

人物通讯是以报道各方面的先进人物为主的通讯,以表现人物为中心,从不同角度反映人物的事迹和思想。有的写一个人一生,为人物全面立传;有的写一个人的一个或几个侧面,集中反映人物的某一思想品质;此外也有写人物群像的。

2. 事件通讯

事件通讯是以记写事件为中心,重点指出社会生活中带倾向性和典型性的生动事件及具有普遍教育作用的新闻事件。它的特点是以记事为主,交代清楚事件的原委。

3. 工作通讯

工作通讯又称经验通讯,是以报道先进工作经验或某项工作的成就和存在的问题为主要内容的通讯。写工作通讯要有针对性,抓住当前具有普遍性的又亟待解决的问题。介绍经验要科学,要有理论根据。

4. 概貌通讯

概貌通讯也叫风貌通讯,是勾勒某一地区、某条战线或某个单位面貌变化的一种通讯。报刊上标以"见闻"、"巡礼"、"侧记"、"纪行"一类字眼的通讯文章,大体皆属概貌通讯。一般以报道神州大地新风貌为主要内容,它呈现给读者的是某地的新变化、新气象或新面貌,以开阔读者的视野,振奋读者的精神。

5. 专访

专访是记者请新闻人物就专门性的问题进行解答的一种方式，是记者带着目的对有关人士进行专门的采访，是一种以特别强调的方式获取独家新闻的手段，是以记者同人物的谈话为主取得直接材料并穿插背景材料而成的一种特殊通讯。它比一般报道要详细而生动。专访中少不了采访对象、记者两个因素。专访的特点在一个"专"字。

6. 特写

所谓"特写"，是指以描写为主要表现手段，集中描绘事件和人物的某些片段、细节和部分，表现人和事的本质特点，再现场景和气氛，给人以深刻印象和强烈震撼。但同样要求符合事实，不容许虚构。

三、通讯的特点

（一）真实性

通讯和消息一样，要求以事实说话，再现真实的人和事，不允许有任何虚构，通讯的巨大感染力就在于用真人真事进行宣传教育。通讯报道绝对不允许"虚构"，也不能发挥"合理的想象"，否则就会失信于读者，所以，通讯报道必须是真实的。

（二）时效性

通讯对新闻材料的选择较为严格，要求新闻材料详细、深刻、生动又具有典型性，新闻事件只有发展到一个阶段性成果时，方能开始通讯写作。通讯的发布虽不及消息快，但也要求是新近发生的，时效性同样是通讯价值的重要体现。

（三）文学性

通讯一般借用多种文学手段，人物通讯尤为明显。一篇通讯可以综合描写、抒情、议论等多种表达方法，还可以运用对比烘托、设置悬念、欲擒故纵、先抑后扬等表现手法，因此，通讯在语言和表达方法上都具有一定的文学性。

（四）评论性

通讯须运用夹叙夹议的方法对人或事做出直接的评论，消息则一般不直接发表议论。通讯的评论需紧扣人物或事件，依托事实做适时的、恰到好处的评价，因此通讯的评论要理在情中，以情感人。

四、通讯的写作格式

通讯一般由四部分组成，分别是标题、开头、正文和结尾。

（一）标题

通讯标题相对灵活，围绕主要人物或主要事件自由发挥。可直接提示新闻事实，也可对人物或事件进行形象化的描述。如第27届中国新闻奖一等奖通讯的标题为《老郭脱贫记 政府兜了底 致富靠自己》，主标题直接揭示了通讯的内容，副标题则用形象的口语化语言表明脱贫不仅靠政府帮扶,也要靠个人努力。

(二) 开头

通讯的开头丰富多彩,既可采用导语式先总后分,先概述主要内容后详细叙述始末,也可采用引语式抛砖引玉,适当时候进入主旨话题,还可采用设问、描述等修辞手法,通讯开头因人而异,方式也不拘一格。

(三) 正文

通讯的正文一般可分为纵式结构、横式结构和纵横式结构。纵式结构是按照时间顺序、作者对报道事物认识发展的顺序来安排结构;横式结构以空间方位的变换和事物性质的划分来组织材料;纵横式结构则以时间为经,空间为纬,采取纵横交错的方式来安排层次。

(四) 结尾

通讯的结尾方式形形色色,不拘一格,可适当地对人物或事件进行评论,也可在客观的叙述中细细道来,自然结束。此外,还可以在文末增补一些额外的信息,一方面可以起到补充交代的作用,另一方面也可深化主题,引发读者深思、回味。

五、通讯写作的要求

(一) 选好典型

选择典型是通讯写作的第一步,从大量搜集的材料中精心挑选,选出具有时代风貌的典型人物或典型事件,以此深刻、集中、鲜明地表现主题。凡是优秀的、为读者喜爱的通讯,无一不是因其鲜明的时代特点、昂扬进取的社会风貌而赢得读者的。

(二) 主题深刻

一篇通讯,主题思想是否深刻,在很大程度上决定着通讯新闻价值的多少。所以通讯一定要体现思想的深度。

(三) 情节生动

通讯中的情节是表现人物性格和精神品质的重要途径,生动、丰富、完整的情节有助于再现生动逼真的画面,增强通讯的情感色彩,使文章更具文学性、可读性,触发读者潮水般的共鸣。

【例文评析】

例文 7-4

我爱你,中国!
——庆祝中华人民共和国成立 70 周年联欢活动侧记

欢庆的时刻,欢乐的海洋。

··· 评　析 ···

通讯用正副标题,虚实结合。

> 开篇突出了欢庆、欢乐，渲染了气氛。

10月1日晚，天安门广场火树银花、流光溢彩。习近平等党和国家领导人来到天安门城楼，同各族各界群众联欢，共祝新中国70华诞。

广场上，嘹亮的歌声、轻快的舞步、灿烂的笑容、热烈的欢呼，尽情释放着发自内心的共同澎湃——

我爱你，中国！

> 正文重点写欢庆的场面，综合运用叙事、描写、抒情等写作手法，体现了通讯的文学性。

20时整，电报大楼传来熟悉而悠扬的《东方红》乐曲，全场静立倾听。刹那间，70束烟花柱依次腾空而起，分别从建国门、复兴门向天安门广场汇集，象征着共和国走过的峥嵘岁月。广场上空，特效烟花燃起双线"70"字样，璀璨夺目。

礼炮轰鸣，乐曲昂扬。联欢活动序幕拉开，瞬间点燃欢歌热舞的激情。

广场主题表演区内，3 290名联欢群众手持"光影屏"，不断组合出多彩的立体图案。光影变幻中，一面巨幅五星红旗冉冉升起，飘扬在雪山之巅、碧波岛礁、浩瀚星空，映照着雄伟的万里长城、人民英雄纪念碑浮雕……

仰望国旗，思绪万千。70年前，天安门城楼上，划破中华民族漫漫长夜的声音仍在耳边回响；今天，一个迎来从站起来、富起来到强起来的中国，又怎能不令人心潮澎湃?!

共和国的生日，人民的节日。

一起经历70年风雨，祖国，我们有千言万语想对你诉说……

祖国，我们向你深情表白——

今晚，人民是联欢的主角。主题表演区、群众联欢区内，来自各行各业的基层群众，挥舞着手中荧光棒、彩带、花环，欢呼雀跃。千人交响乐团、千人合唱团奏乐高歌。

> 回顾历史，展望未来，抓住典型场面、细节与人物的描写，气氛写得非常热烈。

"祖国万岁！"

当"光影屏"组成这四个闪亮的大字，全场沸腾，各族各界联欢群众整齐划一的喊声响彻天际。

我们用歌声表白——《好儿好女好家园》揭开一幅万众齐心、国泰民安的壮美画卷；《赞歌》《唱支山歌给党听》《北京的金山上》《青春舞曲》《红太阳照边疆》《只有山歌敬亲人》《花儿与少年》……一曲曲熟悉的旋律，演绎56个民族的肺腑心声。

我们用舞蹈庆祝——威风锣鼓、安塞腰鼓、藏族的热巴鼓、维吾尔族的铃鼓、朝鲜族的长鼓、壮族的铜鼓……鼓声阵阵、舞姿翩跹，喜庆的氛围愈发浓郁。身在其中，回族女孩定雨欣"被民族团结的场景和欢庆喜乐的氛围所震撼和感动"。

"我一生的经历都和共和国命运紧密相连，作为祖国发展的见证者、参与者和建设者，我深感骄傲。"观礼台上，71岁的蒋效愚回忆起过往经历，难掩激动之情。

祖国，我们为你自豪——

广场中央，10岁的刘依伊手中牵着线奋力奔跑。"光影屏"上，一只巨大的彩色风筝迎风摇曳，越飞越高……

放飞梦想，收获硕果。

听！《我的祖国》、《花儿朵朵向太阳》、《中国，中国，鲜红的太阳永不落》、《红旗飘飘》、《大中国》、《阳光路上》……代表不同年代的歌曲，记录国家砥砺前行的足迹。

看！数条巨龙游走飞舞、上下翻腾，各式舞狮欢腾跳跃，交相呼应。伴随着《北京喜讯到边寨》的振奋旋律，烟花腾空而起。"光影屏"上，象征希望的幼苗破土而出，长成参天大树，结出累累果实。

虽已看过多次排练，联欢活动总导演张艺谋仍被现场气氛所感染："今天是祖国的生日，大家透出的这种自由、轻松、快乐和一张张笑脸，是祖国强大最好的写照。"

这是令人自豪的70年——从一穷二白跃升为世界第二大经济体，重大工程捷报频传，7亿多人实现脱贫，绿水青山就在身边，科技进步日新月异……

在群众联欢区，各行各业的建设者拼成大兴国际机场航站楼的形状。表演队伍中，参与机场建设的黄毅感慨万千："身在建筑行业28年，我见证了中国速度创造的伟大奇迹。"

这是苦尽甘来的收获，每个人都融入其中。山西省蒲县黎掌村第一书记郭伟通过直播观看了联欢活动："幸福的日子是干出来的，我们村已经脱贫，但奋斗脚步不能停。"

祖国，我们向你祝福——

"我和我的祖国，一刻也不能分割……"

在世界最大的广场，上演着一场特殊的"快闪"：少年儿童从金水桥走来，稚嫩的童声响亮。国旗旗杆旁的战士在唱，身着盛装的各民族代表在唱，和睦幸福的一家人在唱……全场联欢群众和现场观众形成气势恢弘的大合唱。

"就像那句'像海和浪花一朵',我们每个人汇成祖国的大海。实现中国梦,需要我们每个人在岗位上跑出加速度,撸起袖子加油干。"参加"快闪"的快递小哥杨勇充满信心。

"光影屏"上,花蕊绽放,描绘更加美好的愿景;缤纷的花瓣翩然漫舞,转化为展翅腾飞的白鸽;地球上,一条条经纬线纵横穿梭,"一带一路"将世界紧密相连……中国梦和世界梦相融相通。

广场上,7棵高大的光影"烟花树",呈现出"幸福家园"、"牡丹盛放"、"欣欣向荣"三维动态图景,象征新中国70年生机勃勃、枝繁叶茂。

盛世图景,烟花绚烂。

高空、中空、低空的礼花轮番绽放、异彩纷呈。天空中,一颗颗礼花弹打出灿烂的笑脸;"光影屏"上的同心圆变成巨大的笑脸。转眼间,笑脸化作"新时代"巨型图案,灿烂烟花将"新时代"装点得更加光彩亮丽。

普天同庆,天涯此时。

从三沙市永兴岛,到黑瞎子岛"东极"哨所,再到雪域高原的卓拉哨所,红旗猎猎。那里坚守的身影,同天安门广场的联欢人群,同全国各族人民一起,向祖国深情祝福。

> 景物描写绚丽多彩,突出普天同庆,天涯此时。

难忘今宵!今夜无眠!

音乐响起,习近平等领导同志同全场联欢群众同唱一首歌——

"歌唱我们亲爱的祖国,从今走向繁荣富强!"

此刻,万花绽放,"人民万岁"造型照亮广场,照亮每个人的脸庞。

万岁,伟大的中华人民共和国!

万岁,伟大的中国共产党!

万岁,伟大的中国人民!

(录自新华社2019年10月1日电,作者:新华社记者李忠发、王敏、周宁、陈聪、黄垚)

【复习思考】

1. 消息和通讯有何异同点?
2. 通讯写作应该注意些什么?

【案例训练】

1. 下面是一篇人物通讯,请分析人物通讯写作的特点以及注意事项。

半个世纪的茶叶情缘——贵州茶叶终身成就奖获得者汪桓武

"围着茶园走上几圈,特别是有着自己的研究成果的茶园,呼吸着空气中弥漫的茶香,心里很舒畅。"每天清晨,只要不下雨,汪桓武就会提着茶杯,围绕湄潭象山茶园走几圈,这个常年习惯源于汪老的半个世纪的茶叶情缘。

"1963年,我从湖南农业大学茶学系毕业分到湄潭茶叶科研所工作,当时这里的茶园很少,基本上以丛式茶园为主,条植茶园很少,当时全省都只有60余万亩茶园,品种也很单一。"汪老清晰地回忆起当时的情景。

当时的湄潭茶科所是一所省级茶叶科研单位,担负着全省80余个县市乃至西南地区茶叶的培育、栽种、科研等工作,汪桓武和单位同事们一起用脚步丈量全省所有茶区,足迹遍及当时的500余家社队茶场。

一次,茶科所要做一个关于贵州茶叶生产现状的调查,年轻的汪桓武和队友背起行囊、提着干粮踏上调查之旅。那一次走得最远的茶区是位于黔东南州岑巩县的一个较为边远的社队茶场。清晨,天蒙蒙亮就从凯里出发,沿着崎岖的小道在崇山峻岭中整整走了10多个小时,由于和当地少数民族语言不通,他们一直到晚上11点才爬到位于山顶的茶场,才吃上饭。"那是我一生中吃饭吃得最香的一次。"汪桓武感慨地回忆着当年的情景。

在接下来的短短两年时间里,汪桓武走遍了贵州的每个茶区,写出了关于贵州茶叶生产现状的详实调查报告,并提出了许多很有价值的观点。也因为有了这次艰难的实地调查,汪桓武为今后一直从事的茶叶科研工作积累了扎实的基础调查资料。他的很多课题都与这次调查有关,也让他有机会把科研与生产进行了有机的结合。他说:"长期以来,科研与生产形成的两张皮,其核心是科研人员没有与生产结合,没有解决生产中急需解决的实际问题,所以产生了许多科研技术成果放在办公桌睡大觉,而生产企业又急需技术服务的矛盾。"

当时,下茶场时,汪桓武往往一待就是一个月,在清明采摘季节还会待上两个月,与工人一起采茶、制茶、研究解决茶青加工、茶形研制甚至机器的改造等工作。在历经磨难与艰苦的实际工作中,他一直坚定科研为生产服务、为经济服务的科学态度。多年来,他积极探索科研与生产的结合,开展了茶树品种施肥、种植、生化分析等试验项目,为贵州的茶叶生产及科研做了有益的尝试。在老茶园改造、新茶园种植、良种苗繁殖等方面汪桓武不遗余力,他提出的"揉层茶园春土回沟条基法",解决了山地茶园水土流失与利用春土回沟提高肥力的问题,为贵州茶区茶叶生产打下了坚实的科学基础。

今天,当我们喝着清香扑鼻、滋味回甘的贵州绿茶时,有许多人可能还不知道上世纪七十年代那场关于贵州到底该发展红茶还是绿茶的争论。"当年,贵州红茶大量出口到德国、欧洲等国家,很多茶界人士据此提出了贵州应该大力发展红茶的思路,汪桓武通过自己长期深入贵州茶区的实际调查得出了结论：贵州其实更适合发展绿茶。汪桓武认为，贵州山高雾浓，再加上白天晴、晚上下雨的独特气候，更适合绿茶的生长。为此，汪桓武撰写了几千字的《贵州生产何类茶为好》、《关于贵州发展绿茶的可行性》等文章，并在《中国茶叶》、《浙江茶叶杂志》等知名茶类杂志发表，引起了国内许多专家的关注。一些有经验的专家专程来到贵州茶区深入调查，认为汪桓武提出的观点可行。两年以后，贵州开始大量发展绿茶。

当时，省内主要的绿茶生产方式是传统炒青绿茶，以一家一户的作坊式生产为主，无法批量生产并形成产业化。贵州适合发展绿茶成了定论，但生产什么样的绿茶却是学界争论不下的课题，为此，汪桓武和妻子赵翠英共同研制出"遵义毛峰"等名优绿茶品牌，他们潜心研制采摘、加工、制作工艺。1985年6月，农业部和中国茶叶学会在南京召开首次全国名茶展评会，遵义毛峰获得全国名茶评比第一名。专家在鉴定评语中对遵义毛峰给予了这样的评价：外形条索紧细匀直，色泽翠绿润亮，白毫显露，银光闪闪，内质嫩绿持久，汤色碧绿明净，滋味清醇鲜爽，叶底嫩绿鲜活。

与此同时，汪老先后取得不同等级科技进步奖4项，发表科技论文百余篇，研制并投入生产的名茶有遵义毛峰、银芽茶等，获得部优产品称号及国家科委科技成果博览会金奖等光荣称号，个人获得贵州茶叶终身成就奖。虽然如此，汪老还想再走一次贵州大大小小的茶山，为贵州茶产业的发展尽自己的一份心、出一份力。

如今，虽步入耄耋之年，汪老茶缘未尽，退休后，他重拾毛笔，用另一种方式表达着对茶、人生的理解。书香世家出生的他酷爱书法，书写内容主要以茶及茶文化为主，从文化上推动茶产业发展。一手欧体书法练得很受业内称赞，每天的书法练笔也成为他晚年生活中不可缺少的一部分。

多年来的生活习惯和养生方式让今年82岁的汪老身体很健朗，他的茶人茶事茶情茶趣为爱茶之人树立了典范。

后记：湄潭黑茶制茶者赵双宁，在老茶人汪桓武数年亲身指导下，逐步开发出"湄江印象"的"丹、碧、墨、玉、龙"五朵"金花"茯茶。对黔茶的推动和发展起到了很大的带头作用，特别是对贵州黑茶发展起到了不可估量的作用。

(录自2019年6月20日 中国贵州黑茶网)

2. 请将下面这篇通讯与第一节中例文7-1的消息进行比较，并说明消息和通讯在写作上的不同之处。

一位基层选调生的初心故事
——追记广西百色市乐业县百坭村第一书记黄文秀

30岁。生命定格。

6月22日上午，许多人从全国各地赶往广西百色，送别一位献身基层扶贫事业的选调生。

多家媒体开设网络悼念专题，送行的"队伍"达百万人次，留言"献花"者不计其数。

人们送别的,是百色市乐业县百坭村第一书记黄文秀。6月16日晚,她在返回驻村途中突遇暴雨洪流,不幸因公殉职。

"太年轻了!"人们痛惜于她美丽而短暂生命的同时,也引发一连串关于当代青年初心和使命的讨论。

"我要回去,把希望带给更多父老乡亲"

革命老区广西百色,全国14个集中连片特困地区之一,目前仍有280个贫困村19万余贫困人口未脱贫。

2016年,来自百色市田阳县农村的黄文秀,从北京师范大学硕士毕业后,毅然回到家乡,投身基层扶贫事业。

"她本可以有很多选择。"昔日导师郝海燕惋惜地说,"以她的能力,留京或出国都没问题。"

但黄文秀的心在家乡。

"我是一名党员,是来自百色革命老区的壮家儿女,将革命先烈们奋勇前进、不断拼搏的精神传承下去,我们青年一代责无旁贷。"黄文秀说。

高考时,黄文秀选择师范院校。"她曾希望成为一名老师,把所学知识教给乡村的孩子。"黄文秀姐姐说,妹妹最大的梦想,是在村里办一所幼儿园。

读研期间,黄文秀一直关注基层教育及扶贫。2015年,她参与首届"启功教师奖"评选调研,走访过很多贫困乡村。在一次课堂展示中,黄文秀深情讲述山区乡村教育面临的困境,她由衷地说:"教育,事关乡村的未来。"

"基层很需要人才,有没有考虑过回家乡?"在校期间,黄文秀担任北京师范大学就业中心学生助理,有同学咨询毕业就业问题时,她总是不厌其烦地问。

"不少同学就业方向并不明确,而文秀学姐的目标始终明确而笃定。"北京师范大学2017届学生王珺说。

毕业前,黄文秀用两个月时间到百色、河池等深度贫困地区调研,撰写了硕士学位论文《广西壮族优秀传统文化中德育资源的开发》,并决定报考广西定向选调生。

"我来自广西贫困山区,我要回去,把希望带给更多父老乡亲,为改变家乡贫穷落后面貌尽绵薄之力。"

这是黄文秀的初心和梦想。

这是她一直以来的选择。

"只有扎根泥土,才能懂得人民"

"只有扎根泥土,才能懂得人民。"黄文秀在《驻村日记》中这样写道。

2018年3月,刚结束田阳县那满镇挂职锻炼的黄文秀,主动请缨到乐业县新化镇百坭村担任驻村第一书记。对她而言,这是一次回报乡亲的"实战",更是一次"心灵的长征"。

彼时的百坭村,交通不便、产业不强、脱贫任重,472户2 067人中,还有103户473人未脱贫,贫困发生率达23%。

"莫当真,女娃娃,'镀镀金'走过场就回去啦。"驻村之初,有的村民对这个初出茅庐的姑娘不抱希望。

"我本身就来自农村,怎么得不到乡亲们的信任呢?"黄文秀思考,缘何自己和群众有"距离感"。

她很快做出改变:搬到村里住下,跋山涉水、进村入户访贫问苦,感受乡村的温度,深究乡村发展之道。

"我到贫困户家,不再拿着本子问东问西,而是脱下外套帮他们扫院子;贫困户不在家我就去田里,边帮他们干农活边聊天,时间久了,村民们见我多了,开始慢慢地接受我。"听到村民说"这个丫头还真是难缠得很哩",黄文秀心里满是欣慰。

走访中,村民反映最集中的是山上片区5个屯的通屯道路硬化问题。这5个屯此前已通砂石路,但多处路段砂石已被雨水冲刷流失,路面坑洼、泥泞不堪,坡陡路段摩托车都难以通行。

"公路不通,发展必然受阻。"为解决百坭村的交通难题,黄文秀积极向上反映,申请到1.8公里通屯硬化项目,新建4个蓄水池。另外3条路,也已列入2019年专项扶贫资金安排项目。

黄文秀的努力,群众记在心上,亲切地称她"文秀书记"。

"失去文秀书记,村里好比断了一只'翅膀'。"百坭村副主任黄世根说,在黄文秀带领下,村里砂糖橘、茶油树、八角、水稻等产业方兴未艾,"以前村民种植砂糖橘却不懂销售,收入微薄;文秀书记来后,帮忙搞电商销售,收入翻番,种植面积超过2 000亩。"

今年3月的一天,黄文秀驻村满一年,她的汽车仪表盘里程数恰好增加了两万五千公里。她特意发了一条朋友圈:"两万五千公里,我心中的长征,驻村一周年愉快!"

黄文秀的愉快,来自百坭村的改变:一年的努力,已有88户418人实现脱贫,贫困发生率降至2.7%。村集体经济收入达6.4万元,被评为2018年度"乡风文明"红旗村。

"我为有这样的女儿感到骄傲"

红砖水泥地,仍是毛坯屋……在田阳县巴别乡德爱村多柳屯黄文秀的家中,体弱多病的双亲,难以抑制失去女儿的悲痛。

受广西壮族自治区党委、政府委托,自治区党委宣传部常务副部长孙大光前来看望慰问黄文秀家属。

"文秀很懂事很孝顺。就在前几天要返回工作岗位时,她还喂我吃药……"回忆起女儿的点点滴滴,黄文秀父亲几度哽咽。

孙大光静静倾听着,感佩于黄文秀父亲的通情达理和坚强,他关切地说:"家里有什么困难,我们一定办好!"

"家里已经获得县城的易地搬迁房,要不我们还得住在大山里,是党和政府让我们老百姓过上了幸福生活。"黄文秀父亲说,"党培养了文秀,她因公牺牲,我为有这样的女儿感到骄傲,我们没有什么要求。"

父母多病，孩子上学，黄文秀一家曾因学因病致贫。在精准识别中，被认定为建档立卡贫困户。

近年来，在政策扶持下，黄文秀家种植22亩油茶和4亩茶叶，2016年实现脱贫。那一年，黄文秀也顺利毕业参加工作。

"我在党和政府的帮扶下读完大学，一定加倍努力工作，不辜负国家的培养。"毕业回乡时，黄文秀对父母说，希望自己工作后，能改善家庭状况。

近日，黄文秀父亲又做了两次大手术，母亲患先天性心脏病，常年吃药，家庭仍十分困难。

"在看病方面要给予特别关照，其他困难抓紧落实解决。"孙大光紧握着黄文秀父亲的手，叮嘱当地有关部门要关心好、照顾好黄文秀的家人。

"家里的困难我们会努力克服，就不再给政府添麻烦了。这些钱，也许村里的扶贫工作还能用得上，还是给更需要帮助的人吧。"临别时，黄文秀父亲再次把慰问金推回孙大光手中。

黄文秀父亲再三婉拒慰问金的事，引发网友感慨与热议。网友"一剑倾心"说："朴实无华的父母，养育了优秀的女儿。为这个普通家庭的美好家风，点赞！"

（录自《光明日报》2019年6月23日第1版，作者周仕兴）

第三节 短评

一、短评的概念

短评是指简短的评论（如报刊上简短的评论）也指文艺短评、对各种看法的简短的评价。

短评也是新闻评论中常见的一种文体。它篇幅短小、内容单一、分析扼要，通过现象深入事物的本质，从政策上、思想上、理论上揭示事物意义，在报纸、广播、电视上都广泛使用。

二、短评的特点

（一）短小精悍

短评的短小精悍首先体现在篇幅的短小上，一般来说，短评的字数多在500字左右。还体现在评析内容具体、立论角度集中、结构安排简约和文字用语精练上。短评不是社论或评论员文章的缩写形式，而是要抓住新闻报道或所评析事物的某一点进行议论，力求行文精练，不枝不蔓。

（二）新鲜独到

短评的"新"首先表现在选题的新鲜、及时，抓住最具时效性的新闻报道或新鲜事实做出分析和评价。其次表现在立论角度的新颖和观点的独到上，能够从新的视角观察事物，做出与众不同的分析并得出具有个性的见解和结论。

（三）生动活泼

首先，短评的分析说理应该生动活泼，运用多种描写手法使文章富有生气；其次，短评的结构方式应灵活多样,依据不同的评析对象改换文章开头、结尾与谋篇布局;再次,短评的语言文字也应生动活泼,使文章在言之有物的同时隽永有趣。

三、短评的分类

短评在发表时有署名与不署名两种。署名短评以个人身份发言,形式自由,手法多样。不署名短评代表媒介编辑部发言。

短评在运用时有两种形式:一是针对某一事物或问题发表的独立成篇的简短评论;二是为配合新闻报道而写的短小评论。人们写完或编完一篇新闻报道感到意犹未尽时,往往会加上一段按语,抑或编后语,短评,甚至配评论员文章,这类评论不是独立地见诸报端,而是特地配合某篇消息、通讯而写的。其中,配发式短评的运用更为经常和普遍。

根据内容分为政治短评、思想短评和文艺短评等。

四、短评的写作要求

(一)开门见山

限于篇幅,短评写作需紧切新闻报道,旗帜鲜明地在文章开头发表针对新闻事实的评论,让受众一目了然。开门见山的手法避免了迂回婉转的铺垫,有助于紧紧抓住受众眼球。

(二)短小精悍

短评要做到短小精悍,在文字上就必须有所控制,力求长话短说。为此,有必要打破大中型评论文章惯用的写作程式,重在亮明观点,画龙点睛,评在实处,不必过多地进行论证。

(三)观点新颖

短评观点必须要求新求变,在对新闻事实深刻了解的基础上,对新闻事件仔细观察、洞察出新、深刻思考,从而提出新颖、独到的观点。短评必须摆脱人云亦云的窠臼,令读者觉得耳目一新。

(四)深化内涵

短评立论既要以材料事实为依托,又要在深化思想上下功夫,透过新闻现象挖掘新闻背后的深刻意义,有助于就事论理、有的放矢,避免泛论,有助于探究根本、深化思想、引起思考。

【例文评析】

例文 7-5

鸿蒙一开天地宽,中华有为!

华为今日正式发布自有操作系统:鸿蒙!消息甫出,顿时燃爆舆论场。

··· 评 析 ···

标题结合热点时事,论点明确。

句式多是简洁有力的短句,语言精练。

无论是"鸿蒙"这个名字所具有的深刻隐喻,还是"鸿蒙"系统所肩负的历史使命,都让人看到了华为的抱负,华为的隐忍与坚守。

"关键核心技术是要不来、买不来、讨不来的",不谋深计远,不下"先手棋",不抓住创新主动权,如何避免"卡脖子"?怎能化危为机?

不必妄自菲薄,也无需妄自尊大。鸿蒙一开,并不等于万事大吉,用任正非此前的话,就是"我们仍然缺乏良好的应用程序生态系统",整个系统建立良好生态,需要时间,也需要机会。更何况,面对"群狼"环伺,我们要实现突围,更需百倍努力,不断超越。

鸿蒙一开天地宽!华为加油,中国加油,切记中华当有为。

(录自人民日报公众号人民锐评)

例文 7-6

让药品安全成为不可触碰的红线

针对吉林长春长生公司问题疫苗案件暴露的问题,中共中央政治局常务委员会会议就加强药品监管、确保疫苗安全作出部署,体现了以习近平同志为核心的党中央对药品安全和人民身体健康的高度重视。   〔开门见山,指出问题。〕

问题疫苗案件之所以发生,既因为疫苗生产者逐利枉法,大赚"黑心钱",也因为监管不到位、制度存在缺陷。 〔阐述原因。〕

确保疫苗质量安全是系统工程。既要完善制度,也要落实责任;既要督促企业履行主体责任义务,也要加强监管队伍建设,提升监管能力,对风险高、专业性强的疫苗药品,更要加大监管力度。 〔就事论理,提出应对措施。〕

让药品安全成为不可触碰的红线,必须严格执法,提高违法成本。对那些利欲熏心、无视规则的不法企业,要严厉打击,决不姑息;对涉及疫苗药品等危害公共安全的违法犯罪人员,要依法严厉处罚,实行巨额处罚、终身禁业。要加快完善疫苗药品监管长效机制,把中央提出的"最严谨的标准、最严格的监管、最严厉的处罚、最严肃的问责"真正落到实处,为维护最广 〔论点集中,文字精练。〕

大人民身体健康提供坚实有力的保障。

(录自新华社 北京2018年8月17日电)

【复习思考】

1. 短评有哪些特点？
2. 短评写作有哪些要求？

【案例训练】

1. 结合近期的热点新闻，编写一则短评。
2. 请结合短评的有关知识，评析下面这篇短评的特点。

【人民微评：在中国境内，必须守中国法律】违反交规，推搡交警，哪一条都于法不容。中国人热情好客，但法律不会也不应看人下菜碟。涉外案件无小案，处理外国人案件应审慎，但不等于外国人可享受超国民待遇。不仇外、不媚外，不俯视、不仰视，以法律为准绳，既能服众，更能彰显法律威严。

(来源：新浪微博 用户名：人民日报)

第四节 新媒体

一、新媒体的概念

新媒体是相对于传统媒体而言的，是利用数字技术、网络技术，通过互联网等渠道，以电脑、手机、数字电视机为终端，向受众提供信息和娱乐服务的传播形态。简单地说，新媒体就是通过现代传播手段，传播文字、声音、图像的数字化、网络化、移动化媒体，新媒体也被形象地称为"第五媒体"。

二、新媒体的特点

（一）分众性

互联网将目标受众按兴趣爱好、年龄性别、社会角色、专业领域等划分为不同群体，更加适应市场细分和需求多样化。通过有针对性的用户划分为不同群体提供服务，不同群体的数量又决定了新媒体的生存和发展。

（二）复合性

新媒体突破了传统媒体信息传递的单一性，能够将声音、图像、文字和视频融合，实现了信息一体化传播。通过整合各种信息形态、各种传播渠道和接收终端，使用户可以方便地使用各种终端，在不同地点接收图文并茂、声音影像结合的信息，在新媒体网络中遨游。

（三）交互性

在网络新媒体中，信息传播有单对多、单对单、多对单、多对多四种不同方式。此时信息的受众不仅仅是接收者，也可能转变为信息发布者。如电子邮件，表现为单线传播，在线游戏及视频、语音平台则表现为单多交互转换的传播方式。

三、新媒体与传统媒体的一致性

新媒体写作是相对于传统写作而言的，具体着眼点在于写作的工具。传统写作的工具就是纸和笔，而新媒体写作的工具则是电脑、手机、平板电脑、鼠标和键盘，有时候也可使用手写板或语音输入代替鼠标和键盘。对于所有的人类劳动而言，工具的变革，不一定能改变劳动的本质和价值，但必然会带来一些方法和能力方面的变化，这些变化有的时候是渐进的、巨大的，甚至是颠覆性的。与传统写作相比，新媒体写作大致呈现出展示性、宣泄性、理解性、游戏性、互动性等特点。但从本质上来看，新媒体写作并没有根本性的变化。

（一）写作的本质没变

无论是传统写作还是新媒体写作，本质都是运用语言文字表达思想感情，是心灵与世界对话的一种方式。

（二）写作的目的没变

传统写作也好，新媒体写作也罢，他们的写作目的都是为了交流与沟通。

（三）写作要求的基本素养和能力没变

无论传统写作还是新媒体写作，都要求写作主体具备一定的品质素养、学识修养和能力结构。品质素养指道德品质等；学识修养包含作者的生活阅历、知识素养和审美修养等；能力结构包含如提炼主题能力、材料定向取舍能力、篇章的组织结构能力，以及观察能力、感知能力、思维能力、记忆能力、表达能力等，这些都没变。

（四）写作题材的范围和限制没变

传统写作和新媒体写作在题材上都有一定的基本范围，也都有一定的限制，这是不能突破的，比如涉及国家机密、商业机密和个人隐私的内容是不能写的，有违社会主义核心价值观的也不能写。

（五）写作的基本方法没变

写作的基本词汇、语法、修辞和表达方式没变，写作所采用的现实主义、浪漫主义、现代主义、后现代主义、结构主义、解构主义、魔幻现实主义等创作手法也没变；写作采用的叙述、描写、抒情、议论、说明等表达方式没变。

四、几种新媒体文体的写作

新媒体写作有很多种，如电子邮件、博客、微博、微信、网络日志、BBS、空间说说等，形式多样,难以尽述。本部分仅以日常使用较为频繁的电子邮件、微博、博客与微信为例。

(一) 电子邮件的写作

电子邮件是一种用电子手段提供信息交换的通信方式,是互联网应用最广的服务,电子邮件的特点是使用广泛、传递便捷、成本低廉。电子邮件的基本内容通常由三部分组成,分别是主题、正文、附件。

1. 主题

电子邮件的主题要突出邮件的主旨,让收件人一目了然,如:"关于……的安排"、"针对……的建议",意思明确,简明扼要。切忌不写电子邮件主题,也不要使用自动生成的主题"RE:……",一封电子邮件应尽可能只针对一个主题,不要杂糅。

2. 正文

首先要有称呼,应该拿捏尺度,恰当地称呼收件者。也可使用敬称,如"尊敬的领导"、"敬爱的老师"等。其次要有问候语,"您好"或者"你好"。再次是正文,内容要主次分明地传达信息,可多用1234之类的格式分条描述并标上序号。最后以祝福语结尾,并附上发件人姓名和发件日期。

3. 附件

附件是发送电子邮件时,附加的一个文件。如果邮件带有附件,应在正文里面提示收件人查看附件,正文中应对附件内容做简要说明,特别是带有多个附件时,附件文件也应命名。附件不宜过大,数目不宜超过4个,数目较多时应打包压缩成一个文件。如果附件是特殊格式文件,应在正文中说明打开方式,以免影响使用。

【例文评析】

例文 7-7

··· 评　析 ···

第一段正文开门见山,直接交代来信目的,清楚简洁。

第二段和第三段介绍了自己对老师研究方向的兴趣和自身的情况。

尊敬的××老师:

您好!

冒昧给您发了这封邮件,打扰您了。我是××大学2019级古代文学专业的硕士研究生新生×××。通过研究生院的网站我了解了各位导师的信息,我对您研究的方向特别感兴趣,我也很喜欢阅读中国古代的小说。我之前拜读过您的大作《××××××》,对您非常钦佩,我很希望能够成为您门下的学生,但是不知道有没有这个机会和荣幸。

我本科毕业于××大学科学技术学院,本科的毕业论文是《×××××××》。我的初试分数是372分,其中,英语65

分,政治 58 分,专业一 120 分,专业二 129 分,初试排第 13 名,最后总成绩排在第 11 名。

非常抱歉这封邮件占用了您宝贵的时间。恳请您考虑一下我,感谢老师。附件是我的一份简历,如果老师愿意的话可以看一看。

此致
敬礼

学生:×××
2019 年 9 月×日

最后一段再次点题,并非常礼貌地告诉老师自己的诚意。

例文 7-8

··· 评　析 ···

亲爱的×××:

欢迎加入豆瓣!

请点击下面的链接完成注册:

https://accounts.douban.com/register?confirmation=64f66d1109298886

如果以上链接无法点击,请将上面的地址复制到你的浏览器(如 IE)的地址栏进入豆瓣。

——豆瓣网

(这是一封自动产生的 email,请勿回复。)

此类邮件,是系统自动回复的邮件,该类邮件一般为注册激活邮件。

例文 7-9

··· 评　析 ···

××同学你好,

非常感谢你参加了本次同济大学暑期优秀文哲人才夏令营的申报。你的材料非常优秀,给我们留下了深刻的印象,但非常遗憾的是,在与其他申报同学的竞争中,你的材料还有这样那样的地方不完全符合本次夏令营选材的要求,所以你未能进入本次夏令营活动。

同济大学是一所百年名校,在最新 2020 年世界权威大学排名 QS 中,名列全国第 9,学校近年来还在不断飞速进步,因此在同济大学攻读研究生是一项非常好的选择。本次研究生

语言简洁而富有感情。

拒绝邮件最重要的要求就是礼貌委婉,该邮件就具备这个特征,婉转地将这个消息传达给收件人。

夏令营选拔限于仅有的 20 个名额,由于这样那样的原因未能将你录取,我们也感到非常可惜,希望你能继续将同济大学人文学院中文系作为攻读研究生的第一选择,在推免或者考研的时候选择同济中文,我们会优先考虑矢志报考我们学院系科的学生,同时在后面的竞争中,通过我们对你材料的考察,相信你仍然是具备很大竞争优势的。

再次感谢你对同济大学人文学院中文系的信任,希望在新一届研究生新生中见到你愉快的面庞!

祝学业顺利!

同济大学人文学院中文系
上海市杨浦区四平路 1239 号同济大学人文学院

(二) 微博、博客的写作

微博即微型博客,是一种基于用户关系的信息分享,用户可以通过 PC、手机等多种移动终端接入,以文字、图片、视频等多媒体形式,实现信息的即时分享和传播互动。微博与博客的区别在于,微博字数更少,一般要求控制在 140 个字符以内,微博就是博客的微缩版。

微博与博客的特点是便捷性、传播性、原创性与更新性。

便捷性: 微博与博客都提供了这样一个平台,用户既可以作为发布者,在微博与博客上发布内容供他人浏览,也可以作为观众,在微博与博客上浏览自己感兴趣的信息,十分便捷。

传播性: 微博与博客信息共享便捷迅速。可以通过各种连接网络的平台,在任何时间、任何地点即时发布信息。假如你是有几百万粉丝的"大 V",你发布的信息就会在一瞬间传播给几百万人,其信息发布速度是传统纸媒及其他网络媒体难以企及的。

原创性: 博客的价值就是坚持原创。很多博客作者喜欢在博客上分享自己的爱好和对事件的看法和评价,如对一本书籍、一部电影、喜欢的明星和歌曲等的看法,虽然写作较为随意,但是正是这种真实不加掩饰的表达、原创色彩极浓的观点吸引了大家的阅读与关注。尤其在微博上,有人戏言,140 字的限制将平民和莎士比亚拉到了同一水平线,这一点也导致更多的原创内容大量地被生产出来。

更新性: 博客与微博的更新基本是作者的例行公事,这种更新可以及时记录个人的行为、动态与思想,保证博客与微博的新鲜度与吸引力,如果长时间没有更新会导致读者群的流失。

微博与博客的行文没有严格规定,一般表现为纯发文字、文字+图片、文字+视频、文字+音乐等形式。此外,微博还可以转发他人微博并加以评论。

例文 7-10

长大后我就成为了你（文字+视频）

… 评　　析 …

这则微博，就是新媒体化后的短篇新闻。全篇微博以简短的文字概括了曾经在洪水中被抗洪士兵救下的孩童长大后成为新一代战士参加抗洪的事件。全篇不仅简洁明了，内容表述清晰，而且结合网络的表情用语，亲切可信。

例文 7-11

黄海候鸟栖息地列入世界遗产名录（文字+图片）

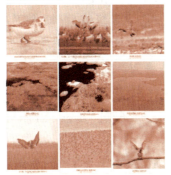

… 评　　析 …

图文结合，是微博发布消息经常使用的方式，文字简短清晰，图片栩栩如生。

···评　　析···

例文 7-12

（转发他人微博并评论）

此类微博具有转发功能，语言例如"冲鸭"其实是"冲呀"，用语网络化、生活化、口语化。

（三）微信的写作

微信（WeChat）是腾讯公司于 2011 年 1 月 21 日推出的一个为智能终端提供即时通信服务的免费应用程序。

微信是一款应用社交软件，通过微信可以快速发送语音短信、视频、图片和文字，微信的写作集中在朋友圈以及公众号。朋友圈指的是微信中的一个社交功能，用户可以通过朋友圈发表文字、图片和视频，同时可通过其他软件将文章或音乐分享到朋友圈。公众号也是一种自媒体，简单来说就是进行一对多的媒体行为，媒体、单位或个人可以通过申请公众号，并在公众号上发表纯文字、文字+图片、文字+视频、文字+音乐等形式多样的内容。

朋友圈写作一般没有严格要求，是个人心灵的流露，依据个人写作风格编写。内容由图片、文字、表情、视频等组成，即时发布，及时分享，相当于微信版本的微博。公众号文章则根据文章类型灵活应用。

例文 7-13

微信公众号（人民网）

··· 评　析 ···

公众号的标题简洁、生动，旨在吸引读者点击阅读。在公众号文章下方，也可以看到公开的读者留言。

【复习思考】

1. 一份好的电子邮件应该具有哪几个特点？
2. 新媒体写作与传统写作的区别在哪里？

【案例训练】

1. 即将要毕业的你将去一家国企应聘，请你拟写一封电子求职信，相关信息可自拟。
2. 试着创办一个个人公众号，定期进行更新。

第八章 毕业论文

第一节 毕业论文概述

一、毕业论文的含义、类型

（一）毕业论文的含义

毕业论文是高等学校的毕业生所撰写的有一定学术价值的论文，它是大学生完成学业的标志性作业，是对大学生在校学习成果的综合性总结和检验，是在教师指导下对科研工作的初步尝试，是高校毕业生就本专业中的某一对象、现象或问题进行独立科学研究后撰写出来的具有一定理论价值和实践应用价值的文章。

（二）毕业论文的类型

1. 学士学位论文

学士学位论文是高校本科毕业生为了申请学士学位而写的毕业论文，能反映本科毕业生在所学专业领域对某一课题的研究成果，字数一般要求在八千以上。

2. 硕士学位论文

硕士学位论文，是指高校或有关科研机构的硕士研究生为了申请硕士学位而写的毕业论文，能充分反映作者独立从事科学研究的能力，字数一般要求在三万左右。

3. 博士学位论文

博士学位论文，是指高校或有关科研机构的博士研究生为了申请博士学位而写的毕业论文，要求对某一课题有独到的见解，有充分的论述，能反映出创造性的成果，字数一般要求在五万以上。

4. 其他毕业论文

其他毕业论文，主要是指大专或高职毕业生撰写的、不授予学位的毕业论文，能反映这一学历层次的毕业生运用已有理论知识对某一课题发表见解的能力，字数一般要求在五千以上。

二、毕业论文的特点

（一）科学性

毕业论文反映的是对课题研究的独到见解，其论点要正确，论据要充分，论证要严密，数据要可靠，计算要精确，结果要客观，这些都体现了科学性的要求。

（二）创造性

创造性是衡量毕业论文价值的重要标准。写作毕业论文,要求作者有新的思路、新的材料、新的观点、新的方法,不断开拓新的领域,得出新的结论。创造性是科学研究的生命,也是毕业论文的生命。一篇毕业论文,如果都是重复别人的论述,缺乏创造性,那是没有什么价值的。

（三）理论性

毕业论文要求运用科学的原理和方法,上升到一定的理论高度去分析研究问题,要求揭示事物的本质和规律,总结出符合客观实际的结论,切忌就事论事,写成调研报告、工作总结等应用文体。

（四）专业性

毕业论文是高等院校的毕业生写的论文,高校的学生都是有专业的,因此毕业论文要能够反映出作者所学专业的特点,准确运用本专业特有的概念术语,写出具有专业特色的学术见解。

三、写作毕业论文的意义

通过写作毕业论文,可以检查高校毕业生几年来在大学里学习的情况,特别是用理论联系实际解决问题的能力。写作毕业论文,可以说是大学生对几年来在高校学习情况的总结和汇报。

通过写作毕业论文,可以对大学生进行实地的科学规范训练,提高他们进行科学研究和表达研究成果的能力,学会并掌握写作学术论文的一些基本方法。

第二节　毕业论文的写作过程

一、选题

（一）选题的重要性

选题是毕业论文写作的第一步,是论文写作成败的关键。在写毕业论文之前,如果选定一个合适的题目,对论文的写作可以起到事半功倍的作用。

有部分高校毕业生,他们在论文选题的时候不够慎重,匆忙选定了一个题目,结果写到半途就写不下去了,只好更换选题,这样就浪费了前一阶段的时间与精力。所以有人说:"选好题目,论文写作就完成了一半。"这话是有道理的。选题是否得当,会直接影响毕业论文质量的高低,决定论文写作的成败。

（二）选题的原则

1. 要选有现实意义的题目

毕业论文选题的范围十分广泛,政治生活、经济建设、科学文化事业的各个方面,都可以成为论文的题目。但我们在选题的时候,应该首先考虑这个题目对解决当前的社会问题有无现实意义。如有关国计民生的大问题,群众普遍关注的热点问题,应该优先考虑。

2. 要选适合自己的题目

毕业论文的选题,还应考虑到自己有没有能力完成这个题目,有没有兴趣去做这个题目。

每个人都有自己的专业特长,我们在论文选题的时候,要扬长避短,选自己平时有积累、有条件完成的题目,而要避开那些范围过大、不容易完成的题目,如《论清代的长篇小说》、《论我国现阶段的政治体制改革》这类题目,作为本科生的毕业论文,是无法完成的。

毕业论文的选题,还要顾及自己的兴趣。兴趣是研究的动力,如果对论文的题目缺乏兴趣,就不会积极主动地去投入,不会去付出大量的时间与精力,也就很难得出像样的成果。

3. 要选容易出新意的题目

创新是一个民族进步的灵魂,是国家兴旺发达的不竭动力。创见是学术论文的生命,也是毕业论文评价的最核心的标准。我们在进行毕业论文选题的时候,要充分考虑到这个题目能不能写出新意。毕业论文的创新性表现为以下几个方面:探索前沿,填补空白;批驳错误,纠正偏颇;补充前说,有所进步。一般来说,没有人研究过的题目,或很少有人研究的课题,容易写出新意。别人研究过的课题,如果能提出不同的见解,且言之有理,也能写出新意。别人研究过的课题,你在前人研究的基础上,又深入了一步,或对前说作了补充,那么,这样的题目也是有意义的。

题目选定以后,要填写开题报告,开题报告获通过后,才能正式进入论文写作阶段。

二、搜集材料

(一)搜集材料的重要性

论文的题目确定以后,就要着手搜集材料。俗话说"巧妇难为无米之炊",论文的作者,不管写作技巧多么高明,如果手头没有材料,就像家里没有米那样,是不可能做出饭来的。

马克思在写《资本论》前,阅读了一千五百多种有关经济学、文化史、技术史、地理与农业等方面的资料,光读书摘录他就写了近三万页纸。这说明了搜集材料在学术著作(或论文)写作过程中的重要意义。

(二)搜集材料的方法

毕业论文搜集材料有很多途径,主要有:

第一,从有关书籍中搜集材料;
第二,从有关报刊中搜集材料;
第三,通过索引、书目、年鉴等工具书去寻找材料;
第四,通过调查研究(如开调查会、个别访问、问卷调查等)获取材料;
第五,通过网络搜索寻找材料。

三、整理分析材料

材料搜集来以后，要对它们进行整理分析。对材料的整理一般包括两个方面：一是把搜集来的材料分类排列，这样在使用时能立刻找出来；二是要找出对表现主题有用的材料。

我们在对材料进行整理的过程中，会用到多种思维方法：

第一，发散思维。这是一种没有明确目标，不讲究逻辑性的思维。我们在搜集到材料以后，可不受条条框框的限制，对这些材料进行多角度、多方面的思考，自由自在地展开想象，很多新鲜独到的见解就是在这种思维状态下出现的。

第二，收敛思维。这种思维方法，有明确目标，讲究逻辑性，可对材料进行深入的思考。由于目标专一，所以有可能保证思考问题的深度。

第三，顺向思维。这种思维方法，就是顺着人们通常选择的方向进行思考，得出的观点与大多数人相同，"保险系数"较大，但不容易出新。

第四，逆向思维。这是一种站在顺向思维的对立面进行思考的思维方法，与传统观点"唱反调"，观点容易出新；但如果思考不周密，观点也容易片面。

在整理分析材料时，可能会出现两种情况：一是搜集来的材料很多，舍不得割舍；二是说明某一问题的材料，达不到预期的目的，有所短缺，这就需要我们重新搜集补充。

对搜集来的材料，我们还要进行鉴别，进行认真的检查与核对，区分哪些是真实可靠的材料，哪些是虚假不可靠的材料，然后把可靠的材料留下，把不可靠的材料舍弃。

对留下来的材料，我们要进行分析、概括、比较、提炼，然后形成一种观点，这种观点就是论文的主题。主题一经形成，便起统领全篇的作用，材料的取舍，论证方法的选择，都要根据主题的需要加以考虑。

四、拟定写作提纲

论文在确定主题与要选用的材料之后，在正式动笔之前，需要拟定一个写作提纲。提纲是我们写作论文的架子，有了提纲，我们写论文时思路就很清楚，就会有条不紊。论文提纲包括的项目有：题目；中心论点；内容纲要。

内容纲要是论文提纲的主要项目，其形式如下：

大项目——上位论点

中项目——下位论点

小项目——段旨

更小项目——段中所用的材料

论文提纲的拟写方式，主要有论点式提纲、标题式提纲、摘要式提纲三种：

论点式提纲，要列出中心论点、分论点、小论点以及所选择的论据。

标题式提纲，是用简要的文字写成标题，标题可列到二级或三级，一目了然，本章所附的例文，就是一份标题式的提纲，可参阅。

提要式提纲,要求用要点的形式,概括地写出各个层次部分的基本内容。这种提纲,字数较多,写的时候也较费力。

五、执笔成文

(一) 草稿的拟定

提纲拟好以后,下一步的工作,就是执笔成文了。执笔成文,首先要拟定草稿。拟定草稿有两种方法:

1. 一气呵成法

就是一口气将论文写完,先不管论文的观点是否正确,材料是否充实,结构是否完整,语言是否通顺,将论文草稿写完后回过头来再作修改。

2. 分块合成法

毕业论文的篇幅较长,每个部分有相对的独立性。我们在起草时,不一定要从开头写起。哪一部分先想清楚了,可以先写。然后一个部分一个部分合起来,就成了一篇完整的论文草稿。

(二) 语言的运用

执笔成文的过程,就是用语言来表达作者观点的过程。因此,语言该怎么运用,就显得非常重要。

毕业论文的语言,首先要求十分准确地表达作者的写作意图,要用最贴切、最恰当的词汇,正确反映自己的观点。其次,语言还要求通顺畅达,句子要合乎语法规范。再次,论文的语言,应力求简练与生动活泼,如果通篇都是冗长枯燥的叙述,必然会影响表达的效果,使读者兴味索然。

(三) 资料的引用

在执笔成文的时候,还会碰到一个引用资料的问题。由于论述的需要,写毕业论文时经常要引用一些资料。引用资料要少而恰当,并且要正确理解原文的意义,不能断章取义,凭自己主观的需要作任意的曲解。

引文要仔细地核对原文,做到绝对无误。引用的方式,有段中引文与换行两种。段中引文一般都较短,夹在作者自己叙述的话中引用。对于所引的话,要加上引号。如果作者对引文在文字上作了变动,引的是原意,那么引文可以不加引号。换行引文一般都较长,引的时候要另起一行,嵌在文中,比较醒目,在书写时要比正文缩进两格。

引文的出处,可以紧接在引文之后注明,也可以在论文之后加尾注。如果引文较多,尾注时要标明序码。

六、修改润色

初稿写成以后,并不是毕业论文的写作就完成了。一篇优秀的论文,并不是一次就能写成的，作者要对论文经过多次的修改润色，才能使论文趋于完善。

（一）修改的范围

毕业论文修改的范围，主要有观点的订正、材料的增删、结构的调整、语言的修饰这样几个方面。

观点的订正，目的是使观点更正确，更能反映材料的实际。避免观点的片面性，更不要使观点产生错误。

材料的增删，可使论据更充分，更典型，更有说服力，努力做到观点与材料的统一。也可以使结构更加匀称，语言更加精练。

结构的调整，可使论文的脉络更加清晰，论据的逻辑性更加严密。

语言的修饰，能更精确地表达文意，也可使语言更加鲜明、生动、简练。

（二）修改的方法

毕业论文修改的方法，主要有冷却法、切磋法、朗读法等。

所谓冷却法，就是在初稿写成之后，最好放一放，等几天"冷却"后再修改，这样容易发现问题。

所谓切磋法，就是在修改的时候要与别人多商量，多切磋，多听取别人的意见。

所谓朗读法，就是作者在修改时最好高声朗读原稿，因为在朗读时，较容易发现语言上的问题，可以在字、词、句方面精益求精，将毕业论文改得更好。

第三节　毕业论文的结构要素

一、毕业论文的通用格式

毕业论文的格式，每个学校要求不同，人文社会科学类论文与科技自然科学类论文也有差异，但不管怎样，下面两个部分是不可缺少的：

前置部分：封面、目录、标题、署名、摘要、关键词（摘要、关键词要有英文翻译）。

主体部分：绪论、本论、结论、致谢、注释（必要时）、参考文献。

除"本论"部分外，人文社会科学类论文与科技自然科学类论文其他各部分的写法基本相同。

二、前置部分

（一）封面

封面是毕业论文的首页，学校一般会统一印制。毕业论文的封面应包含的主要信息有：标题，学生所在学校名称，所属系、专业、班级，学生姓名、学号，研究方向，指导教师姓名、专业、职称，成文日期。

（二）目录

目录一般单独设页。目录是毕业论文各组成项目、分论点所处页码的具体显现。有了目录，可使毕业论文层次更加分明，便于读者阅读，也便于指导老师、答辩老师查找论文的某个论点。

（三）标题

标题即毕业论文的题目，标题要拟得确切、简洁、醒目、新颖。一个好的毕业论文题目，读者一看就会产生对全文的阅读兴趣；反之，即便内容有价值，也可能被忽略。

从内容上看，毕业论文的标题有两种类型：一是揭示论点的标题，这类标题直接反映了作者对问题的看法，即标题是文章论点的概括，如《会计电算化对传统会计职能的影响》。二是揭示课题的标题，这类标题所反映的只是文章所要论证的问题，而不涉及作者对问题的看法。如《海峡两岸网络书店比较研究》。

从形式上看，论文的标题也有两种类型：一是单标题，即标题只有一行；二是双标题，正标题揭示论点或揭示课题，副标题对正标题加以补充、说明或限制。如《冷之觉，淡之味——探寻周作人早期散文特点与原因》。

从语气上看，论文的标题又有多种类型：一是设问式，明知故问，只问不答，如《小品表演不需要提倡审美教育吗？》。二是判断式，以"……是……"的肯定语气，直截了当地表明作者的观点看法，如《循序渐进是科研工作的重要规律》。

（四）署名

署名即表明作者的身份，是作者拥有著作权的声明，是作者对文责自负的承诺。同时，作者的姓名是重要的检索信息，是有关数据库重要的统计源。

（五）摘要

摘要是文章内容要点的概述，要求写200—300字。摘要可以简要介绍论文的研究目的、方法、结果、结论，概括论文的要点，特别要说明论文的新见解和创造性成果。摘要的作用是供读者在最短的时间内了解论文的要点，为读者检索论文提供方便。写摘要宜用第三人称叙述，不作自我评价。摘要中的内容应在正文中出现，摘要中不要出现序号、公式、图表等，不能使用非公知的术语和符号，不能引用参考文献。

（六）关键词

关键词就是表现论文内容的主题词，是从论文标题或正文中选取的能揭示主题和主要内容的单词或术语，是最具实质意义的检索语言。每篇论文的关键词一般以3—5个为宜。主题词放在摘要下面，另起一行。每个关键词之间可加分号，也可空一格，中间不必加任何标点符号。

三、主体部分

（一）绪论

绪论也叫引言、导语，是论文主体的开头部分。绪论要提出问题，让读者先了解论文的主体内容，对论文有一个总体的认识。作者在绪论中，可以说明研究这一课题的背景、动机、意义、方法；也可以说明论题的范围及所要达到的目标；还可以对他人已有的成果进行评价，发表自己的见解；有时也可以简要回顾历史、提示论文的主要分论点等。绪论的文字一般不长，要求提纲挈领、言简意赅、开门见山。

（二）本论

1. 人文类社会科学论文的本论

本论是毕业论文的主干部分，因而最能展现作者的研究成果。本论中应包括论文的三要素：论点、论据和论证。论点靠论据证明，论据由论点统帅，论证是用论据来证明论点的过程或方式方法。

人文类社会科学论文的本论常用的结构形式有并列式、递进式、混合式、总分式、分总式等。并列式结构的论文各个分论点的论述没有主次关系，各个部分的关系是并列的。递进式结构的论文要对事物发展进行由浅入深、由表及里、层层深入的论证。混合式结构的论文其结构安排既有并列，又有递进，纵中有横、横中有纵。总分式结构的论文，是先提出论点，先从总的方面进行论述，然后再从若干个方面分头加以论述。分总式结构的论文，是先分别从几个方面加以论述，最后再概括、归纳。无论采用何种结构形式，都要注意段落与层次之间的过渡自然、衔接紧密、前后照应。如果分论点使用了序号并加了小标题，还要注意序号与小标题前后的统一。

2. 科技类自然科学论文的本论

自然科学论文的本论，是论文中最核心的部分，本论的水平，决定了整个论文的水平。正文的写作，随不同的论文类型而有很大的差异。但不论哪种类型的自然科学论文，本论的表达语言总应该包括文字语言、图表语言、数学语言等。对概念和原理的阐述一般用文字语言，对公式的证明一般用数学语言，对结果的展示则往往借助于图表。多种语言的综合运用，会使论文的表达更加生动、准确。下面，我们对5种自然科学论文正文的写作方法作一介绍。

（1）理论型自然科学论文

理论型自然科学论文可分为两种：纯理论的与非纯理论的。纯理论型论文不涉及任何实验数据，数学类论文大多属于这一种情况。这类论文的本论，一般是由定义、定理、引理及其推导和证明组成的。理论物理和其他自然科学理论方面的论文有一部分也是属于这一类的。这类论文一般可以根据作者所要证明的问题的多少而自然地分段，每一段也可以加上小标题。

非纯理论型论文,在正文的写法上一般应有以下内容:①阐述基本的理论模型,并借助于数学工具将模型的基本思想变成计算公式。②写出根据理论公式计算的结果,借助文字和图表表示出来。③分析和研究理论计算结果和实验数据之间异同及其原因。④在结论部分写出实事求是的结论。

(2) 实验型自然科学论文

这类论文是以实验为研究手段,以实验结果及其理论分析为研究目的,其正文应有实验原理的阐述,主要实验仪器设备及实验方法的介绍,分析实验结果等内容。

(3) 科技综述型自然科学论文

这类论文要求作者就某一学科领域的某理论问题,实验问题或工程设计问题,在充分调研和查阅资料的基础上进行综述。主要应该综述该领域过去的研究状况,特别要重点突出最近的研究进展。写作时要避免主观性,力求客观地描述不同的学术观点。对所综述的内容,作者一般不加主观的评论。

(4) 科技综评型自然科学论文

这类论文重点是"评",应有作者自己的观点,写作的难度较大。

(5) 科技制作型自然科学论文

科技制作是培养学生综合运用书本知识,提高动手能力,激发创造性思维的一项重要科技活动。这类论文正文应阐述的内容有:作品制作的理论依据;具体的研究方法和技术路线;制作所用的主要仪器、设备和原材料;作品所达到的技术指标与同类作品技术指标的比较;作品的创新之处和实用价值等。

(三) 结论

结论是论文论证过程的总结,是作者通过逻辑推理、深入论证而得出的结果。从表达的内容来说,结论不是正文各段小结的简单重复,而是作者在认识上更进一步的深化。结论要告诉读者:论文的研究结果说明了什么问题;解决了什么理论和实际问题;对前人的观点做了哪些否定、修改或补充、发展;论文目前还有哪些遗留未解决的问题等。

(四) 致谢

致谢要对在论文写作或研究工作中给予帮助的有关人员表示感谢。致谢的对象包括:论文写作的指导教师;参加过讨论或提出过指导意见的老师;对收集材料给予帮助的人员;论文所采用的数据、图表、照片的提供者等。致谢词语要诚恳、简洁,恰如其分。致谢放在正文之后。

(五) 注释

注释用来说明引文出处等事项。注释一般放在致谢之后,参考文献之前。

(六) 参考文献

引用参考文献的著录内容和顺序为:

1. 专著、论文集、学位论文、报告的著录格式：作者、题名［文献类型标志］、版本（第一版不标注）、出版地、出版者、出版年、起止页码（任选）；

例：［1］严家炎.中国现代小说流派史［M］.北京：人民文学出版社，1989：125—174.

2. 期刊著录格式：作者、题名［文献类型标志］、刊名、出版年份、卷号（期号）、起止页码；

例：［2］许徐.陈独秀与中国现代文学观念的发生［J］.文学评论，2019（4）：80—88.

3. 报纸文章的著录格式：作者、题名［文献类型标志］、报纸名、出版日期（版次）；

例：［3］沈国明.发挥学术社团培养人才的功能［N］.文汇报，2010-08-01（6）.

4. 电子文献著录格式：作者、题名［文献及载体类型标志］、出处或网址、发表或更新日期/引用日期（任选）。

例：［4］陈立希.全球网站数突破一亿大关［EB/OL］.（2006-11-03）［2007-01-02］.http://news.sina.com.cn/w/2006-11-03/151910406975s.shtml.

表8-1 文献类型和标识代码

参考文献类型	文献类型标识代码	参考文献类型	文献类型标识代码
普通图书	M	专利	P
会议录	C	数据库	DB
汇编	G	计算机程序	CP
报纸	N	电子公告	EB
期刊	J	档案	A
学位论文	D	舆图	CM
报告	R	数据集	DS
标准	S	其他	Z

表8-2 电子资源载体和标识代码

电子资源的载体类型	载体类型标识代码	电子资源的载体类型	载体类型标识代码
磁带（magnetic tape）	MT	光盘（CD-ROM）	CD
磁盘（disk）	DK	联机网络（online）	OL

第四节　毕业论文的论证方法

一、立论的方法

毕业论文的论证方法，与一般论文是相同的，为了举例的方便，我们在这里用的例子，都是一般论文的例子。

（一）例证法

例证法是选择具体典型的例子来证明某一观点的方法，例如毛泽东在《一切反动派都是纸老虎》一文中，运用例证法进行论证：

一切反动派都是纸老虎。看起来，反动派的样子是可怕的，但是实际上并没有什么了不起的力量。从长远的观点看问题，真正强大的力量不是属于反动派，而是属于人民。在一九一七年俄国二月革命以前，俄国国内究竟哪一方面拥有真正的力量呢？从表面上看，当时的沙皇是有力量的；但是二月革命的一阵风，就把沙皇吹走了。归根结蒂，俄国的力量是在工农兵苏维埃这方面，沙皇不过是一只纸老虎。希特勒不是曾经被人们看做很有力量的吗？但是历史证明了他是一只纸老虎。墨索里尼也是如此，日本帝国主义也是如此。

这里举的例子，对于说明文章的论点，是较恰当的。运用例证法，事例要少而精，要能揭示事物的本质。在叙述事例时，要写得概括简要，不需铺叙。如果需要一组材料来证明论点，那么，这一组材料要从不同角度、不同类型中去选择。

（二）引证法

引证法是引用别人的论点和论据，以证明自己的论点的方法。引用的材料，包括经典作家的言论、普通老百姓的经验、俗语以及公理、定理、定律、格言、寓言、事例等。例如宁宗一先生在论述《金瓶梅》中的人物形象时，就引用了德国著名美学家黑格尔在他的《美学》第一卷中的名言：

每个人都是一个整体，本身就是一个世界，每个人都是一个完满的有生气的人，而不是某种孤立的性格特征的寓言式的抽象品。①

引证法分直接引用与间接引用两种。直接引用，指直接引某书某人的原文作为论据，间接引用指摘引大意，并不引用原文。直接引用要仔细核对原文，不能断章取义，肢解原意；间接引用不能歪曲作者的本意，强加自己的观点。

（三）归纳法

归纳法是通过若干个别事例，概括它们的共同属性，综合它们的共同本质，从而得出一个反映普遍规律的论点的方法。

例如，有一篇论述"理想"的论文，文章先列举了陈胜、张海迪、佐夫（意大利足球队著名守门员）三个典型事例，然后归纳出论点：要成为一个有作为的人，必须从小树立起远大的理想。

运用归纳法时要注意两点：一是所举的事例要完全真实可靠，如果在众多的事例中有一个不真实，势必会影响结论的正确性，别人就能轻而易举地用反驳论据的方法把你的结论驳倒。二是这些事例要有共同的特点，它们具有共同属性，只有这样，才能自然而然地归纳出

---

① 宁宗一. 宁宗一讲金瓶梅[M]. 天津：天津古籍出版社，2008：87.

结论。

(四) 演绎法

演绎法是引用一些经典著作的原话,或者是用公认的众所周知的科学原理与道理推断出一个新论点的论证方法。它同归纳法正好相反,是从一般到个别的方法,是根据已知的一般道理推断出新的结论。例如,一篇论述"天下兴亡,匹夫有责"的论文,其推理过程是这样的:

"天下兴亡,匹夫有责"历来是中华儿女的坚定信念;

我们是中华儿女;

所以,我们也要以"天下兴亡,匹夫有责"为神圣的信念。

以上引文中的第一句话,是一个大前提;第二句话,是一个小前提;第三句话,是根据大前提推断小前提得出来的一个新的结论。

(五) 对比法

对比法是用正反、前后两种事物(或道理)进行对比,通过对比来证明论点的方法。如欧阳修在《五代史伶官传序》一文中,通过对五代后唐的盛衰过程的分析,回述了后唐庄宗李存勖开国时气概轩昂,无人可与他争锋,功成业就后,沉溺于酒色,宠信伶官,结果一夜之间兵败身亡的历史事实,然后用对比法提出了自己的观点:"祸患常积于忽微,而智勇多困于所溺","忧劳可以兴国,逸豫可以亡身"。

运用对比法时,一定要选择和论题相反或相对的事物(或观点),这样一经对比,就能使被论证的事物的某些属性更加鲜明、突出,易于认识。

(六) 类比法

类比法是把两种相同或相似的事物放在一起进行比较,从而得出与之相关的结论的方法。进行类比的两个事物的属性,要尽可能是本质属性,这样得出的结论才能令人信服。例如先秦散文《邹忌讽齐王纳谏》中,邹忌对齐王说了以下一段话:

臣诚知不如徐公美。臣之妻私臣,臣之妾畏臣,臣之客欲有求于臣,皆以美于徐公。今齐地方千里,百二十城,宫妇左右莫不私王,朝廷之臣莫不畏王,四境之内莫不有求于王:由此观之,王之蔽甚矣。

这段话抓住了"臣"与"王"共同面临的"私"、"畏"、"求"三个方面进行类比,推出"王之蔽甚矣"的看法,很合乎逻辑,有说服力。

(七) 反证法

反证法就是通过证明与自己观点相反一方观点的错误,来证明自己观点的正确;或为了证明对方论点的错误,先证明与其对立的论点的正确。如鲁迅在《中国人失掉自信力了吗》一文中,针对当时舆论界一些人散布"中国人失掉自信力了"的谬论,提出了与之相对立的论点:"然而,在这笼罩之下,我们有并不失掉自信力的中国人在。"并举出大量的实例进行证明。这样,对方的观点也就站不住脚了。

(八)比喻法

比喻法是运用通俗易懂的事物、典故作比喻,通过比喻对论点进行论证的方法。例如叶圣陶先生在《吕叔湘先生说的比喻》一文中,有这样一段话:

最近听吕叔湘先生说了个比喻,他说教育的性质类似农业,而绝对不像工业。工业是把原料按照规定的工序,制造成为符合设计的产品。农业可不是这样。农业是把种子种到地里,给它充分的合适的条件,如水、阳光、空气、肥料等等,让它自己发芽生长,自己开花结果,来满足人们的需要。

吕先生这个比喻说得好极了,办教育的确跟种庄稼相仿。受教育的人的确跟种子一样,全都是有生命的,能自己发育自己成长的,给他们充分的合适的条件,他们就能成为有用之才。所谓办教育,最主要的就是给受教育者提供充分的合适条件。[①]

运用比喻法时,所选择的比喻事物和论题并不要求是同类,比喻事物和论题只要求某点是相通的,二者的关系是用比喻事物去"说明"论点。

二、驳论的方法

(一)反驳论点

反驳论点,就是指出对方论点的荒谬与错误,使对方的论点不能成立。例如,鲁迅在《华盖集续编·马上支日记》中有一段驳论:

近来尝听到本国人和外国人颂扬中国菜,说是怎样可口,怎样卫生,世界上第一,宇宙间第n。但我实在不知道怎样的是中国菜。我们有几处是嚼葱蒜和杂合面饼,有几处是用醋,辣椒,腌菜下饭;还有许多人是只能舔黑盐,还有许多人是连黑盐也没得舔。中外人士以为可口,卫生,第一而第n的,当然不是这些;应该是阔人,上等人所吃的肴馔。……

这里就用了无可辩驳的事实——中国普通人民在20世纪二三十年代的生活状况,驳斥了某些中外人士对所谓中国菜肴的赞赏。在当时,许多中国人连饭都吃不饱,哪能奢谈什么中国菜的可口、卫生、天下第一。

归谬法也是反驳对方论点的一种方法。归谬法也叫引申法,它是首先承认对方的观点是"正确的",然后按其逻辑进行引申和推论,最后暴露出对方观点的荒谬和错误,从而驳倒对方。我国古代有这样一个笑话:有个秀才吟了一首"诗":"今天下雪不下水,雪到地上变成水。早知雪要变成水,何必当初不下水?"一个砍柴的农民听后,觉得秀才讲得很荒谬,他要反驳秀才,也吟了一首诗:"秀才吃饭不吃屎,饭到肚中会变屎。早知饭会变成屎,何必当初

[①] 刘励操.写作方法一百例[M].武汉:武汉大学出版社,1985:360.

不吃屎?"砍柴的农民这样引申以后,对方论点的荒谬就非常清楚,其论点不攻自破。

(二) 反驳论据

反驳论据,就是指出对方的论据是虚假的,站不住脚的;或是指出对方的论据不够充分,用对方的论据,不能够有力地证明对方的论点。例如,毛泽东在《"友谊"还是"侵略"》一文中,列举了一系列真实可信的事实,义正词严地驳斥了艾奇逊的一系列谎言:

参加八国联军打败中国,迫出庚子赔款,又用之于"教育中国学生",从事精神侵略,也算一项"友谊"的表示。

治外法权是"废除"了,强奸沈崇案的犯人回到美国,却被美国海军部宣布无罪释放,也算一项"友谊"的表示。

"战时和战后的对华援助",据白皮书说是四十五亿余美元,据我们统计是五十九亿一千四百余万美元,帮助蒋介石杀死几百万中国人,也算一项"友谊"的表示。

以上这些,都是用铁的事实来反驳对方的论据,驳斥了艾奇逊所谓"友谊"的谎言。

(三) 反驳论证

反驳论证,主要是指出对方论证上的逻辑错误,也就是要指出用对方的论据,不能推出对方的论点。例如在中国抗日战争时期,亡国论者用阿比西尼亚(埃塞俄比亚)的亡国,与中国的国情进行比较,得出了中国也必然亡国的错误结论。毛泽东在《论持久战》一文中,针对亡国论者的错误类比,把阿比西尼亚的国情同中国的国情进行了本质的类比:

阿比西尼亚为什么灭亡了呢?第一,它不但是弱国,而且是小国。第二,它不如中国进步,它是一个古老的奴隶制到农奴制的国家,没有资本主义,没有资产阶级政党,更没有共产党,没有中国这样的军队,更没有如同八路军这样的军队。第三,它不能等候国际的援助,它的战争是孤立的。第四,这是主要的,抗意战争领导方面有错误。阿比西尼亚因此灭亡了。

毛泽东分析指出了阿比西尼亚与中国有许多本质上的不同,这就反驳了对方的论证,从而驳倒了亡国论者的错误论点。

第五节 毕业论文的评价与答辩

一、毕业论文的评价

毕业(学位)论文的成绩一般采取五级记分制,即优秀、良好、中等、及格和不及格。学位论文的成绩经常是先由指导教师、评阅人和答辩小组分别评定成绩,最后由毕业论文答辩委员会确定成绩。

不同高校对五级记分制中各级评分标准的具体要求虽有不同,但是所持有的原则大体上还是一致的。下面是上海某高校的毕业论文评分标准,可供我们参考。

（一）优秀

1. 选题符合专业培养目标，能紧密结合教学、科研、生产实际情况。
2. 能较好地理解课题任务并提出实施方案，有分析整理各类信息、从中获取新知识的能力。
3. 设计合理、理论分析与计算正确，实验数据准确可靠，有较强的实际动手能力、经济分析能力和计算机应用能力。
4. 对研究的问题能较深刻分析或有独到见解，成果突出，反映出作者很好地掌握了有关基础理论与专业知识。
5. 论文结构严谨，逻辑性强，论述层次清晰，语言准确，文字流畅，完全符合规范化要求，书写工整或用计算机打印成文。

（二）良好

1. 选题符合专业培养目标，较紧密结合教学、科研、生产实际情况。
2. 能较好地分析整理各类信息，并提出较合理的实施方案。
3. 设计比较合理、理论分析与计算正确，实验数据比较准确，有一定的实际动手能力、经济分析能力和计算机应用能力。
4. 对研究的问题能正确分析或有新见解，成果比较突出，反映出作者较好地掌握了有关基础理论与专业知识。
5. 论文结构合理，符合逻辑，文章层次分明，语言准确，文字流畅，达到规范化要求，书写工整或用计算机打印成文。

（三）中等

1. 选题较符合专业培养目标，能够结合教学、科研、生产实际情况。
2. 能阅读教师指定的参考资料、文献，能分析整理各类信息，有实施方案。
3. 设计比较合理、理论分析与计算基本正确，实验数据基本准确，实际动手能力、经济分析能力和计算机应用能力尚可。
4. 对研究的问题能提出自己的见解，成果有一定意义，反映出作者基本掌握了有关基础理论与专业知识。
5. 论文结构基本合理，层次比较分明，文理通顺，基本达到规范化要求。

（四）及格

1. 选题能体现专业基本训练的内容。
2. 能阅读教师指定的参考资料，有实施方案。
3. 设计基本合理，理论分析与计算无大错。
4. 对某些问题能提出个人见解，并得出研究成果，作者对基础理论与专业知识基本掌握。

5. 论文结构基本合理,论证基本清楚,文字尚通顺,勉强达到规范化要求。

(五) 不及格

1. 选题偏大或偏小,未达到专业培养目标,也未体现专业基本训练的内容。
2. 未完成教师指定的参考资料及文献的阅读,无信息分析整理,实施方案不合理。
3. 设计不合理,理论分析与计算有原则错误,实验数据不可靠,实际动手能力差。
4. 缺乏研究能力,未取得任何成果,反映出作者基础理论和专业知识很不扎实。
5. 内容空泛,结构混乱,文字表达不清,错别字较多,达不到规范化要求。
6. 弄虚作假,有抄袭行为,或部分内容由其他人代做。

二、毕业论文的答辩

(一) 答辩的目的

第一,进一步培养和检测毕业生的创新意识、综合运用所学知识的能力以及分析、应变、表达能力。

第二,检测毕业生对与论文相关知识掌握的广度、深度,检测撰写毕业论文的要求是否已经达到。

第三,考查作者在论文写作中的基本学风,检测学生论文写作的水平及其真实程度。考查学生对待论文撰写的态度是否严谨、认真。

第四,发现和指出论文中还存在的问题,并指导作者应如何进一步修改以达到完善。

(二) 论文答辩的主要环节

毕业论文的答辩,一般先成立院系答辩委员会,答辩委员会由院、系主管教学的领导、教学指导委员会成员及答辩小组组长组成,委员会下设若干个答辩小组。答辩小组一般由3—5名本学科的专家、学者组成。其成员可以是本系的教师,也可以从外系或外校聘请。

答辩前,毕业论文的材料应由评阅人认真评阅。评阅人在评阅论文后,应写出具体的评阅意见。

现场答辩的程序一般如下:

1. 答辩主持人宣布答辩开始,安排学生的答辩顺序。
2. 学生自述。自述的时间一般安排为 10 分钟左右。自述人应先做自我介绍,具体陈述选题的动机、选题的背景、意义;论文的主要特点、提出论点的主要依据与结论;研究问题的主要思路与方法;论文写作中的体会;对于自己在论文中尚未解决的问题,也可以略作介绍。
3. 答辩小组老师提问。答辩小组老师通常会围绕论文的选题范围,每人提 1—3 个问题。
4. 论文作者回答问题。在答辩小组老师提问的时候,论文作者应该认真做好记录,并迅速做好回答问题的准备。现场提供给学生用来准备答辩的时间一般有 30 分钟至 1 小时。

论文作者在回答问题时,要谦虚谨慎,充满自信,镇定自若。答辩小组老师在听取学生答辩回答后要适当地引导交流或进一步询问相关问题,然后主答教师作简要点评。

5. 答辩小组评议。答问结束后,论文作者退出答辩现场,由答辩小组对论文以及作者的陈述和答问进行全面的评议,并为每篇参加答辩的论文写出评语,给出成绩,交答辩委员会审核。有些答辩在评议环节结束后,当即请回论文作者,当场向其宣布评语和成绩评定的结果。

6. 答辩小组老师将答辩结果填入相应的表格中,并交院系教学办公室存档。

【例文评析】

例文 8-1

诗意的童心
——丰子恺文艺观研究

李卓娴

··· 评　析 ···

用双标题,主标题为论文主题的概括,副标题指出了论文的研究范围。

摘　要：丰子恺与日本学界有着丰富的渊源。无论丰子恺的绘画抑或散文,其间始终可以听到有两颗赤诚之心生生跳动不息,那便是童心与佛心。作为一位学贯中西的艺术大师,丰子恺有着开阔的审美视野,其美学思想中的闪光点便是东西方美学观点的互证,在互证和阐述中实现西方美学思想的本土化和中国传统美学思想的创造性转化。他主张"多样统一",能把东西方美学思想融为一体;他热心介绍西方美学知识,试图把西方美学知识本土化,从而建构和发展中国现代美学;他善于用西方美学理论来激活中国传统美学理论,从而发掘中国传统美学理论的当下意义。丰子恺不是以思辨见长的理论家,其文风也多是娓娓道来,他是一位艺术家,在进行互证和阐述之时,常常以自己的审美体验为例。在丰子恺诸多的文艺美学理论中,"绝缘说"、"情趣说"与"苦闷说"最能反映他个人对于文学和美术,以及人生的理解。

摘要写 200—300 字,要对论文的内容做概括,不要重复论文中的段落与句子。

关键词：丰子恺;文艺观;绝缘说;情趣说;苦闷说

关键词用 3 至 5 个。
摘要与关键词要有英文翻译,这里省略了。

第一章　绪论

"白云无事常来往,莫怪山人不送迎。"

一位鹤发童颜的老者独坐于山间草舍,白云自来自去,老者自斟自饮,两两相忘。

用散文的笔调开头,文字较优美。

这正是一种自然即道的境界,这位怡然自得的老者正是丰子恺。

丰子恺与日本学界有着丰富的渊源。他被吉川幸次郎称作"中国最像艺术家的艺术家","他真率,对于万物有丰富的爱";他的作品被谷崎润一郎评为"艺术家的著作",即便他所关照的都是一些没有什么实用的、不深奥的、琐屑的、轻微的事物。

丰子恺的散文恰似他手中的那盏清茶,入口时有微薄的苦涩,不经意中吞下去了,便慢慢地生出淡淡的甘香,那甘香在唇齿间久久萦绕,散去而不察。清茶般的散文,初尝的不至欲昏欲睡,慢品的亦不会麻木。这些散文大多取材平常生活,并无太多微言大义可言,但似乎唯其如此,反叫人看清人世沧桑的点滴流洗。遥想山河岁月,追忆似水年华,一股莫名来处的亲切油然而生。丰子恺的文字往往亲切而幽默,悠闲简单,恰似家常闲谈,听的人认真亦可,随意亦可,端坐亦可,旁顾亦可。然而家国恨、民族梦,作者亦不曾一日忘怀过,惟其求诸文字之中,但却有别于现代文学史那"感时忧国,涕泪飘零"一脉。论其文风似靠近梁实秋、废名、沈从文、林海音等人,更见特出的是平实、童趣、慈悲与关怀。丰子恺笔下的散文似乎特别难写,难在好像篇篇都在反复诉说着类似的事物,细看却又篇篇皆有灵性。散文比小说更见得作者的性情与修养,丰子恺多才多艺,绘画、木雕、音乐、翻译、作文,样样来得,而尤以绘画和作文最见其功力和境界。

> 用比喻来论述丰子恺散文的特点,很恰当。

叶圣陶曾言:"子恺兄的散文的风格跟他的漫画十分相似,或者竟可以说是同一的事物,只是表现的方式不同罢了,散文利用语言文字,漫画利用线条色彩。子恺兄的漫画在技巧上自有他的特色,而最大的特色我以为还在于选择题材。我曾经用诗家惯说的两句话评价他的漫画,就是'出人意外,入人意中'。'出人意外'是说他漫画的题材大多是别人没有画过的,因而给人一种新鲜的感受;'入人意中'是说这些题材不论从古人的诗词中或者从现实生活中取来,几乎都是大家感受过的,因而使人感到亲切。这两句话用来评子恺兄的散文,我认为同样合适。读他的散文真像跟他谈心一个样,其中有些话简直分不清他在说还是我在说。像这样读者和作者融合为一体的境界,我想不光是我一个人,凡是细心的读者都能体会到的。"

> 引用叶圣陶的话来概括丰子恺散文的风格,这是引用论证。

无论绘画抑或散文,其间始终可以听到有两颗赤诚之心生

> 用"童心"与"佛心"来概括丰子恺作品的特点,有创见。

生跳动不息,那便是童心与佛心。丰子恺写的是童心,画的是童心,本的是佛心,行的是佛心,胸中跳动的是连一层纱布都不包的赤裸裸的至诚至性之心。近世的中国多灾多难,各种人物招摇过市,丰子恺终生守护着他的童心与佛心,与世无争,安之若素,只在诸种艺术领域安身立命,在各个艺术门类中将其儿童至上的世界观和文学艺术观一以贯之。刘再复称丰子恺作"20世纪中国的童心":"20世纪的中国政治煽动仇恨,他却无所不爱;20世纪的中国被权力和金钱弄得很脏,他的心却纯洁无瑕。这是一个奇迹,一个柔和、脆弱、美丽的奇迹,一个没有咆哮、没有风烟、没有喧嚣的奇迹。"

学术界称丰子恺是"居士"和"斗士"。缘缘堂时期的丰子恺过的是典型的"居士"生活,而抗战期间的丰子恺则成了一名"斗士",一名艺术化了的"斗士"。1938年夏,丰子恺在日后整理成文的《桂林艺术讲话之一》中指出:"艺术家必须以艺术为生活。换言之,必须把艺术活用于生活中。这就是用处理艺术的态度来处理人生,用写生画的看法来观看世间。因此艺术家的同情心特别丰富,艺术家的博爱心特别广大,即艺术家必为仁者,故艺术家必惜物护生。"由此可见,即使国难当头,丰子恺仍念念不忘以艺术为本位。

<small>绪论部分提出了丰子恺文艺美学理论中的三个"说",下面就分开论述。</small>

作为一位学贯中西的艺术大师,丰子恺有着开阔的审美视野,其美学思想中的闪光点便是东西方美学观点的互证,在互证和阐述中实现西方美学思想的本土化和中国传统美学思想的创造性转化。他主张"多样统一",能把东西方美学思想融为一体;他热心介绍西方美学知识,试图把西方美学知识本土化,从而建构和发展中国现代美学;他善于用西方美学理论来激活中国传统美学理论,从而发掘中国传统美学理论的当下意义,他以西方黎普思等人的"审美移情说"来诠释中国古代画论中的"气韵生动"便是很好的例证。丰子恺不是以思辨见长的理论家,其文风也多是娓娓道来,他是一位艺术家,在进行互证和阐述之时,常常以自己的审美体验为例。在丰子恺诸多的文艺美学理论中,"绝缘说"、"情趣说"与"苦闷说"最能反映他个人对于文学和美术,以及人生的理解。

第二章 "绝缘说"

<small>何谓"绝缘说"。</small>

所谓"绝缘",即"自提其神太虚而俯之",就是偶尔"返老还童",用一颗回归的童心,来打量审美对象。丰子恺在《西洋画

的看法》一文中说道:"因为俗人的眼沉淀在这尘世的里巷市井之间,而艺术则高超于尘世之表。故必须能提神于太虚而俯瞰万物的人,方能看见'艺术'的真面目。何谓'高超于尘世之表'呢?就绘画而说,画家作画的时候,把眼前森罗万象当作一片大自然的 page(页),而绝不想起其各事物的对于世间人类的效用与关系。画家的头脑,是'全新的'头脑,毫无一点世间的陈见;画家的眼,是'洁净'的眼,毫无一点世智的尘埃。故画家作画的时候张开眼来,所见的是一片全不知名,全无实用,而又庄严灿烂的乐土。这是一个全新的世界,美的世界,无为的世界,无用的世界。"

日本已故文学家夏目漱石是丰子恺最为喜欢的一位日本作家,他曾在 20 世纪 50 年代翻译过夏目的抒情小说《旅宿》。夏目漱石在其《旅宿》中有这样的话:"诗思不落纸,而铿锵之音,起于胸中。丹青不向画架涂抹,而五彩绚烂,自映心眼。但能如是观看所处之世,而在灵台方寸之镜箱中摄取浇季溷浊之俗世之清丽之影,足矣。故无声之诗人虽无一句,无色的画家虽无尺缣,但其能如是观看人生,其能解脱烦恼,其能如是出入于清净界,以及其能建此不同不二之乾坤,其能扫荡我利私欲之羁绊,较千金之子,万乘之君,一切俗界之宠儿为幸福也。"

丰子恺认为,在创作活动中,这状态的对象的精神化还未充分。因为在真的艺术心看来,世界完全是活物,自然都是具有灵气的。而创作活动,非假定精神的绝对性,到底不能充分实行。

人对于宇宙的存在,可有三方面的看法。其一,用人的悟性认识宇宙,有品质,有理论,此乃真;其二,用人的道德的意志力去实践,为仁,为义,此乃善;其三,用人的感官直接感觉事物,看见听得,此乃美。科学是真,道德是善,艺术是美。用科学的眼光看宇宙,只见真和伪;用道德的眼光看宇宙,只见善和恶;用艺术的眼光看宇宙,只见美和丑。不问真不真,不问善不善,但就其美不美而言,人类眼前的宇宙,似乎与前两者不同。人与宇宙的一切关系,完全变更为一种新的关系,就如走进了一个别的世界,一个美的世界。

走进美的世界而享乐美的时候,人的主观精神状态不是概念,亦不是实用上的意,全然是无关心的,不批评的,陶然自适的状态。客观的美,也不是物体的本身,是本身之外浮现着的

> 分析较透彻。

一种东西。例如,一到嫩草萌动的春野,觉得暂时之间自我泊入于这等青青的草色之中,此时人与这风景的美融合,便达到"无我"的境地;又例如,月明的秋夜,对月起神秘的遗世感想,使人暂时脱离人境,与外界的接触完全断绝,把心融合于对月的想象中。这等时候,人的精神内容与感觉对象融合,与自然美同喜同悲,同歌同泣。这便是美学上所谓"感情移入"的状态。

在丰子恺眼里,"美"都是"神"的手所造的,而假手于"神"而造美的,是艺术家。

这里引用的都是丰子恺的原话。

"路上的褴褛的乞丐,身上全无一点人造的装饰,然而比时装美女美得多。这里的火车站旁边有一个伛偻的老丐,天天在那里向行人求乞。我每次下了火车之后,迎面就看见一幅米叶(米勒)(Millet)的木炭画,充满着哀怨之情。我每次给他几个铜板——又买得一幅充满着感谢之情的画。"

"人体的美的姿态,必是出于自然的。凡美的姿态,都是从物理的自然的要求而出的姿态,即舒服的时候的姿态。这一点屡次引起我非常的铭感。只要是顺其自然的天性而动,都是美的姿态的所有者,都可以礼赞。被造物只要顺天而动,即见其真相,亦即见其固有的美。"

"不但人体的姿态如此,物的布置也逃不出这自然之律。凡静物的美的布置,必是出于自然的。换言之,即顺当的,妥帖的,安定的。"

"故所谓'多样的统一','黄金律','均衡'等美的法则,都不外乎'自然'之理,都不过是人们窥察神的意旨而得的定律。所以,论文学的人说'文章本天成,妙手偶得之';论绘画的人说'天机勃露,独得于笔情墨趣之外'。'美'都是'神'的手所造的,假手于'神'而造美的,是艺术家。"在西方美学史上,康德是现代美学的奠基人。闵斯特堡所创立的"孤立说",正是从康德提出的"审美无利害关系"这一美学命题中所衍生出来的。丰子恺在《从梅花说到美》一文中介绍了从古希腊到近代的几种主要美学学说,其中着重阐述了康德的"美的主观说":"根据康德的意见,美不在于物的性质,而在于自己的心如何感受。这话也很有道理:人们都觉得自己的子女可爱,故有语云:'瘌痢头儿子自己的好。'人们都觉得自己的恋人可爱,故有语云:'情人眼里出西施。'这种话中,含有很深的真理。"丰子恺把康德提出的"审美无利害关系"这一美学命题概括为"无关心说","康德这学说,名为'无关心说'('disinterestedness')。无关心,就是说美的创作或鉴赏的时候不可想起物的实用的方面,描盆景时不可专想吃苹果,看展览会时不可专想买画,而用欣赏与感叹的态度,把自己的心没入在对象中。"

丰子恺认为,感到美的时候,世人必须舍弃理智的念头而仅用感情来迎受。美是要用感情来感知的。博物先生用了理智之念而对梅花,卖花人用了功利之念而对梅花,故均不能感到其美。故美的主观说,是不许人们想起物的用途与目的的。

梅花原是美的。但倘没有能领略这美的心,就不能感到其美。反之,颇有领略美感的心,而所对的不是梅花而是一堆鸟粪,也就不能感到美。故美不能仅用主观或仅用客观感得。二者同时共动,美感方始成立。这便是融合说,是对这一方面阐述得最为充分圆满的学说,世间赞同此说的人很多。席勒以后的德国学者,例如黑格尔(Hegel)、叔本华(Schopenhauer)、哈特曼(Hartmann)等,都是信从融合说的。

世间的物有各种方面,各人所见的方面不同。中国古代就有盲人摸象的故事——胖盲人摸到了大象的牙齿,"我知道了,大象就像一个又大、又粗、又光滑的大萝卜";高个子盲人摸到了大象的耳朵,"不对,不对,大象明明是一把大蒲扇嘛";矮个子盲人摸到了大象的腿,"你们净瞎说,大象只是根大柱子";而年老的盲人摸到了大象的尾巴,"唉,大象哪有那么大,它只不过是一根草绳"。

再譬如一棵树,博物家见其性状,园丁见其生息,木匠见其材料,画家见其姿态。画家所见的,与前三者又根本不同——前三者都有目的,都想起树的因果关系,画家只是欣赏目前的树的本身的姿态,而别无目的。所以画家所见的方面,是形式的方面,不是实用的方面。换言之,如上文所述,是美的世界,不是真善的世界。美的世界中的价值标准与真善的世界中全然不同,仅就事物的形状色彩姿态而欣赏,不顾问其实用方面的价值。因此,一枝枯木,一块怪石,在实用上全无价值,对画家而言却是很好的题材。无名的野花,在诗人的眼中便异常美丽。故艺术家所见的世界,可说是一视同仁的世界,平等的世界。艺术家的心,对于世间一切事物都给以热诚的同情。

普通的人,对于事物的形色姿态,多少必有一点共鸣共感

分析比较透彻。

的天性。房屋的布置装饰，器具的形状色彩，所以要求其美观者，就是为了要适应天性的缘故。眼前所见的都是美的形色，人的心就与之共感而觉得快适；反之，眼前所见的都是丑恶的形色，人的心也就与之共感而觉得不快。只不过共感的程度有深浅高下不同而已。对于形色的世界全无共感的人，世间恐怕没有；有之，必是天资极陋的人，或理智的奴隶，那些真是所谓"无情"的人。

丰子恺之所以赞美儿童，是因为在他的眼里，儿童大都是最富于同情的。且其同情不但及于人类，又自然地及于猫犬、花草、鸟蝶、鱼虫、玩具等一切事物，他们认真地对猫犬说话，认真地和花接吻，认真地和人像（doll）玩耍，其心比艺术家的心真切而自然得多！他们往往能注意大人们所不能注意的事，发现大人们所不能发现的点。所以，他认为儿童的本质是艺术的。

换言之，即人类本来是艺术的，本来是富于同情的。只因长大起来受了世智的压迫，把这点心灵阻碍或消磨了。唯有聪明的人，能不屈不挠，外部即使饱受压迫，而内部仍旧保藏着这点可贵的心。这种人就是艺术家。

所谓感情移入，就是对于美的自然或艺术品，能把自己的感情移入于其中，没入于其中，与之共鸣共感，从而经验到美的滋味。而这种自我没入的行为，在儿童的生活中为最多。他们往往把兴趣深深地没入在游戏中，而忘却自身的饥寒与疲劳。《圣经》中说："你们不像小孩子，便不得进入天国。"孩童时代是人生的黄金时代，即便黄金时代已然过去，但仍然可以因了艺术的修养而重新面见这幸福、仁爱而和平的世界。

丰子恺偏爱儿童，因为儿童对于人生自然，另取一种特殊的态度。他们所见、所感、所思，都与成人不同，是人生自然的另一方面。这态度就是对于人生自然的"绝缘"（isolation）的看法，即在看一种事物的时候，解除事物在世间的一切关系和因果，而孤零地观看。使其事物之对于外物，像不良导体的玻璃之对于电流，断绝关系，所以名为"绝缘"。绝缘的时候，所看见的是孤独且纯粹的事物的本体的"相"。成人在世间辛苦地生活，打算利害，巧运智谋，已久惯于世界的因果的网，久已疏忽并忘却了这事物的"相"。孩童涉世不深，眼睛明净，故容易看出，容易道破。一旦被他们提醒，成人们自然要惊异感动而憧憬了。绝缘的眼，可以看出事物的本身的美，可以发现奇妙的比拟，因为绝缘而看出事物的本身的美。

无论是康德的"审美无利害关系"命题，还是丰子恺的"绝缘说"，其含义在本质上有异曲同工之妙，即要求审美主体能排除粗鄙的占有欲，以一种非功利的审美态度去对待审美对象，而非占有的欲望。对于世俗中的成人而言，要放弃科学求真的认知方式和世俗功利的感知方式，必要时还得像佛教徒那般"破执"，才能去除求真和求利的方式，进入对人、事、物、景和艺术品的审美观照。超越功利，需要的是一颗赤子之心，在丰子恺看来，"赤子之心"，其实就是孩童般的艺术心和宗教心，赤子心、艺术心和宗教心是三位一体的，即"童心"，亦是佛教中的"真如"。"童心"乃"净"，与之相对的世俗心即"染"与"净"之杂糅。在这一层面上，艺术和宗教皆具有拂去"染"而回归"净"的功效。

对"绝缘说"作总结性的评述。

第三章 "情趣说"（内容略）

第四章 "苦闷说"（内容略）

第五章 结论（"童真诗意"）

因原文的篇幅较长，这两章的内容省略了。

童心、童趣有一种纯真天然的诗意，纯粹、本真和澄明则是其中的要素。"童真诗意"既是丰子恺的生活态度，也是他重要的美学观点，是他艺术创作的一种重要方法。无论是"绝缘说"，还是"情趣说"，在本质上都有着千丝万缕的联系，都可以归结为"童真诗意"。

用"童真诗意"四字来总结丰子恺的美学观点，有见地。

"童真诗意"直接的文艺理论来源，应该是明代李贽（1527—1602）的"童心说"。童心讲究的是儿童视觉，无功利地看事物，讲究儿童心理，取其天然纯真的本性状态。童真诗意也是丰子恺艺术人格的体现。丰子恺皈依佛门后，弘一法师为其取名婴行，寓意丰子恺是经历世俗后复归于"婴儿"的，其境界是真大人相，更近于孟子的"大人者，不失其赤子之心者也"。丰子恺一生以自己的老师弘一法师为榜样，生活态度、方式及精神指向都与其师保持一致，其中最根本的一致就是他们都具有一颗"能婴儿"之心。外在的诗意消失了，内在的诗意作为内心的赋存和生存的慰籍反而更加丰富。"灿烂之极，归于平淡"，李叔同表现于书法，丰子恺表现于绘画。诗意不需要才华横溢的表达，而更转向生命内在的节奏。这是一种与世无争之下却含有的内在极坚韧的生命追求，一种顺应天地造化的自然规律和人的生命节律。正因为如此,在错综复杂的人生格局和那种洪流奔涌、起伏跌宕的人生命运的惊涛骇浪之下,丰子恺能在人生时代的夹缝中慢条斯理地前进。他的艺术精神不是柔弱退守,而是积极进取的,但在艺术表现形式上却是"专气致柔",笔墨似柔弱不争,一团和气。老子曾说"婴儿乃'和之至也'",这很符合艺术形式上"多样统一"的原理,并更强调统一。在人的一生中,少年、壮年、老年都以婴儿为起点,但婴儿混沌无知,与天地和合而为一。"和"即"统一",乃物质常态,故"知和曰'常',知常曰'明'"。丰子恺的艺术精神和艺术形式是一种矛盾的统一,"艺之独绝者往往超出情识之表",这就是他的童真诗意。

在艺术创作方面,丰子恺强调运用孩子般直接的感受力,他认为儿童看事物的眼光是非功利的,即是"绝缘"的。丰子恺曾说:"在艺术中,我们可以暂时放下我们的一切压迫与担负,解除我们平日处世的苦心,而作真的自己的生活,认识自己的奔放的生命。而进入于这艺术的世界,即美的世界里去的门,就是'绝缘'。就是不要在原因结果的关系下观看世界,而当作一所大陈列室或大花园观看世界。"在丰子恺的漫画中,他完全钻进了儿童的心灵,如实将之描写出来。挪威学者何莫邪(Christoph Harbsmeier)对此评价说:"此类漫画之所以成功,在于实际上人们看着它们,是羡慕孩子而不是丰子恺的天才。"然而,诗意的实现是两方面的。一方面,丰子恺画出了孩子"天才"的行为;另一方面,丰子恺本身也在其中变成了一个兴奋认真地绘画的大孩子。

儿童是人生的开端,其后要经历成长,但人们往往由于成长过程中闻见道理的增多而渐渐失却童心。李贽说:"夫道理闻见,皆自多读书识义理而来也。古之圣人,曷尝不读书哉!然纵不读书,童心固自在也,纵多读书,亦以护此童心而使之勿失焉耳,非若学者反以多读书识义理而反障也。"《礼记·中庸》有云:"天命之谓性,率性之谓道,修道之谓教。"闻见道理多来自读书教育,而不适当的教育却让人在闻见道理的同时失却了童心。李贽提出的问题在丰子恺的时代乃至现在都依然存在。丰子恺对童心的失却有着深切的忧虑,即使无力改变周遭的社会,他也仍一生固守着自己那颗纯朴的童心。

人生追求宗教的最高境界即诗意,将其表现出来的艺术亦即有诗意的艺术,在这点上,宗教和艺术的境界是相通的。丰子恺一生都坚持宗教情怀,其艺术作品的诗意也有宗教的根基,其中很大一部分都与宗教的最妙意境暗合。马一浮赠予丰子恺的一副对联"藏胸丘壑知无尽,过眼烟云且等闲",丰子恺一生对其情有独钟,一直被他挂在重庆"沙坪小屋"的墙上。这就好似苏轼《定风波》中所描绘的境界,一蓑烟雨,一任平生,以童心和佛心观照世间的丰子恺,阅遍沧桑,感慨良多,文章所透露的惟"平常"二字而已。等到回首向来萧瑟处,正是"归去,也无风雨也无晴"。正如丰子恺所作的一幅漫画,题名笔者曰:阿庆孑然一身,无家庭之乐。他的生活乐趣完全寄托在胡琴上。可见音乐感人之深,又可见精神生活有时可以代替物质生活。感悟佛法而出家为僧者,亦犹是也。

凡物都有明暗两方面的,明暗亦是一体的。非但如此,明是因为有暗而益明的。仿佛绘画,明调子因暗调子而益美,暗调子因明调子而也美了,断不是明面好,暗面不好。如果取明而弃暗。就如罗斯金(Ruskin)所谓:"自然像日光和阴影相交一般混合着优劣两种要素,使双方相互地供给效用和势力。所以除去阴影的画家,定要在他自己造出来的无荫的沙漠里烧死!"爱一物,是兼爱它的阴暗两方面。否则,没有暗的明是不明的,是不可爱的。山水间的生活,往往因为需要不便而菜根更香,豆腐更肥,往往因为寂寥而邻人更亲。且勿论都会的生活与山水间的生活孰优孰劣,孰利孰弊。人生随处皆不满,欲图解脱,唯于艺术中求之。

童真诗意,就是丰子恺的艺术与人生!

注释:(略)

参考文献:

[1] 丰子恺.丰子恺集[M].北京:东方出版社,2008.
[2] 丰子恺.禅外阅世[M].西安:陕西师范大学出版社,2008.
[3] 丰子恺.人间情味[M].北京:北京大学出版社,2010.
[4] 丰子恺.丰子恺护生画集选[M].北京:中华书局,1999.
[5] 丰子恺.缘缘堂随笔[M].杭州:浙江文艺出版社,2000.
[6] 丰子恺.西洋美术史[M].上海:上海古籍出版社,2004.
[7] 丰一吟.我和爸爸丰子恺[M].天津:百花文艺出版社,2008.

[8] 丰华瞻,戚志蓉.丰子恺论艺术[M].上海:复旦大学出版社,1985.

[9] 余连祥.丰子恺的审美世界[M].上海:学林出版社,2005.

[10] 张斌.丰子恺诗画[M].北京:文化艺术出版社,2007.

[11] 朱红林.丰子恺散文艺术研究[M].昆明:云南大学出版社,2009.

[12] 厨川白村著,丰子恺译.苦闷的象征[M].北京:商务印书馆,1925.

[13] 陈廷焯.白雨斋词话[M].上海:上海古籍出版社,2009.

[14] 刘勰著,范文澜注.文心雕龙注[M].北京:人民文学出版社,2006.

[15] 钱穆.现代中国学术论衡[M].北京:生活·读书·新知三联书店,2001.

[16] 桑塔耶纳著,缪灵珠译.美感[M].北京:中国社会科学出版社,1982.

[17] 李贽.李贽文集[M].北京:社会科学文献出版社,2000.

(本文作者系上海交通大学汉语言文学专业毕业生)

【复习思考】

1. 毕业论文有哪些特点?
2. 写作毕业论文有哪些意义?
3. 毕业论文的选题有哪些原则?
4. 毕业论文的结构是由哪些部分组成的?
5. 毕业论文的论证有哪些主要的方法?
6. 一篇优秀的毕业论文,应该具备哪些条件?

【案例训练】

1. 修改摘要。请你指出下面这篇毕业论文的摘要存在什么问题?

名人广告和消费者行为

摘 要

本文本着眼于我国名人广告受消费者行为特点影响的策略分析。以中国目前的名人广告现状为切入点,由于名人广告效应和消费者行为有很大关系,所以从消费者行为角度分析名人广告的风险及策略。

  首先简单综述了我国名人广告的现状和问题,并为后文名人广告的广告策略和消费者行为的互相影响展开作铺垫。

  然后通过探讨名人广告对消费者行为过程中的认知、情感、意向的影响,显示了名人广告效应的原因。

  再则从消费者行为的角度分析名人广告的风险及如何因消费者行为的影响来应对名人广告的策划,在充分分析消费者的心理特征和行为特点,以及影响消费者购买行为的因素的基础上,阐明了注重消费者行为对于名人广告的重要性。

  最后,从我国名人广告现状出发,归纳总结出我国名人广告存在的问题。针对这些问题,结合以上的理论分析以及与国内的对比,提出解决问题的对策。

2. 修改下列参考文献书写格式。

  (1) 徐中玉著《文论自选集》,上海文艺出版社 2009 年 11 月版。

  (2) 范培松撰写《论四十年代梁实秋、钱锺书和王了一的学者散文》,载《文学评论》2008 年第 1 期,91—96 页。

  (3) 杨蓉撰写《以公正公平公开管束"超高薪"》,载《文汇报》2010 年 8 月 17 日第 5 版。

3. 以"虚心使人进步,骄傲使人落后"为主题,写一段对比论证的文字,不少于 300 字。

第九章　申论

第一节　申论考试概述

一、申论考试的含义

"申论"两字，从字面上来理解，"申"有申述、申辩、申明的意思，"论"就是议论、论说、论证。申论考试，就是以给定资料为依据，按照规定的要求作答，对特定的问题进行分析，提出对策，展开议论，表达自己的见解。

申论，并不是某种议论文体裁的专称，而是指一种对国家公务员进行能力测试的载体。2000年，我国国家机关公务员录用考试，第一次把申论列为考试内容。当年公务员考试的笔试部分由公共基础知识、行政职业能力测验和申论三部分构成。其中，申论部分是新增加的内容。从这以后，申论每年都是国家公务员录用考试的公共科目之一。

申论考试不同于传统的作文考试。传统的作文考试如考议论文，只是要求应试者根据题目的要求去展开议论，侧重考查应试者用论据去证明论点的论证能力以及语言文字的表达能力。考生可以凭自己的所长去立论选材，发表议论。因此，作文只能在一定程度上反映应试者的写作水平，而无法全面考查应试者的综合素质，尤其是解决实际问题的能力。申论考试则不同，它不仅对应试者的阅读理解能力和写作能力要进行考查，更要侧重考查应试者发现问题和解决问题的能力。对于公务员来说，具有较强的针对性。

二、申论的试题结构

我国申论考试是从2000年开始的，20年来，虽然每年的试题结构内容略有差异，但大的方面是一致的，每份申论试卷，由以下三部分组成：

（一）注意事项

1. 申论考试是对应试者阅读理解能力、综合分析能力、提出和解决问题能力、文字表达能力的测试。

2. 参考时限：阅读资料40分钟，作答110分钟（近几年改为阅读资料50分钟，作答130分钟，共180分钟）。

3. 仔细阅读给定资料，按照后面提出的"申论要求"依次作答。

（二）给定资料

给出4 000字左右的资料（近几年国家公务员申论考试的给定资料已经达到8 000字以上），其内容可能涉及政治、经济、法律、教育等社会现象的诸多方面。这些资料大多经过初步加工、整理,反映的多是社会现实生活中的热点问题,贴近现实生活,专业性不是很强。

(三) 申论要求

通常情况下,"申论要求"涉及三个主要方面:

1. 用 150—250 字的篇幅,概括给定材料所反映的主要问题。

2. 用大约 300—400 字的篇幅,针对给定材料所反映的问题提出解决方案。要有条理地说明,体现针对性与可操作性。

3. 对给定材料反映的问题,用 800—1 200 字的篇幅,给定标题或自拟标题,有针对性地进行论述。要求中心明确,论述深刻,说服力强。

最近几年,"申论要求"在保持大的格局不变的前提下,经常有一些微调。

三、申论考试的特点

(一) 背景材料涉及面的广泛性

申论考试试卷上提供的材料,其涉及面非常广泛,涵盖了政治、经济、法律教育等众多方面,而且很多是当前社会生活中的热点、焦点问题,如三农问题,全球金融危机问题,公共安全问题,生态与环境问题,医疗卫生改革问题,企事业退休人员养老金接轨问题,农民工待遇问题,教育公平问题,等等。这些问题,有些是有定论的,有些是尚无定论且有争议的,需要考生自己去分析理解。

(二) 考查能力的多样性

申论考试要考查应试者的六种能力:

1. 阅读材料的能力

也就是处理信息、筛选信息、加工信息的能力。申论考试一般都要提供一篇或若干段文字资料,这几年的趋势是字数越来越多,要求考生在 50 分钟内读完,并为概括主题、提出对策、展开论证作好准备。

2. 概括问题的能力

要求对所读的材料把握全部的内容以及所蕴含的意义,那么,在概括问题、提出对策与展开论证时就不会偏离方向,否则,便会差之千里,严重偏题。

3. 分析问题的能力

申论考试要求应试者对所给的材料进行分析,透过现象看本质,或对现象的发展进行预测。要求对问题分析得透彻,避免片面性与主观性。

4. 解决问题的能力

要求应试者提出对策或解决问题的方案,这是申论考试中的关键环节。如果应试者的思维开阔、创新意识强,有应变的能力,那么解决问题的能力也就较强。

5. 论述问题的能力

要求应试者充分利用给定资料,抓住主要问题,全面阐明、论证自己对给定资料所反映的主要问题的基本看法以及解决问题的方案。这部分字数要求较多,能全面考查和衡量应试者的分析归纳能力、提出问题和解决问题的能力以及逻辑说理的能力。

6. 语言表达能力

申论考试的答题,语言表达要求准确、简洁、规范,所以对应试者的语言表达能力要求较高。

(三)答案形式的灵活多样性

申论考试的答案一般是由三部分组成的:第一部分是概括,第二部分是方案,第三部分是议论。概括部分可以写成记叙文或说明文,也可以写成议论文或应用文。方案部分要求写成应用文。议论部分自然要求写成议论文。所以,申论考试不仅能考查应试者一般记叙文、议论文的写作能力,也能考查应试者应用文(包括公文)的写作能力。

(四)答案的非标准性

申论考试的答案,主观性比较强,个人创造、发挥的余地比较大,不可能有一个唯一的、确定的答案,这有利于发挥考生的主观能动性,有利于选拔有创造性的人才。

四、近几年我国申论考试命题的情况

(一)近几年申论考试的阅读材料

1. 给定材料的阅读量

申论考试试题给定阅读材料的文字量在逐年增加,2000 年,试题给定阅读材料的文字量是 1 600 字左右;2002 年,试题给定阅读材料的文字量是 2 300 字左右;2003 年,试题给定阅读材料的文字量是 4 500 字左右;2004 年,试题给定阅读材料的文字量是 4 100 字左右;2005 年,试题给定阅读材料的文字量是 3 700 字左右;2006 年,试题给定阅读材料的文字量是 8 500 字左右;2007 年,试题给定阅读材料的文字量是 8 000 字左右;2008 年,试题给定阅读材料的文字量增加到了 8 500 字左右;之后每年的试题给定阅读材料的文字量都在 8 000—10 000 字。

各省、市、地区的公务员录用考试申论试卷阅读材料文字量也逐年递增。近两年,从各省的申论考试试卷来看,申论考试给定资料都在 8 000—10 000 字。

2. 给定资料的题材范围

申论考试资料信息涉及社会生活的方方面面,选择的都是社会热点、焦点问题,其目的是为引导考生关注改革、关注国家大事,并善于运用所学的知识分析、研究、解决问题。

历年中央国家机关公务员录用考试申论试卷的阅读材料涉及的题材为:2001 年,PPA 风波;2002 年,网络问题;2003 年,生产安全问题;2004 年,汽车与道路交通问题;2005 年,"三农"问题;2006 年,政府如何应对突发公共事件问题;2007 年,国土资源问题;2008 年,水电资源开发与环境保护问题;2009 年,粮食安全问题;2010 年,海洋环境污染治理问题;2011 年,"维持黄河的健康生命"问题;2012 年,市场经济背景下防止道德滑坡问题;2013 年,保护传统的非物质文化遗产问题；2014年，关注当前社会的心理健康问题；2015年，自主创新技术的运用问题；2016年，要求国人具备与大国形象相匹配的公民素质问题；2017年，城市治理与水生态建设问题；2018年，城市建设理念问题；2019年，乡风文明建设问题。

从各省、市、地区的公务员录用考试申论试卷来看，题材更是丰富多彩。如近几年各地申论考试试卷中的阅读题材，江西省曾涉及自主创新问题，海南省曾涉及新农村新文化问题，江苏省曾涉及运用传统节日、弘扬民族文化问题，天津市曾涉及构建节约型社会问题，浙江省曾涉及公平与效率问题，吉林省曾涉及户籍制度改革问题，黑龙江省曾涉及城市垃圾处理收费问题，福建省曾涉及志愿者活动问题，云南省曾涉及平价医院问题，湖北省曾涉及出国留学问题，安徽省曾涉及助学贷款问题，重庆市曾涉及中国大学排行榜问题，广西壮族自治区曾涉及教育乱收费问题，四川省曾涉及经济适用房问题，上海市曾涉及创新驱动与追求卓越问题，等等。

（二）近几年申论考试的作答要求

申论考试的要求表现在命题形式上是灵活多样的，下面介绍2010年以来国家公务员考试申论试卷（包括省部级、地市级）中的部分试卷的作答要求：

1. 2010年申论考试要求

（1）概述、阐释给定材料1、3的内容与观点，字数分别为不超过200字、150字，满分20分。

（2）针对W市建设"宜居城市"过程中存在的具体问题，提出解决问题的建议。字数不超过300字，满分20分。

（3）针对近海水域的污染问题，草拟一份宣传纲要。字数不超过400字，满分20分。

（4）以"海洋的健康"为题，写一篇文章。800—1 000字，满分40分。

2. 2011年申论考试要求

（1）根据给定资料4："黄河健康生命的主要表现形式就是'三善'，即：'善淤、善决、善徙'，这是一个为几千年历史所反复证明的基本事实。"请结合对这句话的理解，谈谈对黄河自身规律的认识。字数不超过200字，满分10分。

（2）给定资料5介绍了汉代王景治理黄河的思路和做法。请概括王景治河后黄河安澜800年的主要原因。字数不超过200字，满分10分。

（3）给定资料3介绍了密西西比河、亚马逊河、尼罗河等流域出现的生态危机以及各国政府的治理举措。请对这些资料进行归纳，并说明我国治理黄河可以从中受到哪些启示。字数不超过300字，满分20分。

（4）请参考给定资料，为国家某部门拟编写的一本以"黄河"为主题的宣传手册分别列出每个部分的内容要点。不超过400字，满分20分。

（5）请参考给定资料，以"弘扬黄河精神"为主题，自选角度，自拟题目，写一篇文章。1 000字左右，满分40分。

3. 2012年申论考试要求

（1）认真阅读"给定资料"，简要回答下面问题。

① "给定资料2—6"反映了市场经济背景下社会生活中的种种问题，请对这些问题进行概括和归纳。不超过250字，满分10分。

② "给定资料8"介绍了最近社会上涌现出的先进人物事迹，某单位党委决定编印一期《内部学习资料》，宣传他们的事迹，号召本单位全体人员向先进人物学习。请你为这期《内部学习资料》撰写一则"编者按"。不超过200字，满分10分。

（2）"给定资料5"中提到，某网站曾组织网民进行了一场讨论，请你根据"给定资料"，反驳"网民A"的观点。不超过400字，满分20分。

（3）"给定资料1"中反映的问题需要妥善处理，假定你是某市政府职能部门的一名工作人员，领导安排你处理此事，请你提出解决问题的具体措施。不超过400字，满分20分。

（4）"给定资料7"中讲述了农妇刘女士和李老太太家人之间发生的一段感人故事，请你以这个故事为话题，自拟题目，写一篇文章。800—1 000字，满分40分。

4. 2013年申论考试要求

（1）"给定资料2"中的文章作者认为："从某种意义上说，这些无形的非物质文化遗产是比长城、故宫还重要的财富。"请结合"给定资料"，谈谈你对这一看法的见解。不超过250字，满分15分。

（2）我国有不少地区在保护和发展具有地方特色的文化方面都取得了一些成功的经验。如果你是某市负责地方文化保护工作的人员，请认真阅读"给定资料3"，概括从中可以获得哪些启示。不超过150字，满分10分。

（3）有关部门拟在全球最高的妈祖圣像落成周年纪念日举办妈祖文化旅游节活动，需要一批志愿者向旅客讲解妈祖文化。请你根据"给定资料4"，为志愿者写一份示范性的讲解稿。字数400—500字，满分20分。

（4）假如你是平阳县的大学生村官，请根据"给定资料5"，为政府网站写一篇短文，向社会介绍鹤溪缸窑，以期促进缸窑的恢复和发展。不超过400字，满分20分。

（5）"给定资料6"中的题字"岁月失语，惟石能言"能启发人们的许多思考和感情。请参考"给定资料6"，以"岁月失语，惟石能言"为题，写一篇文章。800—1 000字，满分35分。

5. 2014年申论考试要求

（1）"给定资料2"揭示了当前社会心理方面存在的若干"缺失"，请对此予以归纳概括。不超过200字，满分10分。

（2）谈谈"预先失败"这一概念在"给定资料4"中的含义。不超过200字，满分10分。

（3）"给定资料3"介绍了S大学举办心理健康节活动的情况。假如你是该省教育厅的一名工作人员，全程观摩了这次活动，校方请你在这次活动的总结会上发言，请草拟一个简短的发言稿。不超过500字，满分20分。

（4）某地方报纸根据"给定资料4"和"给定资料5"的内容做了一版关于"跟风"的专栏，

请你以"告别跟风,走向成熟"为题,为这个专栏写一篇短评。不超过500字,满分20分。

(5)"给定资料"结尾写道:"我们或许应该如作家米兰·昆德拉所言,要'慢下来',因为自在自为的生活是急不得的。"请结合你对这句话的思考,联系自己的感受和社会实际,自拟题目,写一篇文章。1 000—1 200字,满分40分。

6. 2015年申论考试要求

(1)请在"给定资料1"的三处横线上各填一句话,使该资料的结语语义连贯完整。不超过100字,满分10分。

(2)新技术的使用能否突破社会结构的屏障,是很多人关心的问题。根据"给定资料2",谈谈你的看法。不超过250字,满分20分。

(3)假设你是制博会组委会的工作人员,请根据"给定资料3",就本届制博会的亮点,草拟一份备询要点,供组委会领导在制博会开幕日的记者通气会上使用。不超过200字,满分10分。

(4)阅读"给定资料4",谈谈你从中国高铁、中兴通信和中国装备制造业的发展中能分别获得哪些启示?不超过500字,满分20分。

(5)"给定资料6"中划线句子写道:"科技的生命化,已成为现实世界无法根除的特征。科技将具备人性。"请结合你对这句话的思考,联系社会实际,自拟题目,写一篇文章。1 000—1 200字,满分40分。

7. 2016年申论考试要求

(1)阅读"给定资料2",概括全国"两会"代表委员们所关注的若干问题,及其所给出的具体建议。不超过200字,满分15分。

(2)"给定资料6"中说"中国教育技术层面已经走得太快了,'灵魂'跟不上了。"请根据"给定资料6",指出这句话的含义。不超过150字,满分10分。

(3)某美术馆正在策划艺术家黎明的作品展,请根据"给定资料4",为这一作品展撰写一则导言。不超过400字,满分20分。

(4)某区一所中学举办"文明素养教育宣传周"活动,假如你是该区文明办的负责人,校方请你在这次活动的开幕式上讲话。请结合"给定资料5",写一篇题为"素质养成,从学会道谢和应对致谢开始"的讲话稿。不超过500字,满分20分。

(5)"给定资料3"引用了《论语》中的话:"不学礼,无以立。"请以这句话为中心议题,联系社会现实,自拟题目,写一篇文章。1 000—1 200字,满分35分。

8. 2017年申论考试要求

(1)根据"给定资料1",概括S市为建设美丽水系、打造优美环境实施了哪些主要措施?(10分)

(2)假如你是随团秘书,请根据"给定资料2",把代表团团长的考察笔记,归纳整理为一份《国外城市水系建设考察报告》提纲。(15分)

(3)"给定资料3"中划线句子写道"我们只有通过'水'的意象,才能最真切地体味到'儒'

之'柔'。"这句话内涵丰富。请你根据"给定资料3",谈谈对这句话的理解。(15分)

(4)"给定资料4"介绍了G市某些区县在实施"水生态+扶贫"模式过程中取得的成效等内容。假如你是G市人大代表,准备提交一份"关于在全市推广'水生态+扶贫'模式的建议"。请根据"给定资料4",拟定提出推广"水生态+扶贫"模式的理由和可推广的相关措施。(20分)

(5)参考给定资料,以"以水为师"为题,联系实际,写一篇文章。(40分)

9. 2018年申论考试要求

(1)根据给定资料1,对调研组的调研材料,从成绩、问题和建议三方面进行概述。(15分)

要求:①准确、全面;②恰当提炼,条理清晰;③不超过350字。

(2)上级部门来W市考察,请你根据给定资料2,就W市在经济转型升级过程中的探索,写一份汇报提纲。(20分)

要求:①紧扣资料,内容具体;②语言流畅,有逻辑性;③不超过400字。

(3)根据给定资料3,请你对画线句子"借用人的'慧',打造物的'智'"加以分析。(15分)

要求:①观点明确,紧扣资料,有逻辑性;②不超过300字。

(4)根据给定资料4,谈谈你对"想象力经济"的理解。(10分)

要求:①准确、全面;②不超过200字。

(5)请深入思考给定资料5画线句子"科学、艺术和古文化对于想象力都起着非常重要的作用,构成了想象力的源泉",自拟题目,自选角度,联系实际,写一篇文章。(40分)

要求:①观点明确,见解深刻;②参考给定资料,但不拘泥于给定资料;③思路清晰,语言流畅;④字数1 000—1 200字。

10. 2019年申论考试要求

(1)根据"给定资料1",概括S市在乡风文明建设方面的举措。(10分)

要求:准确、全面,不超过150字。

(2)假如你是被派到Y县的调研组的一员,请根据"给定资料2"中的调研记录,就山岔村值得肯定的做法写一份调研报告提纲。(20分)

要求:①紧扣资料,要点完整;②内容具体;③不超过500字。

(3)某省政府办了一个农村发展战略研习班,其中一项研习内容是"卢作孚的乡村建设构想"。假如你是工作人员,请根据"给定资料3",围绕卢作孚的乡村建设理念及现实意义,写一份导学材料,以指导学员更好地学习。(20分)

要求:①内容全面准确;②层次清楚,分条作答;③不超过600字。

(4)根据"给定资料4",谈谈你对"作为精神资源的乡村文化"的理解。(10分)

要求:准确、全面、有条理。不超过250字。

(5)"给定资料5"结尾写到,"城市文明和乡村文明,人造文明和自然文明,都是应该而且可以互补的;理想的生活状态可能还是在城、乡之间自由游走。"请结合你对这句话的思考,自选角度,联系实际,自拟题目,写一篇文章。(40分)

要求:①观点明确,见解深刻;②参考"给定资料",但不拘泥于"给定资料";③思路清晰,语言流畅;④总字数1 000—1 200字。

第二节　申论考试的主要环节

一、阅读资料

阅读给定材料,是申论答题的第一道顺序。从最近几年的中央、国家机关公务员录用考试的试卷来看,阅读给定材料的字数呈上升趋势。如2000年中央机关的录用公务员申论考试阅读材料是1 600字左右,但到2006年至今,申论考试阅读给定材料的文字量都在5 000—10 000字左右。

阅读给定材料是答题的第一步,因此一定要认真对待。在阅读的时候,可以在试卷上圈点划线,边注眉批。要抓住关键词,把握关键句,对每个自然段的内容进行分析综合,归纳出各段的要点。尤其要注意浏览段首与段尾,对体现主旨的句子要细加斟酌,撇去带有水分的文字,找到和提取能体现精神实质的内容。

二、概括要点

归纳概括是申论考试答题的第二步,要求答题者在阅读给定材料的基础上,用综合归纳的逻辑思维对给定材料进行归纳概括,要求抓住给定材料的精神实质,用自己的语言写出给定材料的有效信息,字数在150—400字之间。

归纳概括的答题要求是多种多样的。有的是要求概括给定材料的主要内容或现象,有的是要求概括谈话的主要内容,有的是要求编写摘要和提要,有的是要求概括现状与趋势,有的是要求撰写情况综述、情况反映或现状综述,有的则要求作概念归纳或背景链接。

在进行归纳概括时,要有取有舍,抓住材料之间的有机联系,力求概括得准,概括得精,概括得深,概括得新,避免拖泥带水,含糊不清。

三、提出对策

对策建议是考查应试者提出问题和解决问题的能力的,要求对材料中涉及的问题提出解决的方案或对策,并对对策进行有效性分析,判断对策方案的有效性或可操作性;或对材料中提出的对策建议进行分析和阐述;或针对给定材料的主要内容和问题提出相应的建议;或要求写相关的调研提纲、工作方案与发展规划(一般为发展规划的部分内容,如规划的目录、总体目标等)。这一部分的写作字数要求短则100字左右,长则达500字,甚至1 000字。分值也可多可少,多可达50分,少则只有10分。

要写好对策建议,我们平时就要关注现实,以天下为己任,做到"家事、国事、天下事,事事关心",养成随时随地思考问题的习惯,随时能发现问题,并提出解决的办法。

对策建议要写得有针对性,有可行性和可操作性,条理要清楚,避免空话、套话、外行话。

四、进行论证

论述是申论答题的最后一环,这个环节就是要求根据给定材料写一篇议论文,对某个问题阐发自己的观点和见解。它可以是命题作文,如2008年中央、国家机关公务员录用考试申论试卷中的论述部分,就要求以"人与自然"为题,写一篇文章,字数1 000—1 200字,分值40分。它也可以不规定具体的题目,考生可以在规定的范围内自主命题,自选角度,自由发挥。如2019年上海市公务员考试申论试题的作文要求以"契约精神与海纳"为主题,自选角度,自拟题目,写一篇文章。它还可以在试卷规定的题目中任选一题,甚至可以不写议论文,如山东省2008年公务员录用考试申论试卷最后一题,考生可以在试卷规定的两个题目(1."让世界少一分冷漠,多一分阳光";2."守候·期待·感恩")中任选一题,自定立意,自定文体,字数在900字左右,分值35分。

写作论述性的文章,如果是自己拟题,要注意题目是否贴切、简明,避免题目与文章的内容不相吻合。文章中所用的材料,要典型,有说服力。不能用人云亦云的陈腐材料,更不能用生搬硬套的虚假材料。文章的结构要完整,层次要清晰,论证方法要得当。语言要简洁流畅,用字、用词要准确,要正确地使用标点符号。

第三节 参加申论考试需注意的事项

一、制定备考计划

在申论的备考阶段,应试者应制订一份周密科学的备考计划。在制订计划时,要明确备考内容和目标,选择和购买有关的复习资料,吃透申论考试的大纲要求,对自己的智力水平、基础知识、环境条件、学习特点进行客观分析和把握,合理安排好备考复习的时间,采取有效的措施弥补自己的不足之处,调整好备考的心理状态,克服自负、自卑心理,树立必胜的信心。

二、追踪时事热点问题

申论考试的题目,一般与时事热点问题结合得较紧。例如2004年12月28—29日,中央农村工作会议在北京召开,这次会议认真总结了2004年农业和农村工作,深入分析了面临的形势,全面部署了2005年农业和农村工作,着重研究了加强农业综合生产能力建设、促进粮食稳定增产和农业持续增收的政策措施。2005年,中央、国家机关公务员录用考试中申论部分选择的主题就是如何认识、分析、解决"三农"问题。再如《人民日报》国内政治部联合人民网,连续八年开展了"您最关注的两会热点问题"的网上调查,得到广大网友的热烈响应,网友留言达 3 万余条。反腐倡廉、医疗改革、食品药品安全、收入分配、就业问题、环境保护、住房问题、教育公平、社会保险、司法公正位居网友关注度前十位。我们认为,当前公众最关注的十大热点问题,很有可能在申论考试中出现,应该引起重视。

三、培养四种能力

要考好申论,需要提高考生的阅读理解能力、策划方案能力、表达论述能力、整体思维能力。

在参加申论考试的时候,拿到试卷,看完注意事项后,接下来要读的就是一大篇文字资料。考生有较高的阅读理解能力,才能了解文意,领会其中的思想,掌握其中的信息,按照题目的要求写成概括说明文字或评论文字。

申论考试要模拟公务员在日常工作中处理实际问题,所以要求公务员具有策划、解决实际问题的能力。申论考试中,考生应看清楚命题者为你设定的模拟身份,从相应的角度出发,明确问题的归口,提出解决问题的方案、具体步骤及办法。切忌模棱两可、含糊不清、脱离实际、坐而论道。

申论考试的答案,要求写成文字,所以要有较强的表达论述能力。申论考试对表达论述的能力要求是:思路清晰,观点明确,论据有力,遣词造句准确、简明、规范,论点与论据能紧密结合,相辅为用。

在申论考试中,解题的各个环节,都要运用思维能力。如审题时既要用到分析、比较、综合、归纳等抽象思维的方法,又要用到联想、想象等形象思维的方法。在确定文章的主题思想时,则要培养我们的辩证思维和创造性能力。在确定文章的结构布局时,要运用抽象逻辑思维的方法,将层次、段落、过渡、照应等安排妥帖,使文章的结构严密而有序。

四、克服自负、自卑心理

参加申论考试,既要克服自负心理,又要克服自卑心理。

有自负心理的人。往往过高地估计了自己的能力与知识水平,看不到自己的弱点与存在的差距,容易产生麻痹和轻视的心理,不可能脚踏实地去进行认真的备考与复习。

有自卑心理的人,对参加申论考试没有信心,缩手缩脚,畏前怕后,看不到自己的长处与潜能,缺乏克服困难的勇气。

自负与自卑,看似两种相反的心理。其实质是一样的:不能正确地评价自己,都想回避某种自己不愿接受的现实。这两种心理,都是申论备考的大忌,必须认真克服,调整好自己的心态。

五、加强模拟训练

申论考试与传统的作文不同,重在分析理解能力与表达能力的双重考核。其答题内容,既有用一定的篇幅(大约 200 字),概括出给定资料所反映的主要问题,又有用一定的篇幅(大约400字),针对材料所反映的问题,提出解决方案,还有就所给定资料反映的问题,用一定的篇幅(大约1000字),自拟标题进行论述。每年的具体考试情况会略有不同。这种考试方法是全新的,所以我们一定要加强模拟训练。练得多了,才能熟能生巧,在各种题型的申论考试中考出好成绩。

【例文评析】

··· 评　　析 ···

例文 9-1

2018年国家录用公务员考试《申论》试卷

市(地)以下综合管理类和行政执法类

申论试卷的开头,都有答题的要求,考生要仔细阅读。

一、注意事项

1. 本题本由给定资料和作答要求两部分构成。考试时限为180分钟。其中,阅读给定资料参考时限为50分钟,作答参考时限为130分钟。满分为100分。

2. 请用黑色字迹的钢笔或签字笔在题本、答题卡指定位置上填写自己的姓名、准考证号,并用2B铅笔在答题卡上填涂准考证号对应的数字栏。

3. 请用黑色字迹的钢笔或签字笔在答题卡指定区域内作答,超出答题区域的作答无效!

4. 待监考人员宣布考试开始后,你才可以开始答题。

5. 所有题目一律使用现代汉语作答,未按要求作答的,不得分。

6. 当监考人员宣布考试结束时,考生应立即停止作答,并将题本、答题卡和草稿纸都翻过来放在桌上。待监考人员确认数量无误、允许离开后,方可离开。

严禁折叠答题卡!

本份试卷的给定资料,共有6则。对给定资料,要仔细阅读,并理解其含义。

二、给定资料

资料1

位于R市郊西隅的沙坝村,总面积约10平方千米,山清水秀,历史悠久。

1980年前后,家庭联产承包责任制开始在中国广大农村推行。中共中央《关于加快农业发展若干问题的决定》《关于进一步加强和完善农业生产责任制的几个问题》等有关"包产到户""包干到户"的文件一层层传达下来,但沙坝村却没有变革的迹象,人们还在观望。时任大队书记的杨某回忆说:"那时候土地、山林还有各种财产都是国家(集体)的,国家的东西,哪个敢随便动!"

到了1981年底,沙坝村把耕地按好、中、差进行了搭配,然后按人口平均发包给村民,完成"分田到户",第一轮家庭联产承包责任制在沙坝村初步落实。从此,在土地所有权不变的情况下,村民对于承包地有了经营权、使用权。当时的规定是:所有承包地土地,不许出租、买卖;不许在承包地上建房、烧砖瓦等。虽然承包时大队已经确定承包期为3至5年,但是,村民中仍有人怀疑分田到户不长久,会不会"今天分下去,明天又收回来"。直到1984年的中央一号文件提出"土地承包期一般应在十五年以上",村民们的顾虑才初步解除。而后中央提出的"为了稳定土地承包关系,鼓励农民增加投入,提高土地的生产率,在原定的耕地承包期到期之后,再延长三十年不变",算是给农民吃了"定心丸"。为了给农民稳定的土地承包经营预期,党的十九大报告明确提出"保持土地承包关系稳定并长久不变,第二轮土地承包到期后再延长三十年"。

资料 2

L村位于某省中北部沿海平原区,粮食作物以小麦、玉米为主,冬小麦与夏玉米一年两季轮作,经济作物以苹果为主。L村的土地分为两类,一是"围庄地",在村庄周边,有较好的水利条件;二是"洼子地",离村庄远,水利条件较差。与全国大多数村庄一样,L村也在20世纪90年代中后期根据当时的政策完成了"二轮土地承包"。L村把全村土地分成两份,一份为各户承包的人口地;另一份为机动地。机动地主要用于给新增加的人口增地。

与其他村庄二轮承包普遍执行的"增人不增地,减人不减地"的土地政策不同的是,L村在机动地上实行"增人增地但减人不减地"的办法。自二轮土地承包以来,L村的人口增减变化将近百人。L村给新增加的人口分配土地先从位置、水利条件较好的围庄地开始,围庄地分完之后,新增加的人口就只能分到洼子地了。到了2014年,预留的机动地全部分配完了,"增人增地但减人不减地"的办法也就难以为继了。

村民李某在二轮承包时家里只有他们夫妇和未成年的儿子,多年后儿子娶妻生子,都没赶上村里分地,一家6个人种着

给定资料的字数,近几年来都在8 000字以上。

3个人的地,收入窘迫。特别是每当看到邻居张某家2个人种着9个人的地时,颇有怨言:"明显不公平,就应收回重分。"但张某对他的话却不完全认同:"我家地多人少是事实,可二轮续包的时候就是这样,30年不变也是国家规定的。"

与李某、张某想要地、想种地不同,L村还有不想要、不想种地的人。76岁的万老汉,家里有6亩地,儿子和孙子都在外地打工、上学。每年的秋收季节都是万老汉最发愁的时候,繁重的劳动都得雇人帮忙。他想把地流转出去,但因为地比较零散,收益也不高,流转也很困难。村里和万老汉情况差不多的还有二十多人。近几年一直在外地打工的王某说:"种地费时费力不说,农忙时回家打理,请假还要被扣工资,不合算。这两年一直是托付亲戚来种地,没什么收益,明年也不想这么干了。"此外,村里还有10户完全脱离农业的家庭,因各种原因,他们承包的土地大多撂荒了。

现任村支书告诉记者说,村里二轮承包后一直没进行土地调整,这是因为国家对土地调整有政策,明确提出"小调整、大稳定的前提是稳定"。"小调整"的间隔期最短不得少于5年,而且"小调整"只限于人地矛盾突出的个别农户。2006年因为村民的承包地占用量与家庭人口不均衡,村里曾有过一次调整的打算,村委会研究决定:凡是人口减少以及已经迁往城镇落户的农户,其承包的土地份额一律收回,另行发包给新增人口的农户。村民石某因妻子去世而被收回了2亩地。石某不服,将村委会告上法庭,要求返还被收走的土地。法院经审理认为,2003年实施的《农村土地承包法》确立了"承包土地以户为单位,减人不减地"的原则。根据该法律,家庭承包经营权的主体是农户整体,而不是家庭成员个体。只要承包方的家庭还有人在,土地就是不能收回。只有在承包经营的家庭消亡,或承包方全家迁入设区的市并转为非农户口的情况下,发包方才可以收回承包地。如果承包方自愿放弃承包地,则应提前半年提出申请。最后法院判决村委会返还石某土地。石某这一告,那次土地调整就没往下进行。后来,国家对土地调整的限制越来越严格,多次强调"承包期内,发包方不得调整承包地","现有土地承包关系要保持稳定并长久不变"。

2016年春,李某和一些农户以土地承包量有失公平为由找到了当地政府,要求调整。这一诉求得到了政府的支持。面对这种局面,村支书无奈地说:"这样一来,我们的压力很大,看来村里的土地调整也不是一个简单的事。"

资料 3

据有关部门统计,到 2016 年年底,中国大陆城镇常住人口已达 7 亿 9 298 万,比 2015 年末增加 2 182 万人,城镇人口占总人口比例为 57.35%。随着中国城市化进程的加快,大量农村人口涌入城市。

李奶奶是几年前从农村来到 X 市的。离开了广袤无垠的田野,住进了层层叠叠、密密麻麻单元楼的瑞丽花园小区。舒适的住所、单调的生活、陌生的邻里,李奶奶过得并不开心,觉得自己被压得"喘不过气来",她几乎每天都要坐公交车穿过喧闹的街区到城郊的公园里活动活动筋骨,想法子找人说说话。

瑞丽花园小区是 X 市近年来新开发的商品房小区,位于市区两大主要交通干线的交汇处。因位置临近商业中心,地价昂贵,住宅楼比较密集。为了体现其景观的生态性,小区内有一条人工河道蜿蜒而过,把小区的空地分割成大小不一的碎片。河边花香草绿,绿柳成荫,不少凉亭假山点缀其间。但仔细观察便可发现,小区里可供居民活动健身的空地却十分有限,最大的一块空地,只能容纳 30 人共同活动。每次看到"芳草青青、留心脚下"的木牌时,李奶奶总免不了要叨唠一句"景有了,可人没了"。事实上,小区内也建有设备完善、宽敞明亮的室内舞蹈室、羽毛球馆及各类文体活动室。但羽毛球馆和健身房是不对社区居民免费开放的,需要居民办理会员卡。舞蹈室在有对外演出活动时用于排练使用,平时都上着锁。其他文体活动室都有一定的开放时限,利用起来并不方便。

离瑞丽花园小区不远的南平巷地区是一个具有完整元代胡同院落肌理、文化资源丰富的棋盘式传统民居区,迄今还有 2 万多名居民生活在此。

已经在此生活 20 多年的康阿姨对记者说,当初这里特别清净,没有商业化,更没有这么多的游客。可是到了 2006 年进行商业开发以后,南平巷变了样子,喧哗的酒吧、随意改建的建筑物、各种小吃店、水果摊占道经营。人流量和车流量骤增,传统的文化气息荡然无存。近两年,因为这里的居住环境条件每况愈下,商品价格攀升,老住户纷纷外迁,老宅成了外来人口的聚集地。

在如何把握历史文化保护、商业发展和居民人居环境三者之间的关系问题上，业内人士认为，彻底停止商业，或者迁走所有居民，都不是良策。因为，X市的"根"就在这些胡同里，在这里居民的身上。

最近，一则消息让X市居民颇为兴奋。一座包含超大绿地，融合生态、文化、休闲等多种功能的，面积近2平方千米的文化公园将在中心城区一块被认为最具开发价值的"潜力板块"破土动工。专业人士认为，公园不只是供市民休闲娱乐的实体，同时也包含丰富的人文意义和文化价值。对一个好的城市公共场所而言，"建设"只是一个基础，其塑造和养成不只在"造景"，更要借此"化人"。随着空间的变化，人们对城市的观感会变，对城市的体验度会变，相应地，城市治理的思路要变。拿出黄金地块做公园，提供的是场所，面向的是全体市民，彰显的是城市价值。每个在这里生活、工作的市民，都能感受到这座城市带给他们的幸福感、归属感和安全感。在强调"共享"发展理念的当下，这意味着城市治理观念的一次重大转变。

资料4

17世纪的巴黎，一座桥梁扮演了今天埃菲尔铁塔的角色，这就是新桥。巴黎人，无论贫富，都很快接受了新桥。王公贵族们突破正统的束缚，在桥上纵情欢乐，贫困的巴黎人，也来这里躲避夏日的炎热，不同层次的人在这里交流接触，新桥成为社会平衡器。

新桥就好像是一个"新闻发布中心"。当时的资料显示，只要在新桥张贴消息广告，很快就能聚拢大批人阅览。巴黎人可以在这里了解巴黎发生的大事小事，各种消息都会在人群中迅速传开。此外，一些反映社会现象的歌曲也在此广泛传播，以至于产生了许多"新桥歌手"。作家赛维涅侯爵夫人认为"是新桥创作了这些歌"。而这些歌曲也只是冰山一角。在17世纪30年代专业剧场诞生之前，新桥还一直是巴黎戏剧的中心。正如一幅17世纪60年代的绘画所示，演员们在临时搭建的舞台上表演，各行各业的人聚集在周围，甚至凑到舞台底下。露天表演是造成新桥交通拥堵的一个原因，另外一个更重要的原因便是桥上的购物活动，新桥一竣工，街头市场就出现了，各种新奇的东西这里都可以找到。没有人会预料到，这座桥会成为各色人为不同目的而争夺的空间。

在十几年前的圣保罗,经常可以看到富人区被高高的院墙和铁丝网包围、门口警卫森严的景象。其原因是贫富差异过大,富人为了寻求安全导致居住空间分异。贫困区税收锐减,政府提供的警力、学校、医院等公共服务质量下降,这又促使一些中等收入的家庭迁走,公共空间迅速衰败。一些人为了生存针对富人下手,或偷或抢,富人只能选择加强保安防范措施。这样的治安环境,无人敢去投资。于是,政府借助城市设计,恢复城市公共领域的功能,让市民在交往活动中逐渐消解对立情绪,进而吸引投资,重新复原。

近30年来,西方国家把大量工业化时代遗存的码头、厂房、矿场改造成为向公众开放的公园和文化广场。在城市中心区,"商业步行街"几乎成为城市更新的"标准选项";在城市边缘地带,提供大尺度、复合化、向公众开放的商业空间,也成为地方政府和私人开发商最乐意采用的策略之一。这些购物中心、主题公园和广告天地,被设计得优雅、别致、生机勃勃,成为日常生活审美化的最典型不过的展示空间。有研究者说,城市建设与管理的目的如果仅仅是为满足经济或某种美观诉求,显然是片面的,甚至是短视而危险的。

资料5

走进独墅湖月亮湾商务区,你会发现,这里的道路格外平整,找不到一条"马路拉链",天际线由棱角分明的建筑物和绿树组成,空中也看不到一张"蜘蛛网"。这是因为,这里的自来水管、供电电缆、通信电缆全部"住"到了地下宽敞的"集体宿舍"里。这就是S市第一条城市地下公共空间基础设施——月亮湾地下综合管廊。城市地下综合管廊作为地下空间的"生命线",是城市公共配套建设的重要组成部分。

月亮湾地下综合管廊,自2011年11月建成投入使用,已平稳运行多年。这是一个全长920米、断面3.4米×3米的"T"形长廊。长廊的一侧是一排长长的钢铁支架,如同"超市货架",从上到下依次放着消防与监控线路桥架、电力线路桥架、两层通信网络桥架,最下面三层空着的"货架"是为未来管线预留的空间。管廊内另一侧是上下两根直径70厘米的集中供冷管道。技术员介绍说:"附近商务区的写字楼不用中央空调,夏天由这两根管道集中供冷。"

S市管线管理所负责人在向记者介绍管廊建设的前期准

备情况时说,由市长担任组长的市地下综合管廊工作领导小组起到了关键作用,领导小组成员有39人之多,涵盖了辖区各板块、各相关单位主要负责人。专门机构的设立,形成了多元主体的常态化沟通和快速推进机制,有效避免了推诿扯皮、难以协调等问题。在领导小组的组织下,相关部门编制完成了《S市地下空间专项规划(2008—2020)》《S市地下空间规划整合(2012—2020)》,今年6月又出台了《S市地下管线管理办法》,统筹加强对地下管廊规划、建设和安全运行的管理。

"地下综合管廊造价和维护可不是一般的昂贵",管廊开发公司徐总经理给记者算了一笔账,"使用寿命为50年及100年的地下综合管廊,每公里建设运行成本分别为1.6亿元及2亿元。即使S市经济实力不错,但借力社会资本也是现实的必然选择。"市政府授权S市城市建设投资发展有限公司出资组建了S市管廊开发公司,其中城建平台占股45%,水务占股20%,4家弱电单位各占股5%,为供电预留股份15%。管廊开发公司,专门负责城市地下综合管廊的投资、建设、运营和管理事务,不仅解决了资金问题,也解决了建设主体的问题。

在记者参观的时候,工作人员介绍:S市地处江南水网区域,地下工程施工难度大,精度要求高。为确保工程的顺利推进和质量安全,S市在前期调研分析基础上,根据国家《城市综合管廊工程技术规范》,组织专家团队反复论证,最终为项目设计施工提供了充分依据。S市在综合管廊规划设计阶段,就确立了系统化、标准化、智慧化的目标,在铺设管线时同步建设全面的监控、感知系统,并为信息系统升级留有接入口,方便日后对大面积地下管线实施统一综合管理。建成的综合管廊囊括消防、照明、排水、通风、通信、供电、监控感知、火灾报警等系统,可以通过一个终端对所有管线进行实时监控和调度管理,并具有自动检测、定位、提醒等多种功能,真正实现了信息化、一体化、智能化管理。

由于综合管廊建设成本高,入廊管线大多具有公益性,且这一新生事物在使用过程中权、责、利还缺乏有效制衡和匹配,导致社会各方的投融资积极性都不高。为此,S市借鉴国内外经验,特别规定除争取国家试点和省财政支持外,如果项目建成后特许经营期内收费不能实现预期目标,市财政将进行一定补贴,确保股东投资安全且获得基础收益。

根据工程内容、建设成本、运营周期、物价水平等多重因素,制定收费项目和收费标准,明确各单位可以以入廊或租赁的方式获得管线所有权、使用权,让管线需求者根据自身实际情况选择使用方式,调动其入廊积极性,增加管线使用效率和经济收益。

管廊收费之所以困难,很重要的一个原因是缺乏调动入廊单位积极性的有效方式。S市创新性地以打造利益共同体的方式,吸引电力、给排水、通信等单位成为管廊建设主体——管廊开发公司的股东,让各单位根据自身需求充分参与管廊的规划、设计和建设过程。在合理确定收费标准的基础上,为盘活资产、提高综合收益,这些单位均愿以有偿方式使用管线。

资料6

月亮湾地下综合管廊建设给人们以很大的启示。那里地上道路平整,天空没有一张"蜘蛛网",城市公共空间发展的潜力倍增。这让人想到《老子》里的话:"凿户牖以为室,当其无,有室之用。故有之以为利,无之以为用。"老子以人们居住的屋子为喻,他说一间屋子,开凿门窗,修建四壁,只有形成虚空部分,它才具有一间屋子的良好功能。据此,老子提出了"有之以为利,无之以为用"的观点,强调"有"与"无"都具有不可忽视的作用。瑞丽花园小区的李奶奶,离开广袤的田野,住进了单元楼,总觉得"喘不过气来"。看来,李奶奶虽不是哲学家,但在感觉上与老子"有""无"之用的理念暗合。

三、作答要求

(一)给定资料1和给定资料2反映了改革开放以来我国农村土地承包政策的发展过程,请你概述这一发展过程。(10分)

要看清要求,逐题作答。

要求:(1)准确、全面、有条理;(2)不超过200字。

(二)给定资料2中,L村村支书面对村民土地调整的要求,发出感慨:"这样一来,我们的压力很大,看来村里的土地调整也不是一个简单的事。"请根据给定资料2,分析他为什么感到压力很大。(10分)

要求:(1)全面、准确、有条理;(2)不超过200字。

(三)给定资料4提到:"城市建设与管理的目的如果仅仅是为满足经济或某种美观诉求,显然是片面的,甚至是短视而危险的。"请根据给定资料3和给定资料4,谈谈你对这句话的

理解。(20分)

要求:(1)观点明确,分析全面,有逻辑性;(2)不超过300字。

(四) S市将举办"城市样板工程展示会",请你根据给定资料5,就其中地下管廊建设情况撰写一份讲解稿。(20分)

要求:(1)紧扣资料,内容全面;(2)逻辑清晰,语言准确;(3)不超过400字。

(五)给定资料6中提到了老子关于"有"和"无"的观点。请你围绕给定资料反映的城市建设理念中的问题,联系实际,以"试谈'有'与'无'"为题写一篇文章。(40分)

要求:(1)自选角度,见解深刻;(2)参考给定资料,但不拘泥于给定资料;(3)思路清晰,语言流畅;(4)总字数1 000字左右。

以下是作答要求五道题的参考答案,可供我们学习。

参考答案

(一)【参考答案】

1980年前后推行家庭联产承包责任制,包产到户,包干到户,土地集体所有,农民有经营权、使用权,不准出租、买卖、建房、烧砖瓦等。

1984年提出土地承包期一般应在十五年以上。

1990年提出到期后再延长三十年不变。确定小调整、大稳定的前提是稳定,发包期内不得调整承包地。

2003年明确承包土地以户为单位,减人不减地。

2017年提出保持土地承包关系稳定并长久不变,第二轮土地承包到期后再延长三十年。

(二)【参考答案】

第一,人口增减变化大,二轮土地承包政策中"增人增地但减人不减地"的办法难以为继。

第二,政策的公平性、合理性存在争议。

第三,种地费时费力,土地零散、收益低,流转困难;部分农户不想要、不想种地,甚至完全脱离农业,导致土地撂荒。

第四,国家土地调整政策限制严格,重视"稳定"的前提。

第五,当地政府持支持态度,但与现有国家政策相冲突。

(三)【参考答案】

该句表明城市建设与管理的目的仅为满足经济或美观诉求,而忽视了人文意义和文化价值。

仅满足经济或美观诉求,易导致:(1)生活单调,缺少沟通,心情压抑;(2)活动健身空地有限、容量小;文体活动室利用不方便;(3)破坏传统文化气息;(4)各色人为不同目的争夺空间;(5)贫富差异过大导致居住空间分异。如若兼顾人文意义和文化价值,则能彰显城市价值,带来幸福感、归属感和安全感,平衡社会关系,交流传播信息,催生艺术创作。

我们应当平衡历史文化保护、商业发展和居民人居环境三者关系;借城市公共场所"化人";借助城市设计,恢复城市公共领域的功能,消解市民对立情绪。

（四）【参考答案】

关于S市地下管廊建设情况的讲解稿

各位观展的领导、同志们：

地下综合管廊是将自来水管道、供电、通信电缆等管线整体迁入地下的城市公共配套设施,能改善城市环境。我市月亮湾地下综合管廊自建成以来平稳运行多年,内部管线有序排列且预留管线空间,并容纳夏季集中供冷管道。

我市从以下几点入手：一是设立工作领导小组。市长担任组长,并涵盖辖区内单位主要负责人;形成常态化沟通和快速推进机制;编制规划、统筹管理。二是解决资金问题。组建开发公司,借力社会资本,负责投资、建设、运营和管理事务;争取国家试点和省财政支持,通过补贴确保股东的基础收益。三是科学设计施工。前期调研分析,组织专家反复论证;建设监控、感知系统,预留升级接入口,实施统一综合管理。四是调动入廊积极性。合理制定收费项目和标准,让管线需求者自主选择使用方式;打造利益共同体,让各单位参与规划、设计和建设过程。

（五）【参考例文】

试谈"有"与"无"
——城市建设的辩证法

随着时代的发展,人们对城市有了更高的期待,传统城市建设中的一些问题暴露了出来。过于注重房子等硬件,忽视了人的真实需求,最后"景有了,人没了";过度商业化,把历史文化古迹等都变成收费场所,结果"有了钱,没了文化",公共空间被压缩,造成"有个人,无大家"的局面。

如何化解这些问题呢？哲学家老子"有之以为利,无之以

> 第五题是要求写一篇议论文,分值很高,要占40分,所以要充分重视。

为用"的辩证思想为我们提供了一些思路。从城市建设的目的、功能设计、管理等方面来看,主要是要平衡好硬件软件、经济和人文、私人与公共空间的关系,以打造生活更便利、精神更丰富、人民关系更包容的新型城市。

从城市建设的目的来看,要解决"有景无人"的问题。要树立"城市为人而建设"的理念。城市所有基础设施建设的"有"之利,要服务于人民群众的"用"。当前一些城市生态公园、景观设施建设出现"可远观不可玩"的问题,就只照顾了城市面子,忽视了市民悠闲需求。城市发展要注意留足地面发展空间,增加资源投入,从满足人民群众实际需求的角度建设市民自由活动空间。另一方面,我们要始终记得:建设可见、实用的高楼大厦、电缆、道路、汽车等"有"之利时,要注意给老百姓留下蓝天、明月、旷野景观视野空间。只有这样,来自农村旷野的李奶奶,才不会因城市空间的逼仄和种种限制而"喘不过气了"。

而在城市功能的设计上,大力发展经济、产业、商业发展之"利"的同时,要流出休闲生态和文体活动空间,要注意保护历史文化,人居环境。要注意城市建设不只是"造景"更是"化人"。过分强调经济建设会使城市生态不堪重负,过分商业化会使城市的历史文化失去价值,会使人们没有时间和空间来"无所事事",人们生活无法慢下来就没有闲暇,就不会有文化创造。所以,建设经济开发区时要留下城市绿地;建设城市CBD的同时,要留下古建筑保护区、特色文化街区;建设写字楼的同时,留下休息娱乐地。我们要认识到城市是一个生活综合体,需要生产和生活、生态的平衡。

最后,在城市管理方面,不能让私人性、营业性的"有",把全民性、公益性空间挤压成"无",要注重发展成果"共享"的理念。城市空间不能全都是私有、封闭、收费,只为某一个阶层服务的,还要有让不同层次的人可以交流互动、取得共识的场所空间,从而带来城市的包容性,多样性,开放性,带来社会和谐发展,如巴黎人的新桥空间。城市管理者要给全体市民更多的人文关怀,包容鼓励,给其更多的获得感、幸福感、安全感。像今年北京、深圳等地一些小区物业设置隔离墙,将商品房和保障房进行分隔管理,人为将小区分割成"富人区"、"贫民区",就造成了群众不满和心理隔阂。这种简单粗暴的做法肯定是不合适的。同一个小区内,"头顶一片天,便如一家亲",公共资源使用权应该是人人平等的。

加快城乡一体化建设是我国建设社会主义现代化国家的必由之路。这个进程中,我们在大力发展硬件设施、经济商业等"有之利"的同时,更要兼顾好城市空地、历史文化、公共娱乐、社会交往空间等的"无之用"。我们要给城市建设留下一些空白,以便其更好地发挥作用。

(录自中国教育网)

【复习思考】

1. 什么是申论?它具有哪些特点?
2. 申论考试可以测试考生哪些方面的能力?
3. 一张申论考试的试卷,是由哪些部分组成的?
4. 在申论考试中,阅读材料我们要注意哪些问题?
5. 在申论考试中,概括要点我们要注意哪些问题?
6. 在申论考试中,提出对策我们要注意哪些问题?
7. 在申论考试中,进行论证我们要注意哪些问题?
8. 在申论考试的准备阶段,应该做哪些工作?

【案例训练】

以下是××省20××年公务员考试的申论试卷,请你把它当作模拟试卷写出答案。

20××年××省录用公务员考试《申论》试卷

一、注意事项

1. 本题本由给定资料与作答要求两部分组成。考试时间为150分钟。其中,阅读给定资料参考时限为30分钟,作答参考时限为120分钟。满分100分。
2. 请在题本、答题卡指定位置上用黑色字迹的钢笔或签字笔填写自己的姓名和准考证号,并用2B铅笔在准考证号对应的数字上填涂。
3. 请用黑色字迹的钢笔或签字笔在答题卡上指定的区域内作答,超出答题区域的作答无效!
4. 待监考人员宣布考试开始后,你才可以开始答题。
5. 所有题目一律使用现代汉语作答,未按要求作答的,不得分。
6. 监考人员宣布考试结束时,考生应立即停止作答,将题本、答题卡和草稿纸都翻过来留在桌上,待监考人员确认数量无误、允许离开后,方可离开。

严禁折叠答题卡!

二、给定资料

资料1

人无信不立,业无信不兴。诚信不仅是个人安身立命的根本,也是社会良序发展的基石。

党的十八大以来,党和国家高度重视诚信建设。习近平总书记在多个不同场合围绕诚信主题发表了一系列重要论述,从战略高度为新时代中国的诚信建设提供了基本遵循。他从历史维度、价值维度、实践维度对诚信问题进行了深刻阐述,进一步指出中华文化关于诚信的思想和理念,不论过去还是现在,都有其鲜明的民族特色,都有其永不褪色的时代价值。他强调,要运用法治手段解决道德领域突出问题。对突出的诚信缺失问题,既要抓紧建立覆盖全社会的征信系统,又要完善守法诚信褒奖机制和违法失信惩戒机制,使人不敢失信、不能失信。对见利忘义、制假售假的违法行为,要加大执法力度,让败德违法者受到惩治、付出代价。

为全面推进诚信建设,党和国家作出了一系列重要部署。中共中央办公厅印发的《关于培育和践行社会主义核心价值观的意见》强调:"以诚信建设为重点,加强社会公德、职业道德、家庭美德、个人品德教育,形成修身律己、崇德向善、礼让宽容的道德风尚。"中央文明委发布《关于推进诚信建设制度化的意见》,明确规定通过曝光失信当事人、限制严重失信者高消费行为等手段打击失信行为,这是我国第一份强调从制度层面推进国家诚信建设的中央文件。国务院先后发布《关于建立完善守信联合激励和失信联合惩戒制度加快推进社会诚信建设的指导意见》《关于加快推进失信被执行人信用监督、警示和惩戒机制建设的意见》,建立起社会诚信奖惩制度,并进一步完善了失信惩戒制度。诚信建设从注重教育走向教育与制度建设并重。

资料2

一年前,小张从北京到杭州工作,在租房时,她惊喜地被中介告知,由于她的信用记录良好,所以不用缴纳两倍于月租的租房押金。而北京的胡先生,却遇上了一件让他颜面尽失的事情——原本在假期准备租辆宝马车和朋友自驾外出游玩,却没想到被租车公司拒绝。原来,胡先生由于欠款许久未还,已经被列入了"老赖"名单。

2018年2月起,到E市妇女儿童医疗中心就诊的病患们发现,只要自己的信用度足够好,在医疗中心就可以"先诊疗后付费",无须一次次在诊室、检查室和交费处之间奔波,大大节省了自己的时间和精力。

信用骑车、信用住店、信用借书……这一幕幕真真切切发生在身边的场景告诉我们,中国正在迈入信用社会。随着大数据时代的来临,信用成为每个人的"第二张身份证"。每个人、每个机构的信用度都可以被量化,曾经"看不见"、"摸不到"的信用,正在逐步"变现"。

信用也提升了交易效率,为新经济提供支撑。李先生是位回收利用废旧手机的创业者,对他而言,信用为他解决了"先收手机还是先付款"的难题。"先收手机,用户不放心。先付款,我们也怕损失。"李先生说,"引入信用后,对高分用户优先付款,不仅订单量上浮一倍,也没有出现违约情况。"

有了信用的助力,企业经营效率进一步提高。目前,多家共享单车企业已实现信用免押金,极大地方便了新用户开通使用。一些共享汽车、共享租衣企业也在研究信用梯度收费模式,争取最大限度吸引用户。用户对信用的珍视也令人惊喜。以租车为例,引入信用分后,行业租金欠款率下降了52%,违章罚款欠款率下降了27%。

在网络高度发达的今天,资源的分布不再局限于有形市场,很多资源分布在网络上。如资金资源,不再集中在银行这种金融机构身上,而是通过互联网分散分布。一个人只要拥有足够的信用水平,在网络上就能够筹集到资金。所以,信用社会给予了人们一个公平发展的环境。"信用既是商业社会的内在原则,也创造价值和财富。"某研究员说。随着信用体系不断完善,每个人都能在社会中获得公平发展的机会,这将有力激发全社会的创业创新热情。

在某信用机构负责人看来,10年后,国内绝大多数城市都将成为信用城市。诚实守信的市民和商家,会享受到非常大的便利,政府的管理效率也将大大提高。信用体系的建立可以推动整个社会综合治理的发展。

在S市,26万老人领取养老金不用亲自跑去现场,每人只需在手机上进行一次信用认证即可完成。购房者提取公积金也不需要准备大量证明材料,柜台的人脸识别系统扫描后,他的相关信用信息迅速呈现。在促进政务精细化管理方面,"信用"正在发挥越来越重要的作用,有着高信用值的市民在通过实名认证之后,越来越多的政务服务都可以通过互联网"刷脸"办理,省去了到窗口排队的烦恼。

凑一堆人就走的"中国式过马路"、不走寻常路玩"跨越"、开车煲电话粥、没事打开远光灯……这些交通违规行为带来安全隐患,给城市管理增加了困难。当前,有的城市把这些交通违规行为纳入个人信用记录,已经能实现这样的应用场景:一名过马路闯红灯的路人,被监控系统识别身份,达到一定次数将扣除相应信用分,降低信用等级,严重的甚至影响贷款。这种做法背后的逻辑是,一个不尊重交通法规的人,也可能做出不尊重其他公共规则的行为。个人信用信息就是对个人的一种人格勾勒。在一个公民素质发育成熟的社会,对公民的信用评估,往往是以公民在公共事务中的态度和做法为基本出发点的。信用既是一种道德品质,也是一种制度和规则。信用体系全面建立的意义不仅在于解决押金带来的纠纷,更在于塑造一个和谐的社会,换言之,每个人都更规矩——因为违反社会规则,将令你寸步难行。

资料3

老潘是G县龙台村农民,前些年一直在沿海某省的服装厂打工,收入也很稳定。但由于离家远,无法照顾子女,于是萌生了在家乡开服装加工厂的念头。可是租厂房、找工人、买机器设备几乎花光了他所有的积蓄,周转资金的事让老潘一筹莫展。万般无奈之下,妻子提出了找银行贷款的主意。令他们没想到的是,仅仅两天,老潘就如愿获得了5万元的贷款,服装厂顺利开工。老潘说,不用担保人,也无须资产抵押,简简单单就贷到款了。这样的便捷,就是因为"信用村"这个称号。

龙台村以农业为主，几年前，村民因既无合法抵押物和担保人，又无任何社会信用记录，无法获得银行贷款，基本生产资金靠民间借贷，更谈不上高投入、高产出。近年来，当地政府和银行成立"创建信用村"领导小组，结合该村实际情况，制定了《龙台村创建信用村实施方案》。政府建立"党群服务中心"并派专人常驻办公，相关银行全力参与。政府、银行和村民三方共同签订守信合约。合约约定村民用身份证在银行代办网点登记建立个人基本信息，银行核实后为村民建立永久信用基础信息档案，对农户进行信用评级。此外还对贫困户分别制定帮扶计划和脱贫致富奔小康规划，做到"一户一策，精准扶贫"。

在创建信用村过程中，针对部分农户不愿参与的情况，领导小组利用各种载体，广泛宣传信用村建设工作的重要意义和目标要求，采取"以先进带后进，正向激励形成面"的思路，发展一批、争取一批"信用户"，根据信用等级对其授信2至5万元，及时为其提供低利率的创业及经营资金，让农户看到当上"信用户"的实惠。同时，"信用户"积极帮扶一般农户争创"信用户"，带领其维护和提升个人信用，发展养殖、种植发家致富。"这样做不仅有利于工作开展，还能促进村民之间信任互助的关系，形成良好的民风。"龙台村党支部书记说。

为强化"信贷＋扶贫"的引领作用，针对农户不同的情况，领导小组量身定制不同扶贫信贷模式。针对像老潘这样有能力、有特长、缺资金的农户，银行发放信用贷款支持其自主创业。针对当地药材种植这一优势特色产业，银行专门出台信贷产品"药农贷"，支持药材种植户。此外，领导小组还在自愿的基础上，根据当地村民普遍种植红薯的情况，发放专门的项目扶贫贷款。该村红薯种植合作社成立后，吸收了48户贫困户入社，银行发放扶贫项目贷款70万元，支持他们种植红薯，这些农户均因种植红薯收入大幅增加。

资料4

"不乱扔杂物、不乱搭乱建、不违规饲养宠物，倡导邻里文明停车、和睦共处，积极配合社区的各项工作，共筑美丽幸福家园，争做诚信居民，为'信用社区'贡献力量！"在先锋街道举行的"争做诚信居民，共建信用社区"千人誓师大会上，社区居民代表一起郑重宣誓。

经历4年探索实践，C市今年成功获批社会信用示范城市。地处市中心的先锋街道围绕如何让信用管理走进群众日常生活，实施了一系列基层管理创新举措，全面开展了诚信社区建设活动，将诚信建设向社区延伸。

"我们街道的光明社区2015年就率先开展了征信体系建设工作，4 000名常住居民每人都有'诚信身份证'！"街道办事处负责人介绍，光明社区是C市首个建立征信管理体系的社区。3年来，社区居民对征信有了实实在在的认识。随着征信体系的建立和完善，征信已经渗透到光明社区每个角落，扎根在每一个居民心中。"信用信息平台里的分数高，好处很多。自己的口碑好，别人都爱和你交往。"社区居民毕女士说。孟先生开办了社区国画公益课堂并担任授课老师，免费教授居民国画。提起创建国画公益课程的初衷，他说："我本身就是搞美术的，所以想让更多居民喜欢、了解国画。"让孟先生没有想到的是，一心做好的"分内事"竟然让自己得到20分的征信加分，成为社区居民学习的榜样。"我开办国画公益课堂不是为了加分，但是街道和社区给了这份荣誉，我也特别高兴。"孟先生说。

社区居民张某2014年创办了网店,主要销售地区特色农产品。在张某的心中,做电商想要销路好,最关键的是"诚信"。有一次,广东客户在收到张某发送的"菜煎饼"专用饼后,发现饼已经变质。客户把这一问题反映过来后,张某立刻查阅物流信息,发现货物在途中多耽误了两天。但是,不管责任在谁,绝不能让客户受到损失,张某毫不犹豫地给客户补发了货物。客户知道原因后要求和他共同承担责任,被他坚决拒绝了。从此,客户对他的产品更加青睐了。从一穷二白做起,凭着诚信经营,张某的网店经营范围逐步扩大,卖出的产品越来越多,收到的好评也越来越多,新客户、回头客络绎不绝。

光明社区的居民征信条款是与市征信办多次沟通协调后最终制定的,社区征信管理有一套严格的流程和评价体系。社区建立了社会信用信息共享平台及门户网站,并将之与市信用平台对接。社区通过平台和网站推进信用信息归集,目前已归集行政许可和行政处罚公示数据20 169条,信用数据4 187条,"红黑"名单数据311条。居民信用等级根据分数不同,分为五个星级,可在政策扶持、岗位招考、评先选优、发展党员、银行贷款等领域作为考量指标。居民在好人好事、保护社区环境等方面有所作为的,每次加5分;对随意倾倒杂物或者造谣生事等行为,每次扣5分。行为更加恶劣的,还要提报市级征信平台。社区负责人介绍,社区正在开展"诚信楼宇"、"诚信家庭"、"诚信个人"、"诚信商铺"等活动,通过展示墙、电子宣传栏等展播诚信事迹。"我们要充分发挥榜样的激励作用,尤其要发挥党员干部的模范带头作用。今后我们还要推动窗口单位和工作人员的诚信建设,把基层管理和服务融入诚信社区的建设中。"

先锋街道的上岭社区也积极响应建设"诚信社区"活动的号召,开展"诚信社区"创建活动。社区及时成立"诚信社区"创建领导小组,由社区书记担任组长,主任担任副组长。领导小组深入研究社区的实际情况,针对社区内商家和工厂较多的情况,决定以这些商家和工厂的诚信建设为重点,带动诚信社区的全面建设。

社区安排工作人员对辖区20余家经营门店发放了"诚信经营"倡议书,并对辖区的超市、餐饮门店等开展食品安全检查。在检查中,社区工作人员还向广大商户大力宣传《食品安全法》等法律知识,增强食品经营户的法律意识,强化守法经营理念。社区联合C市市场监督管理局在菜市场门前举办"百城万店讲诚信"主题活动,通过设置咨询台、投诉举报台,发放宣传资料,现场讲解等方式,向广大群众普及了安全消费、识药用药等常识,引导消费者养成科学、健康、文明的消费习惯,倡导广大商家和群众争做诚信的传播者、践行者与维护者。

上岭社区联合市场监督管理局等有关部门对社区各商户和菜市场各个摊位进行多次巡查。经过巡查,社区内商户全部诚信经营,信誉良好,得到了周围居民的一致好评。各有关部门还在菜市场进行"诚信经营"大走访活动,对市场内商家的交易秤进行检查。结果显示,菜市场商家都能够做到诚信经营。

资料5

"你有多少分了?"正成为F市市民茶余饭后的话题,这里的"分"指的是个人信用积分。信用积分高的市民,可在24小时自助图书馆免押金借书,还可享受部分公交线路票价八折优惠、部分医院就医优先等。"信用越来越有用",恰如网友评价,信用正成为个人和社会的一笔宝贵财富,"无形"的信用给守信者带来"有形"的便利。

与此同时,在动车上吸烟、在飞机上寻衅滋事、逾期未履行行政罚没款缴纳义务……这些长期以来为人们深恶痛绝的行为,将"寸步难行"。近日,"信用中国网站"最新公示上新增了123名限制乘坐火车严重失信人和381名限制乘坐民用航空器严重失信人名单。"干得漂亮!就是要让失信者寸步难行!"网友的评论,代表了广大群众的心声。

伴随着我国现代化进程的加快,传统"熟人社会"逐渐瓦解,利益主体更趋多元,经济社会交往常常在陌生地、陌生人之间进行,对全社会诚信水平提出了更高要求。党的十八大以来,从制定全国统一的信用信息采集和分类管理标准,到初步形成守信联合激励和失信联合惩戒机制,再到全面实施统一社会信用代码制度,基本建成统一的信用信息共享平台,国家社会信用体系建设的步伐明显加快。"一处失信、处处受限"的联合惩戒大格局逐步呈现,"守信受益、失信难行"的良好势头初步形成:在法院执行领域,254万失信被执行人慑于信用惩戒,主动履行义务;在税收征管领域,各级税务机关累计公布税收违法"黑名单"案件9 341件,共有1 170户"黑名单"当事人在主动缴清税款、滞纳金和罚款后,被从"黑名单"中撤出;在电子商务领域,涉及987家企业的失信"黑名单"通过全国信用信息共享平台发布并推送至地方,满足地方开展专项治理工作的需要……基于制度建设的社会信用体系正呼之欲出。

但是我们也要看到社会信用体系建设依然任重道远,与社会期望还存在一定差距。在不少地方,类似机动车交通违章、社区违建、路边非法占道经营等行为,并没有纳入信用体系;而对于一些企业来说,招聘财务、中高级管理岗位等职位时,也常常因为难以获得有效个人信用信息,不得不消耗大量精力调查应聘者的职业素养。

根据一家咨询公司数据,我国信用体系覆盖度约为35%。"民间征信系统虽然吸收了更全面的互联网信用信息,但多集中在购物消费、金融信贷方面,角度比较单一,难以真正反映一个人的信用状况,与规模巨大的市场需求相比仍然杯水车薪。"一家信用机构的负责人说,目前我国信用应用场景仅仅开发了1%,还有很多人对信用信息不够重视,不知道运用信用信息。

建立社会信用体系离不开对信用信息的征集,过去我国的征信工作主要由政府和银行主导。随着时代的发展,这已越来越不能满足社会的需要,放开市场引进民营征信机构势在必行。民营机构做个人征信会不会泄露个人信息,成为公众关注的焦点。一家网站的专题调查显示,3 000多名投票网友里六成不看好民营征信发展前景,绝大部分都是出于对个人信息保护的担忧。"个人信息泄露了谁来负责?"这是网友问得最多的问题。信用体系建设,既要获取更多数据勾勒人格特征,也要注重保护每个人的隐私。对个人隐私的保护,不仅考验企业的技术能力,也考验企业的责任和担当。有专家说:"即便用户授权,也只采集合法、相关、必要的信息。"我国现在尚无专门的隐私权保护法,对于哪些数据涉及隐私权需要保护,缺乏明确的法律界定。"作为新生事物,对民营征信公司不宜求全责备,但相关立法和监管工作要加紧跟上。"

资料6

为帮助大学生树立科学的消费观,推动年轻人群信用意识升级和诚信体系建设,团中央、教育部、银监会等多部门联合发起"金融安全专家校园行"活动。活动将调动全国3 000余所高校的团组织共同参与,邀请金融安全专家走进校园,常年举办信用安全讲堂以及校园金融风险识别路演。

王先生是互联网金融服务公司L集团的运营官,作为活动嘉宾来到Z大学,在活动现场向近300名学生宣讲信用安全的重要性及如何管理和保护个人信用。"信用是一个人的终身档案和隐形简历。"在演讲中,王先生建议,年轻人要学会保护个人信用,小心各类信用诈骗;同时也要学会管理个人信用,"越早建立个人信用,随着时间推移,其信用分值会随着积累而越高。"

此次"金融安全专家校园行"活动在形式上也有所创新,除了演讲外,现场还设置了问答及有奖竞猜环节。学生们积极踊跃地参与互动和答题,三名同学幸运地获得了手机大奖。

校团委老师表示:"自己平时对信用安全方面的知识基本没有了解过,更不知道迟交手机通信费和水电费都会影响到信用。可以想象大学生们对这方面的了解更是少之又少,今天的讲座收获满满,希望以后开展更多这样有益于大学生信用安全的活动。"

现场大学生感言:"通过讲座我了解了如何保护自己的信息,也知道了如何避免生活中的一些陷阱骗局,明白了如何选择正确平台,保证自己财务和信息的安全。"

某大学发布的《全国大学生信用认知调研报告》显示,当前有近六成大学生缺乏信用知识,逾八成的大学生没有听说过或不了解个人信用报告。而发生在校园的大部分金融欺诈行为,都和学生的信用安全意识、法律意识薄弱有关。大学生兼职刷单、用信用卡违规套现……"有些大学生缺乏基本的信用意识,对自己的征信信息并不珍惜,在这些学生眼中,个人征信信息是可以拿去做交易的筹码,甚至对欠贷不还将给自己造成的信用污点毫不了解。"有专家认为,加大信用教育的力度,拓宽常识教育的广度,建立信用约束机制和监管制度,已成为时代对高校思想政治工作和管理职责的要求。"举办这类交流讲座,很好地弥补了学生们的知识空白。这不仅有助于从根源上防范校园金融欺诈,也有利于培养具有法制意识和契约精神的现代公民。"

三、问题

问题一

请根据"给定资料2",概括信用体系建设对当前社会具有的积极影响。(15分)

要求:

(1) 准确全面;

(2) 分条概括;

(3) 不超过150字。

问题二

"给定资料3"介绍了龙台村开展信用村创建的具体做法,请归纳其主要经验,供G县在全县范围内开展信用村创建工作时借鉴。(20分)

要求:

(1) 准确全面,普适性强;

(2) 分条列出,简洁明了;

(3) 不超过300字。

问题三

请结合"给定资料6",假定你是某高校团委负责人,请给学校党委写一份"加大信用教育力度"的建议书。(25分)

要求:

(1) 紧扣资料,针对性强;

(2) 层次分明,逻辑性强;

(3) 格式规范,文体性强;

(4) 500字左右。

问题四

"给定资料2"中提到,"信用既是一种道德品质,也是一种制度和规则。"请你根据对这句话的理解,自拟题目,写一篇文章(40分)

要求:

(1) 自选角度,立意明确;

(2) 联系实际,不拘泥于给定资料;

(3) 思路清晰,语言流畅;

(4) 1 000—1 200字。

(录自公考资讯网)

参考书目

[1] 张耀辉,戴永明.简明应用文写作(第三版)[M].北京:高等教育出版社,2018.
[2] 张耀辉,戴永明.简明财经写作(第二版)[M].北京:高等教育出版社,2017.
[3] 张耀辉.实用写作(第二版)[M].北京:北京大学出版社,2013.
[4] 张耀辉,雷桂萍.应用写作(第三版)[M].北京:高等教育出版社,2019.
[5] 裴显生,王殿松.应用写作(第二版)[M].北京:高等教育出版社,2005.
[6] 岳海翔.公文写作教程[M].北京:高等教育出版社,2005.
[7] 肖东发,李武.学位论文写作与学术规范[M].北京:北京大学出版社,2009.
[8] 张廷兴,葛凤华.申论(第三版)[M].北京:机械工业出版社,2008.
[9] 朱庆芳.申论[M].北京:中国铁道出版社,2008.
[10] 王甫银.申论[M].北京:人民出版社,2009.
[11] 杨文丰.现代经济文书写作[M].北京:中国人民大学出版社,2002.
[12] 杨霞.公文写作规范与例文解析[M].北京:北京大学出版社,2009.
[13] 任公伟.礼仪与写作[M].北京:中国和平出版社,1997.
[14] 孙彧,黄建新.公文写作与常见病例分析[M].广州:暨南大学出版社,2009.
[15] 戴永明.财经写作(第四版)[M].北京:高等教育出版社,2017.
[16] 周家华,黄绮冰.毕业论文写作指南[M].南京:南京大学出版社,2007.
[17] 徐辅新.教授谈毕业论文写作[M].合肥:安徽大学出版社,1996.
[18] 陶富源.学术论文写作通鉴[M].合肥:安徽大学出版社,2005.

后记

党的二十大报告指出:"培养造就大批德才兼备的高素质人才,是国家和民族长远发展大计。"良好的应用写作能力是大学生未来在社会上立足、取得成就必备的素质,因此,"应用写作"是高等院校一门重要的公共基础课。学好应用写作,对于高等院校学生毕业后走上社会做好各部门的工作,有着重要的意义。

本书的编写,重在应用,重在实践。每种应用文体的例文,尽量选最新的,并作点评。练习题也注重材料作文与正反面的比较,使学生通过训练,能掌握各种常用应用文体的写作要领,写出符合要求的各类应用文。

本书 2006 年 5 月出第一版,2012 年 10 月出第二版,多次加印,受到了全国许多高校的欢迎。这次第三版的修订,我们听取了使用单位的意见,对第二章党政公文作了较大的改动,并增加了第七章传媒信息文体。我们还更换了各章的例文,使例文更具有时代气息。另外,我们对每节后面的"复习思考"与"案例训练"也作了修订。修订的目的,是要使本书更实用,更能符合高等院校"应用写作"课程教学的需要。

本书第三版由张耀辉任主编,朱洁任副主编。参加第三版编写的,有上海交通大学、华东师范大学、南昌大学、上海东海学院的有关教师,各章撰稿的分工如下:

第一章　绪论:谢福铨(华东师范大学)
第二章　党政公文:田磊(上海交通大学)
第三章　事务文体:张耀辉(上海交通大学)
第四章　财经文体:祁文英(上海东海学院)
第五章　法律文书:田磊(上海交通大学)
第六章　求职礼仪文体:朱洁(南昌大学)
第七章　传媒信息文体:朱洁(南昌大学)
第八章　毕业论文:张耀辉(上海交通大学)
第九章　申论:张耀辉(上海交通大学)

初稿完成后,由正副主编负责统稿,并对某些章节进行了修改。

由于编写者水平有限,教材中一定会有许多缺点错误,欢迎专家与使用本教材的教师、同学们指正。

编写者

2023 年 12 月 26 日